Regine Mattheis
Bildungsästhetik und Selbstwerdung

Regine Mattheis

Bildungsästhetik und Selbstwerdung

Grundlegung einer Subjektkonstitution in der Dialektik von Mimesis und Ratio

Mit einem Geleitwort von Prof. Dr. Martin Rudolf Vogel

DUV **DeutscherUniversitätsVerlag**
GABLER · VIEWEG · WESTDEUTSCHER VERLAG

Die Deutsche Bibliothek – CIP-Einheitsaufnahme

Mattheis, Regine:
Bildungsästhetik und Selbstwerdung : Grundlegung einer Subjektkonstitution in der
Dialektik von Mimesis und Ratio / Regine Mattheis. Mit einem Geleitw. von Martin
Rudolf Vogel. – Wiesbaden : DUV, Dt. Univ.-Verl., 1998
    (DUV : Sozialwissenschaft)
    Zugl.: Frankfurt (Main), Univ., Diss., 1997
    ISBN 978-3-8244-4273-7

D 30

Lektorat: Neele Schütter

Der Deutsche Universitäts-Verlag ist ein Unternehmen
der Bertelsmann Fachinformation GmbH.

http://www.duv.de

Gedruckt auf säurefreiem Papier

ISBN 978-3-8244-4273-7   ISBN 978-3-322-92386-8 (eBook)
DOI 10.1007/978-3-322-92386-8

Geleitwort

Daß das Bildungsproblem jenseits seines systemtheoretisch bescheinigten „Techno-
logiedefizits" ungebrochen aktuell bleibt, wird nicht nur durch eine unverkennbare
Kontinuität seiner Reflexion von der Weimarer Bildungsklassik über die Umbrüche
der kulturellen Moderne bis zu den neueren französischen „Meisterdenkern" hinlänglich bezeugt. Weitaus spektakulärer wird das Problem heute abermals mit politisch-
öffentlichen Debatten ins allgemeine Bewußtsein gedrängt. Dies freilich, ohne daß die
Wortführer auch nur das geringste Lernvermögen ihres Problemverständnisses zwischen der letzten (gescheiterten) und der neuesten (geforderten) „Bildungsreform" erkennen ließen. Dabei hätte gerade die letzte historische Etappe von „Bildungspolitik"
eminenten Anlaß zu gründlicherer Besinnung darauf geben können, welche falsch ver-
anschlagten Wirklichkeiten hier mit falsch verstandenen Begriffen sich wechselseitig
blockiert haben. Die Leitkategorien dieser letzten Reform des öffentlichen Un-
terrrichts- und Erziehungssystems, „Bildungsökonomie" und „Bürgerrecht auf Bildung", signalisieren ja in ihrer terminologischen Zusammengesetztheit bereits Falsch-
Etikettierungen insofern, als Ökonomie und Recht auf hochgradig rationalisierte Sphären verweisen, die ebenso hochgradig angepaßte und normgemäße Handlungsqualifi-
kationen allgemeiner Art erfordern. In den Subjekten entspricht dem die Seite ihrer
gesellschaftlichen Formiertheit durch heteronome Erziehung, Unterrichtung, Beleh-
rung etc., insgesamt die Seite ihres Seins-für-Andere(s). Wie unaufhebbar immer dieses Reich der Notwendigkeit auch ist, sollte es doch - geradezu als Fundament aller
modernen, zivilen Vergesellschaftung - in den Subjekten dennoch mit der dialektischen
Gegenseite ihres Selbstseins symmetrisch vermittelt sein. Eine Seite, die sie allerdings
ausschießlich selbst im Prozeß lebenslanger autonomer „Bildung" entwickeln können.

Die in diesem Band vorgelegten Studien zu einer „Bildungsästhetik" halten - und das
unterscheidet sie erfreulich vom mainstream gegenwärtiger Bildungsrhetorik - streng
an einem kritisch-dialektischen Bildungsbegriff fest und pointieren ihn in vielseitigen
Relationierungen auf der Seite der Selbst-Bezüglichkeit. Daß dabei ebenso „klassische" Konzepte überraschende Aktualität offenbaren können wie aktuelle gesellschaftliche Entwicklungen sich als noch keineswegs hinlänglich kritisch begriffen herausstellen, dies macht die ungewöhnliche Spannweite der thematisierten Probleme
sowie der in ihrer Reflexion mobilisierten Material- und Gedankenfülle aus. Ich kenne
keine thematisch vergleichbare Arbeit, die mit einer solchen reflexiven Umsicht und

Konsequenz, indem sie Bedingungen der Möglichkeit individuellen Selbstseins eruiert, zugleich so weit in den Umkreis der aktuellen gesellschaftlichen Krisenhaftigkeit des Bildungsproblems vorgestoßen wäre. Zwar zeigte sich der kapitalistische Burgfrieden zwischen Gesellschaft und Individuen bereits in den Zeiten ökonomischer Vollbeschäftigung bedroht, sofern anwachsende Außensteuerung die Individuen zunehmend in eine „Selbsterhaltung ohne Selbst" versetzte; immerhin aber blieb mit den für alle gewährleisteten Selbsterhaltungsanteilen als materieller Basis auch eine allgemeine Möglichkeit zu autonomem Selbstsein erhalten. Eben diese Möglichkeit entfällt nun aber mit der millionenfachen Aussperrung „Arbeitsloser" aus dem Arbeits- und Selbsterhaltungsprozeß, paradoxerweise so, daß sie auf ein Selbstsein zurückgeworfen werden, das sowohl der materiellen Selbsterhaltungsbasis als auch der Bildungskompetenz zur Selbstverantwortung ermangelt. Dramatischer ließe sich schwerlich eine allgemeine Legitimation der von Frau Mattheis vorgelegten Untersuchungen denken.

Die Wendung der Autorin auf die Konzeption einer „Bildungsästhetik" mag angesichts dieser gesellschaftlichen Tendenzen auf den ersten Blick befremden, was indessen Bestandteil der Konventionalisierung und Totalisierung jenes theoretischen und praktischen Rationalismus ist, dessen Kritik, im Anschluß an Max Weber und die ältere Kritische Theorie, die Studien in ebenso unkonventioneller wie produktiver Weise in seinem antiken Ursprung zentrieren. Daß Webers „Entzauberung der Welt" als Kehrseite okzidentaler Rationalisierungen nicht nur Abschaffung des Aberglaubens und Dezentrierung der Weltbilder bedeutet, daß sie auf der subjektiven Seite vor allem bis heute die Individuen ihres mimetischen Vermögens enteignet, das rekonstruiert die zweite Studie mit eindrucksvoll konstellierten Parametern von der Mythologie über die pythagoreische Ausdruckslehre und das soziale Setting der Tragödie bis zu Platons Mimesisverboten.

Für die Verfasserin verbindet sich mit ihrer innovativen historisch-sozialwissenschaftlichen Mimesisrekonstruktion keinerlei Absage an Rationalität, vielmehr hätte sich umgekehrt ihr Bildungskonzept idealiter in der Wieder-Versöhnung beider Gemütsvermögen als „Arbeit der Selbstbesinnung" (Adorno) zu erfüllen.Dies ist freilich wiederum ein im Zuge zivilisatorischer Mimesisverdrängung befremdlich gewordener Gedanke. Dementsprechend wird er in der ersten Studie auf subtile Weise veranschaulicht mit Modellen ästhetischen Verhaltens, wie sie der Maler Paul Klee und der Philosoph Walter Benjamin als ebensoviel mimetisch induzierte wie rational-sprachlich reflektierte hinterlassen haben. Benjamins „Konstellation des Erwachens", als ein solches Modell bildender Selbstbesinnung gelesen, enthebt der Unergiebigkeit falsch gestellter Fragen und Alternativen (marxistisch oder theologisch?), da in einem reflektiert mimetischen Selbstbezug Zusammenhänge und Übergänge zwischen allen Sphären der Lebendigkeit vom Tiefenpsychologischen bis zum Geschichtsphilosophischen thematisch sein können, dies aber allemal nur als solche Passagen, correspondences, Ähnlichkeiten möglich ist.

Die nötige Wendung der Bildungsästhetik auf die Empirie von Bildungsprozessen wird in der dritten Studie vollzogen. Daß sie nicht mit einem ausformulierten positiven Bildungsprogramm aufwarten kann, liegt nach der vorangegangenen Argumentation auf der Hand. Alle von „außen" unternommenen Interventionen zugunsten individueller Bildungsprozesse hätten vielmehr negativ, d.h. mit Kritik und Abbau der allemal schon von Kindesbeinen an wirksamen Unterdrückungen von Mimesis einzusetzen. Zweierlei scheint mir dabei besonders bemerkenswert. Erstens hält die Verfasserin ihren Praxisbezug quasi asketisch in unverkennbarer Distanz zu jedem Verdacht, das ohnehin schon undurchdringliche Angebot an „esoterischen" Heilsverfahren solle nur um ein weiteres vermehrt werden. Sie schließt aus diesem wunderlichen Markt plausibel alles als irrelevant aus, was primär kommerziell motiviert und institutionell „domestiziert" ist, was also selbstbezügliche Bildungsprozesse heteronom vorprogrammiert im instant-Verfahren zu liefern verspricht. Umgekehrt wird Bildungsästhetik nicht als „reine Lehre" stilisiert, der keinerlei vorhandene Praxis genüge täte; eine Reihe praktischer Konzepte wird als zumindest kompatibel begründet und stellt insofern ein operationales Experimentierfeld für Bildungsästhetik dar. Zweitens kann die Autorin an zwei gesellschaftspolitisch hochaktuellen Problemen nachweisen, daß Bildungsästhetik kein luxurierendes Privatvergnügen darstellt, daß ein resymmetrisiertes Verhältnis von mimetischem und rationalem Vermögen vielmehr geradezu eine subjektive Hauptvoraussetzung für eine allgemeine Überwindung jener destruktiven Sozialpathologien wäre, die sich äußerst resistent in Phänomenen wie Antisemitismus und Rassismus ebenso manifestieren wie in geschlechtsspezifischen Unterdrückungspraktiken während der weiblichen Adoleszenz.

Die drei Studien bilden zwar einen argumentativ systematischen Zusammenhang. Jede enthält jedoch in sich eine Fülle von reflexiven Anschlußmöglichkeiten auch für andere Problemstellungen. Im ganzen erweist die Arbeit damit ein Maß an Produktivität, wie es sich keineswegs alltäglich ereignet.

Martin Rudolf Vogel

Vorwort

Die Entstehung dieser Arbeit hatte vieles zur Voraussetzung, was hier nicht im einzelnen erwähnt werden kann. Über das hinaus, was das Literaturverzeichnis verrät, möchte ich an dieser Stelle lediglich Dank ausdrücken.

Ich danke Prof. Martin Rudolf Vogel für die geduldig-mäeutische Betreuung meiner Untersuchungen. Frau Prof. Elisabeth Lenk hat dankenswerterweise mit ihrem spontanen Interesse an meiner Arbeit mehr geholfen als die hier möglichen Worte ausdrücken können.

Für ein zweieinhalbjähriges Stipendium danke ich der Graduiertenförderung der Universität Frankfurt/Main; es hat mir eine erfreuliche Zeitspanne der Freiheit bereitet, die ich uneingeschränkt dieser Arbeit widmen konnte.

Regine Mattheis

Inhaltsverzeichnis

XII

Siglenverzeichnis

AN	Angelus Novus, Benjamin 1988
AR	Antike Religion, Kerényi 1971
ÄT	Ästhetische Theorie, Adorno 1989
BE	Walter Benjamin und sein Engel, Scholem 1972
DA	Dialektik der Aufklärung, Horkheimer/Adorno 1979
GS	Walter Benjamin. Gesammelte Schriften, Benjamin 1991
HS	Humanistische Seelenforschung, Kerényi 1978
Illu	Illuminationen, Benjamin 1977
KiV	Kritik der instrumentellen Vernunft, Horkheimer 1986
BS	Bildung zum Subjekt - Selbst und gesellschaftliche Form, Vogel 1992
MA	Mimesis in der Antike, Koller 1954
MD	Musik und Dichtung, Koller 1963
MM	Minima Moralia, Adorno 1981a
ND	Negative Dialektik, Adorno 1975a
OD	Die Ordnung der Dinge, Klee zit. n. Osterwold 1975
RS I	Gesammelte Aufsätze zur Religionssoziologie I, M. Weber 1988a
Soc II	Sociologica II, Horkheimer/Adorno 1973
TA	Theorie der Affekte, Landauer 1991
US	Urmensch und Spätkultur, Gehlen 1986
VSt	Die verlorene Stimme, Brown/Gilligan 1994

Einleitung

Diese Arbeit untersucht die Bedeutung des „ästhetischen Verhaltens" für individuelle Bildungsprozesse. Sie nahm ihren Ausgang in meinen sozialpädagogischen Berufserfahrungen, die aus dem Versuch resultierten, eine an Marcuse orientierte Interpretation der Schillerschen Briefe *Über die ästhetische Erziehung des Menschen* in die Praxis ästhetischer Bildung umzusetzen. Deren kritischer, gegen die „Eindimensionalität" des Menschen gerichteter Impuls zu freien Spiel-, Bewegungs- und Entfaltungschancen stieß jedoch nahezu prompt auf eine bestimmte „Grenze der Erziehung" (Bernfeld), die mich zu einem Überdenken dieser Konzeption und ihrer Grundlagen veranlaßte. Bei aller Sympathie für die sozialpädagogischen Orientierungen an „Kreativität", „Selbständigkeit", „Mündigkeit" etc. von seiten der Eltern, Einrichtungsträger und Teamkolleginnen sollte nämlich die lebhaft-spontane Ausdruckskraft der Kinder im Spiel ein bestimmtes Maß nicht übersteigen, um einen reibungslosen Tagesablauf und später eine problemlose Einschulung nicht zu gefährden. „Der ästhetisch mündige Mensch wäre unbeherrschbar". Es schien, als wäre dieser von Elisabeth Lenk formulierte Gedanke eher in negativen Schreckbildern von Gesetz- und Arbeitslosigkeit gefürchtet anstatt in seiner humanistisch-demokratischen Aufklärungstradition erwünscht. Mit Adornos *Ästhetischer Theorie* konnte ich diese Abwehr als eine Wirkung jenes Tabus bestimmen, „welches auf Ausdruck und Subjekt lastet". Eine grundlegende theoretische Umorientierung setzte damit für mich ein, die über Marcuses Subjektreflexion in den Gegensätzen von Sinnlichkeit und Vernunft hinausführte zu einer Bestimmung von Bildungsprozessen in der Dialektik von Mimesis und Ratio. Die 1992 von Martin Rudolf Vogel publizierte „Logik des Selbst" verstärkte diesen Richtungswechsel. Mit dem neuen Begründungsrahmen hatte sich allerdings auch der Schwerpunkt der geplanten Dissertation von einer reinen Praxisreflexion zu einem weiterführenden Beitrag zur kritischen Subjekt- und Bildungstheorie verschoben. Die Leitfrage nach der Bedeutung des „ästhetischen Verhaltens" für Bildungsprozesse ist indessen die gleiche geblieben. Meine Argumentation stützt sich in ihren Kerngedanken auf eine komplementäre Lektüre von Theodor W. Adorno und Walter Benjamin. Beide Autoren werden allerdings nur insoweit zusammengeführt, wie sie subjekttheoretische Aspekte ebenso gleichsinnig wie quasi arbeitsteilig theoretisch reflektieren resp. lebenspraktisch demonstrieren. Geht meine Argumentation zum einen von Adornos prägnanten gesellschafts- und subjekttheoretischen Bestimmungen der *Ästhetischen Theorie* aus - insbesondere der ebenso radikalen wie bildungstheoretisch und -praktisch bislang unbeachteten These über das ästhetische Verhalten als „ungeschwächtes Korrektiv gegen verdinglichtes Bewußtsein" -, so untermauert sie zum anderen diese bei Benjamin zwar ebenfalls angelegte, nicht aber gesellschaftstheoretisch ausgeführte Bestimmung mit dessen (Selbst-)Reflexion seiner eigenen ästhetischen Lebenspraxis, die weit über ein kunsttheoretisches Fachverständnis hinausgeht.

In dieser Zusammenführung drückt sich etwas Systematisches für die gesamte Bearbeitung des Themas aus: ihre eigentümliche Vermitteltheit und Verwobenheit, die nicht einem abstrakten „roten Faden" linear als „Text" nachgehen konnte, sondern sich eines jeweils ganzen „Gewebes" in seiner zentralen „Textur" (Ebach) zu versichern hatte. Die Argumentation kann nämlich um der Sache willen nicht auf einer rein begrifflich-theoretischen Ebene operieren, sofern sie subjektive Probleme des Ästhetischen in einem weiteren Sinne klären will. Sie muß dann, anders als die kunsttheoretische Betrachtung, alle wesentlichen Sphären der Subjektivität mit dem Ästhetischen eigentümlich vermitteln. Was derart für alle dialektische Theorie als problematisches Verhältnis von Wirklichkeit und Begriff bekannt ist, erhält im Falle des ästhetischen Verhaltens einen besonderen Aspekt, der jedes vereinfachende Theorie-Praxis-Denken ausschließt. „Ästhetisches" Verhalten kann nämlich nicht nur das „theoretische" und „praktische" Verhalten „aufheben" zu einer höheren menschlichen Produktion in Freiheit, wie schon Hegel und Marx wußten. Es können damit zugleich, Freud zufolge, dem Bewußtsein nicht unmittelbar zugängliche, nichtrationale Gehalte von Subjektivität zum Ausdruck gebracht und damit zur zwanglos integrierten Kraft des Selbst werden. Gehalte, die unter gesellschaftlichen Bedingungen von „Erfahrungsverlust" und „Verdinglichung" (im Anschluß an Adornos Lukács-Kritik) den gesellschaftlich unterdrückten und verdrängten Gegensatz zu rationalistischen Denk- und Lebensweisen bilden, weil sie einem spezifischen Modus der Verbundenheit folgen, der Analogien, der Ähnlichkeiten und Übergänge (Böll).

Diese Gehalte haben indessen unter dem Begriff von „Mimesis" bzw. „mimetischem Vermögen" einen wie auch immer vagen Einlaß in die kritische Gesellschafts- und Subjekttheorie gefunden. Sofern also mit der These über das ästhetische Verhalten als ungeschwächtem Korrektiv gegen verdinglichtes Bewußtsein ernst gemacht werden sollte, mußte auch mit der Kategorie „Mimesis" ernst gemacht werden, d.h. auf ihre historische ebenso wie semantische Konkretion über die bislang vorwiegend abstrakt-begriffliche Reflexion des Problems hinaus abgezielt werden: wo in historischer und

2

wie in soziologischer Perspektive läßt sich „Mimesis" in Einheit von Phänomen und Namen finden? Dann müssen auch „ästhetisches Verhalten" und „mimetisches Vermögen" als einstmals reflektierte Lebenspraxis in eine begriffliche Reflexion eingeholt werden. Dies wäre eine weittragende Möglichkeit, historische Erfahrungen, phylogenetische wie ontogenetische, in die kritische Subjekttheorie einzubeziehen und die Mechanismen des verdinglichten Denkens aufzubrechen. Insofern begreife ich diese Arbeit als einen Beitrag zur Selbstaufklärung der Aufklärung, deren Rationalität nicht vor dem Nichtrationalen halt machen darf.

Mit diesen Überlegungen stand ich jedoch vor grundlegenden Fragen der Darstellung: Wie kann das ästhetische Verhalten, besonders in diesen nichtrationalen Gehalten analysiert und dargestellt werden, ohne einerseits in vage Abstraktionen oder andererseits in begriffslose Narration zu verfallen? Wie kann mit Worten, und zwar auf wissenschaftlicher Argumentationsebene, gerade das zur Sprache gebracht und diskutiert werden, was sich gegen rational-sprachliche Durchdringung sperrt, was aber zugleich für das „erlebte Leben" (Vogel) von größter Bedeutung ist? Würde nicht zwangsweise eine wissenschaftliche Herangehensweise gerade jene Momente verfehlen müssen, um derentwillen diese „Anstrengung des Begriffs" (Hegel) unternommen wird? Diese Skepsis gegenüber der wissenschaftlichen Begriffssprache und Methode als „Apparatur" ist mehr als angebracht, wie nicht nur die Frankfurter Theoretiker immer wieder in Zusammenhängen der „instrumentellen Vernunft" (Horkheimer) erinnerten und wie neuerlich für die psychologische Forschung eindrucksvoll belegt wurde (Brown/Gilligan). Es kann kein Zufall sein, daß die nicht erst von der Postmoderne „erfundene" Rationalismuskritik sich in den verschiedensten Suchbewegungen den Problemen des Lebens zwischen Geist und Natur gerade mit Bezügen auf den Mythos, den Übergang von der „Traumform" in die „Vernunftform" (Lenk), die Bildersprache, Metaphorik, Literatur und Kunst, den Tanz, die „Körpersprache" und andere ästhetische Verdichtungen annähert. Hier scheint jenes Wesentliche des erlebten Lebens noch einen Platz zu haben, das von rationalisierter Weltsicht fälschlich als "Überschüssiges" deklariert wird: die dauerhaften Bildmanifestationen als eine Art Erfahrungsarchive für Menschheitserfahrungen wie Liebe, Geburt, Arbeit, Lebensalter, Krankheit, Tod; Erfahrungsarchive, die auch den mimetisch-rationalen Umgang mit sich selbst, mit anderen Menschen und mit der äußeren Natur anleiten; Gestaltungen, die aus lebendiger Ausdruckskraft „rituell-darstellenden Verhaltens" (Gehlen) stammen und selbst Ausdruck dieser Lebenskraft sind.

Es zeigte sich immer deutlicher, daß ich, um meinem Thema auch in seinen dem Leben zugehörenden mimetisch-nichtrationalen Momenten entsprechen zu können, auch eine Wende meiner Darstellung vollziehen mußte und zwar von der rational(istisch)en Begriffssprache und Methode, die das untersuchte Phänomen abstrakt objektiviert, zum reflektiert Stofflichen, zur Lebendigkeit des Phänomens. Und damit war ich an der grundlegenden und zentralen Kritik der älteren Kritischen Theorie am Prozeß der „okzidentalen Rationalisierung" (Weber) angelangt, einer Kritik die ausdrücklich und pointiert auf die „unterirdische Geschichte" (Horkheimer, Adorno) dieses Prozesses abhebt: auf die Unterdrückung der inneren Natur des Menschen, seine Verdrängungs- und Leidensprozesse und auf die pathologische Wiederkehr des Verdrängten. Aus all diesen Gründen habe ich eine allgemein-kulturelle Bildgestalt ausgewählt, um meine Problemstellung zunächst auf einer ästhetischen Ebene entwickeln zu können: die Gestalt des Engels, die, wie gezeigt werden wird, als eine besonders herausragende Form für das „Eingedenken der Natur im Subjekt", das Zentrum der Frankfurter Kritik, betrachtet werden kann.

Diese Wahl ergab sich zwanglos aus dem schon von Benjamin mit dem „Engel der Geschichte" gleichsam bereitgelegten geschichtsphilosophischen Material, zweitens aus dessen Correspondence mit Klee und dessen „Angelus Novus" sowie schließlich drittens aus Adornos ästhetischer Theorie, die einen übergreifenden Rahmen bildet. Weit über das konkrete Bild „Angelus Novus" hinaus, entsteht also ein Gesamtbild, „Angelus Novus: Engel der Geschichte" von mir benannt, in welchem das Umfeld des ästhetischen Verhaltens und entsprechender Bildungsprozesse nach allen für das Subjekt wesentlichen strukturellen, kulturellen und individuellen Spannungsverhältnissen, aber auch in seinen historischen Erfahrungsbrüchen und Ausdruckstabus vorscheinen soll. Insofern ist die für eine soziologische Arbeit ungewöhnliche erste Konstellation A mehr als bloß ästhetische Einführung ins Thema. Es wird in der Konfiguration von Klee, Benjamin und Adorno um den „Angelus Novus" ein weitgespannter Rahmen der Bearbeitung ausgewiesen, der als Hintergrund bei der Erörterung des ästhetischen Verhaltens in subjekttheoretischer Perspektive immer mitgedacht werden muß. Ist doch die hier aufscheinende „Ästhetik der Existenz" (Foucault 1996, Lenk 1990) mein Zentralproblem, das mit seinem Moment von Selbstbesinnung zunächst eine weitere Grundklärung erforderlich macht: die im engeren Rahmen „ästhetischer Subjektivität" (Brunkhorst 1990) ganz unbestrittene Bedeutung von Mimesis nunmehr in subjekttheoretischer Perspektive als eine allgemein-menschliche, zugleich aber gesellschaftlich-geschichtlich unterdrückte Qualität geltend zu machen.

Konstellation B ist der Rekonstruktion der archaischen Mimesis gewidmet, wie sie uns durch eine gute Quellenlage aus der griechischen Antike sowie durch kompetente alter-tumskundliche Aufarbeitungen (Koller, Kerényi u.a.) ermöglicht wird. Auch hier be-darf es eines nichtrationalistischen Blickes auf die Sache, der sorgsam freigelegt wer-den muß, um Mimesis nicht verkürzt zur „Nachahmung" oder „Darstellung" mißzu-verstehen sondern sie als eine subjektive Totalität spontanen Ausdrucks verstehen zu können. Daß Mimesis nie unabhängig vom Subjekt ist, sondern eine in aller menschli-chen Lebendigkeit natürlich strukturierende Form- und Ausdruckseinheit (melos, lo-gos, rhythmos) in kosmischen Verbundenheiten ausmacht, muß ebenso rekonstruiert werden wie ihr Zusammenhang mit der Formierung von Affekten sowie ihre Verdrän-gung im frühokzidentalen Rationalisierungsprozeß. Dabei stehen Fragen der Konstitu-tion von Subjektivität im Zentrum, als Fragen zu einer Historik des okzidentalen Sub-jekts, die jene von der älteren Kritischen Theorie benannte „unterirdische Geschichte" subjekttheoretisch am Stoff entfalten sollen. Es konkretisiert sich ein Widerspiel zwi-schen spontanen, leiblich-affektiven Ausdrucksbedürfnissen und überindividuell-gesellschaftlichen Zwängen zur Beherrschung dieser Bedürfnisse. Ein Zwang, der zi-vilisatorisch in die Verdrängung von Mimesis im okzidentalen Rationalisierungsprozeß geführt hat - ein „Gewordenes" nach Adorno, das darum auch „widerruflich" ist.

In Konstellation C schließlich werden die vorher am Ästhetischen und Historischen entwickelten Ergebnisse im theoretischen Anschluß an die „Logik des Selbst" zusam-mengeführt. Die schon in den vorangegangenen Konstellationen vorgenommene „Wendung aufs Subjekt" (Adorno) wird auf sozialwissenschaftlicher Ebene realisiert. Dabei korrespondieren die beiden ersten Schwerpunkte mit Konstellation B (unterirdische Geschichte und verdrängte Leiblichkeit, Antisemitismus, mimetisches Tabu in der weiblichen Adoleszenz) insofern, als die Thesen zum mimetischen Tabu unter gesellschaftspolitischen Zusammenhängen des 20. Jahrhunderts überprüft werden sollen. Im Schlußteil steht wiederum die Ausgangsthese zur Debatte unter der Frage, inwieweit das von Adorno behauptete Korrektivpotential des ästhetischen Verhaltens hervorgetreten ist. Anhand dieses Materials ist mir eine Interpretation der Adornoschen „Arbeit der Selbstbesinnnung" möglich geworden, die umgekehrt zu den herrschenden Bildungsvorstellungen, vom Leib bis in den Intellekt eine balancierte Mimesis-Ratio-

Dialektik zurückzugewinnen versucht, was als Antizipation eines ausgeführten Entwurfs der „Bildungsästhetik" verstanden werden kann.

Die der Arbeit zugrundegelegte methodologische Reflexion besagt im wesentlichen folgendes: Ebenso wie das Subjekt in sich nicht parzelliert ist, wie es die fachwissenschaftlichen Zuordnungen vorgeben, so muß auch eine kritische Subjekttheorie die in der wissenschaftlichen Arbeitsteilung entstandenen Grenzen überschreiten und die je spezifisch subjektrelevanten Bestandteile der Lebendigkeit wieder zusammenzufügen versuchen. Im Subjekt nämlich laufen alle Einzelaspekte, die in der üblichen Wissenschafts- und Forschungsorganisation getrennt sind, als Prozeß der Erfahrung zusammen. Die drei „Konstellationen" sollen den weiten Horizont subjektrelevanter Fragestellungen von der Bestimmung archaischer Mimesis, über die physisch-metaphysischen Erfahrungsweisen bis zu ästhetischen Verhaltensweisen und Ausdruckspotentialen ebenso veranschaulichen, wie sie die im okzidentalen Rationalisierungsprozeß geforderten Verluste des Subjekts an Mimesis aufweisen sollen. Für die Bearbeitung der These kommt es nun darauf an, die ästhetisch und phylogenetisch am Material entfaltete Überwindung abstrakt wissenschaftlicher Trennungen schließlich in einer sozialwissenschaftlichen Wendung aufs Subjekt zu konkretisieren. Ziel ist dabei, jenseits des benannten Mankos das „Nichtidentische" am „Subjekt als Selbst" (Vogel) zum Vorschein zu bringen, das nicht erst durch fachwissenschaftliche Zersplitterung in Vergessenheit geraten ist, sondern zuvor schon aus dem „Leben" verdrängt wurde. So weit nötig wird dabei eine Auseinandersetzung mit angrenzenden Wissenschaften unternommen, wobei die Bezüge jeweils ausschließlich vom „Zentrum" Subjekt aus hergestellt und bemessen werden.

Die einzelnen Themenblöcke werden „konzentrisch in gleichgewichtigen, parataktischen Teilen", wie Adorno diese Darstellungsweise in seiner frühen Einleitung zur *Ästhetischen Theorie* beschreibt, um den Kern der jeweiligen Problemstellung angesiedelt. In den Worten der *Negativen Dialektik* gesprochen kommt es darauf an, das, „was der Begriff im Innern weggeschnitten hat" durch die „Konstellationen" wieder aufscheinen zu lassen (ND 164). Die zentralen Begriffe bekommen, so konstelliert, je neue Bedeutung, und es werden neue Seiten an ihnen sichtbar, die vorher verdeckt waren. In diesem Fall: das subjektiv-freie Moment des ästhetischen Verhaltens für eine nicht-objektivistische Theorie des Subjekts als Selbst und seiner Bildungsprozesse. Ich begreife dies als einen Versuch der Annäherung an das „Nichtidentische" des Subjekts in seiner ästhetischen „Dimension" (Lenk 1990).

Konstellation A

Annäherung im Bild: „Angelus Novus: Engel der Geschichte"

Wenn ich im folgenden mit einer Bildbetrachtung beginne, dann allerdings nicht im üblichen kunsttheoretischen Sinne. Sie ist wesentlich von Benjamins Methode innerviert und zielt auf die im Bild transportierten Erfahrungsgehalte ab. Es handelt sich dabei um den Versuch einer Rekonstruktion des Übergangs von einem gemalt-anschaulichen Bild, Paul Klees „Angelus Novus", zu einem „dialektischem Bild" - so versteht und bezeichnet Benjamin eine bestimmte Form von Texten, wie eben den über den „Engel der Geschichte". In diesem ausgewählten 'ästhetischen Medium' laufen auf eigentümliche Weise individuelle, gesellschaftliche und geschichtsphilosophische Aspekte des ästhetischen Verhaltens zusammen, die von Klee, Benjamin und Adorno vereinzelt je spezifisch schon ausgewiesen wurden. Sie sollen nun in Konfiguration zusammen dargestellt werden, um wiederum das dialektische Bild in eine umfassende begriffliche Reflexion aufzuheben. Dies geschieht auf der Basis einer gesellschafts- und subjekttheoretischen Lektüre der *Ästhetischen Theorie* Adornos. Es kommt darauf an, die in der Moderne verschwundenen „Verbundenheiten" von Individuum, Gesellschaft und Natur wieder sichtbar zu machen; sie - wenngleich in ihrer entfremdeten Gestalt - wieder zum Ausdruck und aufs Wort zu bringen, um gegen die „Fragmentierung des Subjekts" in der Moderne Bedingungen und Möglichkeiten einer Integration subjektiver Vermögen zu reflektieren. Fokusiert auf einen wesentlichen Aspekt dieser Arbeit heißt das u.a., daß aus dem professionell strukturierten ästhetischen Verhalten von Klee und Benjamin subjekt- und bildungstheoretisch verallgemeinerbare Kriterien herausgearbeitet werden sollen.

Diese Bildbetrachtung folgt somit keinem kunsttheoretischen Paradigma, ist nicht „werkästhetisch" oder „rezeptionsästhetisch" (Bubner, Jauß u.a.) im Kunstwerk zentriert. Sie fragt vielmehr subjekttheoretisch nach dem im ästhetischen Verhalten ganz allgemein implizierten Ausdruckspotential aller Subjektivität; nach den Chancen, Erfahrungskrisen zu überwinden; fragt nach den im ästhetischen Verhalten begründeten Möglichkeiten zur Bildung seiner selbst. D.h. sie untersucht die Bedingungen und Möglichkeiten zur Bildung des „Subjekts als Selbst" (Vogel) unter gegenläufigen gesellschaftlichen Verhältnissen. Argumentativ bewege ich mich dabei im Kontext klassisch-neuhumanistischer Bildungstradition, für die Bildungsprozesse primär Selbstbildungsprozesse sein sollten. Mein konkreter Bezug steht jedoch im Zeichen ihrer kritischen Reformulierung nach dem geschichtlichen Gang durch den „theoretischen" und „praktischen Rationalismus" (Weber), der die gesellschaftliche Formierung und Qualifikation über die humanen Qualitäten des Selbst stellt.

„Der Engel der Geschichte muß so aussehen..."

„Es gibt ein Bild von Paul Klee, das Angelus Novus heißt. Ein Engel ist darauf dargestellt, der aussieht, als wäre er im Begriff, sich von etwas zu entfernen, worauf er starrt. Seine Augen sind aufgerissen, sein Mund steht offen und seine Flügel sind ausgespannt. Der Engel der Geschichte muß so aussehen. Er hat das Antlitz der Vergangenheit zugewendet. Wo eine Kette der Begebenheiten vor *uns* erscheint, da sieht *er* eine einzige Katastrophe, die unablässig Trümmer auf Trümmer häuft und sie ihm vor die Füße schleudert. Er möchte wohl verweilen, die Toten wecken und das Zerschlagene zusammenfügen. Aber ein Sturm weht vom Paradiese her, der sich in seinen Flügeln verfangen hat und so stark ist, daß der Engel sie nicht schließen kann. Dieser Sturm treibt ihn unaufhaltsam in die Zukunft, der er den Rücken kehrt, während der Trümmerhaufen vor ihm zum Himmel wächst. Das, was wir den Fortschritt nennen, ist *dieser* Sturm" (Walter Benjamin, IX. Reflexion *Über den Begriff der Geschichte*, Illu 255).

„Es gibt ein Bild von Klee, das Angelus Novus heißt. Ein Engel ist darauf dargestellt...". So also beginnt, in Übereinstimmung mit Klees Titulierung, Benjamin seine Reflexion mit einer Rede über den „Engel", die nahezu selbstverständlich darüber hinwegzugehen scheint, daß diese Gestalt nur wenig Ähnlichkeit mit dem herkömmlichen Bild des Engels hat. Immerhin ist der Engel eine der wenigen menschenähnlichen Sinngestalten der Menschheit. Diese Darstellung jedoch gibt ihr keine Locken, kein ebenmäßig weiches Antlitz, kein weites Gewand, aus dem schöne Hände herausreichen und schöne Füße hervortreten. Selbst die alten Engel mit den Schwertern waren „schön" - dieser ist es nicht mehr.

Daß dieser Neue Engel sich in den Wolken befindet, ist auf den ersten Blick die einzige Gemeinsamkeit, die er mit den „alten Engeln" religiöser Darstellungen teilt. Obwohl er also nicht auf festem Boden steht, vermittelt er gleichwohl nicht den Eindruck, daß er schwebe. Auch sind die Wolken um ihn herum nicht lichtdurchflutet blau-weiß und locker. Es sind keine Schönwetterwolken, die ihn umgeben. Sie sehen vielmehr aus wie braungelb-schweflig-staubige Nebelschwaden, die in seiner Nähe lichtdurchlässiger werden, ihn aber nicht mit Licht umspielen. Er ist keine erhabene, unantastbare, außerweltliche Gestalt in überirdischen Gefilden. Nein, alles ist Endzeitszenario. Vielleicht fliegen sogar Staub- und Schmutzpartikel durch die Luft, die ihn verletzen. In diesem un-himmlischen Himmel „steht" Angelus Novus also, denn schweben kann seine Art Befindlichkeit nicht mehr genannt werden. Angelus Novus, ein Un-Engel.

Sein Körper ist auf den ersten Blick von einer eigenartigen Starrheit gezeichnet. Er ist nicht in Zuwendung geneigt, wie der schützende, der wegweisende, der rettende Nahrung bringende Engel. Angelus Novus befindet sich in einer Position, die einem erschreckten Händehochreißen und Luftanhalten ähnelt. Es ist eine Spannung zu bemerken, die bis in die Spitzen der Extremitäten reicht und eine seltsame Unbeweglichkeit ausstrahlt. Ein Eingeschnürtsein mit hochgereckten Flügelarmen. In dieser Verkörperung finden wir nichts mehr von der Gebärde der Neigung, Liebe und Zuwendung, die wir nicht nur von den alten Engeln kennen sondern auch von Jesus, Maria und Heiligen der verschiedensten Religionen. Selbst die archaische Artemis von Ephesos zeigt diese hier vermißte Gebärde; für Kinder hat diese Haltung bei Erwachsenen den Appellcharakter, sich ihnen in die Arme zu werfen; auch Liebende und Freunde gehen so zur Begrüßung aufeinander zu. Als Grundhaltung in verschiedenen Meditationsstilen wissen wir von ihr, daß sie die (auch innere) Haltung von fließender Energie und Lebenskraft ist, daß sie Offenheit zeigt, Energie zu geben und zu empfangen. Bei Angelus Novus ist nichts mehr zu sehen von dieser, fast könnte ich sagen, universalen Gebärde der Verbundenheit, die auch Zuversicht spenden kann. Allen Erwartungen an frühere Darstellungen von Engeln wird nicht mehr entsprochen. Bei Angelus Novus ist alles ins Stocken geraten, erstarrt, ohne Verbindung: alles ist ins Gegenteil verkehrt und entstellt. Ist er ein unmenschlicher Engel der Abwehr anstatt der Zuwendung?

Die Aufmerksamkeit kreist unruhig um diese Gestalt, die nicht nur nichts Menschenähnliches mehr an sich hat, sondern auch mit nichts mehr zu vergleichen ist. Es gibt noch nicht einmal mehr die geringste Zuflucht in runde, geschwungene, harmonische Formen, die im Fluß sind und einen wohlgefälligen Anblick bieten. Kein üppig schöner Faltenwurf im Gewand. Das Bild wird dominiert von Geraden und Senkrechten. Allenfalls gibt es strenge Bögen, so etwa beim Rock oder Lendenschurz. Die Figur besteht aus zackiger Unproportioniertheit. Nicht Mensch, nicht Tier. Die alten Engel hatten Flügel wie große Vögel, dazu Arme mit Händen wie Menschen; Angelus Novus läßt eine Art Flügelarme erkennen, in die scheinbar Hände wie stumpfe Flügelspitzen eingefügt sind; die starren Beine indessen enden in Vogelkrallenfüßen ähnlichen Gebilden - alles höchst seltsame Mixturen. Auch die Brust scheint bloßgelegt, verletzbar, vielleicht verwundet? Oder gibt es noch so etwas wie einen schützenden oder den Engel auszeichnenden Überwurf, Zeichen einer anderen, besseren Welt? Die Frage, was dieses orangerot-gelbe Zackenfeld bedeute, das über die Schultern gelegt ist und bis zur Leibesmitte reicht, ist schwer zu beantworten. Sein Innerstes ist ein orange-roter Pfeil, ungefähr dort, wo auch das Herz zu liegen hätte. Ein seltsames Zeichen befindet sich darauf - oder darin? Es läßt sich nicht sagen, ob es vielleicht eine Kette, ein Amulett, ein auszeichnender Schmuck sein könnte oder ein Haken, der verwunden möchte. Die Spitze des Pfeils zeigt nach oben auf einen verdickten Hals und wird Teil einer unbestimmbaren Zackenformation, die in die Kehle „sticht". Ist der massige

Hals, der wie ein rechteckiger Klotz den Leib mit dem ebenso überproportionierten Kopf roboterhaft „zusammensteckt", ein Zeichen vollkommener Starre. Oder doch Zeichen unerschütterlichen Widerstands? Gibt es noch eine Stimme in der Kehle, die Fühlen und Denken, Innen und Außen verbindet, oder ist sie längst erstickt? Alle Zeichen des Angelus Novus stehen auf Uneindeutigkeit, ja polarer Gegensätzlichkeit zwischen lebensgefährdenter Verletztheit und widerstehender Lebendigkeit, Trennung und Verbundenheit. Sind sie ein Rätsel, dessen Auflösung Klee uns nicht leicht machen wollte, wenn es überhaupt lösbar sein sollte?

Kein Engel, kein Tier, kein Mensch - aber doch nicht völlig dem Menschlichen fremd. Liegt das Menschliche im Erschrecken, im Blick?

Unweigerlich wird der betrachtende Blick durch die übermäßig großen Augen angezogen. Sie schauen am Betrachter vorbei, sind aufgerissen, aber wirken erstaunlicherweise nicht bösartig oder unheimlich; sie zeigen auch nicht jenes nackte Erschrecken wie „Der Schrei" von Edvard Munch. Obwohl diese Augen an einen maskenähnlichen Stirnteil anschließen, obwohl sie Teil eines Kopfes sind, der, abgesehen von den großen Ohren und den menschenähnlichen Lippen, mit Löwennase, übergroßem Kiefer und Reißzähnen raubtierähnliche Züge aufweist, obwohl also alles so un-menschlich ist, - selbst ein Attribut des Menschlichen, Schriftrollen, wächst ihm unmenschlich aus dem Kopf heraus - blickt dieser Angelus Novus menschlich. Seine Augen wirken mild. Und damit ist die Figur doch „zugewandt" - vielleicht zeigt er doch eine segnende und sammelnde Gebärde? Je näher und länger hingeschaut wird, desto mehr offenbart sich auch Zuwendung.

Dennoch: In diesem Bild wirkt eine ganz eigentümliche Spannung, die nicht nur den Engel zwanghaft fixiert. Durch die Augen, die immer wieder den betrachtenden Blick einfangen, springt etwas von Innen nach Außen, vom Bild zur Betrachtenden und umgekehrt. Die Betrachtende wird eingebunden. Liegt das „Unmenschliche" des Angelus Novus in der Darstellung eines inhumanen Spannungszustandes, den wir Menschen kennen und ohnmächtig erleben? Ist das, was den Anblick des Angelus Novus in immer mehr Fragen stürzt und ihn in das Gegenteil eines antwortenden Engels verkehrt, der verweigerte Trost, sich in eine segensreiche Gebärde fallen lassen zu dürfen oder beunruhigendes Zeichen einer unbewußten Gewißheit und Ahnung, daß es so etwas nicht mehr geben kann? Ist also die Botschaft dieses Engels an das Subjekt, sich in seiner nicht nur leiblichen sondern gesamten Entstellung als „subjektloses Subjekt" seiner Ohnmacht bewußt zu werden? Und ist die Botschaft, indem sie dies ausspricht, eine Herausforderung, sich auf die eigene Entfremdung und die der anderen zu besinnen?

Dies sind offene Fragen, die der biographischen Spurensuche überlassen bleiben. Die Spur allerdings, der ich im folgenden nachgehen will, liegt nicht weit davon entfernt. Sie läßt sich an anderen Fragen kenntlich machen: Was hat der Engel mit uns Menschen überhaupt zu tun? Wo kommt er her? Wo war sein Ursprung? Was drückt er aus? Welche Botschaft bringt er? Welche Bedeutung hat er für das individuelle und gesellschaftliche Leben sowie dessen geschichtsphilosophisches Selbstverständnis, wenn er noch eine Bedeutung hat? Daß seine Gestalt nicht nur für Klee und Benjamin in den 30er Jahren von großer Wichtigkeit war, soll zunächst gezeigt werden - in der Absicht, verschüttetes kulturelles Wissen und vergessene Potentiale von Selbsterkenntnis und Selbstbesinnung in Erinnerung zu rufen.

A 1. Umgang mit dem „Dialektischen Bild" des „Engels der Geschichte"

A 1.1. „Angelus Novus" und das „Dialektische Bild"

Das Bild „Angelus Novus" wird 1920 von Paul Klee geschaffen und ein Jahr später von Walter Benjamin erworben. Es „begleitet" ihn bis zu seiner Flucht aus Frankreich, denn obwohl er in seinem Pariser Exil nie genug Geld hatte („Ich pflücke Blumen am Rande des Existenzminimums", zit. n. Scholem BE 110), verkaufte er es nie. Er hinterließ es in einem Koffer, den Georges Bataille in der Bibliothèque Nationale versteckt hatte, für Gershom Scholem, einen guten Freund, der wiederum die besondere Bedeutung dieses Bildes für Benjamin als „Meditationsbild und als Memento einer geistigen Berufung" hervorgehoben hat. Es soll kurz bei der Geschichte dieses Bildes verweilt werden.

Um Angelus Novus ranken sich in der ersten Zeit nach dem Erwerb überschwenglich scherzhafte Phantasien, so z.B. daß er „Schutzengel der Universität Muri" sei, einer erfundenen Universität, die der Verspottung des traditionellen Lehr- und Wissenschaftsbetriebs diente. Oder er wird von Benjamins Frau Dora der „neuerschaffene Kabbalabeschützer" genannt (vgl. BE 107f). Als „Engel der Geschichte" wird dieser Angelus Novus schließlich für Benjamin das Zentralmotiv der IX. Reflexion in seiner Arbeit *Über den Begriff der Geschichte*, die neben dem *Passagen-Werk* zu den wesentlichen Arbeiten des Spätwerks zählt. Das im Kleeschen Bild gründende „dialektische Bild" des „Engels der Geschichte" kann mit dem des vermeintlichen „Schachautomaten" (in der ersten der insgesamt 17 Reflexionen) als der nachhaltigste Ausdruck der Benjaminschen Idiosynkrasie und Eigenwilligkeit in der Theoriebildung angesehen werden. Sie bestimmen bis heute mit ihrem eigentümlichen „Rätselcharakter" (Adorno) die Benjaminrezeption[1].

Im Unterschied zum viel diskutierten „Schachautomaten", der noch einen unmittelbaren Bezug zur traditionellen politisch-ökonomischen Diskussion hat, sperrt sich der Engel der Geschichte nachhaltig gegen eindimensionale Vereinnahmungsstrategien

---

[1] Diese Reflexionen *Über den Begriff der Geschichte*, die Benjamin im Frühjahr 1940 formuliert hat, wurden später als „Geschichtsphilosophische Thesen" bekannt. Ich setze mich hier bewußt von dieser Benennung ab, da die Bezeichnung „These" - von Benjamin selbst abgelehnt - erst durch jenes Maß an formal-logischer Abstraktion gerechtfertigt wäre, das diese Reflexionen gerade nicht haben wollten. Benjamins kritische Haltung gegen die Wissenschaft von der Geschichte forderte auch eine andere Darstellungsweise (vgl. Niethammer 1989:118ff). Pierre Missacs Versuch, die Bezeichnung „Thesen" trotz aller widerstrebenden poetischen Momente zu retten, läuft genaugenommen auf eine Verabschiedung dieser Bezeichnung hinaus, was er allerdings nicht unternimmt (Missac 1975).

verschiedenster Provenienz. An ihm scheiden sich die interpretierenden Geister in metaphysisch-theologische, mystisch-kabbalistische, historisch-materialistische sowie ästhetische Beurteilungen, vor allem der Frage nachgehend, ob und wie ein von Wissenschaften künstlich Getrenntes innerlich verflochten sei (vgl. BE 87ff). Da mein Arbeitsschwerpunkt nicht in einer Benjamin-Exegese besteht, soll nicht mehr als nötig auf diesbezügliche Interpretationsversuche eingegangen werden[2].

Die folgende Arbeit will ganz anders, nämlich mit dem ästhetischen Verhalten, eine subjekttheoretische Dimension thematisieren, die bei den bisherigen Benjaminrezeptionen zugunsten eines objektbezogenen Erkenntnisinteresses zur Geschichte, zum Mythos, zur Moderne, zur bürgerlichen Gesellschaft, zur Literatur, um nur die wesentlichen Themenkomplexe anzusprechen, unbeachtet geblieben ist (vgl. Bolz/Faber 1982 u. 1986; Lindner 1985; Doderer 1988). Dabei konzentriere ich mich auf diejenigen Interpretationen im theoretischen Umfeld von Adorno, Scholem, Tiedemann und Vogel, die eine aktuell-subjekttheoretische Lektüre wesentlich vorantreiben können. Wenn ich also dieses Bild aufgreife, über das schon viel Tiefsinn produziert wurde, werde ich keineswegs der Morgensternschen Scholastikerfrage nachgehen, wieviel Engel auf einer Nadelspitze Platz haben, d.h. in concreto: ob dieser Engel Krallen anstatt Hände habe, ob er satanische Züge trage, ob seine Flügel aerodynamisch richtig „konstruiert" wären, ob es ein „junger" oder „neuer" Engel sei etc. (vgl. dazu exemplarisch v. Ha-

---

[2] Der qualitative Gehalt dieser Kontroverse läßt sich an Benjamins Versuch einer Vermittlung von historischem Materialismus und Theologie (jüdischer Theologie und Mystik) festmachen, wobei hervorgehoben werden muß, daß die schroffe Dichotomisierung erst ein Produkt künstlicher Zuspitzung durch die Interpreten ist. Benjamin wollte mit seiner Arbeit diese Trennungen überwinden. Zwar hat er selbst diese Ambivalenz, die sich in seinen sprachphilosophischen Arbeiten und in dem Kafka-Essay am deutlichsten ausdrückt und sich auch in seinen Beziehungen zu Scholem bzw. Brecht widerspiegeln, bemerkt und zutreffend als „Janus-Gesicht" reflektiert (vgl. Scholem 1990:246, 250, 260); er hat sie aber gleichwohl als eine Suchbewegung verstanden (vgl. ebd. 242-260). Mit der Intention auf eine produktive Synthese wendete er sich beidem zu. In einem Brief an Alfred Cohn im Mai 1935 ist die Rede von einem „förderlichen Umschmelzungsprozeß, in dem die ganze ursprünglich unmittelbar metaphysisch organisierte Gedankenmasse [der Passagenarbeit] in einen dem gegenwärtigen Dasein geziemenderen Aggregatszustand [sic] übergeführt worden ist" (zit. n. BE 135). Dieser „Umschmelzungsprozeß" hat ihm nicht nur den oberflächlichen Brecht-Kommentar, seine Arbeit sei „Mystik, bei einer Haltung gegen Mystik" (Scholem 1990:220), eingehandelt, sondern in der Folge eine ganze Reihe derartig einseitig-verkürzter Rezensionen (vgl. Bulthaup 1975: *Materialien zu Benjamins Thesen >Über den Begriff der Geschichte<*; Kaiser: *Walter Benjamins >Geschichtsphilosophische Thesen<. Zur Kontroverse der Benjamin-Interpretation*, in Kaiser 1974). Ich stimme in dieser Kontroverse mit Ebach überein, wenn er sagt, daß die „Debatte um das Verhältnis von Theologie und Historischem Materialismus [...] von Benjamin selbst so differenziert geführt [wurde], daß jede platte Alternative weit unter die Reflexionsebene zurückfällt, auf der Benjamins Denken sich bewegt" hatte (Ebach 1986b:152). Eine aufschlußreiche Interpretation, die auch auf das Mimetische eingeht, gibt Tiedemann (1983) in seinem Aufsatz *Historischer Materialismus oder politischer Messianismus?*.

selberg 1975). Was meine Interpretation dieses Bildes angeht, will ich weder konkretistische Bestimmungsversuche am Detail machen, noch will ich metaphysischmystische Spekulationen oder abgehobene Angelologie betreiben. Meiner Meinung nach verfehlen derart gelagerte Ansätze ihr Anliegen, das Rätselbild zu entschlüsseln. Wenn ich also diese Dissertation mit einer Einführung beginne, die nicht der Konvention und gesellschaftlich-wissenschaftlichen Arbeitsteilung entspricht, dann geschieht dies deshalb, weil, wie schon in der Einleitung erwähnt, das Thema insgesamt nicht in der Beschränkung auf einen rein theoretischen Ausdruck bearbeitet werden kann. Da es in dieser Arbeit um das „ästhetische Verhalten" geht, ein Verhalten, welches Hegel sicherlich mit Recht in dialektischer Weise vom „theoretischen" und „praktischen" Verhalten gleichermaßen unterschieden hat, schlage ich mit Walter Benjamin jenen Weg ein, der über das Denken in Bildern und die Sprache des Kunstwerks zum „dialektischen Bild" führt. Hier ist ein grundlegendes Phänomen „geistiger Erfahrung" (Adorno) auf den Begriff gebracht, ohne begrifflich abstrakt zu vereinseitigen. Zugleich ist damit ein zentrales Problem der okzidentalen Rationalisierung aufgegriffen, denn das dialektische Bild ist eine Möglichkeit, das prekäre Verhältnis von Bild und Wort, genauer: von Sprache in Bild und Sprache in Wort und Begriff, zu bestimmen. Es knüpft an jene „vorbewußt schöpferische" „Bildkraft" an, „welche Weltstoff gestaltet". Sie sei nach Theodor Lessing zwar ebenso bedeutsam wie das „bewußt formende und willkürliche Bildungsvermögen der Menschen", mußte aber im gesellschaftlichen Rationalisierungsprozeß hinter diesem zurückstehen (Lessing 1995:8). Ich stehe also in einem wissenschaftstheoretisch relevanten Diskurs, der vielleicht mit dem jüdischen Bilderverbot begann, sich mit dem christlichen Disput über die Bilderverehrung sowie über die Allegorie des Barock fortsetzte und sich bis zur modernen „Suche" nach dem Nichtbegrifflichen und dem „Anderen der Vernunft" (G. Böhme, H. Böhme) erstreckt. Im Zentrum dieser einleitenden Betrachtung steht damit zunächst die Frage nach der Bedeutung von Bildern im Erkenntnisprozeß, welcher, wie gezeigt werden wird, nicht ausschließlich intellektuell begründet sein muß. Schon Kant hatte in seinen Überlegungen zur „ästhetischen Idee" die besondere Qualität der synthetisierenden „Einbildungskraft" hervorgehoben, die „mithin den Begriff selbst auf unbegrenzte Art ästhetisch erweitert" (*Kritik der Urteilskraft*, §49). Benjamin indessen geht über das Kantsche Modell hinaus und unternimmt eine Umgewichtung dieses Verhältnisses zugunsten des den Begriff übersteigenden Bildes. Er vertraut auf das Bild als „Reflexionsinstrument", wie Pierre Missac dieses Verhältnis ausdrückt, um den „poetischen Aspekt" der Benjaminschen „Thesen" zu erfassen (Missac 1975:318, 325). Diese Problematik wird im Rahmen einer Dialektik von Mimesis und Ratio erörtert, und zwar als grundlegende Kritik am Rationalismus, wie sie von Benjamin und Adorno entwickelt wurde. So soll in der folgenden Darstellung zum dialektischen Bild deutlich werden, warum in der modernen Rationalismuskritik auf mythische Bilder und Gestalten zurückgekommen wird: es handelt sich dabei nämlich um Bilder, in denen sich Menschheitserfahrungen speicherten und tradierten, und die deshalb allemal unter kulturellem und subjekttheoretischem Gesichtspunkt der abstrakten Begriffssprache überlegen sind. Bilder können „ohne Worte" verstanden werden, während umgekehrt die nicht-naturwissenschaftliche Begrifflichkeit offenbar ohne Metaphorik nicht existieren kann (siehe das „Begreifen" des „Begriffs"). Bilder sprechen das Unbewußte unmittelbarer an als diskursives Denken. Damit hat auch das, was Marcel Mauss über Rhythmen und Symbole gesagt hat, in diesem Kontext seinen Ort: Bilder „beziehen nicht nur die ästhetischen oder imaginativen Fähigkeiten des Menschen ein, sondern seinen ganzen Leib und seine Seele zugleich" (Mauss 1989:167). Gerade hierin ist das wesentliche Moment für die subjekttheoretische Reflexion begründet.

Das von Benjamin eingeführte Konzept des „dialektischen Bildes" ist keineswegs im allegorischen Sinne zu verstehen. Nicht so, daß ein allegorisches Bild wie die „Justitia" einen bestimmten Begriff wie den der Gerechtigkeit oder der Rechtsprechung versinnbildlichte. Es sind damit auch nicht jene Benjaminschen „Denkbilder" im aphoristischen Stil gemeint, die, entsprechend der Überzeugung, daß sich noch im Subjektivsten Objektives zeige, Lebenserfahrungen zum Ausdruck bringen und verallgemeinern (Adorno 1990a:27). In einem dialektischen Bild handelt es sich für Benjamin vielmehr ausdrücklich um eine Reflexion in Form eines Textes, die durchaus ihren Ausgang in konkreten oder allegorischen, in imaginären oder unbewußten Bildern nehmen kann. Sie übersteigt aber bei weitem den Rahmen einer hermeneutischen Deutung, indem sie eine allgemeine geschichtsphilosophische und erkenntnistheoretische Bedeutung beansprucht. Mit Vorbehalt ließe sich insofern das dialektische Bild mit einer fiktiven Momentaufnahme vergleichen, in der sich Vergangenheit und Gegenwart teleskopartig ineinanderschieben und so einen neuen Blick auf die Gegenwart ergeben. Benjamin nennt dieses Ineinandersetzen von Zeiten „Jetztzeit" und erläutert den Gedanken in der XIV. Reflexion mit der Französischen Revolution, die sich als ein „wiedergekehrtes Rom" verstand. Für Robespierre sei das „antike Rom eine mit Jetztzeit geladene Vergangenheit, die er aus dem Kontinuum der Geschichte heraussprengte" (Illu 258). Dieser „historische Index", der die „Bilder" von den „Wesenheiten" der Husserlschen Phänomenologie unterscheidet (GS V.1:577), ist das entscheidende Kriterium (vgl. Tiedemann 1965:130). Es heißt dazu genauer: Ein „dialektisches Bild" sei „dasjenige, worin das Gewesene mit dem Jetzt blitzhaft zu einer Konstellation zusammentritt" (GS V.I:578). Es handelt sich also um eine wesentlich geschichtsphilosophische Konstellation, in der das „Jetzt" durch die (vergangenen) Bewegungen seines Innern in seinem „Zeitkern" erkennbar wird. Benjamin spricht mit Absicht in diesem Zusammenhang von der „Lesbarkeit" im Sinne der Deutung von Zeichen und charakterisiert dieses „Bild" als „Dialektik im Stillstand". Hier liegt also ein geschichtsphilosophisches Denken zugrunde, das den Horizont eines bloß linearen und teleologischen Geschichtsbegriffs und der daraus hervorgehenden trivialen Vorstellung, „daß das Vergangene sein Licht auf das Gegenwärtige oder das Gegenwärtige sein Licht auf das Vergangene wirft" (GS V.I:576), bei weitem übersteigt. Unschwer ist darin trotz des Umschmelzungsprozesses in einen „dem gegenwärtigen Dasein geziemenderen Aggregatszustand" (vgl. Anm. A 2) der Einfluß des jüdischen Messianismus zu erkennen. Dessen Vorstellung von Erlösung - als ein übergangsloser Einbruch der Ewigkeit in die Geschichte[3] - wird gewissermaßen als Gegenmodell zu modernen Vorstellungen von Entwicklung und Fortschritt herangezogen und kann ihrerseits als historisches Korrektiv gegen eben diese messianische Außerzeitlichkeit betrachtet werden. Das in dieser Figur enthaltene Modell einer Prozeßdynamik innerer Gegensätze indessen stimmt mit der historisch-dialektischen Methode überein. Das Neue (das neue Alte) seiner Methode besteht allerdings darin, daß Benjamin bewußt kulturelle Bilder und eben keine Begriffe gewählt hat, noch dazu solche, deren Wurzeln in das „Noch-nicht-bewußte-Wissen vom Gewesenen" (GS V.1:491) hinabrei-

---

[3] Zum Verständnis der messianischen Idee zitiere ich Scholem: „Mit besonderer Wucht kommt das bei der Ausbildung der Vorstellung von den Geburtswehen des Messias, das heißt hier der messianischen Zeit, zum Ausdruck. Die Paradoxie dieser Vorstellung besteht darin, daß die Erlösung, die hier geboren wird, gar nicht in irgendeinem kausalen Sinn eine Folge aus der vorangegangenen Historie ist. Die Bibel und die Apokalyptiker kennen keinen Fortschritt in der Geschichte zur Erlösung hin. Die Erlösung ist kein Ergebnis innerweltlicher Entwicklungen, wie etwa in den modernen abendländischen Umdeutungen des Messianismus seit der Aufklärung, wo noch in seiner Säkularisierung im Fortschrittsglauben der Messianismus eine ungebrochene und ungeheure Macht beweist. Sie ist vielmehr ein Einbruch der Transzendenz in die Geschichte, ein Einbruch, in dem die Geschichte selber zugrunde geht, in diesem Untergang sich freilich wandelnd, weil von einem Licht getroffen, das von ganz woanders her in sie strahlt" (Scholem 1970:133).

chen[4]. Macht er nun mit diesen Verschmelzungen auf der Suche nach einem neuen Begreifen von Geschichte, das nicht durch wissenschaftlich diskursive Logik und Politik begründet ist, den Messianismus politisch und marxistisch? Oder macht er den historischen Materialismus und die dialektische Methode theologisch? Bei solchen gängigen Alternativen möchte ich nicht stehenbleiben. Vielmehr ist die Aufmerksamkeit auf ein vielleicht bedeutsameres Zeichen des jüdischen Erbes in Benjamins Werk zu richten, das bisher viel zu wenig Beachtung fand: das „Bild" als rationalismuskritische Aufarbeitung der im Judentum, besonders in der Mystik und Kabbala, tradierten Formen von Mimesis[5]. Diese Differenz zur „klassischen" Dialektik soll im Hinblick auf ihr Potential einer im ästhetischen Verhalten begründeten Kritik, wie sie auch von Adorno formuliert wird, kurz angesprochen werden.

In dem dialektischen Bild Benjamins geht es vor allem um jene Sphäre von Unbewußtem, Bildern, Traum, Erwachen und Erinnern, die schon in der Romantik als Kritik der Aufklärung an Bedeutung gewann. Eine Sphäre allerdings, die es bisher ebensowenig zu wissenschaftlicher Anerkennung gebracht hat, wie sie gleichwohl für Problemstellungen, wie der im folgenden abzuhandelnden, unabdingbar notwendig ist. Handelt es

---

[4] Irritieren darf hier nicht Adornos Fazit zu Aphorismus 98, *Minima Moralia*, demzufolge Benjamins Vermächtnis in der Aufgabe bestehe „das Intentionslose durch den Begriff einzuholen: der Nötigung, dialektisch zugleich und undialektisch zu denken" (MM 200f). Bekanntlich postuliert auch Adorno gegen die formal-logische Schultradition einen wesentlich weiter gefaßten, sowie einschränkungslos an Erfahrung gebundenen „Begriff", der aus einem Denken in bezug auf Realität entspringt. „Denken und geistige Erfahrungen machen" sei „ein und dasselbe" (Adorno 1971:116). Wenn also Adorno mit dem Begriff das Begriffslose einholen will, dann ist der Begriff „Begriff" schon viel weiter gefaßt als in der formal-logischen Tradition. In der Arbeit *Begriff, Bild, Name. Über Adornos Utopie der Erkenntnis* geht Tiedemann ausführlich auf dieses Problem ein (Tiedemann 1993:92ff). Hier wird auch ein bis dato unveröffentlichter Entwurf über dialektische Bilder als Konstellationen von Begriffen abgedruckt. Tiedemann hält es für möglich, daß Adorno diesen Entwurf in der *Einleitung zu Benjamins >Schriften<* nicht berücksichtigte aufgrund der Befürchtung, zu viele Modifikationen in Benjamins Philosophie hineingelegt zu haben. Der Anfang soll hier zitiert sein:
„Warum dialektische Bilder und nicht Begriffe: weil Benjamins Denken den paradoxen Versuch unternimmt, durch Denken das außer Kurs zu setzen, was Denken seinem Gegenstand durch Abstraktion, Zurichtung, Klassifikation antut. Wenn Benjamins Philosophie die Grenze nicht anerkennt [...], dann bedeutet das, daß sie in einem gewissen Sinn sich ums Ding an sich bemüht, und dem dienen die Bilder, in denen seine Philosophie, ihrer Absicht zufolge, resultieren sollte. Aber diese Bilder sind keine unmittelbaren Anschauungen, sondern ergeben sich aus Konstellationen von Begriffen und setzen die denkende Arbeit - nämlich die entfaltete Theorie voraus; es sind Konstruktionen aus Begriffen" (Tiedemann 1993:104).
[5] In Benjamins vieldiskutierten Aufsatz über *Das Kunstwerk im Zeitalter seiner technischen Reproduzierbarkeit* lassen sich z. B. wesentliche Momente einer im Mythos und Kult begründeten Mimesis (siehe Konstellation B) finden, die als solche in der Sekundärliteratur noch nicht genügend berücksichtigt wurden. Auf dieser Basis lassen sich vollkommen neue Schlußfolgerungen auch *Über das mimetische Vermögen* u.ä. Texte ziehen, die allerdings in dieser Arbeit nur soweit wie nötig angesprochen werden können.

sich doch dabei nicht um offen zu Tage liegende und begrifflich allemal präformierte Zusammenhänge des Subjekt-Objekt-Verhältnisses, wie sie traditionell „begriffen" werden in Termini wie „Geschichte", „Herrschaft", „Klasse", „Kampf" etc. Vielmehr sollen die verborgenen Unterströme dieser Begriffe, die sich andeutungsweise bereits in so vagen Metaphern wie der „unterirdischen Geschichte" (Horkheimer/Adorno), des "Unheimlichen" (Freud), der „dunklen Schriftsteller" etc. flüchtig ausgedrückt finden, zum Gegenstand der Untersuchung werden. Diese Unterströme, die seit Baudelaire, Hölderlin und Nietzsche das Movens der Kritik an der kulturellen Moderne bildeten, müssen gerade mit Benjamin thematisiert werden, weil er in seinen Arbeiten diese verborgenen und doch zentralen Nervenpunkte der „Entzauberung der Welt" (Weber) am weitesten aufgeklärt hat. Er will die verborgenen Seiten entdecken, das „Nicht-Sagbare" und „Entsprachlichte" (Lorenzer) soll aufs Wort gebracht werden gegen den „Hochverrat [...] des Begriffs am Wort", wie es im Essay über *Karl Kraus* heißt (Illu 367). Ein Kernstück seiner Theorie ist die sprachphilosophische These vom „Sprach-zerfall", die er nicht nur bis auf die geschichtsphilosophische und erkenntnistheoreti-sche Ebene hebt, sondern vor allem für die Reflexion vom Subjekt aus erschließt, fast läßt sich sagen: für eine verallgemeinerbare „Kunst des Selbstausdrucks" (Illu 363). In bezug auf meine Fragestellung zum ästhetischen Verhalten schließt sich hier ein argu-mentativer Kreis zur subjekttheoretischen Wendung, wie es in dieser Arbeit gegen ein kunsttheoretisches Verständnis entwickelt werden soll.

Diese Kritik findet in Adornos Werk eine Entsprechung: war in Hegels Teleologie des Zu-sich-kommens der Idee die Ästhetik die Sphäre des „sinnlichen Scheinens der Idee", bevor sie in der Religion Glaubensgewißheit und letztlich in der Philosophie selbstbewußter Ausdruck werden sollte und war somit geschichtsphilosophisch und ideengeschichtlich ein Ende der Kunst vorausbestimmt, so kommt nach Adornos *Ne-gativer Dialektik* der Ästhetik sozusagen im aufklärerisch desillusionierten roll back wieder eine erneute Bedeutung zu. Als intentionsloser Ausdruck von Wahrheit (vgl. ÄT 293) repräsentiere Kunst gerade all das, was über die engen und erstarrten Grenzen rational-begrifflicher Welterfassung hinausgeht und was das Leben in seiner Un-Eindeutigkeit beschreibt, das „Nichtidentische" (vgl. Brunkhorst 1990, Lenk 1990, Ritsert 1997). Es handelt sich dabei immer um Sphären, in denen kulturgeschichtlich Kunst, Religion und „Philosophieren" - wie Adorno bewußt seinen Gegensatz zur Schulphilosophie ausdrückt - zusammenströmen und den gesellschaftlichen Rationalisierungsprozessen sperrig entgegenstehen. Nicht zufällig verbinden sich gerade hier die beiden Ansätze von Benjamin und Adorno zu einem geschlossenen Ganzen. Es zeigt sich von dieser Seite, daß der „Begriff" durchaus weiter gefaßt sein muß als es die rationalistische Tradition wahrhaben will: eine weitere Fassung, die ebenfalls nicht zufällig Benjamin und Adorno an der grundlegenden Erfahrungskategorie wiederholt angemahnt haben. Und eben dies soll in einer komplementären Lektüre der Werke beider herausgearbeitet werden.

A 1.2. Erfahrung und Erkenntnis im Bild des Engels. Ein archäologisches Modell

Freilich lassen sich auch im Verfahren einer an symptomatischen Bildmanifestationen anknüpfenden Reflexion keine unmittelbaren Argumentationen ansetzen. Das Verhältnis von Bild und Reflexion ist seinerseits ein dialektisches. Der Wahl des Bildes für bestimmte Erkenntniszwecke liegt ebenso hochvermittelte Reflexion voraus, wie aus dem Bilde heraus gesteigerte Reflexion folgen soll. Sind schon die Hegelschen Figuren der Anerkennung insofern dialektische Bilder, als sie in offenkundigen kulturellen Deutungsmustern von Kampf, Herrschaft und Klasse mit ihren inneren Widersprüchen bestimmte historische „Zeitkerne" zum Ausdruck bringen, so steht der Benjaminsche Engel, der Engel der Geschichte, zugleich in der bürgerlich-sittlichen Ordnung, aber auch in der gattungsgeschichtlich alten Tradition jener mythologisch-religiösen Urbilder, die, wie Isis, Nike, Hermes, Eros u.a., noch vor-metaphysischer Herkunft sind. Der Engel ist so gesehen ein „Urbild" des menschlichen Transzendierens überhaupt, d.h. in der archaischen „Transzendenz ins Diesseits" (Gehlen) wird er zum Geist und Dämon, mit dem Übergang zu Erlösungsreligionen (Weber) und Monotheismus repräsentiert er als himmlischer Bote alles Transzendieren ins Jenseits. Am Benjaminschen Engel ist dabei von besonderem Interesse, daß er nicht nur aufs „Paradies" bezogen ist, sondern pointiert dialektisch, im quasi archaischen Sinne, auch auf die diesseitige Menschheitsgeschichte und ihre Erfahrungen - dies aber nunmehr negativ.
Der Engel war im jüdisch-christlichen Zusammenhang Bote zwischen Himmel und Erde. In dieser Dimension sind die frühesten Vorstellungen über die Verbindung des Lebens und des Todes, des Individuellen mit dem Überindividuellen, des Irdischen mit dem Überirdischen, des Menschlichen mit dem Göttlichen, des Weiblichen mit dem Männlichen ebenso aufbewahrt wie der Wandel dieser Vorstellungen im Geschichts-

verlauf. Es sind darin die Hoffnungen und Sehnsüchte der Menschen gespeichert, ihre Utopien, die Wünsche nach Hilfe und Schutz wie auch ihre Enttäuschungen und Hoffnungslosigkeit. Der Benjaminsche Engel der Geschichte lebt aus allen diesen Sinngehalten, indem er die in der Engelgestalt archivierten mythologisch-religiösen Lebenserfahrungen geschichtsphilosophisch aufs Wort bringt. Benjamin wendet diese archivierten Erfahrungen auf eine bestimmte historische Situation des Subjekts hin, wenn er interpretiert: das „Antlitz der Vergangenheit zugewendet" sieht Angelus Novus „eine einzige Katastrophe, die unablässig Trümmer auf Trümmer häuft und sie ihm vor die Füße schleudert." Mit dieser Betrachtungsweise vollzieht er den absoluten Umsturz des noch bei Hegel ungebrochenen bürgerlichen Fortschrittsdenkens in ein neues Bewußtsein von Krisen und Katastrophen, genau gesprochen: in die kritische Paradoxie eines „Katastrophenfortschritts", wie er sich endgültig mit beiden Weltkriegen und dem Faschismus entwickelt hatte. „Das, was wir den Fortschritt nennen, ist dieser Sturm", der „vom Paradiese her" weht und den „Engel der Geschichte" daran hindert zu „verweilen, die Toten [zu] wecken und das Zerschlagene zusammen[zu]fügen".

Die beschriebene Wandlung eines phylogenetischen „Urbildes"[6] findet ihren theoretischen Hintergrund in Benjamins Gedanken zum Urphänomen, das er in Anlehnung an Goethe, aber nunmehr im geschichtlichen Kontext[7], folgendermaßen bestimmt:

---

[6] Mit der Studie von Dora und Erwin Panofsky über *Die Büchse der Pandora. Bedeutungswandel eines mythischen Symbols* liegt bereits eine ausführliche Untersuchung der Metamorphose einer mythischen Gestalt, einer Figur des Imaginären, vor. Allerdings werden die soziohistorischen Hintergründe der Veränderung dieses „Symbols" und vor allem die veränderten Formen von Subjektivität (Vogel) bei diesem kultur- und kunstgeschichtlichen Überblick über verschiedene Erscheinungsweisen der Pandora zu wenig systematisch berücksichtigt und bringen für meine Arbeit keinen entscheidenden Erkenntnisfortschritt.

[7] Dazu heißt es im *Passagen-Werk* [N 2a,4]: „Bei dem Studium der Simmelschen Darstellungen von Goethes Wahrheitsbegriff wurde mir deutlich, daß mein Begriff des Ursprungs im Trauerspielbuch eine strenge und zwingende Übertragung dieses Goetheschen Grundbegriffs aus dem Bereich der Natur in den der Geschichte ist. Ursprung - das ist der aus dem heidnischen Naturzusammenhange in die jüdischen Zusammenhänge eingebrachte Begriff des Urphänomens" (GS V.1:577; vgl. Tiedemann 1965: 60f, 66ff). Was Benjamin hier methodisch für die „Ursprungsergründung" der Pariser Passagen sagt (er will den Ursprung der Gestaltungen und ihre Veränderungen verfolgen), übertrage ich durch den Bezug auf die Gestalt des Engels in jene Sphäre von mythologischen Bildern und Symbolen, die zwar mit dem jüdischen Bilderverbot und der Suche nach einem „reinen" Gottesbegriff verlassen wurde, auf die allerdings in der Kabbala verstärkt zurückgekommen wurde, um die verlorene Lebendigkeit des Gottesbegriffes wiederzugewinnen (vgl. Scholem 1992:118f; Goodman-Thau 1994:112). Die Idee, den Engel als Ursprungsphänomen zu deuten, stammt also nicht von Benjamin selbst, sondern ist ein Versuch, seine Theorie auf ihn selbst anzuwenden und den „Engel der Geschichte" in jüdischer Tradition und Kritik zu verstehen. Die These, daß er für eine mimetisch-rationale Form der Erkenntnis einsteht wird sukzessive ausgebaut werden.

„In jedem Ursprungsphänomen bestimmt sich die Gestalt, unter welcher immer wieder eine Idee mit der geschichtlichen Welt sich auseinandersetzt, bis sie in der Totalität ihrer Geschichte vollendet daliegt" (GS I.1:226).

Der Engel ist dasjenige „Ursprungsphänomen", das seine Verkörperungen, seine „Gestalt" nacheinander in verschiedenen Kulturen und Epochen gefunden hat[8]. Die zugrundeliegende Idee besteht in einem Transzendieren des irdischen Daseins in ein himmlisches, was bedeutet, daß die Idee nicht vor aller Erfahrung ist. Es sind gerade umgekehrt archivierte Menschheitserfahrungen, die im Bild des Engels ästhetisch zum Ausdruck kommen, symbolisch transformiert werden (S. Langer) und dergestalt zur „Tradition des kulturellen Gedächtnisses", zur „Ordnung des Imaginären" beitragen (Cavarero, Lenk, Loraux, Weigel). Diese offensichtliche Tatsache wird ebenso oft vernachlässigt und vergessen wie ihr Erfahrungsgehalt, was einen beträchtlichen Unterschied im Umgang mit diesen „präsentativen Symbolen" (Lorenzer) ausmacht. Ahistorisches Denken sieht primär eine in dieser Gestalt schon angelegte Versteinerung zu einer bestimmten Form, z.B. zur Dogmatisierung in Heilslehren, und es übersieht allzu leicht die ehemals lebendigen Erfahrungen und Ausdrucksformen, derentwegen Aby Warburg das Symbol als Vermittlung zwischen „historischem Ausdruckswillen und überhistorischer Formgebung" begreift und phantasievollerweise als „Energie-konserve" bezeichnet (zit. n. A. Assmann 1994:99). Ahistorisches Denken übersieht auch die Möglichkeit, durch neue historische Erfahrungen diese Form aufzubrechen - so geschehen in dem später zur Diskussion stehenden Umgestaltungsprozeß vom „Angelus Antiquus" (wie ich analog das herkömmliche Bild des Engels nenne) zu „Angelus Novus". Es war ja gerade die Moderne, die den Umbruch aller Erfahrungsgrundlagen mit sich brachte und die dementsprechend dann auch die kulturell tradierten „Symbole" umgestalten mußte. Die traditionelle Ikonographie der Engelgestalt konnte in der irritiert-sensibilisierten Erfahrung der Moderne nicht aufrechterhalten werden. Gerade mit dem Kontrast des vergehenden Angelus Antiquus und dem Entstehen des Angelus Novus wird gezeigt werden, daß sich die Idee des Engels nicht linear entfaltete. (Ob, wie Benjamin meint, diese Idee je in der „Totalität ihrer Geschichte vollendet" daläge, sei dahingestellt.) Es vollzog sich ein Bruch mit der versteinert dogmatischen Form und zugleich eine Wiederaneignung ihres subjektiven Erfahrungs-

---

[8] Bemerkenswert ist, daß noch der konsequenteste Rationalismus in Gestalt der Kantschen transzendentalen Erkenntnislehre der Gestalt des Engels bedarf: für ihn sind Engel einziges Beispiel des „reinen Vernunftwesens". Diesem Zusammentreffen von traditionell-transzendenten und modern-transzendentalem Denken kann hier nicht weiter nachgegangen werden.

gehaltes durch das moderne Subjekt, das „mit der Welt auch sich selbst fremdgewor-
den ist" (Adorno 1981b:103) und seine eigene Entstellung vielleicht gerade in dieser
befremdend-entstellten Engelgestalt wiedererkennt. Damit gewinnt der Engel als Angelus Novus die „Aktualität eines Phänomens", das „vergessene Zusammenhänge der Offenbarung" (GS I.3:226) repräsentiert.

„Damit erfüllt Darstellung des Ursprünglichen den Charakter der Entdeckung. Einer Entdeckung aber,
die in einzigartigster tiefster Weise sich verbindet mit der Wiedererkennung. Es ist das Wiedererkennen
eines Unerhörten als eines in uralten Zusammenhängen beheimateten. Die Entdeckung der Aktualität
eines Phänomens als eines Repräsentanten vergessener Zusammenhänge der Offenbarung" (GS
I.3:936).

Dieses Offenbarungswissen ist, in einer sich auf sich selbst besinnenden Wendung des
theologischen Sinns, „eigentlich vortheologisch"[9] gemeint: es soll etwas „Unerhörtes"
wiedererkennen oder, wie Klee sagt, „etwas Verborgenes wieder sichtbar machen";
„Urspung ist das Ziel" (Karl Kraus zit. in der XIV. Reflexion)[10]. Das macht die „Jetztzeit" des dialektischen Bildes bei Benjamin aus.

---

[9] Jan Philipp Reemtsma arbeitet in *Der Bote. Walter Benjamin über Karl Kraus* diese entscheidende
Abweichung vom theologischen Denken im traditionellen Verständnis heraus: „Daß sein Denken in wesentlichen Zügen theologisch sei, hat Benjamin nie verschwiegen, selten getarnt. Doch hat sich sein
Denken nie auf ein theologisches System bezogen. Wohl auf Traditionen jüdischer Theologie - besonders auch im Kraus-Essay -, doch nie auf ein systematisch gefügtes. Daraus rührt der magische Zug
seines Denkens, er ist eigentlich vortheologisch" (Reemtsma 1992:99). Daran wäre nur einzuschränken,
daß über den magischen hinaus ein mimetischer Zug an Benjamins Denken dessen vor- und zugleich
auch nachtheologischen Charakter ausmacht, denn „Magie", als „organisierte Handhabung der Mimesis" (DA 162), kann ebenso wenig wie Theologie als organisierte Reflexion des Gottesglaubens im
Spiele sein, wohl aber ein eigentümlicher Zug jenes von Benjamin wiedererinnerten „mimetischen Vermögens", das im folgenden des näheren zu untersuchen ist. Was das Verhältnis dieser Kategorien angeht, verweise ich auf die Dissertation von Elisabeth Lockhart über „Magie verstehen", die demnächst
abgeschlossen sein wird.
[10] Zu dieser Auseinandersetzung mit „Ursprung" und infolgedessen auch mit Mythos und Mythologie
bedarf es einiger Vorbemerkungen, um die Differenz zur falschen Remythisierung im „unechten Mythos" des Faschismus hervorzuheben. Diese Auseinandersetzung stand damals allgemein auf der Tages-
ordnung, und auf verschiedenen Ebenen befand sich die Gesellschaft an dem Punkt, „wo das psychologische Interesse ins *mythische* übergeht", wie Thomas Mann die Konvergenz von Psychoanalyse und
Literatur formulierte (Mann 1972:144). Ging es den faschistischen Propagandisten im Rückgriff auf
den deutschnationalen Mythos um politische Gleichschaltung der Individuen in der Masse, lassen sich
zugleich auch kritische Intellektuelle und Wissenschaftler finden, die sich aus emanzipatorisch-
aufklärerischen Interessen damit auseinandersetzten, z.B. um das Massenphänomen der „sozialen Ansteckung" (Freud, Vierkandt) aufzuklären, die Formen kollektiver Subjektivität zu erfassen oder, wie
Benjamin, die „>Mythologie< in den Geschichtsraum" aufzulösen (GS V.I:571). Wie eng indessen diese
grundverschiedenen Indienstnahmen dieser Sphären, die faschistische und aufklärerische, beieinander-
liegen und wie minutiös dementsprechend die grundlegenden Unterscheidungen herausgearbeitet werden
mußten (vgl. dazu die ins Biologistische tendierende Archetypenlehre von C.G. Jung), kann man einer
Selbsteinschätzung von Thomas Mann als Erzähler entnehmen. In seiner Rede anläßlich des 80. Geburtstags von Freud beschreibt er jenen „Schritt vom Bürgerlich-Individuellen zum Mythisch-

Wenn also in diesem Kontext mit Benjamin konsequent Rationalismuskritik betrieben werden soll, ist eine Beschäftigung mit Mythologie unabdingbar, denn erstens inhäriert ihr jene dialektisch ausgewogene Sphäre von Rationalem und Nichtrationalem, die der Fortschrittskritik zugrundeliegen muß; zweitens hat die mythische Lebensform eine subjektiv konstitutive Dialektik von Rationalem und Nichtrationalem hervorgebracht, wie sie die Moderne zwar nicht mehr kennt (mit paradigmatischen Ausnahmen in der Kunst), deren sie aber als Gegenbild bedarf; drittens können hier jene „mythischen Verbundenheiten" untersucht werden, „die im Kunstwerk zu einziger unmythologischer und unmythischer, uns näher nicht begreiflicher Gestalt geformt sind" (Illu 41).

Es handelt sich also nicht um eine okkultistische Remythisierung der Wirklichkeit und Theorie, sondern um Aufklärung und Darstellung einer nicht rationalisiert-getrennten, vielmehr in Verbundenheiten bestehenden „mimetischen Daseinsweise" (Horkheimer/ Adorno). Die Bezüge zur Mythologie und dem ihr zugrundeliegenden spezifischen Erfahrungsgehalt liefern eine Kontrastfolie zum Erfahrungsverlust der Moderne. Ein Kontrast, den Benjamin gerade in dieser Gegenüberstellung gesucht und in seinem Spätwerk ausgearbeitet hat, wie u.a. der Begriff „kosmischer Erfahrung" zeigt. Wir werden sehen, daß sich auch bei Klee und selbst bei Adorno eine Suche in diese Richtung abzeichnet. Indem vergessene überindividuelle Bezüge erinnert werden, führt meine Beschäftigung mit dem Engel als Ursprungsphänomen also direkt in die Subjektreflexion hinein[11].

Typischen", den er als Erzähler machen mußte, um den „gelebten Mythus" als epische Idee seines Josephsromans zu entwickeln (Mann 1972:144). D.h.: auch der Intellektuelle selbst mußte sich zumindest geistig in Vergesellschaftungsformen kollektiver Subjektivität hineinversetzen, um zwischen den beiden Extremen eines staatlich erzwungenen Kollektivismus und einer bürgerlich-monadologischen Isolation dennoch ein Potential ganzheitlicher, mimetisch-rationaler Bildungsprozessse wahrnehmen zu können. Die Argumentationen bewegen sich mitunter in scheinbaren Paradoxien. So könne nach Adorno auch bei einem so „unkonformistische[n] Denker wie Benjamin die Paradoxie nicht übersehen werden, daß er nicht zu den individualistischen Richtungen der damaligen Moderne sondern zu den kollektivistischen tendierte" (Adorno 1990a:102), wenngleich Benjamin schon sehr früh und lange vor den Schauprozessen Stalins Abstand nahm vom sogenannten Kommunismus sowjetischer Prägung (vgl. Benjamin 1980). Die Suche nach einer humanitären Sozialordnung blieb für ihn bestimmend. Sie galt im Innersten den mimetischen Verbundenheiten der Subjekte (innersubjektiv, intersubjektiv und kosmische Erfahrung) gleichermaßen wie der sprachlichen Reflektiertheit solcher Verbundenheiten (Sprache als das „vollkommenste Archiv unsinnlicher Ähnlichkeiten").

[11] Obwohl Benjamin immer wieder diese Sphäre als Explikation heranzieht, führen seine Betrachtungen nicht auf 'den' Mythos zurück. Gegen eine solche abstrakt-formalistische Bestimmung des Mythos als Begriff setzt er als charakteristisches Moment die Vieldeutigkeit und die Vielfalt, was nicht nur den regionalen Ursprüngen der archaischen Mythologien und Kulte in ihren „kulturmorphologischen" Unterschieden (Kerényi) gerecht wird, sondern gleichermaßen auch ihrer Gleichgültigkeit gegenüber einem universalistischen Wahrheitsanspruch. In der enorm differenzierten Betrachtung des Mythischen in *Goethes Wahlverwandtschaften* ist zu erkennen, daß Benjamin diese Kritik am Begriff „Mythos" be-

Stéphane Mosès unterscheidet in dem Buch *Der Engel der Geschichte*, in dem die Grundlinien der geschichtsphilosophischen Konzeptionen von Rosenzweig, Benjamin und Scholem nachgezeichnet werden, zwei „Modelle": das „eschatologische Modell", das die Wahrheit „nach dem Maß der Erfindung des Neuen" als „im Werden begreift" von dem „archäologischen Modell", das von der Wahrheit eines „ursprünglich Gegebenen" ausgeht (Mosès 1994:171). Für mich ist dieses archäologische Modell methodisch besonders interessant, weil es ontologiekritisch unter dem Aspekt der Verdrängung von Mimesis gelesen werden kann, der Benjamins wie Adornos Kritik ebenso wesentlich ausmacht wie diese Untersuchung. Dieses archäologische Modell kann allerdings nicht nur auf der phylogenetischen Ebene angewendet werden sondern auch auf der ontogenetischen. Nicht zufällig expliziert Benjamin dieses Modell im Biographischen. In dem Denkbild *Ausgraben und Erinnern* beschreibt er den Prozeß, sich der „eignen verschütteten Vergangenheit zu nähern" als Prozeß archäologischer Ausgrabungen. Der Anschaulichkeit wegen, die hier wieder einmal hervorragend zutage tritt, soll ausführlich zitiert werden:

„Die Sprache hat es unmißverständlich bedeutet, daß das Gedächtnis nicht ein Instrument für die Erkundung des Vergangenen ist, vielmehr das Medium. Es ist das Medium des Erlebten wie das Erdreich das Medium ist, in dem die alten Städte verschüttet liegen. Wer sich der eigenen verschütteten Vergangenheit zu nähern trachtet, muß sich verhalten wie ein Mann, der gräbt. Vor allem darf er sich nicht scheuen, immer wieder auf einen und denselben Sachverhalt zurückzukommen - ihn auszustreuen wie man Erde ausstreut, ihn umzuwühlen, wie man Erde umwühlt. Denn „Sachverhalte" sind nicht mehr als Schichten, die erst der sorgsamsten Durchforschung das ausliefern, um dessentwillen sich die Grabung lohnt. [...] Und gewiß ist's nützlich, bei Grabungen nach Plänen vorzugehen. [...] So müssen wahrhafte Erinnerungen viel weniger berichtend verfahren als genau den Ort bezeichnen, an dem der Forscher ihrer habhaft wurde [...]" (GS IV.1:400).

---

reits in Richtung auf den „gelebten Mythos" (Malinowski) hin reflektiert. Der gezielte Gebrauch des Wortes „mythisch" im Gegensatz zum „Mythos" unterstreicht diesen in der Sache liegenden Übergang auf die Subjektebene. So finden wir nicht nur die Begriffe des „mythischen Denkens" und des „mythischen Bewußtseins", die die sprachlich-rationale Sphäre des Subjekts erfassen, sondern auch die der „mythischen Lebendigkeit" und der „mythischen Lebensform" (GS I.1:145-150). Diese Akzentuierung subjektiver Lebenstotalität und die Einwände, die Benjamin gegen Cassirers Begriff der „mythischen Denkform" einbringt (fraglich sei, „ob der Versuch durchführbar ist, das mythische Denken [...] durch den Kontrast gegens Begriffliche hinreichend zu erleuchten", zit. n. Menninghaus 1986:12) lassen darauf schließen, daß er die nicht rational getrennten Gehalte des Mythischen und der „kosmischen Erfahrungen" suchte, wie sie von Karl Kerényi beschrieben sind. Kerényi, der bewußt den Ausdruck „Mythologie" gebraucht, um sich gegen reduktionistische Abstraktionen des Mythosbegriffs abzusichern, sagt dazu: „Lebendige Mythologie wird gelebt, sie ist eine Ausdrucks-, Denk- und Lebensform - *und dennoch ist sie stofflich*" (AR 21). In Konstellation B wird auf diesen Zusammenhang im Brennpunkt der Mimesis ausführlich eingegangen.

Analog dazu will auch ich mich in dieser Darstellung nicht scheuen, auf einzelnen Sachverhalten zu insistieren, sie immer wieder „auszustreuen" und „umzuwühlen" und aufs genaueste die Fundorte zu bezeichnen, ebenso „wie ein guter archäologischer Bericht nicht nur die Schichten angeben muß, aus denen seine Fundobjekte stammen, sondern jene andern vor allem, welche vorher zu durchstoßen waren" (ebd. 401)[12].

Klees Bild „Angelus Novus" und Benjamins geschichtsphilosophische Reflexion „Engel der Geschichte" indessen sind insofern ein wertvolles archäologisches „Fundobjekt", als darin die Bedeutung des Engels in phylogenetisch-ontogenetischer Verschränkung hervortritt. Es kommt hier darauf an, die „Erdschichten", in denen er fast schon verschüttet liegt - weil in unserer europäischen Nachkriegszeit vergessen -, zu durchforschen und zu benennen, um auch seine soziohistorischen Umstände wiederzuentdecken. Es laufen in ihm Schichten oder Strömungen der „unterirdischen Geschichte" zusammen, die es aufzuschlüsseln gilt, um, in Benjamins Worten, die Aktualität des Ursprungsphänomens Engel als eines „Repräsentanten vergessener Zusammenhänge der Offenbarung" zu entdecken. Dabei kann es weder um das Wissen objektivierter Geschichte gehen noch um dogmatische Glaubenssetzungen, sondern einzig um das „Wiedererkennen" dieser Zusammenhänge auf dem Hintergrund subjektiver Erfahrung. Ein so verstandenes „Offenbarungswissen" zeigt sich alsdann in diesem undogmatischen Sinne als kritische Instanz aller Subjekttheorie.

Diese Methode stellt bestimmte Anforderungen an das erkennende Subjekt, wie sie aktuell annäherungsweise von Bourdieu formuliert worden sind als „Objektivierung des objektivierenden Subjekts" (Bourdieu 1988). Sie fordert die „mimetisch-reflexive Kompetenz" der Wissenschaftlerin und des Wissenschaftlers im „Umgang" mit der Sache (Rundfunkgespräch Adorno/Kerényi 1952). Adorno, Kerényi und Benjamin stimmen darin überein, daß im Erkenntnisprozeß eine Offenheit notwendig ist, die immer zugleich auch Momente von „Selbstbesinnung" freisetzt. Kerényi hat dies im Hinblick auf seine altertumswissenschaftlichen Forschungen selbstbezüglich ausgedrückt:

„Ein neues Bild der Antike ersteht nur dadurch, daß mit dem Erschließen historischer Quellen das Sicherschließen von Quellen im Menschen selbst zusammenfällt" (Kerényi 1980:12).

---

[12] Daß dieses Verfahren keineswegs auf die individuelle Lebensgeschichte begrenzt ist sondern gleichermaßen auf Geschichte im Ganzen übertragen werden kann, hat Michel Foucault überzeugend dargelegt (vgl. Foucault 1973).

In der Metapher des Blicks, die wiederum in Benjamins Aurabegriff eine große Rolle spielt (vgl. Illu 221ff), läßt sich sagen, daß es anstatt eines rationalistischen Blicks, der allemal die Dinge trennt und objektiviert, eines „geduldigen und insistierenden Blickes" (Adorno/Kerényi) bedarf, um eine freie und unvoreingenommene Sicht auf die „mimetischen Daseinsweisen" (Horkheimer/Adorno) zu gewinnen. Dies gilt nicht nur im Hinblick auf die archaisch-mythischen Lebensverhältnisse und deren spezifische Vermittlung von Mimesis und Ratio, sondern ebenfalls für ästhetische Verhältnisse sowie für die frühe Ontogenese, die sich ja auch durch eigentümliche Vermittlungen von Mimesis und Ratio auszeichnen. (Dadurch gewinnen die drei Sphären besondere Relevanz für die Bearbeitung des Themas.)

Gerade unter dem erkenntnistheoretisch-methodischen Aspekt hat der „Philosoph" Adorno, wie er sich selbst in dem Gespräch mit Kerényi bezeichnet, mit dem Religionswissenschaftler und Altphilologen Kerényi mehr Gemeinsamkeit als das Gespräch, aus dem dieser Konsens des „insistierenden Blickes" stammt, zunächst vermuten läßt. Höchstwahrscheinlich gehen diese Ähnlichkeiten auf ein gemeinsames Erbe der deutschen Klassik zurück, das auch Benjamin mit ihnen teilen könnte: auf eine Art intuitives Verstehen, das sich, in Goethes Worten, mit dem Gegenstand innigst identisch macht; auf Hegels erkenntnistheoretisch oft übersehenes Postulat (das er selbst nicht konsequent einhält), „im Theoretischen" die Dinge „frei" zu entlassen (Hegel 1983: 16); in der „Betrachtung des Schönen" sogar sieht Hegel „ein Gewährenlassen der Gegenstände als in sich freier und unendlicher, kein Besitzenwollen" (Hegel 1985:120), was dem interesselosen Wohlgefallen der ästhetischen Urteilskraft bei Kant sehr nahesteht.

Kerényis Begriff der „Ergriffenheit" und die Bedeutung, die er der (ebenfalls aus der Betrachtung von Natur und Kunstwerk entlehnten) „offenen empfangenden Passivität" als „besondere Sensibilität" im Erkenntnisprozeß beimißt (Kerényi 1980:94), ist in der Intention vergleichbar mit Adornos erfahrungstheoretischem Ansatz in der Subjekt-Objekt-Dialektik. Beide umkreisen eine neue „Konstellation" wissenschaftlich-philosophischer Problemstellung, die zugleich dasjenige unterdrückte wissenschaftliche Selbstverständnis, das sich gegen objektivistische und szientifische Verkürzungen richtet, in seine Rechte setzen will. Zugrunde liegt, wie auch bei Benjamin, eine nicht negative Dialektik von Mimesis und Ratio, deren erkenntnistheoretische Seite bei Adorno prägnant formuliert ist:

„Die Schlüsselposition des Subjekts in der Erkenntnis ist Erfahrung, nicht Form; was bei Kant Formung heißt, wesentlich Deformation. Die Anstrengung von Erkenntnis ist überwiegend die Destruktion ihrer üblichen Anstrengung, der Gewalt gegen das Objekt. Seiner Erkenntnis nähert sich der Akt, in dem das Subjekt den Schleier zerreißt, den es um das Objekt webt. Fähig dazu ist es nur, wo es in angstloser Passivität der eigenen Erfahrung sich anvertraut" (Adorno 1969:162).

Die sich hier andeutenden Gemeinsamkeiten sollen aus der Sache heraus verdeutlicht werden. Wesentlich ist daran, daß Kerényi die Notwendigkeit einer „Selbstbesinnung und einer Betonung ihrer künstlerischen Komponenten" (Kerényi 1980:89) herausstreicht, daß er „Ergriffenheit" gegen das Wissenschaftsgebot der Distanzierung vom Objekt setzt und daß er das „körperlose Wissen" (ebd. 77) zurückführen will auf das lebendige Wissen vom antiken Dasein, ohne irgendeiner Irrationalität das Wort zu reden. Dies rückt ihn in Konstellation zu Benjamin und Adorno, deren leiborientierten Begriff „lebendiger", „nicht reduzierter" oder „unreduzierter Erfahrung" (vgl. AN 29, 202, ND 25, ÄT 262) sowie der „Arbeit der Selbstbesinnung" (MM 40) bzw. der „geschichtsphilosophischen - nicht psychologischen - Selbsterkenntnis" (Benjamin 1978:523). Kerényis auf den altertumswissenschaftlichen Bezugsrahmen konzentrierter Ansatz ist gewissermaßen das Komplementärstück zu Adornos Wissenschaftskritik und *Ästhetischer Theorie* ebenso wie zu Benjamins Mythologierezeption, die ja primär im Zeichen der Moderne stand. In einem solchen Rahmen würde, mit Kerényi gesprochen, durchaus aber auch im Sinne von Adorno und Benjamin, „Wissenschaft zur Kultur" (Kerényi 1980:86).

An dieser Stelle muß auch auf das zugrundeliegende Geschichtsverständnis eingegangen werden, denn in diesem Ansatz gewinnt etwas seine Wirkkraft und Bedeutung, das „bis heute kein deutsches Wörterbuch zu kennen scheint"[13]: das aus der jüdischen Tradition stammende und durch Horkheimer, Adorno und Benjamin für die kritische Theorie geprägte „Eingedenken"[14]. Es ist nicht nur das „Eingedenken der Natur im Subjekt, in dessen Vollzug die verkannte Wahrheit aller Kultur beschlossen liegt" (DA

---

[13] Dies betonte Rolf Tiedemann zum Abschluß seiner Rede anläßlich einer Benjamin-Ausstellung (Tiedemann 1992:113), in der er die Bedeutung der Kultur als das „kollektive Gedächtnis der Menschen, ihr letztes Refugium vor dem Vergessen" hervorhebt.

[14] Gunzelin Schmid Noerr erläutert dazu in seinem Buch über *Das Eingedenken der Natur im Subjekt*: „Im alltagssprachlich kaum gebräuchlichen Terminus [...] des 'Eingedenkens' schwingt die Bedeutung eines fast rituellen Sich-Erinnerns mit, bei dem das Erinnerte und die Anstrengung des Sich-Erinnerns zu einem neuen Anteil des Selbst werden soll. Der jüdische Kult kennt solches Eingedenken als Vergegenwärtigung der Geschichte des Volkes Israel". In der Fußnote heißt es weiter: „Auch Benjamin verwendet den Terminus in diesem Sinn. [...] Das religiöse Eingedenken der Geschichte des jüdischen Volkes dient als Modell für Benjamins Begriff der materialistischen Geschichtsschreibung" (Schmid Noerr 1990:23, vgl. ebd. 26).

39). So mahnen Horkheimer und Adorno eine produktive Vermittlung von Individuum, Gesellschaft und Natur in der *Dialektik der Aufklärung* gegen die gesellschaftliche Wirklichkeit der Unterdrückung innermenschlicher Natur an. Dabei kann es nie ausschließlich um die individuelle Unterdrückung gehen, in welcher „das Selbst als das Opfer an sich selbst erscheint" (DA 51). Dies wäre eine einseitig subjektivistische und ahistorisch verkürzte Sichtweise des Problems. Die „Introversion des Opfers" verweist immer auf die kollektive Zivilisationsgeschichte, die sich von Generation zu Generation tradiert.

Damit ineins und diesen Sinn noch verstärkend, weil pointiert, fällt das Benjaminsche „Eingedenken", wie er es in den Reflexionen *Über den Begriff der Geschichte* gefaßt hat. Neben der abgeschlossenen Geschichte des Leids klagt er eine „Unabgeschlossenheit" in der Geschichte ein. Eine intensive Auseinandersetzung mit Horkheimer um diese Frage der Unabgeschlossenheit bzw. Abgeschlossenheit der Geschichte neben der des abgeschlossenen Leids zeugt von der Bedeutung und Wichtigkeit des Problems und auch von der unbewußten Gemeinsamkeit der durchaus verschiedenen Konzepte. Ein untergründiges Einverständnis (Löwenthal) in der Sache liegt vor, wenn auch die Positionen voneinander abweichen[15].

Diese Dimension der geschichtlichen Unabgeschlossenheit des Leids ist für eine dialektische Theorie, die materialistisches Geschichtsverständnis mit subjekttheoretischen Fragestellungen zusammendenkt, nach Benjamin unabdingbar. Die „verkannte Wahrheit aller Kultur" läge demnach auch oder gerade in dem Wissen von den „gewesenen Geschlechtern" (Illu 253). Eine Einsicht, die in „verzauberten" mythischen Lebensumständen immer rituelle Pflicht ist: nämlich im Ahnenkult (vgl. AN 261). Laut Benjamin wirkt in der Geschichte, die von Menschen gemacht ist, ein Anspruch aus der Vergangenheit in die Gegenwart, und zwar solange Unterdrückung und Leid nicht aufgehoben sind: „Jedem Geschlecht" sei eine „s c h w a c h e messianische Kraft mitgegeben, an welche die Vergangenheit Anspruch hat" (ebd.). Dieser Gedanke liegt nicht nur der zweiten Reflexion zugrunde, sondern er prägt die geschichtsphilosophi-

---

[15] Die Vermutung liegt nahe, daß die *Dialektik der Aufklärung*, wenn es ihr um die „Einlösung der vergangenen Hoffnung" zu tun ist (DA 4), in weitaus stärkerem Maße als angenommen von dem Benjaminschen Denken beeinflußt ist, denn in dieser Trias war es Benjamin, der sehr früh schon und zunehmend radikal mit den rationalistischen Wissenschaftstraditionen gebrochen hatte. (Zur genannten Kontroverse, die zudem den Hintergrund hatte, daß es sich bei der Diskussionsgrundlage um eine (Auftrags)Arbeit Benjamins für die *Zeitschrift für Sozialforschung* handelte, vgl.: Tiedemann 1983, 106ff; Briefwechsel Benjamin/Horkheimer in Benjamin GS II, 1332ff, 1338ff; *Passagenwerk* Konvolut N 8, 1. Nachtrag; *Über den Begriff der Geschichte* II, VIII, Nachtrag).

schen Reflexionen insgesamt in ihren Grundzügen. Denn wenn es heißt, „Angelus Novus", der „Engel der Geschichte" „möchte wohl verweilen, die Toten erwecken und
das Zerschlagene zusammenfügen" (Illu 255) - dann nimmt er messianische Züge an
(vgl. Scholem 1970:157).

Schafft Benjamin damit auch mittelbar theologische Begründungen, die von einem in-
terpretationsbedürftigen, weil religiös-messianischen Charakter gezeichnet sind und
insofern Verständnislosigkeit selbst bei undogmatisch-differenzierten Materialisten
provozieren können, so muß noch einmal betont werden, daß er einen „Begriff" von
Geschichte zu entwickeln suchte, der eben nicht objektivistischer Wissenschaft und
ihrer diskursiven Logik entsprechen sollte. Es ging ihm um einen Begriff von Geschichte, der selber auch eine Form des Eingedenkens darstellt, so „daß die Toten nicht
ganz vergessen werden, daß ihr Gedächtnis wachgehalten wird" (Tiedemann
1992:113). Benjamin macht dies als Einwand geltend gegen das gattungsgeschichtliche
Vergessen und Nicht-Erinnern(-Wollen), ebenso wie Adorno später in *Minima Moralia* die „Perspektive des Erlittenen" für eine andere Geschichtsschreibung einklagt
(MM 333; vgl. Brunkhorst 1990:42f)). Ein Einwand, der in Anbetracht der politisch
und psychisch immer noch nicht aufgearbeiteten faschistischen Vergangenheit
Deutschlands nach wie vor Bestand hat[16]. Gegen die Macht des kollektiven Nicht-
Erinnerns, Verleugnens und Abwiegelns kann vielleicht nur ein „Eingedenken der
Natur im Subjekt" helfen - soll nicht der von Primo Levi verfaßte Erinnerungstext an
das Nachkriegsdeutschland fortwährende Gültigkeit haben. Als ein Überlebender des
Konzentrationslagers Auschwitz schildert er seine Konfrontation mit der Unfähigkeit
zur Einsicht in Schuld.

„Während ich durch Münchens trümmerübersäte Straßen irrte, in der Gegend des Bahnhofs, wo unser
Zug wieder einmal festlag, war es mir, als bewege ich mich unter einer Schar zahlungsunfähiger
Schuldner, als sei jeder einzelne mir etwas schuldig und weigere sich, es zu bezahlen. [...] Mir war, als
müsse jeder uns Fragen stellen, uns an den Gesichtern ablesen, wer wir waren, demütig unseren Bericht
anhören. Aber niemand sah uns in die Augen, niemand nahm die Herausforderung an: sie waren taub,
blind und stumm, eingeschlossen in ihre Ruinen wie in eine Festung gewollter Unwissenheit, noch immer
stark, noch immer fähig zu hassen und zu verachten, noch immer Gefangene der alten Fesseln von
Überheblichkeit und Schuld" (Levi 1995:242).

---

[16] Die Anstrengungen von allen, die im Rahmen von Aufklärungs- und politischer Bildungsarbeit wirksam waren und sind, scheinen ohnmächtig gegen die Macht der Verhältnisse und den wieder erstarken-
den Holocaust-Revisionismus. Stellvertretend für alle in dieser Intention Wirkenden seien hier nur unvollständig einige Namen genannt: Ralph Giordano; Raul Hilberg; Ruth Klüger; Eugen Kogon; Lea
Rosh/Eberhard Jäckel und Trude Simonsohn.

A 1.3. Von „Angelus Novus" und „Engel der Geschichte" zu „Angelus Novus: Engel der Geschichte". Ein Symbolon gesellschaftlicher Arbeitsteilung und des Selbst

Wenn für mich also dieses Bild in erster Linie weder kontemplatives Meditationsbild noch metaphysisch-theologisches Symbol sein soll, verstehe ich es als ein Medium, um eine komplizierte begriffliche Konstellation meiner Untersuchung zunächst anschaulich werden zu lassen. Dies geschieht aber immer schon im untrennbaren Zusammenhang mit der Benjaminschen Reflexion über den Engel der Geschichte. „Der Engel der Geschichte muß so aussehen", sagt Benjamin. Damit meint er, der Engel müsse genau so aussehen, wie er ihn von Klee gemalt vor sich sieht. Ich füge hier pointierend hinzu: das dialektische Bild muß so gelesen werden, daß alle Momente des Angelus Novus in ihm aufgehen. Dieser Nachvollzug der Aufhebung des Anschaulichen auf die Begriffsebene ist ein Grundgedanke meiner konkret-materialen Annäherung an das dialektische Bild, denn wir können weder Benjamins Anschauung als eigene beanspruchen bzw. als selbstverständlich voraussetzen (ein häufig vernachlässigter Aspekt in der Sekundärliteratur), noch können wir ohne diese materiale Basis die Benjaminsche Reflexion verstehen, geschweige denn ihren Inhalt in unsere heutige Zeit transformieren unter der Frage nämlich, was das denn eigentlich noch mit uns zu tun habe. Zur Benennung sowohl dieses inneren Zusammenhangs zwischen veranschaulichter Erfahrung und Begriff als auch dessen subjekttheoretischer Aktualisierung spreche ich im folgenden von „Angelus Novus: Engel der Geschichte".

Unter diesem methodischen Aspekt liegt ein für die Reflexion des „Selbst" und seiner Ausdrucksformen wesentlicher Unterboden: Wie ausführlich - „archäologisch berichtend" - gezeigt werden wird, entstand das Bild Angelus Novus nach dem Ersten Weltkrieg, durchaus als eine Erlebnisbewältigung, durch den „Maler" Paul Klee im Rückgriff auf ein religiös-mystisches bzw. mythologisches Motiv. Es findet einen interessierten Käufer in dem „Philosophen, Literaturkritiker und Schriftsteller" Benjamin, der eben dieses ästhetische Produkt, wie seinem „Engel der Geschichte" zu entnehmen ist, in der Kleeschen Bedeutung, aber nunmehr geschichtsphilosophisch gewendet, erfaßt. Hier findet also etwas eine wechselseitige Ergänzung, was die gesellschaftliche Arbeitsteilung durch Spezialisierung auseinandergerissen hatte: das Subjekt ist nicht Maler, Literaturkritiker, Geschichtsphilosoph und Bildbetrachter in einer Person. Der professionelle Maler malt das Bild; er schafft damit, wenn es gelungen ist und „spricht", einen intentionslosen Ausdruck von Wahrheit. Der professionelle Philosoph und Kritiker betrachtet das Bild und hebt auf dem Hintergrund seiner Reflexion dessen intentionslosen Ausdruck in Sprache und Kritik auf. Er schreibt ein dialektisches Bild. „Der Engel der Geschichte muß so aussehen", so, wie der von Klee professionell gemalte Angelus Novus, und umgekehrt muß Angelus Novus so gesehen und „gelesen" werden, wie ihn Benjamin als Engel der Geschichte beschrieben hat[17].

Diese zwei Aspekte des dialektischen Bildes „Angelus Novus: Engel der Geschichte", bilden gleichsam zwei gesellschaftlich-willkürlich auseinandergerissene Hälften einer natürlich-subjektiven Einheit von Ereignis/Erlebnis/Eindruck, Ausdruck und Erfahrung im Selbst, die je für sich einen eigenen objektiven Schwerpunkt setzen. Zwar hat Klee auch von dem anderen, dem metaphysischen Aspekt gewußt, und er hat virtuos Geige gespielt (sein Interesse für Musik kommt in vielen seiner Bilder zum Ausdruck). Aber gemalt hat er als professioneller Maler, der seinen Lebensunterhalt damit verdiente. Umgekehrt hat Benjamin nicht nur ein dialektisches Bild in der Nachempfindung malerischer Gestaltungskraft geschrieben, sondern hat damit seinen Beruf ausgeübt - wenn auch finanziell nicht so erfolgreich. Beide unterliegen also der gesellschaftlichen Arbeitsteilung und sind in ihren Tätigkeiten Agenten abstrakter gesellschaftlicher Teilfunktionen, gezwungenermaßen. Daß wir im „Angelus Novus: Engel der Geschichte" ein großartiges Modell geglückter Zusammenführung einer potentiellen Einheit im Selbst finden, die das erlebte historische Ereignis über verschiedene Medien des Ausdrucks und der Darstellung zur „geistigen Erfahrung" (Adorno) werden lassen kann, ist also eine rare gesellschaftliche Ausnahme, kein Regelfall - wie gesagt, ein besonders wertvolles archäologisches Fundobjekt, das aus zwei Teilen besteht.

Mit Adorno kommt ein drittes, übergreifendes Moment hinzu, quasi ein erster archäologischer Bericht: die Fassung jener zwei Teile durch eine *Ästhetische Theorie*, die den Bogen vom Kunstwerk über das Philosophieren zur Gesellschafts- und Subjekttheorie

---

[17] Ich betone den Aspekt der Professionalität deshalb besonders, weil in der Regel übersehen wird, welche Dialektik der Verselbständigung von Kulturwertsphären sich im Ästhetischen verbirgt - gerade Experten der ästhetischen Bildung und/oder Erziehung unterliegen nicht selten diesem „schönen Schein". Daß wir diesen Zusammenhang heute reflexiv nachvollziehen können, liegt an dem atypischen Umstand, daß der professionelle Maler Klee genauso wenig wie der professionelle Literaturkritiker Benjamin und der professionelle Philosoph Adorno sich selbst als bloß professionelle „Fachmenschen" wußten, sondern sich als späte „Bildungsmenschen" (Weber) jederzeit unter dem Gesetz ihrer jeweiligen Sache reflexiv über die gesellschaftlich-willkürlich gesetzten Professionsschranken hinwegsetzten. Denn in der Regel hat sicherlich Adorno recht, wenn er dem Künstler im Entstehungsprozeß des Kunstwerks nicht mehr zugesteht als den „minimalen Übergang" (ÄT 402) zu vollziehen, d.h. mit seinem individuellen Bewußtsein hinter der gesellschaftlichen Bedeutung seines Werkes zurückzubleiben. So daß mit einer gewissen Zwangsläufigkeit der Ausdruck des Kunstwerks nicht mit dem subjektiven Ausdruck des Künstlers identisch ist (ÄT 172; weiterführend dazu Brunkhorst 1990:223f).

spannt. Erst damit ist insgesamt gelungen, etwas Zerteiltes zusammenzufügen. Damit es aber gelingen könnte, bedurfte es eines Standpunkts, der alle Teile als „Bruchstücke" erkennen ließ. Deshalb führe ich hier die Benennung „Symbolon" für diesen Aspekt des „Angelus Novus: Engel der Geschichte" ein. Die Legitimation für diesen Gebrauch des griechischen Wortes - im antiken Sinne Bruchstücke eines Ganzen zum Zwecke des gegenseitigen Wiedererkennens -, besteht darin, daß sich wahlverwandte Individuen über alle Unterschiede hinweg durch dieses „Medium" gefunden und erkannt haben. Zum antiken Sinn des Symbolons besteht allerdings eine entscheidende Differenz, nämlich die, daß das Teilen keine beabsichtigte, zwischenmenschliche Handlung war, sondern Resultat der Unterwerfung der Individuen unter objektiv arbeitsteilige Verhältnisse, die nur durch Spezialisierung, und d.h. auf Kosten individueller Entfaltungsmöglichkeiten, etabliert werden konnte. Was sich also hier in der Metapher des Symbolons, des Teilens und Wiederzusammenfügens so einfach anhört, ist aus der Perspektive des Subjekts betrachtet eine gesellschaftlich zwanghafte Fragmentierung seiner Vermögen, die nur mit großer Anstrengung vom Selbst wieder rückgängig gemacht werden könnte[18].

Zusammenfassung und Ausblick

Es schließt sich hier ein erster Explikationskreis zum dialektischen Bild, in dem zunächst die Grundverhältnisse aller Reflexion von „ästhetischem Verhalten" ausgegraben sind: Bild - Begriff, Erfahrung - Erkenntnis, Fortschritt - Katastrophe, Ursprungsphänomen - Aktualität, Verdrängung - Wiederentdeckung, Arbeitsteilung - Selbst. Daß ihre begriffliche Konstellation auf einen radikalen Gegenentwurf zur okzidental-

---

[18] Hier hätte eine subtile Betrachtung anzuschließen. Im Rahmen gesellschaftlicher Arbeitsteilung ist ästhetische Subjektivität auch arbeitsteilig; das ästhetische Subjekt ist ein mehr oder weniger geschätzter Teil des gesellschaftlichen Gesamtarbeiters. Das kritisch entscheidende Kriterium in dieser Frage kann aber nicht sein, daß ein Individuum alles sollte machen können. Vielmehr liegt das Problem darin, daß die gesellschaftliche Formierung von Subjektivität (Vogel) auf die Anforderungen des theoretischen und praktischen Rationalismus (Weber) verengt und zugeschnitten ist. Damit findet das Ästhetische nur noch gesellschaftliche Anerkennung, wenn es analog zu anderen arbeitsteiligen Professionen in subjektiven Formen hoher spezifischer Qualifikation betätigt wird. Für das Subjekt heißt das, daß alle seine Fähigkeiten, die nicht zu seiner eigenen Profession und Qualifikation gehören „nutzlos" sind und verkümmern. Trotzdem aber nimmt die ästhetische Subjektivität eine Ausnahmestellung ein: sie verwirklicht jene gesellschaftlich unterdrückten Potentiale aller Subjekte, die sie gegen die eigene Formierung samt allen ihren verinnerlichten Zwängen durchsetzen muß und damit als allgemeines gesellschaftliches Potential erhält.

34

rationalistischen Geistesgeschichte hinzielt, liegt jetzt schon auf der Hand. Wie gründlich tief allerdings deren Grundfesten der Kritik bei Klee, Benjamin und Adorno unterzogen wurden und wie sich diese Kritik formiert hat, wird sich erst in der anschließenden Betrachtung des „Angelus Novus: Engel der Geschichte" zeigen. Insgesamt gesehen treten nämlich in dieser Konstellation weit gespannte Entwicklungen in den Verhältnissen von Metaphysik und Subjektreflexion, Mimesis und Ratio, ästhetischem Verhalten und praktisch-theoretischem Verhalten, Phylogenese und Ontogenese als gesellschaftlich und geschichtlich unauflösliche Zusammenhänge hervor, die nun schrittweise expliziert werden sollen.

Im folgenden Abschnitt beschäftige ich mich mit einem minimalen Ausschnitt dieses Gestaltungsprozesses des Ursprungsphänomens „Engel" in der Konfiguration von Klee, Benjamin und Adorno. Es wird sich zeigen, ob und in welcher Art dem Kunstwerk eine unbewußte Teilhabe an der Erkenntnis eignet. Eine Frage, die nicht nur Benjamin und Adorno, sondern bemerkenswerterweise auch Klee 1920 in seiner „schöpferischen Konfession", in der er die Bildwerdung mit einer „Reise ins Land der besseren Erkenntnis" beschreibt, beantwortet hat. „Die Kunst spielt mit den letzten Dingen ein unwissend Spiel und erreicht sie doch" (OD 87), heißt es hier, und mit Benjamin und Adorno muß dazu eine Voraussetzung erfüllt sein, die Klee wohl unausgesprochen mitgedacht hatte: wenn das gelungene Kunstwerk „spricht", und d.h. zugleich auch, wenn eine „kollektive[.] Objektivität des Geistes" daraus spricht (ÄT 403; vgl. ÄT 121, 133). Dann nämlich findet exakt an diesem Punkt die kritische Suche nach dem „Wahrheitsgehalt" ihren wie immer verhüllten, gleichwohl bestimmten Realitätsgrund. Dieses werkästhetische Theorem wird nun auf seine subjektiven Ursprünge befragt:

Wie ist es möglich, daß eine kollektive Objektivität des Geistes aus einem Kunstwerk spricht? Wird sie vom Künstler „hineingelegt" und vom Rezipienten wiedererkannt? Wenn ja, wie geschieht das und was stiftet diese Korrespondenz? Inwieweit ist dieses Erkennen auf subjektive Voraussetzungen wie „gemeinsame Gedächtnisspuren" (Reik), mimetische Potentiale oder die utopische Kraft einer metaphysischen Doppelung des Selbst gegründet?

A 2. „Angelus Novus: Engel der Geschichte" in der Konfiguration von Klee, Benjamin und Adorno.

A 2.1. Angelus Novus im Kontext von Klees Leben und Schaffen[19]

Klee hat viele Bilder zum Thema Krieg gemalt (Kriegerischer Stamm, 1913; Vorzeichen schwerer Schicksale, 1914; Tod auf dem Schlachtfeld, 1914; Nebel überziehn die untergehende Welt, 1915; Zerstörung und Hoffnung, 1916 u.a.). Er hat auch in Worten dieses -[20] - für ihn horrible Erlebnis, das ihn nicht ohne tiefe Spuren zu hinterlassen ergriff, zu verarbeiten und auszudrücken gesucht, um es zur „Erfahrung"[21] werden zu lassen.

„Was anfangs der Krieg mir sagte, war mehr physischer Natur: daß Blut in der Nähe floß. Daß der eigene Leib in Gefahr kommen könnte, ohne den die Seele einmal nicht ... Geistig daran war so viel, als eben Dreck am Absatz." [...]. „Elend. Land ohne Band, neues Land, ohne Hauch der Erinnerung, mit dem Rauch von fremdem Herd. Zügellos! wo mich trug keiner Mutter Schoß" (OD 76).

---

[19] Zur Sekundärliteratur: Für die allgemeinen biographischen Daten beziehe ich mich auf die Monographie *Paul Klee* von Carola Giedion-Welcker (1991). Für die Texte von Klee selbst stütze ich mich auf eine Zusammenstellung von Bildern und Zitaten von Tilman Osterwald *Paul Klee. Die Ordnung der Dinge"* (1975), die für den Rahmen meiner Arbeit das auch umfangreiche schriftliche Werk Klees vorstrukturiert (im folgenden abgekürzt als OD). Eine inhaltlich gute Vorarbeit für meine Zwecke i.p. Konstruktion und Ausdruck finde ich in Christian Geelhaar (1975): *Klee-Zeichnungen. >Reise ins Land der besseren Erkenntnis<*. Ohne den Begriff Mimesis zu gebrauchen nimmt er mit Klee Position ein für eine nicht-nachahmende sondern expressive Malerei und treibt die Problematik sowohl auf der formalen Ebene als auch des subjektiven Ausdrucks so weit voran - und mit Klees Arbeiten ist dies möglich -, daß seine Ergebnisse nahtlos an meine subjekttheoretische Argumentation angeschlossen werden können. Die von ihm ausgesparte kulturkritische Tiefendimension soll schwerpunktmäßig aufgezeigt werden.
[20] Hier steht Klee im Gegensatz zum Stahlgewitter-Stumpfsinn eines Jünger und Gleichsinnter, die den Kampf als ein „inneres Erlebnis" verklären. In Jüngers *Stahlgewittern. Aus dem Tagebuch eines Stoßtruppführers* lesen: „Da hatte uns der Krieg gepackt wie ein Rausch. In einem Regen von Blumen waren wir hinausgezogen, in einer trunkenen Stimmung von Rosen und Blut. Der Krieg mußte es uns ja bringen, das Große, Starke, Feierliche. Er schien uns männliche Tat, ein fröhliches Schützengefecht auf blumigen, blutbetauten Wiesen" (Jünger, zit. n. Nieraad 1994:154; vgl. dazu auch Reinhart Kosellecks Hinweis auf Erich Weniger, *Kriegserinnerung und Kriegserfahrung*, der in den 20er Jahren im Anschluß an Dilthey das Kriegserlebnis für die Bildung verbuchen wollte, Koselleck 1990:36).
[21] Ich stütze mich hier auf den auch für Benjamin maßgeblichen psychoanalytischen Ansatz von Theodor Reik, der den Prozeß der Erfahrung folgendermaßen bestimmt: „Zu erfahren bedeutet, einen Eindruck, der so stark war, daß wir ihn nicht sofort erfassen konnten, innerlich zu meistern" (Reik 1990:414). Mir kommt es hier auf eine bildungstheoretische Wendung an: auf die Möglichkeit am Verdrängten als im Gedächtnis „aufbewahrten Material" (Reik) durch eigenes ästhetisch aktives Verhalten Erfahrungen zu machen . Daß das Ästhetische für diese Art der inneren Bemeisterung bzw., „Erweiterung der Selbsterkenntnis" (Freud) besonders geeignet ist, hat Gerhard Gamm (1990) in dem Aufsatz *In der Leere der verschwundenen Metaphysik. Das Ästhetische in der psychoanalytischen Therapeutik* ausführlich besprochen.

Welche existentielle Erschütterung dieser Krieg, Kulmination einer Weltwirtschafts-krise und deren katastrophale, menschenverachtende Lösung in einem, in ihm auslöste, liegt schon in diesen kurzen Zeilen beschlossen. Sie drücken die Erschütterung aller humanen Werte, Gewißheiten und auch Sicherheiten aus, die für den Menschen psychisch lebensnotwendig sind. Sie charakterisieren auch die immense Verunsicherung, die Welt überhaupt noch verstehen zu können, als existenzielle Erfahrungskrise.

Im Unterschied zu diesen Bildern und Texten steckt in jenem „Angelus Novus" von Klee auf den ersten Blick kein direkt erkennbarer Zusammenhang zum Kriegsgesche-hen und den zerrütteten gesellschaftlichen Verhältnissen. Der Angelus Novus ist nicht unmittelbar als Ausdruck der Erfahrungskrise dieser historischen Situation zu erkennen und deshalb soll der vermittelte Zusammenhang hier zunächst von der subjektiven Seite Klees dargelegt werden. Es zeigt sich, daß der Engel keineswegs ein reines, au-ßerzeitliches und außerweltliches Wesen ist, sondern durchaus von dieser Welt und von den historischen Erfahrungen des Malers gezeichnet. In einem Brief an Alfred Kubin schreibt Klee im Januar 1918:

„Die schwere Zeit hat meine Production im ethischen Sinn schwer beeinflußt. Das Religiöse ist ganz zum Durchbruch gekommen. Dadurch ist eine neue bewußte Basis geschaffen, auf der ich Möglichkei-ten sehe, die den äußerlich Gefesselten mit einem großen Drang erfüllen, seine Zugehörigkeit zu den Zentren gelassen zu dokumentieren" (Klee zit. n. Geelhaar 1975:18).

Unschwer ist in dieser Passage, in der Rede von der „schwere[n] Zeit", die die „Production ...schwer beeinflußt" und in der Beschreibung des eigenen Zustands als eines „äußerlich Gefesselten", das zeitgenössische Erfahrungsdilemma und die Suche nach Auswegen und neuen Ausdrücksmöglichkeiten zu erkennen. Durch diese außer-ordentliche Situation ist in Klee das Religiöse „ganz zum Durchbruch gekommen." Zweifelsohne könnte darin eine Abkehr vom Diesseits gesehen werden, wie er es im gleichen Jahr schon früher formuliert hatte:

„Das Herz, welches für diese Welt schlug, ist in mir wie zu Tode getroffen. Als ob mich mit >diesen< Dingen nur noch Erinnerungen verbänden ... Man verläßt die diesseitige Gegend und baut dafür hinüber in eine jenseitige, die ganz ja sein darf, Abstraction" (Klee, ebd.).

Wollte Klee in seiner frühen Schaffenphase, die sich durch den schelmenhaft-satirischen Zug zur Groteske auszeichnete, als ganz „communer", aber „bissiger" Zeichner die „Menschheit lächerlich machen [...] mit allereinfachsten Mitteln, z.B. schwarz auf weiß" (ebd. 11), so hat er nun eine „neue bewußte Basis geschaffen", die ihn andere Verbindungen zur Welt eingehen läßt. Geelhaar interpretiert dahingehend, daß sich Klee nun „den Toten und den Ungeborenen" näher wähnt als dem „Hier und Jetzt" und daß ein „Glaube an eine mystische Allverbundenheit" von Diesseitigem und Jenseitigem in seinen Werken hervortritt (ebd.18). Dafür lassen sich in der Tat entsprechende Gedanken in seinen Schriften finden, wenn es z.B. heißt:

„Meine Glut ist mehr von der Art der Toten oder der Ungeborenen" (OD 62)

„Diesseitig bin ich gar nicht faßbar
Denn ich wohne geradeso gut bei den Toten
wie bei den Ungeborenen
Etwas näher der Schöpfung als üblich und noch lange nicht nahe genug" (ebd.).

Sehr wohl ließe sich also die vom Kriegserlebnis und seinen Begleitumständen bewirkte Veränderung im Kleeschen Schaffen in einem ersten Zugriff mit einer Todessehnsucht oder mystischen Weltabgewandtheit charakterisieren, zumal die religiösen Momente, vor allem das Spiel damit, weder in den gewohnten Bahnen der Karikatur und Groteske noch in denen der traditionellen religiösen Malerei verlief. Doch diese Charakterisierung greift zu kurz. Hier ist das angesprochen, was wir auch bei Benjamin als „kosmische Erfahrung" kennenlernen werden. Und dazu gehört jener Zug, den Klee mit dem „Eingedenken" der älteren Kritischen Theorie gemeinsam hat, die Hinwendung nämlich auf eine gattungsgeschichtliche Perspektive, die das Leiden und die Opfer der vergangenen Generationen einbezieht. Wird dies nicht bedacht, dann eignet dieser Charakterisierung Klees in Richtung auf eine mystische Weltabgewandtheit (ebenso wie derjenigen Benjamins als eines „marxistischen Rabbi", vgl. BE 88) eine vorschnelle Abschiebung ihres Inhalts auf das Abstellgleis eines Jenseitsglaubens. Es findet zwar in der Tat eine neue Besinnung auf religiös-transzendente Sphären statt, aber das, was sich in diesem „Durchbruch" zum „Religiösen" letztlich als Gesellschaftskritik manifestiert, wird von einer derartigen Interpretation verfehlt und zur esoterischen Mystik marginalisiert. Letztlich wird damit aber auch ein Moment spezifisch jüdischer Gesellschaftskritik und geschichtsphilosophischer Selbstbesinnung unterschlagen, auf die es mir in meiner Interpretation besonders ankommt.

Klees Durchbruch ins Religiöse ist nämlich kein Zufall. Ebenso wenig wie es Zufall sein kann, daß Curt Corrinth einen expressionistischen Roman mit dem Titel „Potsdamer Platz oder die Nächte des neuen Messias" schrieb, den Klee illustrieren sollte. Ich will mit dieser Erwähnung nicht behaupten, daß Klee von diesem Roman „inspiriert" gewesen sei. Vielmehr soll diese Querverbindung andeuten, daß damals in der jüdischen Subkultur insgesamt der Messianismus neuerlich thematisiert wurde. Der jüdische Messianismus, der nach Scholem immer in enger Verbindung mit Apokalyptik und Katastrophalität sein historisches Erscheinen hatte - er nennt ihn deshalb eine „Katastrophentheorie" (Scholem 1970:130) - und der, nach der kurzen Hoffnung des 19. Jahrhunderts auf gesellschaftlichen Fortschritt, abermals durch die sozialen Katastrophen von Weltwirtschaftskrise, Massenarbeitslosigkeit und Weltkrieg wieder auf den Weltenplan gerufen wurde[22]. In diesem Abgesang auf die rationalen Traditionen[23] gewannen die Auseinandersetzungen über die Gesellschaft den Grundzug, „kosmisch-revolutionär" zu werden - so der Titel eines Kleeschen Bildes von 1918, der dieser Wende einen bezeichnenden Namen gibt. „Der kosmische Standpunkt" gilt Klee als „der höhere", „vom bloß irdischen weg zum Umfassenderen" (OD 81). Er sucht, ebenso wie Benjamin, die kosmische Erfahrung „mythischer Verbundenheiten" (Illu 41).

---

[22] Christoph Schulte arbeitet in *Messias und Identität* die These heraus, daß nach dem Bruch mit dem alten religiös-moralischen Monopol des Talmud der Messianismus als ein politischer und atheistischer Grundpfeiler gesetzt wurde, ein identitätsstiftendes Moment bei jüdischen Intellektuellen (vgl. Schulte 1995:198f, 203f; zum „geistesgeschichtlichen Hintergrund messianisch-theologischer Motive im Denken junger jüdischer Intellektueller" siehe Brumlik 1994a:232ff). - Daß diese Suchbewegung keineswegs spezifisch für das 20. Jahrhundert war, sondern beispielsweise bereits in der Hegelschen Linken virulent gewesen ist, bezeugen die entsprechenden Studien Feuerbachs zur Kabbala (vgl. Tomasoni 1992).
[23] Die damit verbundene Hinwendung zum Judentum fand nicht nur im Chassidismus ihre überschwenglichen Quellen, sondern in der Bibel, dem Talmud und der Kabbala überhaupt. Es kristallisierten sich in den verschiedenen Strömungen antirationalistische Modelle, die verstärkt auf das „Erkennen" im hebräischen Sinne zurückkamen. Dieses Erkennen meint immer zugleich „lieben", heißt „mit Menschen und Dingen vertraut werden", umschließt ganzheitlich „Leben, Denken, Fühlen, Wollen und Sein" (Ebach 1987:38). Mit der letzten Beschreibung, die stark an Kerényis Bestimmung der „Mythologie als Ausdrucks- Denk- und Lebensform" (s. Konstellation B) erinnert, charakterisiert Ebach diese nicht-rationalistische Erkenntnisweise. Da er in der Erläuterung dieser Erkenntnisweise unter dem Zusammmenhang von Denken, Fühlen und Leiblichkeit Gedanken vorbringt, die auch für unser Verständnis des „Angelus Novus: Engel der Geschichte" von größtem Interesse sind, soll eine längere Textpassage zitiert werden: „Es ist nicht allein Ausweis eines rückständig-vorwissenschaftlichen Menschenbildes, wenn in der Sprache der Bibel die Teile des menschlichen Körpers anders und umfassender mit den Wahrnehmungen des Denkens und Fühlens verbunden werden als es moderner Physiologie und Anthropologie entspricht. Organ des Denkens ist im Hebräischen nicht der Kopf [...], sondern das *Herz*. Freilich wird mit dem Herzen nicht nur gedacht; es ist, da kognitive und affektive Erkenntnis nicht getrennt werden, auch der Sitz von Trauer, Furcht und Freude. Die tiefsten Gemütsbewegungen sitzen aber - wie es bei uns noch einige von den biblischen Sprache herrührende Redensarten festhalten - in den *Nieren*, auch in der *Leber*. [...] Das Wort, das in den deutschen Bibelübersetzungen mit >Seele< oder >Lebenskraft< wiedergegeben wird, bezeichnet zunächst einen realen Körperteil: die *Kehle*. Die Lebenskräfte schwinden, wenn einem die Kehle zugedrückt wird, und umgekehrt findet man Bedrohung, Angst und Lebensminderung, wie wenn einem die Kehle zugedrückt wird. Hier zeigt sich der wechselseitige Zusammenhang von Denken, Fühlen und Körperempfindungen. Was die Psychosomatik als Zusammenhang von Denken, Empfinden und Körperlichkeit wiederentdeckt, hält die biblische Sprache wie selbstverständlich fest" (Ebach 1987:37). Eine Korrespondenz zwischen dieser Tradition, derzufolge Erkennen gleichsam mit dem ganzen Leib möglich ist, und der *Dialektik der Aufklärung* mit ihrem „Eingedenken" liegt auf der Hand.

Wofür aber steht diese kosmisch-revolutionäre Wende? Im Kern doch dafür, daß die kosmische Sphäre in Anspruch genommen wird, um eine Antwort auf wesentliche Lebensfragen zum Verhältnis von Endlichkeit und Unendlichkeit, Individuum, Gesellschaft und Natur zu erhalten, die im wissenschaftlich abgeklärten und politisch bürokratisierten Kontext nicht mehr geistig erfahrbar waren. Dieser abstrakt-intellektualistische Weg, für den noch Kant erkenntnistheoretisch mit der Denknotwendigkeit solcher „regulativer Prinzipien" wie den „kosmologischen Ideen" eine vernünftig praktische Alternative zur Seite hatte, konnte seinen eigenen Anspruch unter dem herrschenden Positivismus nicht mehr einlösen. Um sich und sein Leben in dieser Zeit zu begreifen, bedurfte es nicht fortschreitend rationalistischer Überlegungen, vielmehr rational reflektierter mimetischer Prozesse, die Verbundenheiten einklagen konnten, um gesellschaftliche Wirklichkeit in ihrer Zerrissenheit erfahrbar und begreifbar zu machen. Anstelle eines allmächtigen objektivierenden Wissenschaftsgestus, der einst nur Werkzeug differenzierend-analytischer Trennungen sein sollte, inzwischen aber zum „entstellten Leben[.]" (AN 263) im ganzen geführt hatte, mußten ästhetische Medien wie die poetische Sprache, das Malen, die Musik, der Tanz etc. im Dienste der Selbstreflexion und der Reflexion gesellschaftlicher Verhältnisse zugleich aufgeboten werden. Wir werden sehen, daß das ästhetische Verhalten zu dieser Rückbesinnung auf sich selbst besonders geeignet ist.

Für dieses ästhetisch-reflexive Moment der Gesellschaftskritik, das Leib und Leben einbezieht, hat nun aber der Engel in der jüdischen Mythologie eine herausragende Bedeutung. Sie geht weit über seine geläufige Bedeutung als eines Boten (mal 'ach) zwischen Himmel und Erde hinaus[24]: der Engel ist eingespannt in die Idee von einem „himmlischen Selbst" im Gegensatz zum „irdischen Selbst"; er drückt nach einer Legende des Talmud die Vergänglichkeit aus. Dort wird erzählt, daß in jedem Augenblick Engel in unzähligen Scharen von Gott geschaffen werden, die einzig dazu bestimmt seien, vor Gott ihren Hymnus zu singen, um danach wieder zu zergehen. Von ihnen heißt es auch in einem kabbalistischen Buch, daß sie „hinschwinden wie der

---

[24] Wie oben angekündigt will ich mich in dieser Arbeit nicht mit Angelologie beschäftigen. Ich stütze mich im folgenden auf Ausarbeitungen von Scholem, denenzufolge eine alte angelologische Tradition besagt, daß es einen „Engel des Menschen" gäbe, welcher dessen „reine, urbildliche Gestalt bewahrt und dadurch menschenähnlich wird" (BE 115). Daß sich darin eine weitgehend entmythologisierte Form archaischer Praktiken der Selbstverdopplung aufgehoben haben könnte, wird in Konstellation B transparent (vgl. Göttergestalten als Urbilder). Es ist zugleich aber auch eine Absetzung gegen die verdinglichende Warenförmigkeit der Verhältnisse, die zu dieser Zeit durch die Schübe industrieller Revolution massiv einsetzte und eine marktförmige Verdopplung in kulturindustrielle Surrogate beförderte.

Funke auf der Kohle" (zit. n. Scholem, BE 108). Neben diesen Legenden gibt es in der jüdischen Tradition die Vorstellung vom „persönlichen Engel eines jeden Menschen", der dessen „geheimes Selbst" darstelle. In dieser Gestalt, zum Teil aber auch in Form eines „geheimen Namens", sei dieses „himmlische Selbst des Menschen" in einen Vorhang eingewebt, der vor Gottes Thron hänge[25]. Dieser Engel kann freilich mit dem irdischen Menschen, dem er entspricht, in ein Spannungsverhältnis oder sogar in Opposition treten (nach Scholem sei eben dies bei Benjamin der Fall gewesen; vielleicht war es auch für Klee zutreffend - beides sei dahingestellt). Daß Benjamin diese Vorstellungen vom irdischen und himmlischen bzw. überirdischen Selbst mit der Vorstellung vom persönlichen Engel verbindet und sich selbst darin reflektiert - wenn er etwa sagt, sein Engel sei beim Singen des Lobs unterbrochen worden -, wird später vertieft. An dieser Stelle kommt es zunächst darauf an, diese Dimension eines persönlichen Engels, der Individuelles und Überindividuelles in sich verbindet, in die Bildbetrachtung einzubeziehen. Diese Verknüpfung schwingt wahrscheinlich auch bei Klee mit, wenn er dichtet: „Einst werde ich liegen im Nirgend / bei einem Engel irgend." (OD 62). Noch deutlicher sprechen dafür seine Überlegungen zum Verhältnis des Künstlers als „Ich" zum „Urbildlichen" im Schaffensprozeß (vgl. Giedion-Welcker 1991:75). Wenn nicht alles täuscht, entspricht das, was Klee hier „Urbild" und „Ich" nennt, der Doppelung von himmlischem und irdischem Selbst - zumindest einem Spiel damit:

„Das aktive Ich, das sich in Beziehung setzt zum Urbild, greift ein, unter Umständen vielleicht, die das Ich anderswoher empfangen hat. Wenn das Urbild und das Ich berechtigt sind, sich Widerpart zu halten, so ist das auch eine aktive Haltung. Dann ist es oft besser, wenn man inhaltlich nicht den letzten Faden

---

[25] Es ist nicht das Thema, diese Vorstellungen bis zum Problem der Gottesebenbildlichkeit des Menschen (= des Mannes) und spezifischer Vermittlungsgestalten wie des „Adam Kadmon", zu verfolgen, was sicherlich weiterführende Perspektiven eröffnete (vgl. z.B. Grötzinger 1994), auch in feministischer Perspektive. Als ein Einblick sei aus Francks Buch über *Die Kabbala oder die Religions-Philosophie der Hebräer* zitiert: „Der Mensch ist die erhabenste, vollständigste aller Gestalten, die einzige, durch welche es erlaubt sei, Gott darzustellen. Der Mensch bildet das Band und den Uebergang zu Gott und der Welt; er ist das Abbild beider, seiner doppelten Natur nach. [...] Man muß aber die absolute Gestalt, die allgemeine Gestalt des Menschen von den besondern Menschen, die eine mehr oder minder geschwächte Reproduction jener sind, unterscheiden. Die erstere, welche gewöhnlich der „himmlische Mensch" genannt wird, ist von der göttlichen Natur ganz unzertrennlich; sie ist die erste Manifestation derselben" (Franck 1844:187; vgl. dazu auch Wyneken 1970:71ff). Daß diese, in einer negativen Dialektik zu dechiffrierende Metaphysik Relevanz hat für eine kritische Subjekttheorie kann mit Adorno nachgelesen werden: „Vom Selbst wäre nicht als dem ontologischen Grunde zu reden, sondern einzig allenfalls theologisch, im Namen der Gottesebenbildlichkeit. Wer am Selbst festhält und der theologischen Begriffe sich entschlägt, trägt bei zur Rechtfertigung des teuflisch Positiven, des kahlen Interesses" (MM 153).- Um der gängigen theologischen Fehlinterpretation Benjamins vorzubeugen, wird im folgenden anstatt vom „himmlischen" vom „überirdischen" Selbst die Rede sein, womit Benjamins Weise des Transzendierens ins Geschichtsphilosophische genauer zum Ausdruck kommt.

zum Urbildlichen abreißen läßt. Selbst in abstraktesten Gebilden könnte man noch den Faden zum Urbildlichen spüren. Allerdings gehört dann eine spezifische Art von Erfahrung dazu. [...] Wir überschreiten auf diesem Gebiet eine Grenze der Wirklichkeit. Es ist kein Nach- oder Abbilden, eher ein Abändern
und Neubilden" (OD 90).

In dieser Absage an das Nachahmungsparadigma der Kunst vollzieht sich ein schöpfe-
risches „Abändern und Neubilden", das auch das schaffende Subjekt, das etwas Neues,
noch Unbestimmtes, etwas noch nicht Bewußtes hervorbringt, mitverändert. Es stellt
sich die Frage, ob nicht im Falle des Angelus Novus eine künstlerische Auseinandersetzung mit dem Engel als himmlischem Selbst dahintersteht. Bei alledem ist das erst-
genannte Motiv des Engels als Boten nicht verloren gegangen, noch ist es unabhängig
davon zu sehen. Sein Inhalt hat sich gewandelt. Scholem fragt (im Kontext von Benjamins Denken, der mir auf Klee zwanglos übertragbar scheint): „Bringt er [der Engel]
Nachricht von oben? Nachricht über das Selbst des Schauenden und sein Schicksal?
oder gar Nachricht über das, was in der Welt der Geschichte vor sich geht [...]" (BE
109). Mit Benjamin gesprochen stecken alle Dimensionen in diesem Bild, und deshalb
ist die Engelgestalt prädestiniert zur Selbstbesinnung[26].
So verstanden steht nun das Engel-Motiv bei Klee mit seinem subjekttheoretischen
Gehalt auch für ein Moment der Gesellschaftskritik, auf das gesondert eingegangen
werden muß. Es handelt sich dabei um Gesellschaftskritik in Form der Groteske, die
für Klee nicht nur gleichsam einen 'Unterboden' hat, sondern ein Tor zu einer anderen
Welt aufstößt: „Das Tor zur Tiefe" (Bildtitel von 1936). Es scheint als habe er schon in
sich jenes „bildschaffende Medium" gebildet, das Rudolf Borchardt für das „Sehen in
die Tiefe der geschichtlichen Schatten" forderte (aus: Epilegomena zu Dante I, zit. n.
GS V.1: 571).
Es wäre nämlich ein Fehler, anzunehmen, daß Klees Schaffen durch diese kosmisch-
revolutionäre Wende seine satirisch-karikaturistischen Züge verloren hätte. Der ju-
gendlich-forsche, unbekümmert weitschweifende Zug seiner Kritik ins Göttliche und
Allzumenschliche hat sich vielmehr transformiert und radikalisiert. Klee zeigt, daß gesellschaftlich ernste Themen durchaus im Bild des Engels aufgegriffen werden können
- spielerisch und doch mit beißender Ironie und Sarkasmus. So schrieb er z.B. als
Motto für eine Folge von Engel-Bildern in seinen Ouevre-Katalog: „dort ist alles wie

---

[26] Hier muß mit Nachdruck darauf hingewiesen werden, daß ich Scholems Frage, ob der Engel Nachricht von oben brächte, nicht im Sinne eines naiven Religionsverständnisses auffasse. Es geht mir um
die ehemals im Religiösen aufbewahrten Gehalte einer Selbstverdoppelung, die indessen keineswegs
ausschließlich (Zu-)Flucht in Transzendenz finden, sondern sich ebenso gut zur Kritik des Bestehenden
formieren können.

bei uns, nur englisch"[27]. Und wie in der Tat eine Auswahl von Titeln zeigt - „Vergeßlicher Engel", „Altkluger Engel", „Angelus Dubiosus", „Angelus militans", „Schellenengel", „Engel voller Hoffffnung", „es weint", „Krise eines Engels", „Engel bringt das Gewünschte" - sind diese Engel durchaus „menschlich" und in irdische Geschäfte und Leidenschaften verstrickt. Hier verdichten sich Gesellschaftskritik und Subjektreflexion, indem sie gerade eine für das modern-aufgeklärte Verständnis metaphysisch abgehobene und weltferne Dimension in grotesker Verzerrung im Bild „zitieren": der „Schellenengel", der stramm marschierende Soldaten parodiert; der Engel mit dem Stahlhelm; das zusammengekauerte und geflügelte Etwas, das weint; usw. All diese Bilder brechen radikal mit der Vorstellung von Engeln als reinen, außerzeitlichen und übersinnlichen Wesen. Wie verstehen sich nun diese Bilder? Haben die 'grotesken' Engel, in ihrer 'Verzerrung', trotzdem mit uns Menschen zu tun? Wird damit wieder etwas von jener Doppelung in irdisches und überirdisches Selbst in Erinnerung gerufen? Ich denke ja, und dies scheint mir auch ein wesentlicher Bestandteil der Groteske zu sein.

Dieser Gedanke ist umso weniger befremdlich, als die „Groteske" im genuinen Sinne dem alltäglich Gewohnten ein schroffes Gegenbild oder gar die Dimension einer vollkommen anderen Welt entgegenhält, die fast keinen Anhaltspunkt mehr für einen rationalen Zugang bietet. Sich ihr zu überlassen, schließt indessen eigene, verborgene Gehalte auf, die vorerst wunderlich, verzerrt, seltsam befremdend daliegen. Gerade so „unterirdisch-phantastisch", „geheim-gespenstisch" (Benjamin) wie die antiken Wandmalereien, die vornehmlich in Grotten, Höhlen und Gräbern wiederentdeckt wurden. Von diesen „grottesca pittura", die die längst vergessenen Naturgottheiten in rankender Ornamentik, in ihren Mensch-Tier-Mischgestalten und anderen unverständlichen Szenen zeigen, stammt die Groteske ab. Sie ist abzuleiten von dem „>Versteckten< - Verhohlenen -, was die Höhle und Grotte ausdrückt" (GS I.1:348)[28] und will mit der 'Schau' des kulturell Unterirdischen erschüttern[29].

---

[27] Einer kabbalistische Legende zufolge existiert alles, was es auf Erden gibt, auch im Himmel. Höchstwahrscheinlich hat auch Klee diese Legende gekannt.

[28] "Noch im 18. Jahrhundert gab es dafür [...] den Ausdruck des >Verkrochenen<„ (GS I.1:348) erinnert Benjamin und verweist damit indirekt auf die literarisch-psychoanalytische Dimension des „Unheimlichen" bei Freud; Benjamins literarischer Bezug auf E.T.A. Hoffmanns „Serapionsbrüder" korrespondiert unausdrücklich mit Freuds Bezug auf E.T.A. Hoffmann.

[29] Daß übrigens Groteske, Melodram und Zeichnung seit der Jahrhundertwende eine untergründige Formenallianz bilden, ließe sich am Schönbergschen *Pierrot Lunaire* ebenso wie an der Tanzgroteske von Valesca Gert und anderen ästhetischen Manifestationen darlegen. Es gibt aber auch ein Beispiel dafür aus Benjamins Feder: das „Vorlesungsverzeichnis der Universität Muri". Hier gibt es im medizinischen

Klees Grotesken, mit denen er schon als Gymnasiast seine Ausgabe der „Göttlichen Komödie" geschmückt hatte, seine Dante-Lektüre überhaupt sprechen für seinen ursprünglichen Bezug zur Groteske und für eine intensive Auseinandersetzung mit diesem „Phänomen" des menschlichen Lebens. Noch 1939 beschäftigte ihn Dantes „Inferno" und jene unterirdischen Bezirke, „wo auch Dante vorüberkam" (so ein Bildtitel) auf seinem Gang durch die Hölle. Die Götter, das Göttliche, die Engel, das Dämonische, der „daimon", Vermittler zwischen Himmel und Erde, Göttlichem und Menschlichem ... ein Kosmos transzendenter Erfahrungen, der im Werk Klees sichtbar gemacht werden soll (vgl. OD 33). Wofür? Für eine mystische Schau, wie die archaisch-antiken Wandmalereien, die über das irdische Dasein belehrten? Ich möchte hier nicht die Interpretation in die Richtung der Auffassung lenken, Ästhetik sei an die Stelle von kultischer Praxis bzw. Religion gerückt, zur Schau des Göttlichen geworden. Es soll vielmehr unter subjekttheoretischer Perspektive die Fragestellung auf so etwas wie das delphische „Erkenne dich selbst" zurückgebeugt werden. Hier liegt, wie ich zu zeigen versuche, der verborgene Unterboden der Kleeschen Groteske, deren Wirkung gerade dann nicht ausbleibt, wenn sie am heftigsten bekämpft wird[30].

Auf diesen humanistischen Duktus in Klees Arbeiten hat Christine Buci-Glucksmann in ihrer Abhandlung *Der Engel der Geschichte* gleich zu Beginn abgehoben, ohne allerdings einen Reflex auf die Groteske zu machen. Sie betrachtet die Kleeschen Figuren auf der Grundlage der Benjaminschen Interpretation aus *Erfahrung und Armut* in der Perspektive auf ein „neues Barbarentum" (Illu 292)[31]. So scheinen diese ihm „im Ausdruck ihrer Mienen vor allem dem Innern" zu gehorchen. „Dem Innern mehr als

---

Seminar: „Übungen im Liquidieren"; im juristischen: „Einführung in die Theorie der Verschleppungstaktik" sowie „Theorie und Praxis der Beleidigung"; im physikalischen: "Camilla Schulze: Theorie des freien Falls mit Übungen im Anschluß" (GS IV.1:441ff).

[30] So zeigt z.B. der Kommentar einer Schweizer Zeitung - Klees Werke wurden dort als „schizophrenelis Gartli" bezeichnet - daß diese Groteske nicht nur weitgehend nicht angenommen, sondern gerade im Sinne des faschistischen Verdikts „entarteter Kunst" mißverstanden wurde. Diese Denunziation allerdings spricht Bände über die pathogene Binnenstruktur der Denunzianten sowie über das ihnen eingefleischte „Tabu, welches auf Ausdruck und Subjekt lastet" (ÄT 70). Eine „Hexenjagd gegen den Ausdruck", die auf der Ablehnung von „Selbstbesinnung in jeder Gestalt" (ÄT 176) basiert. Bei Klee indessen treffen wir im Gegensatz dazu auf den glücklichen Fall von Erfahrungs- und Ausdrucksfähigkeit, die sich trotz gegenläufiger objektiver Tendenzen und subjektiver Widerstände „im Ringen nach freieren Ausdrucksformen" als Selbstbesinnungsprozeß realisieren konnte und gerade deshalb zur politischen Provokation wurde.

[31] Benjamin versteht dieses „neue Barbarentum" aus einer „Erfahrungsarmut" heraus, die nicht nur eine Armut „an privaten sondern an Menschheitserfahrungen überhaupt" ist und insofern im positiven Sinne eine Chance bietet „von Neuem anzufangen". „Denn was ist das ganze Bildungsgut wert, wenn uns nicht Erfahrung mit ihm verbindet?"(Illu 292).

der Innerlichkeit: das macht sie barbarisch" (Illu 293). Da Buci-Glucksmanns Interpretation mit meiner Argumentation in diesem Punkt übereinstimmt und Benjamins Sicht auf Klees Graphiken wiedergibt, soll eine längere Passage zitiert werden. Es zeigt sich darin die moderne Notwendigkeit, mit antihumanistischen Mitteln für Humanität einzutreten.

„Wie alle Mittelwesen und zerspaltenen Gestalten Klees - Masken, Dämonen, Puppen, Marionetten, Irre in Trance, Menschen-Tiere, Gesichter-Pflanzen usw. - geht der Engel nicht mehr aus einer humanistischen Logik der Innerlichkeit des Subjekts und der Repräsentation hervor. In ihrer ironischen Maßlosigkeit charakterisieren diese Figuren den Übergang vom Sichtbaren zum Unsichtbaren, auf dem unsere schwankenden Grenzen zwischen dem Menschlichen und dem Unmenschlichen, zwischen der Kultur und der Barbarei verlaufen - dieses gigantische Durcheinander des Unbenennbaren. So daß Klee [...] wie viele andere, >vom hergebrachten, feierlichen, edlen, mit allen Opfergaben der Vergangenheit geschmückten Menschenbilde< abstoßen, >um sich dem nackten Zeitgenossen zuzuwenden, der schreiend wie ein Neugeborenes in den schmutzigen Winkeln [sic] dieser Epoche liegt< [Zitat Benjamin: *Erfahrung und Armut*]" (Buci-Glucksmann 1984:54).

Der moderne Mensch: versinnbildlicht als nacktes, schreiendes Neugeborenes, das in schmutzigen Winkeln dieser Epoche liegt! Schärfer kann der Absturz von dem neuhumanistischen „schönen Menschen" nach griechisch-idealistischem Vorbild nicht ausgedrückt werden. Die Hoffnung auf eine Verwirklichung des allseitig gebildeten Menschen (Humboldt) scheint verwirkt, und es triumphiert der groteske Rückzug des Subjekts, der extreme Gegensatz zur Entfaltung seiner antik-kosmischen Verbundenheiten. An diesem Kommentar von Benjamin läßt sich erkennen, daß auch er ein Meister der Groteske ist, einer Groteske, die schonungslos die heruntergekommenen Ideale der bürgerlichen Gesellschaft bloßstellt. Das humanistische Menschenbild mußte endgültig seiner niederschmetternden Realität der Hilflosigkeit, Existenzbedrohung und Entstellung weichen. Ich komme darauf zurück im Abschnitt über den Angelus Novus der Katastrophe bei Benjamin. Hier soll zunächst Klees Bezug zur Groteske weiter vertieft werden.

Die von Klee im Zusammenhang mit seinem künstlerischen Grundsatz - „Kunst gibt nicht das Sichtbare wieder, sondern macht sichtbar" - gewählte Ausdrucksweise („Schauen", „offenbaren"; Geelhaar zitiert sogar „geheim Erschautes sichtbar machen"; Geelhaar 1975:8), zielt darauf ab, daß Natur „nicht nur sichtbare Erscheinung, sondern darüber hinaus Offenbarung eines inneren geheimnisvollen Lebens für den Gestaltenden" sei (Klee, zit. n. Giedion-Welcker 1991:70). Er setzt damit einen Akzent, der die Praxis antiker Mysterienkulte anklingen läßt. Diese waren außeralltäglich, Feste, auf denen nicht-ästhetische Mimesis in der Einheit von Mythos und Kult praktiziert wurde (s. Konstellation B). Sie boten keine Gegenstände alltäglicher Anschauung sondern Kultbilder, und es fanden auch nur Eingeweihte Zugang. Obwohl die Mysterien so scheinbar außerhalb des alltäglich-öffentlichen Lebens vollzogen wurden und immer etwas Geheimes hatten, durchwirkte und prägte das durch sie „Geschaute" dennoch das alltägliche Leben der Eingeweihten. Es ist unklar, in welchen Bezug zur Mysterienschau sich Klee stellt, wenn er das Geheime anspricht: ist damit die ursprünglich rituelle Geheimhaltung gemeint gegenüber Uneingeweihten oder assoziiert er spätere Verbote, die Mysterien zu geheimen machten? Diese Frage, die das politisch-ästhetischen Selbstverständnis berührt, ist hier allerdings von sekundärer Bedeutung. Hervorzuheben ist vielmehr, daß Klee die Sprache und Vorstellungswelt der Mysterienkulte belehnt und sich somit selbst in seinem Schaffen in diesem existentiell weit gespannten Rahmen begreift. Er „malt" das geheim Geschaute „aus", macht es sichtbar - nicht nur für sich, sondern auch für andere. Damit gibt er der Einbildungskraft einen assoziativen Impuls, längst „vergessene Zusammenhänge der Offenbarung" zu vergegenwärtigen; er entfaltet ein subjektives Potential, das gesellschaftlich unterdrückt bzw. theologisch ins Jenseits verlagert wurde und wird: die archaisch-ursprüngliche „Transzendenz ins Diesseits" (Gehlen) als „Verdoppelung".

Diese gegenläufige „Profanation" (Benjamin) des Heiligen macht Klee zu einem herausragenden Vertreter der Moderne. Nicht nur, weil er „das Heilige" in den weltlichen Raum der Ästhetik transformiert. Entscheidend ist, wie er es tut: nämlich ohne das Ästhetische zu einem „Göttlichen" oder zu dessen Erscheinung zu verklären, wie heute etwa George Steiner will. Klee kommt auf den sozialen Sinn der Kulthandlungen für die Individuen zurück, ohne das Ästhetische ausschließlich als eigene Kulturwertsphäre zum Ersatz für Mythos und Kult zu objektivieren. So rettet er den ursprünglichen Sinn des Heiligen für die Subjekte und aktualisiert ihn als soziale Selbstreflexion: die Erfahrung seiner Selbst im „kosmischen Standpunkt" - in ihrer Verbundenheit mit der Schöpfung, wie nunmehr zu erörtern ist.

Mit seinem Grundsatz „Kunst gibt nicht das Sichtbare wieder, sondern macht sichtbar" (OD 23) nimmt Klee Position gegen jenes auf dem Nachahmungsparadigma beruhende Kunstverständnis, das allemal auf einen semantisch verkürzten, historisch unaufgeklärten Mimesisbegriff zurückgeht (vgl. Konstellation B). Nicht „Nach- oder Abbilden" äußerer Realität, Wiedergabe oder „Erinnerung an Gesehenes" (ebd.) sei vordringliche Bestimmung des Darstellungsprozesses. Es geht Klee umgekehrt darum, „Nichtsichtbares zu offenbaren" (ebd)[32]. Das „Urbildliche" vielleicht? Es soll „etwas sichtbar gemacht" werden, „was ohne Bemühung des Sichtbarmachens nicht zu ersehen wäre" (ebd.) - der Engel als „Repräsentant vergessener Zusammenhänge der Offenbarung"? Offensichtlich laufen hier die Intentionen von Benjamin und Klee zusammen, die sich bewußt von spekulativer Metaphysik distanzieren. Denn nichts, was jenseits dieser Welt ist, soll sichtbar gemacht werden, sondern gerade das, was in dieser Welt Platz haben sollte, dem aber unter dem Vorzeichen allseitiger Rationalisierung kein öffentlicher Raum zugebilligt wird. Wie aber kann solch ein nicht-metaphysisches „Offenbaren" möglich sein? Es gibt nur eine Möglichkeit: es muß dafür eine Korrespondenz im Subjekt selbst geben, die auch unter, oder besser: gerade unter subjekt- und lebensfeindlichen gesellschaftlichen Verhältnissen zum Vorschein kommen kann.

„Die Kraft des Schöpferischen kann nicht genannt werden. Sie bleibt letzten Endes geheimnisvoll. Doch ist es kein Geheimnis, was uns nicht grundlegend erschütterte. Wir sind selbst geladen von dieser Kraft bis in unsere feinsten Teile. Wir können ihr Wesen nicht aussprechen, aber wir können dem Quell entgegengehen, soweit es eben geht. Jedenfalls haben wir diese Kraft zu offenbaren in ihren Funktionen, wie sie uns selbst offenbar ist. [...]" (OD 18).

Hier zeigt sich das Bedürfnis, die Schöpfung und darin zugleich sich selbst und das eigene Schaffen zu verstehen. Ein Mikrokosmos im Makrokosmos. Der Mensch Klee stellt auch den Künstler Klee vor die Aufgabe, die „grundlegende Lebendigkeit als die energiegeladene Kraft des Schöpferischen" (ebd.) zum Ausdruck zu bringen. Erstaunlicherweise kommt er bei seinen Reflexionen über ein ästhetisches Sichtbarmachen dieser Kraft unter dem Aspekt der „Physiognomik" auf Momente zu sprechen, die psychoanalytisch im Kontext der „Erinnerungsspuren" thematisiert und von Benjamin im Kontext der Selbstreflexion vertieft werden. Dieser für das ästhetische Verhalten grundlegende Zusammenhang muß ausführlicher betrachtet werden.

Klee beschreibt den Vorgang des „Sichtbarmachens" in seiner Schrift zum *Bildnerischen Denken* als „Physiognomik", unterteilt in die „reine Funktion des Sehens" und deren „Verbindung mit den Gehirnfunktionen des Fühlens" (OD 18). Er meint damit eine „Synthese von äußerem Sehen und innerem Schauen" (ebd.). Dieses „innere Schauen" vollziehe sich nicht durch ein „Auge des Geistes", das in die „innere Nacht"

---

[32] In der folgenden Betrachtung verkopple ich bewußt sehr verschiedene Reflexionsebenen, deren Gegenstand zunächst nur ganz äußerlich das Ästhetische ist: Klees Tagebuchaufzeichnungen stellen insofern die nächste Einsatzstelle dar, als sie künstlerische Selbstreflexion ausmachen. Adornos Sätze sind primär um logische Schlüssigkeit und begriffliche Bestimmtheit bemüht, so weit es die Sphäre des Ästhetischen erlaubt. Sie sind gleichwohl dem theoretischen Reflexionstypus zuzuordnen, was mutatis mutandis für Benjamin gilt.

sieht, wie es bei dem Romantiker Caspar David Friedrich hieß. Vielmehr bringen wir nach Klee das Gesehene mit unseren Gehirnfunktionen des Fühlens und Empfindens zusammen. „Ein Auge welches sieht - sonderbarer Blick - das andere welches fühlt" (ebd.). Das mit diesem „physiognomischen Sehen" hervorgebrachte Gebilde, das aller Realität fremd sein kann, wenn es Unsichtbares sichtbar macht, widerspricht zwar der oberflächlichen, keineswegs aber der verdrängten Realität. Dann nämlich, wenn, wie bei Klee, ein „Totalitätsstandpunkt" eingenommen wird, der beides in sich aufhebt als „Chiffre". Es ist sicher kein Zufall, daß uns eben dieser Gedanke exakt bei Adorno wiederbegegnet und zwar in concreto bezogen auf das zur Rede stehende Problem, daß im Kunstwerk etwas „erscheint", was es „nicht gibt":

> „Der Angelus Novus von Klee erregt es gleich den tiermenschlichen Gestalten der indischen Mythologie. In jedem genuinen Kunstwerk erscheint etwas, was es nicht ist. Nicht phantasieren sie es aus zerstreuten Elementen des Seienden zusammen. Sie bereiten aus diesen Konstellationen, die zu Chiffren werden, ohne doch das Chiffrierte, wie Phantasien, als unmittelbar Daseiendes vor Augen zu stellen" (ÄT 127).

Das „innere Schauen" führt in seiner physiologischen Konsequenz über die Gehirn-funktionen hinaus zu einem Leibgedächtnis, wie es Benjamin anhand von Prousts „memoires involontaires" und Freuds „Erinnerungsspuren" bzw. Reiks „Gedächtnis-spuren"[33] entwickelt hat. Damit aber steht es auch in direkter Verbindung mit dem

---

[33] Hier müssen einige Differenzierungen gemacht werden, die für die Mikrostruktur des Problems relevant sind, weil sie dem „Eingedenken" als „Arbeit der Selbstbesinnung" einen Ort geben zwischen (unbewußtem) „Gedächtnis" und (bewußter) „Erinnerung". Mit dem Freudschüler Reik, der Freuds Ansatz (vgl. *Jenseits des Lustprinzips* Kap. IV, Freud 1981:136) zu einer Theorie des Gedächtnisses weiterentwickelt hat, die sich „ganz auf der Linie von Prousts Unterscheidung zwischen dem unwillkür-lichen und dem willkürlichen Eingedenken" bewegt (Illu 190), bestimmt Benjamin „Gedächtnis" und „Erinnerung" als Gegensätze: „Die Funktion des Gedächtnisses [...] ist der Schutz der Eindrücke; die Erinnerung zielt auf ihre Zersetzung. Das Gedächtnis ist im Wesentlichen konservativ, die Erinnerung ist destruktiv" (Reik, zit. n. Illu 190). In dem Aufsatz *Gedächtnis und Erinnerung*, der Benjamin viel-leicht nicht vorlag, hebt Reik diesen Gegensatz in Hinblick auf Bewußtsein und leibliches Unbewußtes hervor. So sei das Gedächtnis, „welches als allgemeine Fähigkeit der organischen Materie definiert wird [...] von Natur aus unbewußt. Der kleine Teil davon, der bewußt wird, tritt uns als Erinnerung gegen-über" (Reik 1990:414). Dieser Gedanke geht mit Freuds Theorie zusammen, die eine solche Zuordnung andeutet, wenn sie, wie Benjamin zitiert, erklärt, daß „es >anderen Systemen< als dem Bewußtsein vor-behalten ist, >Dauerspuren als Grundlage des Gedächtnisses< zu bewahren (Freud, zit. n. Illu 190f). In der *Neuen Folge der Vorlesungen zur Einführung in die Psychoanalyse* heißt es später erweiternd, das „Es [...] sei am Ende gegen das Somatische offen" (Freud 1991:75). Auf diesen Zusammenhang von „Gedächtnis", „Unbewußtem", und „Somatischem" im Gegensatz zu „Erinnerung" und „Bewußtsein" will Benjamin hinaus, wie eine entsprechende Rückbindung an Proust zeigt (vgl. Anmerkung *, Illu 191). Er sucht jenseits der bewußten und somit verfügbaren Erinnerung an die Vergangenheit Möglich-keiten, auch der verdrängten Erlebnisse innezuwerden, Möglichkeiten, auch jene „schmerzlichen oder nur unangenehmen Eindrücke, Ideen oder Impulse, zur Erfahrung werden zu lassen, die mit anderen psychischen Kräften unvereinbar waren und so gezwungen wurden, den Bereich des Bewußtseins zu verlassen" (Reik 1990:414).

mimetischen Vermögen. Klee hatte also mit dieser „Physiognomik" des Sehens eine sehr fortschrittliche und informierte Vorstellung über den Wahrnehmungs- und ästhetischen Schaffensprozeß vertreten, der bis in die verborgenen und verdrängten Sphären von Subjektivität hineinreichte und durchaus im Benjaminschen Sinne, analog zu Prousts Wiederentdeckung der „leiblich-natürlichen Behelfe des Eingedenkens", als eine „Technik des Erwachens" verstanden werden kann (vgl. GS V.1:490).

Wie aber vollzieht sich nun dieser Prozeß des Sichtbarmachens im Maler Klee selbst und wie versucht er es zu beschreiben? Welche selbstreflexiven Momente liegen in der Synthese von äußerem Sehen und innerem Schauen? Ich will hier keineswegs auf die kunsttheoretische Seite dieses Eindruck-Ausdruck-Verhältnisses abheben, dessen Klärung Klees Position zu Impressionismus/Expressionismus, Inhalt/Form, Konstruktion/Ausdruck immens gefördert hat, vor allem mit seiner „Erhebung der Konstruktion zum Ausdrucksmittel" (vgl. Geelhaar 1975:14). Diese Probleme des experimentell-künstlerischen Handelns müssen hier hinter dem Ausdrucksaspekt ästhetischen Verhaltens zurücktreten. Ich greife diesen ästhetischen Diskurs von der gleichsam rückwärtig-subjekttheoretischen Seite auf mit Klees eigener Frage: „Wie schlage ich am freisten die Brücke von innen nach außen?" (Klee, zit. n. Geelhaar 1975:13). Diese weniger technisch als ästhetisch-psychoanalytisch motivierte Fragestellung wird uns der zentralen Bedeutung des ästhetischen Verhaltens für psychische Prozesse, insbesondere für Selbstbesinnungsprozesse, ein Stück näher bringen. Es zeigt sich, daß die Entfaltung zu einem des „freien Ausdrucks" seiner selbst mächtigen Subjekt nicht nur ein „Privileg" ästhetischer Subjektivität ist, wie Adorno sagt (vgl. Adorno 1981b:58) sondern auch große Anstrengungen erfordert.

Nachdem Klee 1914 auf einer Tunisreise die Farbe für sein Schaffen entdeckt hatte, entwickelte sich eine Charakterisierung der Graphik als „Ausdrucksbewegung der Hand mit registrierendem Stift ... vom Umgang mit Ton und Farbe so grundverschieden, daß man diese Kunst motivisch ganz gut im Dunkeln ausüben könnte, in finsterer Nacht" (Klee zit. n. Geelhaar 1975:16). In der Tat zeichnete Klee erst in Dämmerung und Nacht und nannte dieses Zeichnen einen „naiven Stil", bei dem der Wille „unter Narkose" läge. Er verstand diesen „naiven Stil" keineswegs als ein Stillstellen reflektierter Formgebung zugunsten von Spontaneität und Improvisation. An diesem Punkt driftete seine künstlerische Überzeugung immer mehr von dem sich verstärkenden Funktionalismus des Bauhauses der Dessauer Zeit ab, was auch 1931 zu seinem

Wechsel an die Düsseldorfer Kunstakademie führte. Entgegen den „Schulungsmomente[n]" in der Richtung zum Wesentlichen, zum Funktionellen gegenüber dem Impressiven", wie es in einer Veröffentlichung des Bauhauses 1928 hieß (vgl. Geelhaar 1975:22), insistierte Klee auf einem subjektiv ästhetischen Impuls, einer „mimetischen Regung", wie es Adorno ausdrückt (s.u.), gegenüber einer zweckgebundenen Konstruktion. Er strengte eine Vermittlung von „Formbildung", d.h. dem Schaffensimpuls, und „Formbestimmung" als Umsetzung dieses Impulses in eine Darstellung an, die auch den unbewußten Momenten des Schaffensprozesses gerecht werden sollte (vgl. Geelhaar 1975:16f). Geelhaar faßt das Resultat folgendermaßen zusammen:

„Die von subjektiver Bewegung gereinigte Sachlichkeit mancher Dessauer Arbeiten besitzt einen Gegenpol in Zeichnungen, in denen innere Regungen und Unbewußtes sich unvermittelt der seismographisch registrierenden Hand mitteilen. >Honigschrift< hieß Klee das Verfahren, es mit dem Herunterfließen dünnflüssigen Honigs vergleichend, das auf leiseste Impulse reagiert. Die intellektuelle Steuerung im Schöpfungsakt wird möglichst ausgeschaltet und die Erfindung dem automatisch dahingleitenden Schreibzeug überantwortet. [...] Im Düsseldorfer Unterricht legte der Künstler besonderes Gewicht auf Übungen >zur Manifestierung der typischen Eigenart der Handschrift<, denn es ergeben solche kal­ligraphischen Etüden >Resultate, die schon in das Gebiet der Gestaltung - wenn auch anfänglich der primitiv-intuitiven - hinüberreichen, um sich später im Geistigen zu vervollkommnen, zu bereichern, auszuwirken ... Je mehr unsere Handschrift fähig ist, zu schreiben, um so sensibler sind die Zeichen.< [...]" (Geelhaar 1975:22f).

In der Auseinandersetzung am Bauhaus entwickelt Klee also schon sehr früh einen für die Moderne wichtigen Schaffensvorgang, den später die Surrealisten als „ecriture automatique" propagierten. Adorno führt den Begriff „ecriture" sogar auf Blätter Klees zurück, die sich einer gekritzelten Schrift[34] annähern (ÄT 189) und er reflektiert das Phänomen mehrfach innerhalb der Wechselwirkung zwischen „Ausdruck" und „Form" in der Kunst. Die in diesem Zusammenhang angesprochene „Konstellation des Bewußten und Unbewußten" (ÄT 174) ist sehr aufschlußreich für unsere Betrachtung.

Adorno hat in seinem Essay *Rückblickend auf den Surrealismus* solch einen Schaffensprozeß als „unwillkürlichen Ausdruck" bezeichnet, wobei er aber zugleich auch jenes Moment der Anstrengung erinnert, dessen es zu seiner Hervorbringung, d.h. zum Freilassen bedarf. Das künstlerische Subjekt des Surrealismus sei gerade deswegen „offener" und „ungehemmter", weil es bewußt seine Energie auf die schlaf- und narkoseähnliche „Selbstauslöschung" lenken müsse, „zu der es im Traum keiner Energie bedarf" und damit gerade jene Verschlüsselungen des Unbewußten in der Traumarbeit

---

[34] Wieweit Klee mit dieser „Honigschrift" seiner Zeit voraus war, zeigt sich heute z.B. in der Annäherung von europäisch-amerikanischem Expressionismus/Informel und japanischer Schreibkunst-Avantgarde; vgl. Ausstellungskatalog *Yu-Ichi. Hin*, 1995.

durchbreche (alle Zitate Adorno 1981b:102f). „Unwillkürlicher Ausdruck" ist, so verstanden, der gegen das Ich und seine psychischen Widerstände listig ertrotzte und freigesetzte Ausdruck von unbewußten Inhalten. Daß es zu dieser „Freiheit" des Ausdrucks eines Zusammenspiels unbewußt-mimetischer und rationaler Kräfte bedarf und sich dabei das Künstlersubjekt auch in „Gefahr" begeben muß, nämlich in die eines Ich-Verlustes an „rationaler Kontrolle" und „distanzierter Selbstbeherrschung" hat Hauke Brunkhorst in seiner Arbeit *Romantischer Impuls und untergründiger Surrealismus bei Adorno* gezeigt. Vom Künstler aus betrachtet wäre dann der „unwillkürliche Ausdruck" Resultat des „experimentellen Habitus", sich „dem Drang der eigenen Impulse" zu überlassen und sich „prinzipiell unkontrollierbare[n] Situationen" auszusetzen; Resultat eines „experimentellen Spiels", in dem durchaus „bewußt" vor allem nichtrational-intentionslose Kräfte des Subjekts beansprucht werden, um innere Zwänge erfahrbar zu machen und sich auch möglicherweise davon zu befreien (alle Zitate Brunkhorst 1995:101ff). Analog dazu begreift Adorno in der *Negativen Dialektik* den notwendigen Impuls zur Freiheit, der über die Bewußtseinssphäre hinausreicht, als „intramental und somatisch in eins" (ND 228). Für dieses Potential hat Alfred Lorenzer in seiner *Tiefenhermeneutischen Kulturanalyse* (im literarischen Kontext des „Sagenkönnen[s] des Dichters" und des „Verstummen[s] der anderen") ein „doppeltes Vermögen" des Künstlers ausgemacht - wohlbemerkt des Künstlersubjekts, das sich professionell mit der „Unterwerfung unter die kulturellen Zumutungen" auseinandersetzt und sein Ausdrucksvermögen systematisch bildet. Ein doppeltes Vermögen, „das unbewußte Leiden über die zerstückelten Traumbilder des Träumers hinaus zu einem Ensemble innerer Bilder zusammenzufügen *und* diese inneren Bilder, die sinnlich-symbolischen Interaktionsformen, in bedeutungsvolle Objekte, präsentative Symbole zu gießen" vermag (Lorenzer 1988:64)[35]. Diese Konfliktebene von Bewußtsein und Unbewußtem im „unwillkürlichen Ausdruck" scheint mir ein wichtiger Aspekt zu sein, der in der Regel dann übersehen wird, wenn von einer vom „bewußten Ich befreiten

---

[35] Lorenzer spricht hier lediglich den Prozeß der Entäußerung und Vergegenständlichung in einem „präsentativen Symbol" an, d.h. er beschreibt die Voraussetzungen für den Weg von innen nach außen, der in einer Neubildung „äußerer Symbole" resultiert, und geht nicht auf die Existenz bereits bestehender „Symbole", kultureller Sinngestalten und die künstlerische Auseinandersetzung mit ihnen ein. Was seinen Ansatz trotz dieses individualistischen Grundzugs für mich interessant macht, ist die Hervorhebung von „kollektiv-verbindlichen Lebensentwürfen" (ebd. 62), die zum Erkennen des präsentativen Symbols nötig sind: sie müssen einen überindividuellen Gehalt haben, der an-spricht, der Rezipient muß deren „Existenz in sich selbst" (ebd.) spüren. In Kerényis Terminologie bedeutet das: sie müssen eine „seelische Realität" für den Rezipienten sein (s.u. B 3).

Bildersprache" geredet wird (so Adornos Kritik an diesen Positionen; Adorno 1981b:101) oder wenn gar, wie bei Lyotard, das Unbewußte für ästhetische „Dispositive" unmittelbar verfügbar gehalten wird (Lyotard 1982). Adornos Argumentation verfällt solchen irrationalen Vereinseitigungen nicht und spricht dieses subjektive und unbewußte Moment im Bild des „Rutengängerischen" als Merkmal „ästhetischer Rationalität" an. Im Zentrum stehe dabei das „Formgefühl", in dem durchaus der Kleesche Vermittlungsversuch von „Formbildung" und „Formbestimmung" aufgehen könnte. Hier bündeln sich wesentliche Gedanken zum „mimetischen Vermögen" in der Kunst, die für die folgenden Untersuchungen festzuhalten sind:

> „Formgefühl ist die zugleich blinde und verbindliche Reflexion der Sache in sich, auf welche sie sich verlassen muß; die sich selbst verschlossene Objektivität, die dem subjektiven Vermögen zufällt, das seinerseits an seinem Widerspiel, der rationalen Konstruktion sich kräftigt. Die Blindheit des Formgefühls korrespondiert der Notwendigkeit in der Sache. An der Irrationalität des Ausdrucksmoments hat Kunst den Zweck jeglicher ästhetischer Rationalität. [...]. Je treuer sie ihr folgt, desto weniger ist sie sich durchsichtig. Sie verdunkelt sich. Ihr immanenter Prozeß hat etwas Rutengängerisches. Dem folgen, wohin es die Hand zieht, ist Mimesis als Vollstreckung der Objektivität [...]. Mit verbundenen Augen muß ästhetische Rationalität sich in die Gestaltung hineinstürzen, anstatt sie von außen, als Reflexion über das Kunstwerk, zu steuern" (ÄT 175).

So wie Adorno diese grundsätzlichen Überlegungen zur „ästhetischen Rationalität" im Bild des Rutengängerischen, jenem „Tasten im Dunkeln der Bahn ihrer Notwendigkeit" (ebd.) beschreibt, so erscheint dieses Bild schon in ähnlicher Weise bei Benjamin im *Programm eines Proletarischen Kindertheaters*. Um den Charakter der kindlichen Geste zu beschreiben, verweist er auf Konrad Fiedlers „Schriften über Kunst". Dieser habe dort als erster darauf hingewiesen,

> „[...], daß der Maler kein Mann ist, der naturalistischer, poetischer oder ekstatischer sieht als andere Leute. Vielmehr ein Mann, der mit der Hand da näher zusieht, wo das Auge erlahmt, der die aufnehmende Innervation der Sehmuskeln in die schöpferische Innervation der Hand überführt" (Benjamin 1969:83).

Im Kontext von Schrift und Sprache greift Benjamin im Januar oder Februar 1933 unter verallgemeinertem Gesichtspunkt einen entsprechenden Gedanken auf. In der *Lehre vom Ähnlichen* führt er in bezug auf zeitgenössische graphologische Erkenntnisse das „mimetische Vermögen" sowie Schrift und Sprache als ein „Archiv unsinnlicher Ähnlichkeiten" ein und leitet damit zur phylogenetischen Reflexion über. Hier nämlich liegt der Interpretationsansatz für ein im ästhetischen Verhalten ganz allgemein impliziertes Ausdruckspotential aller Subjektivität - der zentrale Problemkern meiner Arbeit. Benjamins Denkansatz zielt auf einen „anthropologischen Materialismus" ab, „wie die

Erfahrung der Sürrealisten und früher eines Hebel, Georg Büchner, Nietzsche, Rimbaud ihn belegt" (AN 215) und wie er die mimetischen Zusammenhänge von Leib, Ausdruck, Gestalt - „Leib und Bildraum" (ebd.) - in eins zu erfassen sucht.

„Die Graphologie hat gelehrt, in den Handschriften Bilder, oder eigentlich Vexierbilder zu erkennen, die das Unbewußte des Schreibers darinnen versteckt. Es ist anzunehmen, daß das mimetische Vermögen, welches dergestalt in der Aktivität des Schreibenden zum Ausdruck kommt, in sehr entrückten Zeiten, als die Schrift entstand, von größter Bedeutung für das Schreiben gewesen ist. Die Schrift ist so, neben der Sprache, ein Archiv unsinnlicher Ähnlichkeiten, unsinnlicher Korrespondenzen geworden. Diese, wenn man so will, magische Seite der Sprache wie der Schrift läuft aber nicht beziehungslos neben der andern, der semiotischen, einher. Alles Mimetische der Sprache ist vielmehr eine fundierte Intention, die überhaupt nur an etwas Fremden, eben dem Semiotischen, Mitteilenden der Sprache als ihrem Fundus in Erscheinung treten kann. So ist der buchstäbliche Text der Schrift der Fundus, in dem einzig und allein sich das Vexierbild formen kann" (*Lehre vom Ähnlichen* zit. n. dem Abdruck in: *Zur Aktualität Walter Benjamins*, 1972:28).

Kommt das „Mimetische" bzw. das „mimetische Vermögen" nach dieser Auffassung schon in der Aktivität des Schreibens zum Ausdruck, indem das Unbewußte Bilder, genauer: Vexierbilder „darinnen versteckt", um wieviel mehr muß es sich dann erst in der bewußt vom Sinn der Sprache sich distanzierenden „ecriture" zeigen[36]? In dieser Ausdrucksbewegung der Hand schließt sich der Kreis sowohl zu Klees „Physiognomik", „naivem Stil" und „Honigschrift" als auch zu Adornos „unwillkürlichem Ausdruck" und „Formgefühl". Ja, es läßt sich sagen, Klees Vermittlung von Formbildung und Formbestimmung gehen in Adornos Kategorie Formgefühl auf. Sie gründet jenseits eines professionell ästhetischen Spezifikums in einem allgemein menschlichen mimetischen Vermögen. Mimetisches Vermögen ist also nicht nur in der speziellen Kunstproduktion sondern in jeglichem ästhetischen Verhalten wirksam. Die Gedanken von Klee, Benjamin und Adorno liegen, wie sich deutlich zeigt, so eng beisammen, daß sie sich fast wie von selbst zu einer Antwort auf Klees Ausgangsfrage zusammen-

---

[36] Ein interkultureller Vergleich ist hier angebracht: "Was die Schriftkunst angeht, so ist sie die Spur des Herzens. Deshalb hat sie im Innern ihren Sitz und nimmt Gestalt an nach außen; man erfaßt sie mit dem Herzen und die Hand reagiert" (Sheng Hsi Ming 1381, zit. n. Blomberg 1995:49). Dieser sechs Jahrhunderte alte Gedanke, der bis in die Moderne Gültigkeit beanspruchen kann (vgl. Blomberg 1995), zeigt die frappierende Nähe der chinesischen Kalligraphie, in der ursprüngliches Wissen über den Zusammenhang von Denken, Sprechen, Schreiben und Zeichensetzen aufbewahrt zu sein scheint, zur hier dargestellten Reflexion zum künstlerischen Schaffensprozeß (vgl. den Umgang mit dem Unbewußten in der Annäherung von europäisch-amerikanischem Expressionismus/Informel und japanischer Schriftkunst-Avantgarde) bzw. zum Prozeß des ästhetischen Ausdrucks überhaupt. Hier sei an Inoue Yuichi, den bahnbrechenden japanischen Lehrer und Schriftkünstler erinnert, der sich für ein nichtprofessionelles Verständnis der Schriftkunst aussprach und gegen die strengen und erstarrten Formgesetze der traditionellen Kalligraphie lebendige Momente des Selbstausdrucks in den Vordergrund stellte; vgl. *Yu-Ichi. Hin.* Ausstellungskatalog 1995:15; zur „Geste" und „Urschrift" vgl. Stern 1978:13.

schließen, wie „am freisten die Brücke von innen nach außen" zu schlagen sei. Es geht aus ihnen hervor, daß dieser produktive Prozeß der Entäußerung keineswegs einfach ist, denn das Subjekt muß dazu einen rutengängerischen Weg durch die Vexierbilder der Psyche zurücklegen, um seine „eigenen mimetischen Regungen" (ÄT 170) freizulassen. Es muß die Verbindung des äußeren Sehens mit dem inneren Schauen, dem Fühlen innerer Bilder aufspüren und sich leidvoller Zusammenhänge bewußt werden; es muß eine Ausdrucksform finden, die nicht den vorgeformten und genormten Bahnen von Denken, Sprechen, Schreiben und Malen folgt, sondern einer „mimetischen Sprache" Raum gibt, die noch vor allem rationalen und sprachsymbolischen Wissen und gegen die Kraft der Verdrängung „Zeichen des Menschlichen" (Mosés 1994:182) setzen und erkennen lassen kann. In der „ecriture", dem malenden Schreiben oder schreibenden Malen kann ein solcher „unwillkürlicher" Ausdruck, der der kindlich unbefangenen, noch nicht rational zugerichteten Geste sehr nahesteht, gefunden werden. Ein Ausdruck, der aber dennoch zwischen formgebender Vernunft und spontaner Expressivität angesiedelt ist und, wie sich zeigte, zwischen mimetischem und rationalem Vermögen vermittelt. Damit will ich vorerst diesen aufs ästhetische Verhalten bezogenen Gedankengang abschließen und mich noch einmal kurz dem Leben und Werk Klees zuwenden. Hier nämlich bestätigt sich meine Annahme über die Schwierigkeiten dieses Schaffensprozesses „auf dem Weg zu sich selbst" im Widerstreit zwischen Bewußtsein und Unbewußtem.

Bei Klee, der sein Leben und Schaffen in ungewohnt hohem Maße reflektiert und dokumentiert hat, finden wir außerordentlich viele Anhaltspunkte für dieses Wechselspiel zwischen Unbewußtem und Bewußtwerdung, unwillkürlichem Ausdruck und Formgebung, subjektivem Vermögen und Objektivität des Werkes. Er selbst bezeichnet diesen Aspekt im Schaffensprozeß als ein „Ringen nach freierer Ausdrucksform" (zit. n. Geelhaar 1975:11), was dafür spricht, daß dieser Prozeß nicht ohne Überwindung innerer Widerstände verlief. So bezeichnete Klee etwa das erstmalige Gelingen einer freien Umsetzung des Naturbildes seines Vaters in seine eigene bildnerische Sprache der Karikatur und Invention damit, daß ein „Bann mehr gebrochen" sei, „der härteste". Die intensive, lebenslange Auseinandersetzung mit seinem Lebensweg, seinen Gefühlen, Ängsten und Zielen ist aus vielen seiner Zeichnungen herauszulesen: „Angst", 1912; „Einsamkeit", 1929; „Der schreckliche Traum", 1919; „Ein Schlag ins Herz", 1924; „Angstausbruch", 1939; „Flucht kurz vor dem Sturz", 1928; „Flucht vor sich", 1931;

„Verfolgung", 1932; „Katastrophe im Traum", 1939; „Folter", 1938; „Kämpft mit sich selber", 1939 u.a. Klee arbeitete daran, „das zu gestalten, was seine Seele gerade belastet" (zit. n. Geelhaar 1975:11), sich vom Bann gesellschaftlicher Formierung zu befreien, die „Selbstzensur im Ausdrucksbedürfnis" zu überwinden, wie Adorno sagt (ÄT 175). Die bei allem zugrundeliegende Frage, „wie schlage ich am freisten die Brücke von innen nach außen", beschäftigte ihn immer wieder und führte ihn, sein „Formgefühl", auch immer wieder zu neuen technisch-rationalen Verfahren subjektiven Ausdrucks. Seine kunsttheoretischen Reflexionen zu Impressionismus und Expressionismus geben diese Auseinandersetzung wider. Insgesamt ist auf allen Ebenen von der Lebenspraxis bis zur Reflexion des Lebens und Schaffens ein Wechselwirkungsverhältnis zwischen Eindruck und Ausdruck zu entdecken, das das Recht auf freien Ausdruck gegenüber dem Eindruck sowie gegen die gesellschaftlich konventionellen Formen aufwertet.

Zum Abschluß sei beispielsweise auf einen solchen Formierungsprozeß abgehoben: auf Klees eigenen im Netz seiner sozialen Beziehungen, wie er ihn in einem kleinen Gedicht von 1905 zum Ausdruck bringt. Hier beschreibt er sein „Ich" als „ganzes dramatisches Ensemble", das sich aus Figurationen von inneren Identifikationsprozessen zusammensetzt. Ich habe es deshalb ausgewählt, weil es mit der für Klee typischen Leichtigkeit den sozialen Charakter subjektiver Bildungsprozesse aufs genaueste ausspricht:

„Mein Ich ist beispielsweise
ein ganzes dramatisches Ensemble.
da tritt ein prophetischer Urvater auf.
du brüllt ein brutaler Held.
Da räsoniert ein alkoholischer Bonivant mit einem gelehrten Professor.
Da himmelt eine chronisch verliebte Lyrica.
Da tritt der Papa pedantisch entgegen.
Da vermittelt der nachsichtige Onkel.
Da tratscht die Tante Schwätz.
Da kichert die Zofe schlüpfrig.
Und ich schaue zu mit erstaunten Augen,
die gespitzte Feder in der Linken" (OD 26).

Für alle, die dem ästhetischen Verhalten als einer nicht-professionellen "Kunst des Selbstausdrucks" (Benjamin) auf die Spur kommen wollen, ist dieses Gedicht sehr aufschlußreich. Es könnte geradezu als Lehrgedicht dienen. Leicht sind hier die ehemals äußeren Repräsentanten, die Konflikte des Ich als „Diener zweier Herren" (Freud) zwischen Es und Ich-Ideal, zwischen subjektivem Erleben, Gefühlen, Bedürfnissen,

Wünschen und äußeren Ver- und Gebotsinstanzen zu erkennen. Bemerkenswert ist für meinen Kontext hier besonders, daß sich in diesem dramatischen Ensemble auch ein „prophetischer Urvater" befindet. Er verweist auf die Präsenz der religiösen Sphäre in Klee selbst und steht für den Durchbruch in eben diese jüdische geschichtsphiloso-phisch-metaphysische Sphäre, in der auch das überirdische Selbst als Urbild und Vorbild des Selbst angesiedelt ist. Meine These ist, daß diese „reine Persönlichkeit", von der Klee im Zusammenhang mit den Belastungen der Seele spricht, nicht nur ein Zustand der Befreiung von inneren Zwängen im psychoanalytisch-therapeutischen Sinne meint, sondern auch und vor allem dieses transzendente Moment im theologi-schen Sinne des Urvaters resp. des überirdischen Selbst: eine metaphysische „Idee des Menschen" als Orientierung für das irdische, sonst eindimensionale Dasein. Nicht zu-fällig finden wir, wie bereits gezeigt wurde, in Klees Reflexionen zum Urbild entspre-chende Gedanken.

Überleitung

Zu Beginn der Betrachtung bezeichnete ich den Engel als phylogenetisch prädestinier-te Gestalt für das „Eingedenken der Natur im Subjekt, in dessen Vollzug die verkannte Wahrheit aller Kultur beschlossen liegt", wie Horkheimer und Adorno sagen. Wie ist es möglich, daß eine Objektivität kollektiven Geistes aus einem Kunstwerk spricht, war die Frage, mit der ich an die Bildbetrachtung herantrat. Die Spur führte in die psy-chischen Voraussetzungen des Schaffensprozesses, die allerdings nicht individualpsy-chologisch verstanden werden können. An Klee fällt eine eigentümliche Verquickung auf zwischen individuellem Leben, Geschichtsprozeß und überindividuellem Schöp-fungsprozeß, die in seinen Werken ihren „schöpferischen" Ausdruck findet. „Kunst ist ein Schöpfungsgleichnis" (OD 18).

Wenn die Betrachtung zu Klee nachvollzogen hat, wie außerästhetische historische Erfahrung und mimetische Regungen ins Gebilde einwandern und zu dessen Objektivi-tät integriert werden, im künstlerischen Selbstverständnis, Unsichtbares sichtbar zu machen; und wenn damit etwas vom ästhetischen Ausdruck Klees Unterschiedenes hervorgebracht wird, etwas Verallgemeinerbares, wenn sich also, mit Adorno gespro-chen, ein „kollektiver Unterstrom" (Adorno 1981b:58) abgezeichnet hat als Ausdruck des Kunstwerks; und wenn schließlich im Bild mimetische Verbundenheiten zum Vor-

schein gebracht werden, dann gehört freilich zu solchem Sichtbarmachen eine RezipientIn, deren mimetisches Vermögen hinlänglich entwickelt ist für eine kommunikativ
adäquate Rezeption. Klee weiß davon, wenn er hinsichtlich des Erkennens von Ur-
bildlichem sagt: „Allerdings gehört dann eine spezifische Art der Erfahrung dazu" (OD
90). Eine RezipientIn also, die nicht nur kunst-partikulare KulturkonsumentIn im gegenwärtigen Verständnis wäre sondern in ästhetisch-mimetischer Lebenstotalität an
das sichtbar Gemachte heranzutreten vermöchte. Daß Benjamin und Klee hierin dicht
korrespondieren, hat die Betrachtung zum Angelus Novus mit dem Schwerpunkt auf
Klees Leben und Schaffen schon ansatzweise gezeigt. Zu prüfen wäre also nunmehr,
ob und wie sich dieses Resultat in Benjamins Leben und Schaffen widerspiegelt. Im
Zentrum steht dabei die Frage, ob sich mit Benjamin meine These über den Engel als
prädestinierte Gestalt für das „Eingedenken der Natur im Subjekt" weiter vertiefen
läßt.

A 2.2. Angelus Novus im Leben und Schaffen Benjamins

Ich beginne mit einem Aufriß zur Sachbezüglichkeit. Dabei gehe ich zunächst von den
offensichtlichen und direkten Bezügen auf Angelus Novus in Benjamins Texten aus,
womit ich gleichzeitig die objektive Seite des Engels der Geschichte werkgenetisch
aufhellen möchte (sie wird unter soziohistorischem Aspekt in dem späteren Abschnitt
über den „Angelus Novus der Katastrophe" vertieft). Im Anschluß daran gehe ich auf
Benjamins Selbstbezüglichkeit im Angelus Novus ein, jene „persönlich-mystische Auffassung des Engels" (BE 127), die von Scholem erstmals als „Meditationsbild und
Memento einer inneren Berufung" charakterisiert wurde. Ich gehe den Fragen nach,
welche subjektiven Gehalte sich unter dieser Benennung verbergen und was sie über
Benjamin und dessen Auseinandersetzung mit dem Engel bekunden.

Im Jahre 1921 finden wir eine erste Inanspruchnahme der Engelgestalt für literaturkri-
tische Zwecke. Zum Abschluß der Ankündigung einer geplanten Zeitschrift, die den
Namen „Angelus Novus" tragen sollte (allerdings nie erschien), hebt Benjamin nachdrücklich auf das „Ephemere" dieser Zeitschrift ab, die der Dichtung, Philosophie und
Kritik gewidmet sein sollte. Aus der für Benjamin typischen kritischen Intention heraus erklärt er den Lesern, daß dieser ephemere Charakter von Anfang an bewußt sein
müsse als eingeforderter Preis für die „wahre Aktualität". Zur Verdeutlichung dient

ihm jene schon oben erwähnte talmudische Legende, die besagt, daß in jedem Augenblick Engel zu unzähligen Scharen geschaffen werden, einzig dazu bestimmt, vor Gott ihren Hymnus zu singen und danach ins Nichts zu zergehen. Als Wunsch für den Erfolg der Zeitschrift formuliert er entsprechend: „Daß der Zeitschrift solche Aktualität zufalle, die allein wahr ist, möge ihr Namen bedeuten" (AN 374). Mit wiederum dem gleichen Bezug beendet er sodann 1931 seinen literarischen Essay über *Karl Kraus*. Die Aussage ist nun radikaler auf den Zusammenhang von Ursprung und Zerstörung zugespitzt.

„Als ein Geschöpf aus Kind und Menschenfresser steht sein Bezwinger [des Dämons] vor ihm: kein neuer Mensch; ein Unmensch; ein neuer Engel. Vielleicht von jenen einer, welche, nach dem Talmud, neue jeden Augenblick in unzähligen Scharen, geschaffen werden, um, nachdem sie vor Gott ihre Stimme erhoben haben, aufzuhören und ins Nichts zu vergehen. Klagend, bezichtigend oder jubelnd? Gleichviel, dieser schnell verfliegenden Stimme ist das ephemere Werk von Kraus nachgebildet. Angelus - das ist der Bote der alten Stiche" (Illu 384).

Im selben Text spricht Benjamin bereits früher den Kleeschen Engel direkt an. Man müsse schon diesen „>Neuen Engel<, welcher die Menschen lieber befreite, indem er ihnen nähme, als beglückte, indem er ihnen gäbe, gesichtet haben, um eine Humanität zu fassen, die sich an der Zerstörung bewährt" (ebd.). Mit dieser Entwicklung läßt sich werkgenetisch nachvollziehen, wie der Engel im Laufe der Jahre immer mehr reflektierte Züge annimmt und in zentrale Positionen der Benjaminschen Theorie einrückt. Von den ersten assoziativ-spontan tastenden theoretischen Versuchen, als Verdeutlichung des ephemeren Charakters einer Zeitschrift, zum Sinnbild einer Humanität, die sich an der Zerstörung bewährt; von der Bildsprache zum Sprachbild: 1939 letztlich wird der Angelus Novus in der eingangs zitierten IX. geschichtsphilosophischen Reflexion in das dialektische Bild des „Engels der Geschichte" transformiert. Hier repräsentiert er das Gegenbild zum Katastrophenfortschritt und wird sogar mit kabbalistischen Attributen des Messias bedacht: Tote zu erwecken und das Zerschlagene zusammenzufügen. Benjamin hat dieser Reflexion ein Gedicht seines Freundes Scholem vorangestellt, was, wie alles bei ihm, seine Bedeutung haben muß und nicht unterschlagen werden darf. Es verweist auf die Dimension von „Glück", in die auch Benjamins Selbstzeugnis *Agesilaus Santander* mündet, eine Dimension aufklärenden Denkens, die die gesamte Generation der älteren Kritischen Theorie niemals preisgegeben hat.

„Mein Flügel ist zum Schwung bereit
ich kehrte gern zurück

58

denn blieb ich auch lebendige Zeit
ich hätte wenig Glück.
  Gerhard Scholem, Gruß vom Angelus" (Illu 255)

Daß dieser Jahrzehnte während Aufhebungsprozeß vom anschaulich-ästhetischen
Bild des Angelus Novus in das dialektische Bild einer geschichtsphilosophischen Reflexion über den Engel der Geschichte keine sprunghafte Angelegenheit war, vielmehr
eine sukzessive Herausbildung der Gedanken, erweist sich in diesen Zitaten. Es gibt
aber auch ein persönliches Dokument von Benjamin selbst, aus dem hervorgeht, daß er
fast 20 Jahre an diesen Gedanken gearbeitet hat. Es handelt sich dabei um einen Brief
an Gretel Adorno vom April 1940:

„Der Krieg und die Konstellation, die ihn mit sich brachte, hat mich dazu geführt, einige Gedanken nie-
derzulegen, von denen ich sagen kann, daß ich sie an die 20 Jahre bei mir verwahrt, ja, verwahrt vor mir
selber gehalten habe ... Noch heute händige ich sie Dir mehr als einen auf nachdenklichen Spaziergän-
gen eingesammelten Strauß flüsternder Gräser denn als eine Sammlung von Thesen aus ... Im übrigen
dienen die Reflexionen, so sehr ihnen der Charakter des Experiments eignet, nicht methodisch allein zur
Vorbereitung einer Folge des <Baudelaire> (Vorarbeiten für die <Passagen>). Sie lassen mich vermuten, daß das Problem der Erinnerung (und des Vergessens), das in ihnen auf anderer Ebene erscheint,
mich noch für lange beschäftigen wird" (Benjamin zit. n. Niethammer 1989:119).

Die folgende Betrachtung soll nicht nach der Seite objektiver Geschichtsphilosophie
fortgeführt werden, deren Interpreten allzu schnell die subjekttheoretischen Aspekte
auf eine „individualistische Lebensperiode" hin relativieren wollen (wie z.B. v. Haselberg). Stattdessen geht es hier, wie gerade an meiner Konstruktion „Angelus Novus:
Engel der Geschichte" gezeigt werden kann, um eine Dialektik von Subjektivität und
Objektivität, die die vernachlässigten Spuren der Reflexion von Subjektivität in Benjamins Werk aufsucht und hervorhebt. In seinem Spätwerk ist diese Dimension weder
verschwunden noch nebensächlich. Ein zentrales Anzeichen dafür ist das soeben zitierte Problem der Erinnerung und des Vergessens, das immer im Subjekt virulent ist. Rolf
Tiedemann ist in *Dialektik im Stillstand* ein wertvoller Hinweis auf einen Brief Benjamins zu verdanken, der diese Subjektorientierung hervorhebt (vgl. Tiedemann 1983:
95). Wir können dem Brief entnehmen, daß es Benjamin um „echte Erkenntnis" von
Historischem ging, die für ihn immer zugleich auch „zur geschichtsphilosophischen -
nicht psychologischen - Selbsterkenntnis des Erkennenden" (Benjamin 1978:523f)
werden mußte. Damit meint er keineswegs das traditionelle „Denken des Denkens" der
bürgerlichen Erkennntnistheorie, sondern eines, das selbstreflexiv der Erkenntnis des
Historischen und Gesellschaftlichen inhäriert. Unter der Perspektive des jüdischen Erbes hat schließlich Scholem zur Erhellung dieser subjekttheoretischen Dimension ei-

nen entscheidend aufklärenden Beitrag geleistet. In dem Sammelband *Zur Aktualität Walter Benjamins* anläßlich seines 80. Geburtstags veröffentlichte und diskutierte er in seiner Abhandlung *Walter Benjamin und sein Engel* den bis dahin unbekannten Text *Agesilaus Santander* von Benjamin. Wie wir sehen werden hat der Text als biographisches Dokument große Bedeutung. Zusammen mit anderen Texten von Benjamin aus den Jahren 1932-34 bildet die Abhandlung das zentrale Material meiner subjekttheoretischen Auslegung.

1972, zum 8o. Geburtstag Benjamins, wartete Gershom Scholem allen Benjamininterpreten mit einer Überraschung auf: er veröffentlichte zwei kurze Schriften biographischer Natur, die aus einem Notizbuch von 1932/33 stammen. Unter dem Titel *Agesilaus Santander* hatte Benjamin nach seiner Flucht aus Berlin auf Ibiza am 12. und 13. August 1933 zwei wenig voneinander abweichende Versionen eines kurzen Textes geschrieben, der ganz eindeutig biographisch inspiriert ist. Dieser Text, in seiner ersten und zweiten, nach Scholem endgültigen Version, bedient sich allerdings einer so fremdartigen und befremdend-geheimnisvollen Ausdrucksweise, daß er nahezu hermetisch erscheint - für „Außenstehende", denn er kann durchaus aufgeschlossen werden, wie Scholem zeigt. „Allerdings gehört dann eine spezifische Art der Erfahrung dazu" (OD 90) - Klees Einsicht gilt also auch hier. Benjamin selbst hat den Text nie veröffentlicht, und es bedurfte schon einer verwandten Natur, ihn der Öffentlichkeit zugänglich zu machen. Diese Selbstbesinnungs-Arbeit, auf die ich schon in der Kleeinterpretation zu sprechen kam, entschlüsselt nun über die Gestalt des Engels bündig den kabbalistischen Hintergrund und dessen mystisch-kosmische Verflechtung in Benjamins Denken, indem sie die dafür typische Verwobenheit des eigenen Lebens samt dessen Reflexion im Bild aufscheinen läßt: als Vorstellung der Verwobenheit eines irdischen Selbst mit einem himmlischen, die mitunter auch in ein Spannungsverhältnis zueinander treten können. Scholem erläutert das eingehend:

„Dazu [neben dem talmudischen Motiv vom Entstehen und Vergehen der Engel vor Gott] kam aber für Benjamin auch die weitere Vorstellung der jüdischen Tradition vom persönlichen Engel eines jeden Menschen, der sein geheimes Selbst darstellt und dessen Name ihm doch verborgen bleibt. In angelischer Gestalt, zum Teil aber auch in der Form seines geheimen Namens, ist das himmlische Selbst des Menschen (wie alles andere Erschaffene) in einen Vorhang eingewebt, der vor Gottes Thron hängt. Dieser Engel kann freilich mit dem irdischen Geschöpf, dem er zugeordnet ist, auch in Opposition und ein <starkes Spannungsverhältnis treten, wie es sich in Benjamins Aussagen im >Agesilaus Santander< widerspiegelt" (BE 108).

Sich selbst im Bild des Engels zu begreifen und daraus auch objektive, geschichtsphilosophische Schlüsse zu ziehen, das paßte freilich nicht in jenes Bild, das man sich von dem Autor der Reflexionen *Über den Begriff der Geschichte*, des *Passagen-Werks* und von *Das Kunstwerk im Zeitalter seiner technischen Reproduzierbarkeit* zurechtgemacht hatte - ein Bild allerdings, in dem das „Ärgernis" Engel (v. Haselberg), ebenso wie die rationalistisch nicht einholbare „Aura", immer wieder wie Sand im Getriebe knirschten. Obwohl Scholem mit der Erhellung dieses Hintergrundes Wesentliches zum besseren Verständnis beitragen konnte, ist seine Interpretation bis heute subjekttheoretisch nicht annähernd ausgeschöpft. Ganz im Gegenteil: die Veröffentlichung von Text und Interpretation stieß auf Abwehr und wurde heftig angegriffen. So wurde zum einen Scholems Interpretation dort kritisiert und in Zweifel gezogen, wo er sich allzu direkt in biograpische Konkretionen begab[37], zum anderen wurde der interpretierte Text selbst von seinen Ursprungsbedingungen her angezweifelt. Da Benjamin im fraglichen Sommer an Malaria erkrankt war, wurde der Verdacht geäußert, es könnte sich vielleicht bei dieser rätselhaften Schrift um eine Fieberphantasie o.ä. handeln, der letztlich kein Wahrheitsgehalt zukomme. Mit dem Argument, daß sie nicht von Benjamin selbst veröffentlicht wurde und nirgendwo ähnliche Gedanken in seinem Werk zu finden seien, wurde der skeptische Vorbehalt gegenüber diesem „Selbstzeugnis", was es für Scholem ohne Zweifel ist, untermauert. Dagegen aber führt Scholem an, daß sowohl der Aufbau als auch die Vorstellungswelt dieser Aufzeichnung „eine immanente Logik" habe und sich die „Kombination der Bilder" nicht von den in anderen Aufzeichnungen gewählten Verfahren unterscheide (BE 94). Auffallend an den Kritiken (an Benjamins Text und Scholems Interpretation) ist insofern das rigorose Heranzitieren marginaler Sachverhalte, ohne die wesentliche Aussage Scholems ihrem vollen Gehalt nach zur Kenntnis zu nehmen. Diese lautet: „In der Phantasmagorie wird das Bild des Angelus Novus für Benjamin zu einem Bild seines Engels als der okkulten Realität seiner selbst" (BE 127). Damit ist unzweideutig das Moment der geschichtsphilosophischen Selbsterkenntnis und Selbstbesinnung im Engel angesprochen.

---

[37] Dies betraf Konkretionen zum Anagramm, dem geheimen Namen sowie zu Benjamins Liebesbeziehungen (vgl. BE 91-94; kritisch: v. Haselberg 1975; Fuld 1978; dazu Scholems Stellungnahme zu Fuld und zu v. Haselberg in: Scholem 1992:73-78 u. 180-185). Für mein Verständnis geht Scholem, was diese Punkte anbelangt, etwas zu forsch an mögliche „Verwobenheiten von Personen, Ereignissen und Reflexionen" (BE 110) heran und irrt in manchem, wie er in seinem *Nachtrag: Die geheimen Namen Walter Benjamins* (Scholem 1992) selbst korrigiert. Da es sich dabei aber nicht um Kerngehalte handelt, kann davon abgesehen werden.

Wenn ich mich nun Benjamins Selbstzeugnis zuwende, dann geschieht es zu dem Zweck, seinen Kerngehalt in Blickrichtung auf „ästhetisches Verhalten" herauszuschälen, nicht um letztlich unklärbare Details erneut aufzuwirbeln. Meine Absicht besteht darin, Scholems Charakterisierung des Angelus Novus als „Meditationsbild und Memento einer geistigen Berufung" unter strukturellem Aspekt stufenweise nachzuvollziehen. D.h. ich werde ohne primär auf biographische Einzelheiten einzugehen - die bei Scholem viel besser aus nächster Nähe zu einem Freund und Zeitgenossen beschrieben sind (nachzulesen in BE, Abschnitt III u. IV) - die zugrundeliegenden Verhältnisse zwischen Walter Benjamin, Angelus Novus, seiner sozialen Umwelt und seinem allgemeinen Kulturzustand zu erfassen suchen. Es werden damit mimetische Strukturen der Verbundenheit sichtbar werden, wie ich sie für die systematische Erörterung des Bildungsprozesses später benötige. Darauf aufbauend soll in verallgemeinerter Form auf subjekttheoretische Überlegungen im Sinne einer „Logik des Selbst" (Vogel) eingegangen werden. Die subtilen Zusammenhänge von mimetischem Vermögen, Gedächtnis, Erinnerung, Mythos und Selbstbesinnung in diesem Produkt selbstreflexiv-kreativen Schreibens sollen mit Bedacht und Behutsamkeit nachvollzogen werden, um die ästhetische Integration solcher Momente gleichsam als exemplarisches Modell ästhetischen Verhaltens sichtbar zu machen.

Ich beginne diese Betrachtung mit der Haltung des Subjekts zum Objekt. Ein Kunstwerk als Meditationsbild zu bezeichnen ist keineswegs ungewöhnlich, haben doch die ehemals mystischen Praktiken von „Selbstversenkung" und „Kontemplation" längst in den Bereich ästhetischer Rezeption Eingang gefunden, auch haben sich seit der Jahrhundertwende östliche Meditationsstile über Kunstwerke eingebürgert. Dieses selbstvergessene Sicheinlassen auf ein Bild und dessen innere Ordnung, das bei Adorno mit der schlichten aber tiefgreifenden Feststellung bedacht wird, der Betrachter verschwinde „in der Sache" (ÄT 27), findet bei Benjamin einen wortreich geschmückten Ausdruck. Er erzählt eine Geschichte, die das In-der-Sache-Verschwinden veranschaulicht und zugleich den wesentlichen Aspekt eines Heimischwerdens mitumfaßt. Der Umstand, daß darin von einem Maler erzählt wird, der im eigenen Bild verschwindet, kann unberücksichtigt bleiben, denn es kommt hier primär darauf an, daß solch ein „Umgang" den Weg in eine andere Wirklichkeit eröffnen kann. In eine Wirklichkeit, der von Phantasie und Einbildungskraft bestimmte Subjekt-Objekt-Beziehungen eigentümlich sind.

„[Die Geschichte] stammt aus China und erzählt von einem alten Maler, der den Freunden sein neuestes Bild zu sehen gab. Ein Park war darauf dargestellt, ein schmaler Weg am Wasser und durch einen Baumbelag hin, der lief vor einer kleinen Türe aus, die hinten in ein Häuschen Einlaß bot. Wie sich die Freunde aber nach dem Maler umsahen, war der fort und in dem Bild. Da wandelte er auf dem schmalen Weg zur Tür, stand vor ihr still, kehrte sich um, lächelte und verschwand in ihrem Spalt" (Benjamin 1986:73).

Hermann Schweppenhäuser hat diese Geschichte über das Ästhetische hinaus als ein Gleichnis für Benjamins Denken und seinen Umgang mit den Dingen überhaupt interpretiert. Er hat also das Bild auf Benjamins eigene Gedankenführung angewendet und kommt zur treffenden Schlußfolgerung, daß Benjamin keinen Standpunkt vertrete, sondern in ihn hinein versinke[38]: „Wie im eigenen Bild der chinesische Maler verschwindet, soll Subjektivität hinter die Sache zurück-, die Sache vor sie und ihr Meinen vortreten" (Schweppenhäuser 1972:150). Damit präzisiert sich aus materialistischer Perspektive der Aspekt der meditativen Versenkung. Ohne näher auf diese Interpretation eingehen zu können[39], möchte ich die von Benjamin intendierte Art der Ver-

---

[38] Das hier im Ästhetischen explizierte Modell mimetischer Verbundenheit oder Verschmelzung mit dem Gegenstand erkennt Benjamin an anderer Stelle in der kindlichen Erfahrungsweise wieder. Er beschreibt es am Beispiel eines Kindes, das ein Bilderbuch anschaut: „Nicht die Dinge treten dem bildernden Kind aus den Seiten heraus - im Schauen dringt es selber als Gewölk, das mit dem Farbenglanz der Bilderwelt sich sättigt, in sie ein. Es macht vor seinem ausgemalten Buche die Kunst der taoistischen Vollendeten wahr: es meistert die Trugwand der Fläche und zwischen farbigen Geweben, bunten Verschlägen betritt es eine Bühne, wo das Märchen lebt" (Benjamin 1969:47).

[39] Schweppenhäuser setzt den Schwerpunkt seiner Benjamininterpretation auf das, was er als „dialektische Physiognomie" darin zu erkennen glaubt: Benjamins Methode, die soziohistorisch gewordene Gestalt der Dinge, ihre zweite Natur, zu erkennen und zugleich sich selbst darin zu begreifen. Exemplarisch hat Schweppenhäuser seine Analyse an den *Loggien* (Benjamin 1986) entwickelt, an einem Text also, von dem Benjamin sagte, daß er „das genaueste Porträt enthalte[.]", das ihm von sich zu machen gegeben war (Benjamin 1978:589). Mit Sicherheit trifft Schweppenhäuser mit dem Begriff dialektischer Physiognomie einen charakteristischen Zug in Benjamins Schaffen, der strategisch auf die Restaurierung mimetischer Potentiale gerichtet ist und etwas Verlorenes zu erfassen sucht, eben die Wiederbelebung verschütteter mimetischer Lebens- und Erkenntnispotentiale. Diese Benjaminsche Intention läuft jedoch in eine völlig andere Richtung als die noch immer herrschende positivistische und psychologistische Physiognomik. So ist z.B. für ihn wie schon für Lichtenberg ein starres Subjekt-Objekt-Denken in absoluten Trennungen unmöglich. Lichtenberg weist darauf hin, daß die Physiognomik nicht nur durch innere Verhältnisse sondern auch durch äußere Lebensverhältnisse bestimmt ist (Lichtenberg 1982). Und nur bei Festhalten dieser Voraussetzung läßt sich Benjamins Gedanke eines physiognomisch begreifbaren Verhältnisses zwischen Subjekt und Teilen der gegenständlichen Welt vermöge in beiden wiederkehrender Gedächtnisspuren mitvollziehen. Da Benjamin insofern an einer leider marginalen historischen und dialektischen Physiognomik arbeitete, die bei Schweppenhäuser ausführlich zur Darstellung kommt, und die objektivistische und verdinglichende Hauptrichtung der Physiognomik sogar in der faschistischen Rassenideologie Anwendung fand, nehme ich von dieser äußerst prekären Kategorie Abstand. Darüber hinaus bin ich der Meinung, daß das, was Benjamin intendierte, eher als bestimmte Negation der negativen Dialektik von Mimesis und Ratio zu erfassen ist. Wenn die Kategorie im folgenden benutzt wird, was, wie schon Klees „physiognomisches Sehen" zeigt, nicht ganz zu vermeiden ist, so verstehe ich sie in diesem methodischen Rahmen einer nachträglichen Bestimmung der Verluste des

senkung mit Schweppenhäuser als eine „materiale" bezeichnen, weil sich in ihr „spekulative und materialistische Intentionen eigentümlich die Waage" halten (ebd. 142). Dieses Adjektiv soll in Abgrenzung gegen rein religiöse oder ontologische Kontemplation die Versenkung in die historisch gewordene zweite Natur der Materie signalisieren. Es bedarf dazu eines offenen „mimetische[n] Kontakt[s] zwischen Subjekt und Objekt" (ebd. 164), der durch „mimetische Anverwandlung" (ebd. 153) charakterisiert ist. Auf dieser Grundlage kann dann schließlich eine „materialistische Inspiration" (ebd. 143; vgl. AN 202) vom Objekt auf das Subjekt übergehen. Benjamin beschrieb diesen Vorgang in seiner Arbeit über den Sürrealismus als „profane Erleuchtung" (AN 202).

Die Betrachtung springt jetzt zum Objekt Angelus Novus über, das für Benjamin so etwas wie einen „mnemotechnischen Behelf" (AN 416) darstellt. Diesen Ausdruck verwendet er 1929 im Kontext des einsam spazierenden Flaneurs in *Die Wiederkehr des Flaneurs. Zu Hessels >Spazieren in Berlin<*. Er bedeutet, daß in der Stadt, ihren Gebäuden, Straßenzügen, Brücken, Toren, Fassaden, Lichtreklamen etc. Bilder der Vergangenheit „hausen" (AN 418), die aufgestöbert und zusammengetragen werden sollen, um den historischen Zeitkern einer Epoche aufzuspüren; um damit die Formierung von Subjektivität - auch der eigenen - zu erfassen; um zur „profanen Erleuchtung" zu gelangen. Denn dies gehört für Benjamin zum Prozeß des Erwachens, das er als einen spezifischen Schwebezustand zwischen Bewußtsein und Unbewußtem extensiv reflektiert, womit er zugleich, im Rahmen der „Logik des Selbst" gesprochen, den Übergang vom „Selbstgefühl" zum „Selbstbewußtsein" thematisiert (vgl. BS). Die Idee eines mnemotechnischen Behelfs scheint mir deshalb auf Angelus Novus übertragbar, weil Benjamin selbst eine solche Bedeutung erinnernder Bewußtmachung in *Agesilaus Santander* anspricht. Der Engel steht im Exil für all das, was Benjamin zwar hatte aufgeben müssen, was aber im Engel doch noch für ihn anwesend war: ästhetisch chiffriert und zur Dechiffrierung auffordernd. Genau dieses Phänomen beschreibt er in der zweiten und endgültigen Fassung des *Agesilaus Santander*:

„Der Engel aber ähnelt allem, wovon ich mich habe trennen müssen: den Menschen und zumal den Dingen. In den Dingen, die ich nicht mehr habe, haust er. Er macht sie durchsichtig, und hinter jedem erscheint mir der, welchem sie zugedacht sind. Darum bin ich von niemandem im Schenken zu übertreffen. Ja, vielleicht war der Engel angelockt von einem Schenkenden, der leer ausgeht" (*Agesilaus Santander*, zit. n. BE 101).

Subjekts. Bei H. Böhme ist die Physiognomik in der Dialektik von Sichtbarem und Unsichtbarem in allen Einzelheiten aufgearbeitet (vgl. H. Böhme 1988: 198-204).

Scholem bezieht sich auf diese Passage aus der Außenperspektive, was zum besseren Verständnis ergänzt werden soll:

„Der Engel ähnelt, in einer ganz neuen Wendung von Benjamins Sicht, nicht mehr dem, was Benjamin hat oder ist, sondern vielmehr allem, wovon er in seinem jetzigen Stand sich hat trennen müssen, was er nicht mehr hat. Sowohl den Menschen, von denen er sich trennen mußte, als auch den Dingen, die ihm etwas bedeuteten, wobei er das letztere besonders betont. Als Flüchtling am Anfang einer neuen Lebenswendung ist er den Menschen, die ihm nahestanden, entrückt. Sie nehmen in der Entfernung etwas von dem Engel an, der ja auch nicht mehr bei ihm ist" (BE 120).

Daraus können wir entnehmen, daß (die Erinnerung an) dieses Bild, das Benjamin damals bereits 12 Jahre durch entscheidende soziale Veränderungen seines Lebens begleitet hatte, an alles für ihn Wesentliche erinnert, was er auf diesem Lebensweg durchlebt und hinter sich gelassen hatte (vgl. BE 120f). Es ist ihm eine Matrix, in die räumliche, zeitliche und soziale Lebensumstände hineingeflossen sind, welche dann, durch ein meditatives Verhalten wieder „wachgerufen" werden können. Die Engelgestalt zitiert diese Erlebnisse und Erfahrungen herbei aus der Vergangenheit, und indem dies geschieht, werden sie in der Erinnerung zusammengeschlossen, ins Bewußtsein gehoben. Sie werden lebendig. In der meditativen Konfrontation mit dieser Vergangenheit wirft er Fragen auf: wieso sie gerade so und nicht anders verlaufen ist; warum der Engel zum Beispiel „seine weibliche Gestalt der männlichen im Bilde auf dem längsten, verhängnisvollsten Umweg" nachgeschickt habe; ob er, Benjamin, etwa den Engel „ungebührlich lange seiner Hymne entzogen" und dieser es ihm damit „entgolten" habe (BE 101). Diese Fragen verschränken biographische Erinnerungen seines Lebenswegs mit biblischen Mythen und Legenden: Benjamin spielt auf die kabbalistische Vorstellung vom himmlischen Adam (=Mensch) an. Dieser ist ein Wesen, in dem sich Mann und Frau verbinden; und nach ihrer Einkehr in die Welt als Individuen müssen sich beide einander Entgegengesetzte wiedererkennen und von neuem vereinigen (vgl. Franck 1844:173). Zugleich aber ist diese Vorstellung mit der biblischen Erzählung von Jakobs Kampf mit dem Engel verknüpft[40]. Beide Motive verweisen auf die Reflexion seiner Liebesbeziehung(en), auf deren Scheitern sowie auf Konsequenzen für seinen Lebensweg, die allesamt nicht weiter ausgeführt werden sollen;

---

[40] Vgl. Genesis 23, 23-33; BE 116ff u. Fußnote 11; Ebach 1986:150f. Diese Erzählung von Jakobs Kampf mit dem Engel, die mit der Segnung Jakobs und dem neuen Namen „Israel" endet, finden wir auch auf einem der letzten Bilder Klees thematisiert: als Miniatur innerhalb eines Stillebens. Ohne dies hier weiter verfolgen zu können, sehe ich darin einen Hinweis, daß dieses Motiv ein hohes Selbstbesinnungspotential in sich bergen muß.

Benjamins Quintessenz, über sich als „von einem Schenkenden, der leer ausgeht" zu reden, kann stellvertretend dafür einstehen.

So verstanden wäre das Bild als eine Art ausgelagertes, objektiviertes Gedächtnis zu sehen, das mit ihm verknüpfte unbewußte Gedächtnisgehalte evozieren und sie zur Selbstbesinnung und zur Erinnerung anstoßen kann. Es muß eine bestimmte psychische Kraft erreichen und freisetzen, eine innere Wirklichkeit zum Schwingen bringen, die eine mimetische Durchlässigkeit zwischen den einzelnen „Manifestationssphären des Selbst" (vgl. BS 20ff) sowie zwischen Subjekt und Objekt ermöglicht. Im Falle Benjamins ging vermutlich davon der Impuls aus, diese erinnerten Spuren, dieses „geheim Erschaute", weiter zu durchdringen und aufzuarbeiten, sie in eine ästhetische Form sprachlicher Verdichtung zu transponieren und damit sichtbar zu machen. Daß er dabei, ebenfalls wie Klee, mit dem Engel, einem Archiv kultureller Erfahrungen spielt, verweist auf den nicht nur privaten Charakter dieser Auseinandersetzung. Auch dieser Engel führt, ähnlich wie die Stadt als mnemotechnischer Behelf, „hinab, wenn nicht zu den Müttern, so doch in eine Vergangenheit, die um so bannender sein kann, als sie nicht nur des Autors eigne, private ist" (AN 416).

In der somit nachvollzogenen Bewegung von Subjekt zu Objekt und wieder zurück zur Selbstbesinnung kann im Hinblick auf mögliche Verallgemeinerung i. S. der Logik des Selbst schon an dieser Stelle folgendes Wirkungsverhältnis zwischen materialer Versenkung, materialistischer Inspiration sowie einem dritten, nämlich der Versenkung in sich selbst oder besser: der Selbstbesinnung rekonstruiert werden[41]. Diese drei Momen-

---

[41] Dieser Gedanke eines objektivierten individuellen Gedächtnisses wird im Falle der Koinzidenz mit einer kulturellen Objektivation, wie sie der Engel darstellt, besonders interessant. Aleida Assmann spricht im Kontext ihrer Kulturtheorie über *Tradition, Evolution, Erinnerung* diese Vermittlung von Subjektivität und Objektivität im Anschluß an Aby Warburgs Symbolbegriff „als Schnittstelle zwischen psychischer Energetik und kultureller Objektivation" (Assmann 1994:98) an. Zwar liegt sie damit, wie mit ihrem Ansatz zu neuen Formationen der Traditionsbildung überhaupt (Erinnerung als unbewußte Kontinuität, vgl. A. Assmann 1994:96ff), nahe an dem hier von mir verfolgten Zusammenhang, hebt aber auf die objektive Allgemeinheit dieses Prozesses ab und vernachlässigt die subjektiv-innere Wirklichkeit. Das „Unbewußte als Antriebskraft kultureller Prozesse", wie sie selbst das Novum solcher Kulturtheoretiker wie Warburg, Freud, Benjamin charakterisiert, wird nicht in die psychophysische Struktur von Subjektivität hinein verfolgt. Damit entfällt die innere Entsprechung (individuelle Bedeutung) der allgemeinen Bedeutung des Symbols, womit sie im Prinzip hinter jene Erkenntnis zurückfällt, daß Tradition „leibhaftig" geschieht. Ein Denkansatz, der von Freud und Benjamin sowie für die Pädagogik von Gamm vertreten wird (vgl. H.-J. Gamm 1990:25) und auch dieser Arbeit zugrundeliegt. - Mit den oben angesprochenen „Außendimensionen des menschlichen Gedächtnisses", mit dem „Gedächtnis der Dinge" beschäftigt sich u.a. das Buch von Jan Assmann *Das kulturelle Gedächtnis: Schrift, Erinnerung und politische Identität in frühen Hochkulturen*, von dem ich erst nach Abschluß der Arbeit Kenntnis bekam.

te differenzieren den mimetischen Kontakt zwischen Subjekt und Objekt folgendermaßen: Materiale Versenkung meint jene Bewegung, die vom Subjekt zum Objekt hinüberführt, das Verschwinden in der Sache, in dem Subjektivität hinter diese zurücktritt; materialistische Inspiration heißt das, was in diesem mimetischen Kontakt vom Objekt zurückkommt; die Versenkung in sich selbst meint die Erinnerung an Momente der eigenen, auch leibhaften Bildungsgeschichte in ihrer gesellschaftlichen Vermitteltheit. Mit Adorno hieße dies in aller Kürze: „in Selbstversenkung das Allgemeine zu ergreifen" (Adorno 1981b:58). Es handelt sich also um eine doppelte Verschränkung einer Bewegung nach außen zu den Objekten, die zugleich mit der Binnenperspektive des Subjekts gekoppelt ist und dieses im Resultat verändert. Dem Subjekt gelingt es in dieser Offenheit einer mimetischen „Lockerung des Ich", „fruchtbare, lebendige Erfahrung" (AN 202) zu machen (vgl. Schweppenhäuser 1992:104, 109ff). In dieser dialektischen Zusammenführung verwirklicht sich ein Sichaufsichbeziehen vermittelt durch ein Sichaufanderesbeziehen, das letztlich als denkendes und wissendes, ein Prozeßstück von adäquatem „Selbstbewußtsein" ist. Und d.h. im strikten Gegensatz zum idealistischen Konzept, wo es nur in abstracto um das „Denken des Denkens" geht, ein Selbstbewußtsein, das sich gerade umgekehrt erst aus einer konkreten Selbstvermittlung mit allen anderen „Manifestationssphären des Selbst" konstituieren kann: mit „Selbsterhaltung", „Selbstgefühl" und „Anerkennung", die ihrerseits Durchlässigkeit zum Unbewußten und Somatischen für ein „gelockertes" Ich erst eröffnen.

Bei Benjamin liegt also in der Beschäftigung mit dem Bild keine meditative Kontemplation „reiner Selbstheit" (Adorno) zugrunde, sondern ein „Sich-auf-sich-Beziehen vermittels der Beziehung auf Andere(s)" (Vogel), im gewissen Maß auch ein Sich-Entgegensetzen und eine produktive Auseinandersetzung mit den immer wieder neuen Situationen. Daß es für ihn dabei offenbar keine „Selbsterhaltung ohne Selbst" (Adorno) gab, auch nicht in existenziellen Krisen[42], vielmehr umgekehrt ein beharrlich fragendes Selbst - auch noch im Falle von nahezu fehlender ökonomischer Selbsterhaltung -, zeigt seine mimetisch-ästhetische Lebenspraxis. Wie schon für Klee das Malen und Dichten ein Medium war, seine Lebensprobleme zu bewältigen, so entwickelte

---

[42] In einem Lebenslauf vom 4.7.1934 heißt es: „Im März 1933 habe ich, deutscher Staatsbürger, im 41. Lebensjahr stehend, Deutschland verlassen müssen. Durch die politische Umwälzung war ich als unabhängiger Forscher und Schriftsteller nicht nur mit einem Schlage meiner Existenzgrundlage beraubt, vielmehr auch - obwohl Dissident und keiner politischen Partei angehörig - meiner persönlichen Freiheit nicht mehr sicher. Mein Bruder ist im gleichen Monat schweren Mißhandlungen ausgesetzt und bis Weihnachten in einem Konzentrationslager festgehalten worden" (Benjamin 1972:48).

auch Benjamin „literarische Ausdrucksformen" als „Gegengifte" gegen gesellschaftliche Inhumanität[43]. Dies führt zum nächsten Schritt der Betrachtung weiter. Nach der Klärung dessen, was Angelus Novus als „Meditationsbild" strukturell bedeutet, steht nun in Frage, für welche „innere Berufung" er ein „Memento" darstellte. Und gerade in dieser Hinsicht bietet die Gestalt des Engels umfangreiche Bezüge und Anknüpfungspunkte an. Hier gewinnt eine andere Seite der Selbstbesinnung an Gewicht, nämlich die, dem eigenen Leben einen „Sinn" zu geben: Selbstbe-Sinnung, in der sich das Individuum der Gattungsgeschichte stellt und sich mit seinem individuellen Leben in der Kette des gattungsgeschichtlichen begreift[44].

Und damit komme ich zum dritten Schritt der Betrachtung mit der Frage, welchen Sinn und welche Botschaft Angelus Novus an Benjamin überbracht haben könnte. Ich erinnere hier noch einmal an die bereits im Abschnitt über Klee zitierten Fragen von Scholem: „Bringt er Nachricht von Oben? Nachricht über das Selbst des ihn Schauenden und sein Schicksal? oder gar Nachricht über das, was in der Welt der Geschichte vor sich geht [...]" (BE 109).

Wir haben bereits von der Verdoppelung eines irdischen und überirdischen Selbst gehört, von der Menschenähnlichkeit des Engels und seiner männlich-weiblichen Doppelgestalt. Dies alles sind mythologische Verarbeitungen von Menschheitserfahrungen, sie gehören zum kabbalistischen Vorstellungskreis einer, wie Rosenzweig es nannte, „geschichtlich-gestalthaften Lösung" des theologischen Problems der Offenbarung Gottes (vgl. Grözinger 1994:135ff). Mit dieser geschichtlich-gestalthaften Lösung aufs engste verknüpft ist jene Lösung durch das Wort, den Namen, die im *Agesilaus Santander* eine noch bedeutsamere Stelle einnimmt. Diese „Namenstheologie" (Grözinger) ist nicht nur im Spiel mit dem Namen des Engels bzw. mit dem persönlich-geheimen in *Agesilaus Santander* anwesend, sie vernetzt vielmehr im Verborgenen den gesamten Zusammenhang. „Gott machte die Dinge in ihrem Namen erkennbar", so heißt es in Benjamins früher Arbeit *Über die Sprache überhaupt und über die Sprache des Men-*

---

[43] In einem Brief an Scholem vom 26.7.1932 heißt es dazu: „Die literarischen Ausdrucksformen, die mein Denken in den letzten zehn Jahren sich geschaffen hat, sind restlos bestimmt durch die Präventivmaßnahmen und Gegengifte, mit welchen ich der Zersetzung, die mich, infolge jener Kontingenzen, in meinem Denken fortgesetzt bedroht, entgegentreten mußte. So sind zwar viele, oder manche, meiner Arbeiten Siege im Kleinen gewesen, aber ihnen entsprechen die Niederlagen im Großen" (Benjamin 1978:556).

[44] Auf diese Verbindung des individuellen Lebens (bios) mit dem gattungsgeschichtlich unendlichen (zoé) gehe ich in Konstellation B ausführlich ein, denn es handelt sich dabei um ein wesentliches Moment der mythologisch dokumentierten mimetischen Daseinsweise.

schen. Daran ist zu erkennen, daß auch sein Denken, seine Sprachphilosophie nicht ohne diesen Hintergrund zu verstehen ist, der ihm, wie er sagt, „niemals zweifelhaft geworden" sei (Benjamin 1980:70). Um das Terrain dieser theologischen und sprach-philosophischen Reflexion zu sondieren, möchte ich eine Passage aus dieser frühen Schrift zitieren, die Bezug nimmt auf den Eigennamen und deshalb später von Interesse sein wird:

> „Mit der Gebung des Namens weihen die Eltern ihre Kinder Gott; dem Namen, den sie hier geben, ent-spricht - metaphysisch, nicht etymologisch verstanden - keine Erkenntnis, [...] denn der Eigenname ist Wort Gottes in menschlichen Lauten. Mit ihm wird jedem Menschen seine Erschaffung durch Gott ver-bürgt, und in diesem Sinne ist er selbst schaffend, wie die mythologische Weisheit es in der Anschauung ausspricht [...], daß sein Name des Menschen Schicksal sei. Der Eigenname ist die Gemeinschaft des Menschen mit dem *schöpferischen* Wort Gottes. [...] Durch das Wort ist der Mensch mit der Sprache der Dinge verbunden. Das menschliche Wort ist der Name der Dinge" (AN 17ff).

Ohne in diese ursprünglichen und rätselhaften Zusammenhänge, aus denen Benjamins ausdrückliche Bezüge wie die Spitzen eines Eisbergs herausragen[45], eindringen zu können, will ich mich dennoch an dieses Thema heranwagen, um zumindest die we-sentlichen Verknüpfungen und Transformationen zur materialistischen Theorie sicht-bar zu machen. Denn es gehört, wie Adorno charakterisiert, zu Walter Benjamin, daß „ihm das Urbild aller Hoffnung der Name der Dinge und Menschen [ist], und ihn sucht seine Besinnung zu rekonstruieren" (Adorno 1990a:12). Auf diesem Hintergrund ist es sehr schwer, im selbstreflexiven Geflecht des *Agesilaus Santander* linear darstellbare und eindeutige Verbindungen aufzufinden, denn es gibt gewissermaßen keinen Anfang und kein Ende. Es kommt immer auf eine je besonders „eingestimmte" Aufmerksam-keit an, die den Blick lenken muß. Und so habe ich mir zur Aufgabe gesetzt, in diesem Vexierbild zunächst die Figuration von Engel - Name - Selbst - Entstellung - Inhu-manität (Negativität), sodann den Zusammenhang von Name - Sprache - Lebenskraft (Positivität) zu erhellen. Ich beginne mit einem Anschluß an das bereits Erörterte.

Daß Benjamin ebenso wie Klee an der mythologischen Doppelung des Selbst und dem Motiv des „persönlichen Engels" partizipiert, ist aus der bisherigen Darstellung bereits hervorgegangen. Auch hier finden wir zudem eine „groteske" Partizipation in ihrer Umkehrung ins Negative. Wie Scholem zeigt, „transzendiert" Benjamin die alte ange-lologische Tradition, derzufolge „der Engel des Menschen dessen reine, urbildliche

---

[45] Vgl. Schweppenhäuser *Name. Logos. Ausdruck. Elemente der Benjaminschen Sprachtheorie*, in Schweppenhäuser 1992; Mosès 1992: *Walter Benjamin: Drei Modelle der Geschichte*; allgem. zum sprachphilosophisch-theologischen Zusammenhang: Grözinger 1994.

Gestalt bewahrt und dadurch menschenähnlich wird" (BE 115). Diese Entsprechung von göttlicher Weltordnung und irdischem Dasein entfällt und eine verwandelte Form tritt zutage: Benjamins Engel hat die „Gabe, menschenähnlich zu erscheinen" verloren, wie es in der zweiten Version, der endgültigen von *Agesilaus Santander* heißt. Exakt an dieser Stelle des Textes rückt der Angelus Novus von Klee in seiner nicht mehr menschenähnlichen Gestalt in Benjamins Selbstreflexion ein. Er gewinnt an Eigengewicht als phantasmagorische Vermittlungsinstanz zwischen Veränderungen in Benjamins individuellem und dem allgemeinen gesellschaftlichen Leben, die als Kritik der Entfremdung dechiffriert werden können. Eine Gegenüberstellung des zweiten Abschnittes in der ersten Version, die biographische Anhaltspunkte bietet, mit der zweiten Version soll einen Einblick eröffnen.

„Doch keineswegs ist dieser Name eine Bereicherung dessen, der ihn führt. Vieles entzieht er ihm, vor allem aber die Gabe, ganz der Alte zu erscheinen. Im Zimmer, welches ich zuletzt bewohnte, hat jener, eh er aus dem alten Namen gerüstet und geschient ans Licht trat, sein Bild bei mir befestigt: Neuer Engel. Die Kabbala erzählt, daß Gott in jedem Nu eine Unzahl neuer Engel schafft, die alle nur bestimmt sind, ehe sie ins Nichts zergehen, einen Augenblick vor seinem Thron sein Lob zu singen. Meiner war dabei unterbrochen worden: seine Züge hatten nichts Menschenähnliches. Im übrigen hat es mir entgolten, bei seinem Werk gestört worden zu sein [...]" (1. Version, zit. n. BE 94f).

„Doch keineswegs ist dieser Name eine Bereicherung dessen, den er nennt. Im Gegenteil, von dessen Bild fällt vieles ab, wenn er laut wird. Es verliert vor allem die Gabe, menschenähnlich zu erscheinen. Im Zimmer, das ich in Berlin bewohnte, hat jener, ehe er aus meinem Namen gerüstet und geschient ans Licht trat, sein Bild an der Wand befestigt: Neuer Engel. Die Kabbala erzählt [...]. Als solcher Engel gab der Neue sich aus ehe er sich nennen wollte. Nur fürchte ich, daß ich ihn ungebührlich lange seiner Hymne entzogen habe. Im übrigen hat er mir das entgolten [...]" (2. Version, ebd. 100f).

Allein schon diese Gegenüberstellung zeigt die Untiefen der Benjaminschen Verdichtung von Engel - Name - Selbst - Entstellung und warnt davor, sich allzu tief in biographische Aspekte einzulassen. Auch Scholem hat sich, wie oben bereits erwähnt, gerade im Rätsel um den „geheimen Namen", in unhaltbare Konkretionen verstiegen (vgl. seine Auslegung von „Angelus Satanas" als Anagramm; BE 111f). Diese Gefahr will ich hier nicht heraufbeschwören, wenngleich solche gewagten Unternehmen sehr viel zum Verständnis beitragen könnten. Es soll vielmehr, im angestrebten Nachvollzug dessen, was Angelus Novus als „Memento einer inneren Berufung" ausmacht, die Aufmerksamkeit auf den von Benjamin beschriebenen Verlust von Menschenähnlichkeit gelenkt werden, der als ein Zeichen gravierender Umbrüche zu deuten ist. Denn in Analogie zu Jakobs Ringen mit dem Engel ließe sich sagen, daß Benjamins Auseinandersetzung keineswegs mit einem Segen endete, sondern mit einer tödlich bedrohten

Existenz als Jude. Und hier verweisen uns die Bezüge vom Individuellen hinweg auf die gesellschaftliche Realität.

Benjamin beginnt sein Selbstzeugnis mit einer niederschmetternden Eröffnung. Seine Eltern hatten ihm mit der Wahl des Namens nicht Gott geweiht (vgl. AN 18). Sie haben, ganz im Gegenteil, damit eine Strategie verfolgt, seine jüdische Abstammung gegebenenfalls auch verleugnen zu können. Als „geheimen"[46] Namen gaben sie ihm einen Decknamen mit auf seinen Lebensweg:

> „Als ich geboren wurde, kam meinen Eltern der Gedanke, ich könnte vielleicht Schriftsteller werden. Dann sei es gut, wenn nicht gleich jeder merke, daß ich Jude sei. Darum gaben sie mir außer meinem Rufnamen noch zwei weitere, ausgefallene, an denen man weder sehen konnte, daß ein Jude sie trug, noch daß sie ihm als Vornamen gehörten. Weitblickender konnte vor vierzig Jahren ein Elternpaar sich nicht erweisen. Was es nur entfernt für möglich hielt, ist eingetroffen" (zit. n. BE 100).

In dieser Namensgebung lebte nichts mehr von der jüdischen Tradition, Jungen einen zusätzlichen hebräischen Namen zu geben, der ihnen nicht nur mit dem Mannbarwerden einen Ort in der Religionsgemeinschaft gab, sondern auch umgekehrt diese religiös-metaphysische Dimension im Innern des Subjekts verankerte. Dieses Zeichen einer anderen kosmisch-transzendenten Ordnung, die den Menschen primär als Gottesgeschöpf begriff, wurde von Benjamins Eltern ersetzt durch zwei fürs Jüdische untypische Namen als Anpassung an eine politische Ordnung, die kulturelle Unterschiede nicht zu tolerieren vermochte. In dieser elterlichen Tat zum Schutz ihres Kindes zeigt sich indessen mehr als nur ein defensives Moment der Assimilation an die deutsch-christliche Gesellschaft, die Ende des 19. Jahrhunderts im anschwellenden Antisemitismus alle Hoffnung auf emanzipiert-gleichberechtigtes Zusammenleben aufzugeben zwang. Es drückt sich darin, weitaus drastischer als es wohl mit allen objektiv demoskopischen Statistiken und soziohistorischen Studien möglich wäre, eine Inhumanität der gesellschaftlichen Verhältnisse aus, die zur Preisgabe der eigenen jüdischen Identität nötigte, in der Hoffnung, damit antisemitischer Diskriminierung entgehen zu können (vgl. neuerdings A. Assmann 1994:90; Schulte 1994:204).

---

[46] Benjamin war der Ansicht, daß dieser Name, den jedes männliche Kind bei der Beschneidung erhält, geheim sei bis zu dem dreizehnten Lebensjahr, der Männerweihe, worin er sich getäuscht haben muß. Geheim sei der Name nach Scholem nur insofern, als assimilierte Juden von diesem hebräischen Namen, der statt des bürgerlichen Vornamens in religiösen Dokumenten und im synagogalen Gottesdienst verwendet wird, kaum Gebrauch machten (vgl. BE 112). Dieses Benjaminsche Mißverständnis kann im folgenden außer Acht gelassen werden, da es hier nur auf die Grundzüge dieser Rückbesinnung ankommt und nicht auf die Details.

„Weitblickender", wie Benjamin als Flüchtling 1933 konzediert, konnte wirklich kein Elternpaar sein. Nur, „die Vorkehrungen, mit denen es hatte dem Schicksal begegnen wollen, setzte der, den es betraf, beiseite" (zit. n. BE 100). Benjamin hatte diesen Namen nicht als Pseudonym öffentlich werden lassen, sondern hielt ihn geheim. Die Vergeblichkeit jüdischer Anpassungsbereitschaft und die Preisgabe eigener Identität vor Augen, tritt Benjamin 1933 ein älteres Erbe an, obwohl auch er aus der ursprünglichen Tradition heraustritt:

> „Anstatt ihn [den Namen] nämlich mit den Schriften, die er verfaßte, öffentlich zu machen, hielt er es wie die Juden mit dem zusätzlichen ihrer Kinder, der geheim verbleibt. Ja diesen selber teilen sie ihnen erst mit, wenn sie mannbar werden. Weil sich nun aber dieses Mannbarwerden im Leben mehr als einmal ereignen kann, vielleicht auch der geheime Name gleich und unverwandelt nur dem Frommen bleibt, so kann dem, der es nicht ist, dessen Wandel sich wohl mit einem neuen Mannbarwerden mit einem Schlage offenbaren. So mir" (ebd.).

Wie schon seine Eltern die Praxis des zweiten Namens aus dem religiösen Kontext herausgelöst hatten (und dem irdischen Selbst als Staatsbürger einen bürgerlichen Namen mitgegeben haben), so profaniert und individualisiert auch er diese Praxis, jedoch auf eine anders und komplizierter vermittelte Art und Weise: zum einen partizipiert er zwar noch an dem Ritual, indem er es nicht im Sinne seiner Eltern als einen Decknamen benutzt (ganz im Gegenteil ist er sogar der Meinung, daß dieser Name „vor den Unberufenen zu hüten ist"); zum andern verletzt er es aber auch, indem er von einem „neuen" Mannbarwerden redet, jenseits der rituellen Aufnahme der dreizehnjährigen jungen Männer in die religiös bestimmte Gemeinschaft. Was hat das zu bedeuten?

Im Gegensatz zu den „Frommen" hält es Benjamin für möglich, daß sich mit jeder großen Liebe dieses „Mannbarwerden im Leben" auch „mehr als einmal ereignen kann". Deshalb spricht er von einem „neuen" Mannbarwerden. Und so wie der „geheime Name gleich und unverwandelt nur den Frommen bleibt", nimmt auch der Name damit neue Gestalt an. An eben diesem Punkt der Wandelbarkeit setzt für ihn nun jenes freie Assoziations- und Anagrammspiel mit dem Namen an, um das sich diese biographische Erinnerung rankt. In gewisser Weise eröffnet er sich damit die Möglichkeit, „quali-tative Sprünge" seines Lebens, einschneidende Veränderungen, als individualistisch bestimmte „rites de passages" zu reflektieren, die in der religiösen Lebenspraxis nicht zentral vorgesehen waren, die aber gleichwohl zunehmend das moderne Leben in seinen Erfahrungsbrüchen und sozialen Umwälzungen bestimmen. Auf der Matrix vergangener sozialer Umgangsformen, verknüpft durch Engelgestalt und Namen, erhält das eigene Leben, die Eheschließung mit Dora, seine Vaterschaft, die Scheidung, die unerwiderte Liebe zu Asja Lacis, die Erinnerung an die Verliebtheit in Jula Cohn ein Gegenbild, das über die Wandlungen nachdenken läßt. Die männliche Gestalt des Engels findet nicht zur weiblichen, der Mann findet nicht zum Erkennen in der Frau, der „Name" transformiert sich, gibt die neuen Umstände wieder. Genau an dieser Stelle eröffnet sich für Benjamin aus der Kritik der gesellschaftlichen Inhumanität und ihrer Folgen für die Subjekte eine Perspektive der produktiv-positiven Rückbesinnung auf die jüdisch-metaphysische Tradition. Wie wir noch deutlicher sehen werden, finden wiedererinnerte mimetische Verbundenheiten einen Zusammenschluß mit dem Nichtidentischen im Namen. Hier kommt nun die positive Verbindung Engel - Name - Sprache - Lebenskraft zur Wirkung.

Benjamins profane Modifikation der Tradition dient ganz eindeutig nicht einem pragmatischen Zweck besserer Anpassung an gesellschaftspolitische Verhältnisse, sondern stellt im Gegenteil dazu eine Rettung der für alle Selbstbesinnung wesentlichen und eben in der jüdischen Tradition aufbewahrten Momente dar. Er setzt gegen die Eindimensionalität des gesellschaftlichen Anpassungszwanges, um eine Denkfigur Marcuses zu gebrauchen, nicht nur eine metaphysische Doppelung als Utopie. Im Rückgriff auf die alten Traditionen gibt er dieser einen Ort in Raum und Zeit: der Mensch in seiner Leiblichkeit ist Ausgangspunkt der Rückbindung[47]. Obwohl sich ihm der Wandel des Namens „mit einem neuen Mannbarwerden mit einem Schlage" offenbarte, bleibt er für ihn „nicht weniger der Name, der alle Lebenskräfte in sich faßt, bei welchem sie beschworen und vor Unberufenen behütet werden" (Erste Version) bzw. er bleibt „darum nicht minder der Name, der die Lebenskräfte in der strengsten Bindung aneinanderschließt und vor den Unberufenen zu hüten ist" (Zweite Version). Wir finden hier zwei wesentliche Ebenen einer biozentrischen Rückbesinnung auf mimetische Verbundenheiten, die den Ausbruch des Subjekts aus der Gesellschaft ins Selbstsein kennzeichnen, ohne dem „mythischen Trug des reinen Selbst" (MM 203) zu verfallen: Die

---

[47] Als weiterführender Schritt wäre zu prüfen, ob die metaphysische Doppelung der Subjektivität bei Benjamin in eine „Ästhetik der Existenz" zurückgeführt wird. Diese von Foucault stammende und von E. Lenk auf Adornos *Ästhetische Theorie* übertragene Bestimmung (vgl. Lenk 1990:19) kann auch auf Benjamins Ansatz übertragen werden, da er im Ästhetischen eine moderne Lösung sucht für ehemals metaphysisch gelöste existentielle Probleme. In dieser Perspektive wäre zumindest subjekttheoretisch einheitlich interpretierbar, was Stéphane Mosès anhand dreier voneinander verschiedener Paradigmen der Geschichte - dem theologischen, dem ästhetischen, dem politischen - herausgearbeitet hat (vgl. insb. Mosès 1994:91f, 121f). Auch können die Ergebnisse von Anke Thyens Interpretation der *Negativen Dialektik* als „negative Metaphysik" in verblüffender Weise auf Benjamins Versuch gewendet werden, einen lebendigen, nicht reduzierten Erfahrungsbegriff zu entwickeln, der für „metaphysische Erfahrungsgehalte offen" ist (Thyen 1989:284).

Ausdrücke „alle Lebenskräfte in sich fassen" und „die Lebenskräfte in der strengsten Bindung aneinanderschließen" verweisen auf eine Struktur der Verbundenheit, wie sie in der *Einbahnstraße* im Aphorismus *Zum Planetarium* als „kosmische Erfahrung" oder als „aus den Kräften des Kosmos leben" bestimmt sind und bereits bei Klee im Zusammenhang der Aufgabe angesprochen wurden, die „grundlegende Lebendigkeit als die energiegeladene Kraft des Schöpferischen" zum Ausdruck zu bringen. Und sie beschreiben jenen antirationalistischen, mimetischen Umgang mit der inneren und äußeren Natur, der auf ein versöhntes Verhältnis gerichtet ist, der sich schon bei Klee als gelebte Kritik an den verdinglichenden gesellschaftlichen Verhältnissen gezeigt hat und einzig lebendige Erfahrung ermöglicht. Indirekt weisen solche Formulierungen auf die Möglichkeit einer offen-integrierten Entwicklung aller subjektiven Kräfte im Medium des ästhetischen Verhaltens voraus.

Diese Gedanken müssen hier nicht weiter ausgeführt werden, um zu zeigen, welche weitreichenden Konsequenzen aus der Auseinandersetzung mit dem mythologischen Vorstellungskreis entspringen. Er belebt mimetische Momente der jüdischen Tradition neu, und das scheint ein wesentlicher Teil der „inneren Berufung" Benjamins zu sein: Rückbesinnung auf Traditionen und vergessene Zusammenhänge, in denen das menschliche und das kreatürliche Leben allgemein seinen „Ort" und seinen „Selbstzweck" hat.

Ich versuche eine abschließende Antwort auf die Ausgangsfrage zu geben, aus welchen Gründen Angelus Novus ein „Memento innerer Berufung" genannt werden kann: Gesellschafts- und subjekttheoretisch betrachtet verbirgt die Transzendenz der angelologischen Tradition und Profanierung der Namenstheologie mehr als eine objektiv-innertheologische Dimension. Es ist eine Paradoxie, die auf der einen Seite eine Absage an diese Tradition aufgrund veränderter gesellschaftlicher Verhältnisse beinhaltet und zugleich auf der anderen Seite ihre Fortführung als Präsenz im Subjekt ausmacht. Allerdings mußte sich, religionskritisch gewendet, die Gestalt des Engels als religiöse Doppelung des Daseins ebenso verändern, wie sich das Dasein geändert hatte. Vor dem Hintergrund moderner Krisenerfahrungen kann ein menschenähnlicher Engel nicht länger das „Urbild" des Menschen sein. Er kann nicht mehr in „schmeichlerischer Form" erscheinen wie noch bei Baudelaire (vgl. Baudelaire 1988:12). Auch der Engel muß seine menschlichen Züge verlieren, um den Bruch mit den überholten Selbst-Vorstellungen nachhaltig zu demonstrieren. Sein Anblick muß ein „choc" sein, muß Fragen und Verwunderung aufwerfen, um von der utopischen Illusion zur Ein-

74

sicht in die inhumane Realität zu gelangen. Hier trifft wahrscheinlich eine bewußtlos ästhetische Intention Klees mit derjenigen Benjamins zusammen. Der groteske Angelus Novus soll schockieren, indem er das „entstellte Leben" (AN 263) kundtut und „laut" werden läßt, zur Sprache bringt - zunächst in einer „nicht signifikativen Sprache" (ÄT 172), wie sie dem Kunstwerk eignet. Sodann muß in der Sprache der Kritik sein Wahrheitsgehalt aufs Wort gebracht werden. Dafür steht der Engel der Geschichte. Es läßt sich als Resultat der Reflexion zusammenfassen, daß der gemeinsame Beweggrund des Kleeschen Angelus Novus wie des Benjaminschen Engels der Geschichte das Groteske in all seiner oben erörterten Vielschichtigkeit und Unergründlichkeit sein könnte.

Die deformierend-formierenden Gesellschaftsverhältnisse aufzeigen zu müssen, betrachte ich insofern als jene „innere Berufung" Benjamins, deren Mahnmal der Engel ist. Die „profane Erleuchtung" über die Entstellung des Selbst zur „Selbsterhaltung ohne Selbst" (Adorno) mußte zum Ausdruck gebracht werden, um sich der eigenen (De-) Formierung bewußt zu werden und sie zu bewältigen. Aber auch um „den Namen der Dinge und Menschen" zu rekonstruieren, d.h. die Verdinglichung rückgängig zu machen, soweit dies überhaupt möglich ist. Adornos Diktum, daß es „kein richtiges Leben im falschen" gäbe, warnt vor idealististischem Überschwang ebenso wie vor kommerziellem Ausbeutungseifer gegenüber dem allgemeinen Selbsterfahrungsbedürfnis. Das Moment der inneren Berufung erschöpft sich deshalb nicht in der bloß subjektiven Wiedererinnerung des Engels als eines Elements der Selbstreflexion und Selbstbesinnung. Dies auch dann nicht, wenn, wie hier, die nachvollzogene reflektiert-ästhetische Lebenspraxis von Benjamin und Klee ein Symbolon gesellschaftlicher Arbeitsteilung und des Selbst zugleich ergibt und damit die gesellschaftliche Aufgabe erfüllt, den Engel als ein Element einer mittlerweile unvertrauten Reflexion des Subjekts zu bewahren. Das Ergebnis dieser Erinnerung, das immer auch eine Erinnerung an das Kollektive ist, muß, als die andere, objektive Seite dieser Berufung, wieder in das Kollektiv zurückgetragen werden, öffentlich gemacht werden.

In der beschriebenen reflektiert-ästhetischen Lebenspraxis haben wir zugleich ein exemplarisches Beispiel für Benjamins kunsttheoretische Reflexionen, die zum Abschluß angesprochen und mit Adornos *Ästhetischer Theorie* zusammengebracht werden sollen. Das Kunstwerk „spricht", spricht den Betrachter an und löst Erinnerungsprozesse in ihm aus. Auf der abstrakt-allgemeinen kunsttheoretischen Ebene beschreibt Benjamin in seiner Selbstanzeige zur Dissertation diesen Prozeß zwischen Kunstwerk und

Rezipient damit, daß das „Kunstwerk ein gleich lebendiges Zentrum der Reflexion" (GS I.2:708) werde. In anderen Worten und auf den Erfahrungsprozeß bezogen finden wir diesen Gedanken auch bei Adorno: „Lebendig ist ästhetische Erfahrung vom Objekt her, in dem Augenblick, in dem die Kunstwerke unter ihrem Blick selbst lebendig werden" (ÄT 262). Damit ist allerdings auf der Ebene der Kunsttheorie dieser Prozeß noch nicht abgeschlossen; er wird noch einmal vom tätigen Subjekt her betrachtet. Benjamin kommt nicht nur zu dem Schluß, daß diese Wechselwirkung eine „gesteigerte Selbsterkenntnis des Reflektierenden" (GS I.2:708) ermögliche, wie ich nicht nur in den vorangegangenen Argumentationsschritten, sondern bereits im Abschnitt über Klee dargelegt habe. Vielmehr muß die Betrachtung weitergeführt werden unter dem Aspekt des „Wahrheitsgehalts". Das Kunstwerk soll nicht für sich allein stehen bleiben, nicht nur ein „Sichtbar-machen" des Kleeschen „geheim Erschauten" sein, sondern es ist die Aufgabe der „Kritik", den Wahrheitsgehalt des Kunstwerks nachträglich sprachlich zu artikulieren und das Werk damit überhaupt erst zu vollenden. „Genuine ästhetische Erfahrung muß Philosophie werden oder sie ist überhaupt nicht" (ÄT 197).

Klees „Sichtbarmachen" und Benjamins „aufs Wort bringen" im dialektischen Bild nachzuvollziehen, das ist das reflexive Einholen in ästhetische Theorie, wie sie nach Adorno zu verstehen ist. In diesen Affinitäten zeigt sich, was das Bild anbelangt, der Gang von der innerästhetischen Reflexion der Bildproduktion, über die biographische Selbstreflexion mittels des Bildes zu einer übergreifenden geschichtsphilosophischen, hin zur Theorie des autonomen Kunstwerks in seinem Sach- und Wahrheitsgehalt. Damit schließt sich der Kreis. Eine gesellschaftstheoretische Rekonstruktion des ästhetischen Verhaltens ist gerade an diesen minimalen Übergängen vom Subjekt zum Kunstwerk und zurück zu dessen kritischer Deutung interessiert, weil sich darin der Verlauf von ästhetischer Verarbeitung und Ausdruck einer historischen Erfahrung, genauer: einer Erfahrungskrise, bis zu ihrer Reflexion in Konstellationen abzeichnet.

Diesen Überlegungen zur Aufgabe der Kritik soll in einem fünften Aspekt der Betrachtung gefolgt werden, als ein Wiederanschluß an die theoretisch-sachbezügliche Ebene, wie sie in Benjamins „Engel der Geschichte" als Engel eines Katastrophenfortschritts aufscheint. Aufgrund des Umfanges wird dies im folgenden Abschnitt gesondert behandelt. Ein vorläufiges Fazit auf subjekttheoretischer Ebene läßt sich am prägnantesten in Adornos Worten ziehen:

„Vom Selbst wäre nicht als dem ontologischen Grunde zu reden, sondern einzig allenfalls theologisch, im Namen der Gottesebenbildlichkeit. Wer am Selbst festhält und der theologischen Begriffe sich entschlägt, trägt bei zur Rechtfertigung des teuflischen Positiven, des kahlen Interesses." (Aph. 99, MM 153).

A 3. Die Idee des Engels in zwei verschiedenen historischen Gestalten

Es bietet sich an, die bislang immanente Explikation von Benjamins Engel der Geschichte in externer Gegenüberstellung mit einer anderen Konkretion der Engelgestalt abzuschließen, die wesentlich bekannter ist: Heinrich von Kleists Version der biblischen Geschichte von Sündenfall, Vertreibung und Erlösung in seiner Abhandlung *Über das Marionettentheater*. Schon der Universalität der Stichworte ist zu entnehmen, daß es sich um eine genialische Abbreviatur Kleists handeln muß. Wir werden darin eine bereits weit entwickelte Fortschrittskritik entdecken können, die sich allerdings noch im Rahmen eines teleologischen Geschichtsverständnisses bewegt. Im Anschluß daran wird sich Benjamins Engel der Geschichte als Memento des modernen Katastrophenfortschritts erst in voller Deutlichkeit darstellen lassen.

A 3.1. Der „Angelus Antiquus" des Fortschritts bei Kleist

In seiner Abhandlung *Über das Marionettentheater* konstatiert Kleist durch den Tänzer Herrn C., daß sich in so manche tänzerische Darstellungen bestimmte „Mißgriffe" der „Ziererei" einschleichen. Diese „Ziererei" erscheine beim Tanzen, „wenn sich die Seele [...] in irgend einem andern Punkte befindet, als in dem Schwerpunkt der Bewegung" (Kleist 1988:87), wenn also eine Disharmonie zwischen Körperschwerpunkt und Bewegungsintention besteht. Das geschichtsphilosophische Fazit von Kleists Herrn C. über solche Beobachtungen lautet:

> „Solche Mißgriffe sind unvermeidlich, seitdem wir von dem Baum der Erkenntnis gegessen haben. Doch das Paradies ist verriegelt und der Cherub hinter uns; wir müssen die Reise um die Welt machen, und sehen, ob es vielleicht von hinten irgendwo wieder offen ist" (ebd. 88).

Was für meinen Argumentationsgang den springenden Punkt dieser Kleistschen Gedanken ausmacht, ist die Einsicht, daß in jeglicher Reflexion des Angelus „Novus", wie sie Benjamin vornimmt, auch ein geschichtlich vorausliegender Angelus „Antiquus" mitgedacht werden muß. Es handelt sich dabei um einen Erzengel der jüdisch-christlichen Religion. Nach der Aufkündigung der paradiesischen Lebensordnung durch Adam und Eva, indem sie von dem verbotenen Baum gegessen und mit dem „namenlosen Wissen" um „Gut und Böse" die „adamitische Sprache" aufgegeben haben (AN 21f), kann das Paradies nicht länger ihr Lebensraum sein. Sie werden von dem Engel vertrieben und auf ihren eigenen Weg, den des „Fortschritts" geschickt. Der sie in den Fortschritt treibende Cherub bleibt indessen am Tor des Paradieses zurück und bewacht es mit feurigem Schwert, damit sich die Menschen nicht wieder in den glücklichen paradiesischen Zustand zurückflüchten können und am Ende noch vom Baum des Lebens äßen und ewiglich lebten. Es kann also auf diesem Weg keine Umkehr geben.

Was bei Kleist mit der Engelgestalt zum Ausdruck kommt, kann mit Vorblick auf Benjamin als der „Angelus Antiquus" angesehen werden, der die Menschen, in christlicher Auslegung beladen mit der Erbsünde, auf den Weg durchs Jammertal schickt. Als wesentliches Merkmal gehört zu ihm sowohl die Verfluchung als auch die geschichtsphilosophische Identifizierung dieses Aktes mit dem Beginn des Fortschritts und des Sprachzerfalls nach dem Verlust der adamitischen Sprache. Naturerkenntnis und Eigenverantwortung für Lebensproduktion und -reproduktion ist zur Pflicht geworden. Sie vollziehen sich in der Ambivalenz von Emanzipation des Menschen von der Natur und Herrschaft über dieselbe.

Diese biblische Vorstellung des Angelus Antiquus wird freilich von dem Romantiker Kleist in einer spezifisch modernen Weise ironisch gebrochen. Eine List aufklärerischer Vernunft entzaubert das Paradies und profaniert es zu einem beliebigen Ort auf der Erdkugel. Kleist spielt mit dieser Vorstellung und entwirft die Idee, daß es vielleicht möglich sei, durch eine fortschreitende „Reise um die Welt" - also durchaus ohne eine Umkehr - an irgendeinen verborgenen Hintereingang des Paradieses zu gelangen, durch den hindurch sich der Weg der Erlösung unter Umständen eröffnen könnte. Wäre „das letzte Kapitel von der Geschichte der Welt" vielleicht sogar, abermals von dem Baum der Erkenntnis zu essen, „um in den Stand der Unschuld zurückzufallen?" (Kleist 1988:92). Hier bereits deutet sich der spezifisch romantische Transformationszusammenhang zwischen theologischer Metaphysik und bürgerlicher Subjektreflexion an, welche mit ihrer „Zerrissenheit" (Hegel) zwischen Natur und Geist sich herumschlagen muß. Das „Gotteskind" wird transformiert ins „autonome Subjekt", die christlich geprägten und profanierten Vorstellungen von Lebenszeit und Erlösung verwandeln sich dem neuen Subjekt als ein kontinuierliches diesseitiges Fortschreiten in der Arbeit der Weltbeherrschung an.

Die romantische Ironie Kleists spielt jedoch nicht nur einseitig in aufklärerischer Demontage mit der christlichen Lehre von der göttlichen Allmacht. Im gleichen Atemzug ironisiert sie die vermeintliche aufklärerisch-vernünftige Omnipotenz der Menschen, die alle kreatürlichen Grenzen glaubt überwinden zu können, um auf dem Weg des Erfolgs fortzuschreiten. Im Fortgang der Abhandlung wird dies deutlich:

Herrn C. mißfallen an den tänzerischen Darstellungen gelegentliche Mißgriffe, die er als ein umgehbares Manko der menschlichen Kreatur betrachtet. Die Marionette, eine „Puppe", eine Kunstfigur des Menschlichen, gilt ihm als Ideal der Bewegungsentfaltung, denn sie vermeide jene Mißgriffe eines Daseins in Körper-Geist-Seele-Einheit, die durch den „Sündenfall" - religionskritisch verstanden: durch die menschliche Doppelnatur zwischen Natur und Geist als Ursprung des Erkenntnisinteresses - für den Menschen entstanden sind. Es „kann der Geist nicht irren, da, wo keiner vorhanden ist" (ebd. 88). Hier demonstriert Kleist bereits eine spezifische Leib- und Menschenfeindlichkeit der aufklärerischen Fortschrittsstrategie, die nicht die Umstände den Menschen, sondern die Menschen den Umständen fortschreitend anzupassen sucht. In der Anschaulichkeit des Ballettanzes wird dieses Mißverhältnis zur Sprache gebracht, allerdings noch fortschritts- und technikgläubig.

Die Kritik an überspreizten Körpergesten, wie sie dem klassischen Ballett eigentümlich sind, führt noch nicht in eine radikale Destruktion des zugrundeliegenden Prinzips, wie sie erst mit dem Ausdruckstanz in den 20er Jahren unseres Jahrhunderts realisiert wurde. Es setzt noch kein ursächliches Infragestellen des Prinzips am Kriterium einer „Tanzbarkeit" der Ballettidee ein. Einzig die Technik sollte verbessert werden - und dies in einer perfiden Entmenschlichung des Tanzes, weshalb auch die Kritik Zuflucht nimmt in der Konfrontation mit einem mechanischen Kunstkörper. Dieser Kunstkörper impliziert zwar durch seine Geistlosigkeit eine Kritik am Geistbegriff, denn nur das Absolute oder sein antinomischer Gegensatz kann dem übersteigerten Begriff standhalten. Er repräsentiert zugleich aber auch die Partizipation am Geist-Produkt Technik, indem er exemplarisch den (im wörtlichen Sinne) gehobenen Anforderungen des Tanzes gerecht wird. Mit seinem exakt berechneten Körperschwerpunkt kann der „mechanische Gliedermann" so elegant und leicht von der Erde im Schwunge abheben, wie es nie und nimmer einem menschlichen Tänzer gelingen könnte. Er kann die in der Renaissance zum Ideal erhobene „hohe Haltung" im Tanz, die wegstrebt von aller Erdverbundenheit, par excellence realisieren (vgl. zur Lippe 1988:159; Waldeck 1993: 203f). Dazu soll Herrn Cs. Argumentation etwas ausführlicher zitiert werden, denn sie erklärt, wieso in einem „mechanischen Gliedermann mehr Anmut enthalten sein könne, als in dem Bau des menschlichen Körpers" (ebd.). Sie bringt damit zugleich auch eine

Abwertung der menschlichen Natur zum Ausdruck, die den vereinseitigten geistigen Intentionen nicht mehr standhält:

> „Zudem, sprach er, haben diese Puppen den Vorteil, daß sie antigrav sind. Von der Trägheit der Materie, dieser dem Tanze entgegenstrebendsten aller Eigenschaften, wissen sie nichts: weil die Kraft, die sie in die Lüfte erhebt, größer ist, als jene, die sie an die Erde fesselt. Was würde unsere gute G. ... darum geben, wenn sie sechzig Pfund leichter wäre, oder ein Gewicht von dieser Größe ihr bei ihren Entrechats und Pirouetten zu Hülfe käme? Die Puppen brauchen den Boden nur, wie die Elfen, um ihn zu streifen, und den Schwung der Glieder, durch die augenblickliche Hemmung neu zu beleben; wir brauchen ihn, um darauf zu ruhen, und uns von der Anstrengung des Tanzes zu erholen: ein Moment, der offenbar selber kein Tanz ist, und mit dem sich weiter nichts anfangen läßt, als ihn möglichst verschwinden zu lassen. [... Es ist] dem Menschen schlechthin unmöglich [...], den Gliedermann auch nur zu erreichen. Nur ein Gott könne sich, auf diesem Felde, mit der Materie messen; und hier sei der Punkt, wo die beiden Enden der ringförmigen Welt in einander greifen" (ebd. 88f).

Es ist schon einigermaßen phantastisch, wie Kleist hier die Ambivalenz der technischen Neuerungen zwischen humanitärer Nutzung und inhumanem Mißbrauch ins Bild rückt. In der dargelegten Hybris des Herrn C., die lieber menschliche Natur eliminierte als geistig-ästhetische Ideale infragezustellen, antizipiert der Romantiker die Probleme der robotertechnischen und gentechnologischen Industriegesellschaften. Er macht gerade in diesem Bild den doppelten Boden der bürgerlichen Ideologie sichtbar, denn selbst die perfekteste Marionette muß bewegt werden, sie hängt an Fäden, ist nur „mechanischer Gliedermann". Wer aber bewegt sie, in welchem Interesse? Diesem Gleichnis eignet durch eine überspitzte Glorifizierung der Technik zugleich also auch der Stachel, daß es immer einen 'Drahtzieher' geben muß, der den entscheidenden Bewegungsimpuls erteilt. Zur Bewegung bedarf es immer jener „Kraft", die Materie „in die Lüfte erhebt". Ist am Ende in der Kritik Kleists der Mensch nicht der Schöpfer dieses Kunstproduktes sondern das Kunstprodukt selbst, das sich ohne einen von außen zugeführten Bewegungsimpuls nicht selbstbestimmt rührt? Denn in diesem Beispiel bewegt sich der Körper nicht mehr von selbst, von innen heraus, aus lebendiger Kraft, sondern er wird mit mechanischer Kraft von außen angetrieben und in Schwung gebracht. Ein trauriger Vorausblick auf zukünftige „Selbsterhaltung ohne Selbst" (Adorno), die dem Individuum gerade noch jene spontane Kraft läßt, sich selbst „zu Markte zu tragen" (Marx).

Wir sehen, daß in der dargelegten Ambivalenz zwischen menschlicher Natur und reinem Geist eine immense Sprengkraft zum Überdenken der durch den Fortschritt neu geschaffenen Verhältnisse, insbesondere des Gott-Mensch-Verhältnisses liegt, die direkt auf die zivilisatorisch wunde Stelle des Verhältnisses zum eigenen Leib führt, die später systematisch zu untersuchen sein wird. Nach Herrn C. erscheint die „Grazie" in

„demjenigen menschlichen Körperbau am reinsten [...], der entweder gar keines, oder ein unendliches Bewußtsein hat, d.h. in dem Gliedermann, oder in dem Gott" (ebd. 92). Tertium non datur. Vom subjekttheoretischen Standpunkt aus betrachtet wird die Elimination der res extensa in aller Konsequenz weiter vorangetrieben: eine Leib-Geist-Einheit hat auch in der Kunst, dem „einheimischen Reich der Mimesis" (Adorno), sogar im Tanz, keine Rechte mehr. Damit spricht Kleist schon aus, daß der Mensch mit seiner Doppelnatur im technischen Äon keine Bildungschancen habe und daß es zur Realisierung technischer Ideale der „Un-Menschen" bedarf. Wovon denn später Kraus und Benjamin in der Tat ernstlich gesprochen haben.

Zu dieser klaren Sicht auf Kernprobleme der technischen Moderne verhilft Kleist die Sphäre des „schönen Scheins", die mit der Entstehung des bürgerlichen Subjekts strukturell jene Leerstelle einnehmen muß, die durch das Obsoletwerden religiöser Glaubensvorstellungen und Legitimationen entstanden war. In dieser Sphäre der Ästhetik wurden die Ideale der bürgerlichen Wirklichkeit - freilich ohne noch wie die alten religiösen trostreich und sinnstiftend zu sein - entfaltet und, aufgrund ihres immanenten Widerspruchs zur Faktizität, zugleich entmächtigt. Dem höchsten Aufschwung in ätherisch-vergeistigte Sphären folgte gleichsam der Sturz auf den Boden der Realität. Das von Kleist gewählte Beispiel des klassischen Balletts ist die beste Veranschaulichung dieses Bruchs der Moderne, denn hier hat er sich wortwörtlich und radikal ereignet und ins bewegte Bild gesetzt: dem Höhenflug von Spitzentanz im engen Korsett mit hochgeschraubten Arabesken und Pirouetten folgte, barfuß und in weiten Gewändern, die erdnahe Suche nach dem eigenen Schwerpunkt - des gravitätisch leiblichen, unwillkürlichen Schwerpunkts sowohl als auch dem des Lebens überhaupt. „Tänzerfüße lieben die Erde", konstatierte schließlich Mary Wigman. Interessanterweise war dieser Umbruch entscheidend von der giechischen Antike beeinflußt. Isadora Duncan z.B. orientierte sich in der Neufindung tänzerischer Ausdrucksweise an den zu dieser Zeit Schlagzeilen machenden Schliemannschen Ausgrabungen von Troja (vgl. Moscovici 1989, Vorwort). Sie tanzte nicht nur in einer Tunica sondern versuchte, sich in die mythologischen Darstellungen auf den neuentdeckten Vasen und Tellern einzufühlen. Sie gestaltete die Bewegungen ihrer Tänze in der Nachempfindung von Naturphänomenen: den Wellen des Meeres, dem Wehen des Windes, dem Atem und Rhythmus des Herzens - Naturphänomenen, die laut Platons moralischer Verurteilung der Mimesis auf jeden Fall von den „Wächtern des Staates", besser noch von allen, nicht mehr „nachgeahmt" werden sollten. Wenn auch die kulturelle Rückbesinnung auf die Antike bei den meisten ProtagonistInnen des Ausdruckstanzes nicht ohne Spleen, unfreiwillige Komik und politische Naivität verlief, so setzten sie doch an der richtigen Stelle an, nämlich an dem Phänomen zivilisatorisch unterdrückter Mimesis. Hier schließt sich ein Kreis, der in der griechischen Klassik unterbrochen wurde (s. Konstellation B), dessen Unterbrechung aber, wie sich z.b. in Schillers Reflexionen *Über Anmut und Würde* nachlesen läßt, als entscheidendes Problem verhinderter menschlicher Ausdrucksfähigkeit empfunden wurde. In der Schillerschen Unterscheidung von „willkürlichen" Bewegungen", die, außengeleitet, einem Zweck oder Willen folgen und „sympathetischen", die, innengeleitet, in einer Empfindung gründen (Schiller 1985:180 ff), finden wir schon jenen Gegensatz zwischen überformter, eingeschränkter Bewegungsfähigkeit (Deformation) und wiederherzustellender Bewegungsfreiheit, der die modernen „Körpertherapien" bestimmt (Delakova, Feldenkrais, Lowen, Middendorf u.a.).

Diese Gesamtentwicklung jedoch konnte Kleist natürlich noch nicht voraussehen. Er könnte, wie die Analogie der Gedanken zeigt, von Schillers Bewegungsbeobachtungen beeinflußt gewesen sein und sie unter gesellschaftskritischem Aspekt fortgeführt haben. Im übergeordneten Kontext von Gesellschaftskritik und Geschichtsphilosophie bleibt seine Interpretation des Engel-Motivs der traditionellen Auslegung des Angelus Antiquus verhaftet. Nicht deshalb, weil er lediglich die Hoffnung auf jenseitige Erlösung in diejenige eines kontinuierlichen Fortschreitens um die Erde, sprich in der Beherrschung der Natur sowie seiner selbst säkularisiert hat. Die Parallelinszenierung der Kritik im Bild der Puppe mahnt dafür allzu deutlich die Grenzen des Machbaren und die Folgen dieser Unterdrückung der menschlichen Natur an. Kleist bleibt vielmehr deshalb in der Tradition, weil der Engel für ihn immer noch seine Aufgabe am Tor des Paradieses wahrnimmt und scheinbar unbeteiligt dem menschlichen Fortschritt von Naturbeherrschung und Naturzerstörung gegenübersteht. Zwar läßt sich in seiner Bildmanifestation schon in nuce die darin enthaltene Konstellation von Fortschritt, Technik und Kritik erkennen. In Erinnerung an Schillers Abhandlung *Über Anmut und Würde* läßt sich sich sogar die Frage, ob eine mechanische Kunstfigur mehr „Anmut" haben sollte als ein Mensch, als zeitgemäß authentischer Ausdruck der Entfremdungsproblematik begreifen. Kleist treibt jedoch diese Kritik noch nicht konsequent in das Engel-Motiv selbst hinein. Dies blieb Horkheimer und Adorno vorbehalten, die fast 150 Jahre später in der *Dialektik der Aufklärung* in aller Radikalität den Angelus Antiquus selbst als Sinnbild eines unmenschlichen Fortschritts ansehen:

„Der Engel mit dem feurigen Schwert, der die Menschen aus dem Paradies auf die Bahn des technischen Fortschritts trieb, ist selbst das Sinnbild solchen Fortschritts" (DA 162).

Freilich hatten die Autoren, um in solcher Schärfe die Kritik ins Bild zu bannen, nicht nur die Katastrophe des Zweiten Weltkriegs und des Faschismus erleben müssen. Sie hatten zudem in Benjamin einen Vordenker, der das aufklärerische Geschichtsverständnis einer dynamisch-produktiven Einheit von Fortschritt und Vernunft im Engel-Motiv bereits aufgebrochen hatte. Der Benjaminsche Engel allerdings, indem er zum „unaufhaltsam in die Zukunft" Getriebenen wird, der nicht eingreifen kann und machtlos den Trümmerhaufen anwachsen sehen muß, wechselte gleichsam das Lager.

A 3.2. Der „Angelus Novus" der Katastrophe bei Benjamin

Benjamins Angelus Novus, angesiedelt in ebenderselben universellen Geschichtssphäre, läßt keinerlei Raum mehr für die Kleistsche Fortschrittsgläubigkeit. Sein „Novum" ist die radikale Absage an jegliche Fortschrittshoffnung im bürgerlich-herrschaftlichen Sinne, als auch im Sinne des Blochschen „Prinzip Hoffnung". In Benjamins Bild hat er seinen Standort nicht nur gewechselt, er hat überhaupt keinen mehr. Dieser neue Engel entfernt sich vom Paradies, rückwärts getrieben, und starrt dabei auf den Trümmerhaufen der Zivilisation. Er möchte „verweilen, die Toten erwecken und das Zerschlagene zusammenfügen", aber er wird von einem Sturm aus dem Paradies immer weiter getrieben in eine Zukunft, der er den Rücken kehrt. Der Sturm, der ihn unentwegt forttreibt und daran hindert, seine Erlösungsbotschaft einzubringen, ist eben jener Fortschritt, der mit der Aufkündigung der paradiesischen Weltordnung begann. Es ist nicht mehr der frische und beflügelnde „Wind der Geschichte" als aufgeklärter „Weltgeist", wie noch Kant und Hegel das biblische Wort „ruach" („Wind" und „Geist") auslegen konnten, sondern nunmehr, wie der biblische Text genuin erzählt, ein „Sturm, der vom Paradies her unaufhaltsam in die Zukunft treibt" (Ebach 1986b:62). Benjamins Fortschrittskritik („Das, was wir den Fortschritt nennen, ist dieser Sturm") soll mit einer kurzen Vergegenwärtigung der historischen Situation erläutert werden. Auch hier nimmt der Erste Weltkrieg eine zentrale Stellung ein.

Im Hebräischen ist das Wort für Engel identisch mit dem für Bote (mal`ach). Was der Neue Engel verkündet, ist jedoch keineswegs eine frohe Botschaft. Er muß als ein expressionistischer Ausdruck der Krisenerfahrung des Ersten Weltkriegs und seiner so-

ziohistorischen Umstände angesehen werden. Zeitumstände, die mit Technisierungs-
schüben, Inflation, Hungersnot, Massenarbeitslosigkeit, Chauvinismus, Antisemitismus
und dem Niederschlagen politischer Emanzipationsbewegungen, auch zum Preis politischer Morde, das ganze traditionelle Weltbild erschüttert hatten, die aber letztlich nur
eine Aufgipfelung dessen waren, was die Moderne insgesamt seit der Industrialisierung
mit dem „Prinzip der auf Kalkulierbarkeit eingestellten Rationalisierung" (Lukács)
hervorgebracht hatte. Alles das ist unter den Begriffen „Erfahrungsverlust" und
„Verdinglichung" in die Kritische Theorie eingegangen. Lukács war der erste, der in
Zusammenführung der Marxschen Warenanalyse („Fetischcharakter") und Webers
Rationalisierungsthese die Auswirkungen der Industrialisierung auf die innere Natur
des Menschen hin reflektiert hat. Er prägte den Begriff der „Verdinglichung" als allgemeines gesellschaftliches Phänomen jenseits aller Klassenschranken. Benjamin indessen pointierte dasselbe unter dem Gesichtspunkt des „Erfahrungsverlustes". Beides
soll im Zusammenhang präzisiert werden.

Schon im Übergang vom Handwerk zur Fabrikarbeit führte die fortschreitend arbeitsteilige Rationalisierung zur sukzessiven Ausschaltung qualitativ-menschlicher Erfahrungen im Arbeitsprozeß sowie zum Bruch mit der traditionellen Verknüpfung empiri-
scher Arbeitserfahrung. Traditionelle Berufserfahrung, nicht nur in Form individueller
Berufsidentität sondern auch als Kollektiverfahrungen der Kooperation wurden zurückgedrängt, der Mensch als „Arbeitskraft" wurde dem mechanisierten System gleichsam als immer stärker funktionalisiertes Teilsystem untergeordnet, zum „subjektiven
Faktor" der Produktion (Marx) verdinglicht: die Arbeitsbedingungen wenden ihn an
anstatt er sie (vgl. Illu 208). Das Entscheidende an dieser rationell mechanisierten und
zerlegten Arbeit unter quantitativ bemessenem Zeittakt, in dem qualitatives Zeitemp-
finden schwindet, ist, daß nicht nur das Produktionsobjekt, sondern auch das Subjekt
aufgeteilt und fragmentiert wird: „Mit der modernen >psychologischen< Zerlegung des
Arbeitsprozesses (Taylor-System) ragt diese rationelle Mechanisierung bis in die
>Seele< des Arbeiters hinein" (Lukács 1979:177). Seine ökonomischen Eigenschaften
als Arbeitskraft wie auch die komplementär-psychischen, die zur Unterwerfung unter
Maschine und Zeittakt nötig sind, müssen von seiner „Gesamtpersönlichkeit" abgespalten werden; menschliche Erfahrungsfähigkeit, Befindlichkeiten, Gefühle, Bedürfnisse
werden zu Negativgrößen im Produktionsprozeß, die qualitative Seite menschlicher
Natur wird funktionalistisch negiert. Adorno spricht später im Aphorismus *Novissimum Organum* in *Minima Moralia* von der „organischen Zusammensetzung des Men-

schen", um deutlich zu machen, daß die „Subjekte in sich selber als Produktionsmittel und nicht als lebende Zwecke bestimmt sind" (MM 307). Er veranschaulicht diesen verdinglicht-instrumentalisierten Selbstbezug mit einer schon bei Max Weber ange-klungenen Metapher, daß sich das Ich zum „Betriebsleiter" über seinen Körper, das „Betriebsmittel", machen müsse (vgl. Weber 1988b:394). In dieser Selbst-Fragmen-tierung liegt die dauerhafte Tiefendimension der von Lukács als „Verdinglichung" be-schriebenen Umkehrung von Subjekt und Objekt (vgl. Adornos Kritik, ND 191), die nur vermeintlich auf den innerökonomischen Reproduktionsprozeß beschränkt bleibt. Realiter setzt sie sich nicht nur umstrukturierend in allen gesellschaftlichen Bereichen (Objektivität) durch. Sie reproduziert sich vor allem in den Individuen zu partikulari-sierten Formen „arbeitsteiliger Subjektivität" (Adorno). Und wie diese systematisch hergestellt wird, ist hier der entscheidende Aspekt.

Wie der Psychoanalytiker Karl Landauer in seiner *Theorie der Affekte* am eindring-lichsten gezeigt hat, muß der gesellschaftliche Rationalisierungsprozeß, der tendenziell menschliche Erfahrungsfähigkeit, Empfindung, Gefühle, Bedürfnisse, die Leiblichkeit überhaupt als dysfunktional erscheinen läßt, während er zugleich den „Körper" als Ar-beitsinstrument höchstmöglich funktionalisiert, mit dem Zwang zur „Beherrschung der Affekte" und der Unterdrückung mimetischer Selbst- und Weltbezüge bereits in der frühen Ontogenese verankert werden. Hierin gründet die „psychosexuelle Genese der Dummheit" (TA 86ff), die „Erfahrungsunfähigkeit" (s. Konstellation C). Walter Ben-jamin hat auf einen weiteren Aspekt des Erfahrungsverlustes aufmerksam gemacht: auf das Verschwinden des Erzählens im Pressezeitalter. Bestand die Kunst des Erzählens neben dem Schöpfen aus dem eigenen Erfahrungsreichtum darin, nichts zu erklären und gerade damit dem Zuhörer die Möglichkeit zu geben, seine eigenen Erfahrungen und Vorstellungen dem Erzählten anzubinden - eine Form mimetischer Praxis durch Entspannung, Assimilation, Assoziation, Gedächtnis, Erinnern (vgl. Illu 385ff) - so ist es gerade eine Eigentümlichkeit des Journalismus, und, wie heute ergänzt werden muß, der neuen Medien überhaupt, in der Präsentation der Ereignisse als Sensation diese gegen die Erfahrungen der RezipientIn abzudichten (vgl. Illu 188). Durch das Zurück-drängen dieser alten Kunst insgesamt, verschwindet auch das „Vermögen, Erfahrungen auszutauschen" (Illu 385), verschwindet die Kultur der Geselligkeit.

Die objektive historische Situation eines Zusammenbruchs tradierter Kultur läßt sich auf der subjektiven Seite als eine Art kollektives Erfahrungsdilemma beschreiben, denn die grundlegenden Daseinsgewißheiten waren auf allen Ebenen der Selbstzuordnung zu gesellschaftlichen Mächten infragegestellt. Es war z.B. Symptom dieses Erfahrungsverlustes, daß über Kriegserlebnisse nicht geredet werden konnte, obwohl, oder gerade weil, der Grad der Erschütterung durch den Einsatz chemischer Waffen und anderer moderner Kriegstechnik unvergleichlich viel stärker gewesen sein mußte als je zuvor in allen anderen Kriegen. Kurt Lewin apostrophierte seine Erfahrung im modernen Schlachtfeld mit der Schreckensvision: „Landschaft, die schießt"; das feindliche „Gegenüber" war passé und der Feind „schlug" von überall her „ein". Solche Eindrücke waren zu ungeheuerlich, um in der gewohnten Weise psychisch assimiliert, geschweige denn artikuliert werden zu können. Es dauerte lang bis sie, wenn überhaupt, innerlich bewältigt werden konnten. Benjamin schreibt darüber in *Erfahrung und Armut*:

„Nein, soviel ist klar: die Erfahrung ist im Kurse gefallen und das in einer Generation, die 1914-1918 eine der ungeheuersten Erfahrungen der Weltgeschichte gemacht hat. Vielleicht ist das nicht so merkwürdig wie das scheint. Konnte man damals nicht die Feststellung machen: die Leute kamen verstummt aus dem Felde? Nicht reicher, ärmer an mitteilbarer Erfahrung. Was sich dann zehn Jahre danach in der Flut der Kriegsbücher ergossen hat, war alles andere als Erfahrung, die vom Mund zum Ohr strömt" (Illu 291; vgl. dazu Nieraad 1994, Kap. „Über die Nicht-mehr-Erzählbarkeit des Krieges", S. 167ff).

Der Mitteilungsfluß war gebrochen, das Besprechen der Ereignisse und die Sprache selbst zerstört. „Nein, merkwürdig war das nicht", kommentiert Benjamin dieses Phänomen. Er erklärt, daß auf allen Ebenen die bisherigen Erfahrungen als für das Leben nicht mehr brauchbare verworfen werden mußten:

„Denn nie sind Erfahrungen gründlicher Lügen gestraft worden als die strategischen, durch den Stellungskrieg, die wirtschaftlichen durch die Inflation, die körperlichen durch den Hunger, die sittlichen durch die Machthaber. Eine Generation, die noch mit der Pferdebahn zur Schule gefahren war, stand unter freiem Himmel in einer Landschaft, in der nichts unverändert geblieben war als die Wolken, und in der Mitte, in einem Kraftfeld zerstörender Ströme und Explosionen, der winzige gebrechliche Menschenkörper" (Illu 291).

Entgegen allen bürgerlichen Zukunftsutopien und aufgeklärt-demokratischen Idealen von „Freiheit, Gleichheit, Brüderlichkeit" mußte sich das Individuum als eine der objektiven Übermacht ausgelieferte und von ihr in seinen Rechten auf Leben bedrohte Existenz fühlen. Ein lebensbedrohender Gesellschaftszustand, der, indem er an Hobbes' „Krieg aller gegen alle" erinnerte, an den Menschen als „des Menschen Wolf", dem vor-aufgeklärten Gesellschaftszustand der Glaubenskriege ähnelte. Hatte sich in der Moderne überhaupt etwas zum Positiven hin verändert, ließe sich provokativ fragen. Die Annäherungen an eine Antwort aus jüdischer Sicht fallen keineswegs positiv aus: Mehr noch als allen anderen Kriegsgegnern, die über Generationen in nationale

Zugehörigkeiten eingebunden waren, mußte für die Juden - erst im 18. bzw. 19. Jahrhundert anerkannte und nach dem Gesetz gleichberechtigte Staatsbürger - deutlich werden, daß die Menschenrechtsideale der Aufklärung äußerst fragwürdige und fragile Errungenschaften waren. Nicht nur, daß trotz intensiver Assimilationsbestrebungen gleiche gesellschaftliche Chancen weiterhin verweigert und im aufkommenden Antisemitismus diese Rechte untergraben wurden, wie nicht nur der Fall Dreyfus in Frankreich zeigte. Ethnisch und aus religiös-kultureller Tradition - einer Tradition, die jahrhundertelang wesentliche Momente der Sozialstruktur ausmachte und den Zusammenhalt in der Diaspora stiftete - zu einem „Volk" gehörend, mußten nun wieder einmal Juden der einen auf Juden der anderen Nation schießen[48]. Ohne das fatale Stützkorsett eines abstrakten Feindbildes, mußten in der jüdischen Subkultur zwischen den Nationen die irrsinnigen Menschenopfer des Krieges als Menschenopfer in einem pervertiert-archaischen Sinn einmal mehr hervortreten und zum geschärften Bewußtsein für die politisch verfahrene gesellschaftliche Situation führen. Hatten die aufgeklärten europäischen Nationen damit nicht einen Rückschritt hinter die entscheidenden kulturellen Errungenschaften des stellvertretenden Tieropfers resp. des eingedenkenden Opfermahls getan? Einen Rückschritt in die Barbarei, wie später Max Horkheimer fragte.

Benjamin geht also von einer gegenüber Kleist weitgehend veränderten historischen Situation des Subjekts aus. Was dieser noch relativ ungebrochen unter dem Titel „Fortschritt" denken und diskutieren konnte (und was als Zukunft vor ihm lag), tritt für jenen insgesamt unter die bestimmende Kategorie der Katastrophe, „die unablässig Trümmer auf Trümmer häuft". Die historische Besinnung in bloßer Immanenz der Moderne scheint ihm obsolet geworden, und er wagt den „Tigersprung ins Vergangene" (XIV. geschichtsphilosophische Reflexion, Illu 259). Daß die Zukunft hinter dem Rücken des Engels liegt und er „das Antlitz der Vergangenheit zugewendet" hat, spie-

---

[48] So mußten z.B. die Juden in Preußen sogleich zum Auftakt ihrer bürgerlichen Gleichberechtigung 1812 große Opfer bringen, wie Hans-Jochen Gamm ausführt: „Daher durften Juden in den sogenannten Befreiungskriegen gegen Napoleon und seine Besatzungsmacht 1813/15 Schulter an Schulter mit den christlichen Deutschen kämpfen, bluten und sterben. Die deutsche Judenheit wähnte damals noch, daß sie sich mit dieser >Bluttaufe< ein für allemal in den Sprach- und Kulturleib des deutschen Volkes eingebracht habe und die Vorurteile gegenüber einer Andersartigkeit langsam schwinden müßten. Daß die Obrigkeit später selbst neue infame Lügen über das Judentum ausstreuen würde, konnte damals niemand erwarten" (H.-J. Gamm 1991:156; vgl. dazu Mosse 1992:29). Derselbe Prozeß vollzog sich in Frankreich. Für Juden, die schon 1791 die französische Staatsbürgerschaft erhielten, bedeutete die Revolution „die Morgenröte des messianischen Zeitalters" und sie wollten ihr Vaterland verteidigen. „Ja, bis zum Tod" (E. Weber 1994:7). Doch auch ihre Hoffnungen auf politische Gleichberechtigung wurden im Verlauf des 19. Jahrhunderts zusehends zerstört.

gelt Benjamins Rückbesinnung auf das antik-mythische Geschichtsverständnis, das in der jüdischen Tradition, ebenfalls durch die hebräische Bibelsprache und -auslegung (vgl. Ebach 1986b:53f), bewahrt geblieben war und im Bruch der Moderne als kritisches Kriterium für Sinnmangel und Trostlosigkeit wieder zum Vorschein kam. Diese Tradition veranschaulicht nicht nur Vergangenheit, sondern vergegenwärtigt eine rationalistisch unvertraute Zeit- und Geschichtsvorstellung überhaupt. „Was haben wir hinter uns?" würde in diesem Verständnis die Frage nach der noch unbestimmten Zukunft lauten und nicht, wie wir es heute tun, „was steht uns bevor?"

Es wird nunmehr auf das „ganz Andere" des Fortschritts in den Gestaltungen des Mythischen zurückverwiesen, auf historische Formen möglicher Verbindungen von Logos und Mythos, die die Mythologie „in den Geschichtsraum aufzulösen" (GS V.1:571) vermögen. Benjamins Intention ist die „Erweckung eines noch nicht bewußten Wissens vom Gewesenen" (ebd. 572), um andere Quellen zum Erfassen der gesellschaftlichen Realität aufzuschließen, da die „alten" modernen sich angesichts der historisch neuen Erfahrung des Erfahrungsverlustes als unzulänglich erwiesen haben.

In diesem historischen Wandlungsprozeß haben sich auch die alten bürgerlichen Ideale humanistischer und „realistischer" Bildungskonzeptionen so weitgehend historisch „blamiert", die fürs Subjekt „konstitutive Dialektik von Rationalem und Nicht-Rationalem" (Vogel) ist so weitgehend gefährdet, daß Benjamin mit Kraus Figuren wie den „Dämon", den „Unmenschen", den „Menschenfresser" und das „Kind" für seine Reflexionen des verlorenen Zustands beanspruchen muß (vgl. Essay über *Karl Kraus*). Nicht nur um in diesem extremen Gegenpol zum Ideal des okzidental Zivilisierten ein markantes und unhintergehbares Zeichen der Kritik zu setzen, sondern auch um eine Ausgangsbasis für eine Neubestimmung zu gewinnen. Die „Überläufer ins Lager der Kreatur" (Illu 359), und deren gibt es mehr als sich das etablierte Kulturbewußtsein eingestehen möchte, halten es mit den Opfern des Fortschritts - Alten, Frauen, Kindern, Tieren - und mobilisieren zugleich gegen die gedankenlose Eingeschliffenheit solcher gesellschaftlicher Opferungen nicht den herkömmlichen Humanismus, sondern, quasi als Vorwegnahme des strukturalistischen Antihumanismus späterer Prägung, den Unmenschen, den Menschenfresser und den Engel als Figurationen der Kritik unmenschlicher Entfremdung.

Dies ist eine thematische Entwicklung, der Kleist mit dem „Gliedermann" und der Suche nach dem „Zustand der Unschuld" in gewisser Weise schon auf halbem Weg vorangegangen war, wie überhaupt die literarische Aufarbeitung der Technikentwicklung im Zusammenhang mit Puppen, Kunst- und Unmenschen seit dem „Golem" des 16. Jahrhunderts und Goethes „Homunculus" ein beliebt-„unheimliches" Motiv darstellt (vgl. z.B. E.T.A. Hoffmann; Freud 1993: *Das Unheimliche*). Die „fromme Mortifikation des Leibes" im Mittelalter und Barock (GS I.1:396; dazu Weigel 1992:50) wird damit tendenziell aufgehoben und konsequent überführt in eine unheimliche Beseelung des Toten.

An dieser Stelle muß nachgetragen und zugleich mit dem zuletzt Gesagten in Zusammenhang gebracht werden, daß Kleist in seinem Marionettentheater zur Veranschaulichung natürlicher Körperbewegung und Grazie zu einem nicht wenig überraschenden Beispiel greift: dem geschicktesten Fechtmeister überlegen stellt er den Bären dar, weil er im Zusammenspiel von Intelligenz und höchstbeweglicher Leibbalanciertheit den wie immer verfeinerten Bewegungsartefakten des Fechtens noch allemal sich überlegen zeige. Wesentlich an dieser Veranschaulichung ist indessen nicht nur der Aspekt der Rückbesinnung auf organisch-lebendige Bewegungsbedingungen, sondern damit zugleich der ins Geschichtsphilosophische und Gesellschaftskritische ausgreifende Aspekt einer Rückbesinnung aufs Kreatürliche überhaupt. Ein Postulat, das modellhaft eingelöst zu haben ebensowohl Benjamin wie später auch Adorno an Karl Kraus und Franz Kafka rühmten. So sei Kafka „nicht müde" geworden, „den Tieren das Vergessene abzulauschen" (AN 261), wie Benjamin in seinem Essay über ihn schreibt und er führt weiter in Replik auf die Romantiker aus, daß „die vergessenste Fremde unser Körper - der eigene Körper - ist" (ebd.). Damit treibt er die Kritik am theoretischen und praktischen Rationalismus ihrem qualitativen Umschlagspunkt zu: Subjektivität muß fortan von einer verknöchert-fadenscheinigen Geistigkeit weg in ihren leiblichnatürlichen Verbundenheiten gedacht werden. Eine „kopernikanische Wendung" des Denkens (GS V.1:490). In Proust finden wir sodann, ebenfalls in Benjamins Konstellation integriert, einen Autor, der genau diesen Umschlag zum existenziellen Thema macht. In seinem großen Werk *Auf der Suche nach der verlorenen Zeit* unternimmt er stetig nichts anderes als die „leiblich-natürlichen Behelfe des Eingedenkens" (ebd.) wiederzufinden und Unbewußtes aus dem Gedächtnis in Erinnerung zu bringen, es in Sprachbewußtsein zu überführen. Benjamin indessen hat auf dieser Suche nicht nur dem individuellen sondern vor allem dem Verdrängten der „unterirdischen" Gattungsgeschichte ein unverrückbares Fundament gesetzt. Mit seiner Sammlung von Zeugnissen des historisch Verdrängten überhaupt und mit dem „Engel der Geschichte" als „Memento" vergessener Zusammenhänge der (geschichtlich interpretierten) Offenba-

rung hat er die okzidentale Geistesgeschichte maßgeblich über ihre eigene rationalistische Borniertung hinausgeführt ins offene Feld einer der Natur eingedenkenden, befreiten Dialektik von Mimesis und Ratio.

Schlußbetrachtung

Das zentrale Anliegen dieser ersten Konstellation war es zu verdeutlichen, daß die unverkürzte Problematik des ästhetischen Verhaltens niemals in einem auf begrifflichen Entgegensetzungen beruhenden terminologischen Fadenkreuz, vielmehr nur in Vorstellungs-Bildern zu erfassen ist, die alle involvierten Begriffsgegensätze in sich aufzuheben vermögen und das Mimetische des Prozesses zum Ausdruck kommen lassen. Bekanntermaßen ist ästhetisches Verhalten angesiedelt zwischen Sinnlichkeit und Vernunft, Gefühl und Verstand, Anschauung und Denken, Körper und Geist, zwischen Gestalt und Begriff. Und insoweit erweitert es die rationale Erkenntnis um eine „sinnlich-ästhetische Erkenntnisweise" (Marcuse) bzw. um ein „Sinnenbewußtsein" (zur Lippe), wie ihm umgekehrt auch „verschüttete Dimensionen von Vernunft" (Habermas) inhärieren. Allein, es kann nicht in diesen Trennungen erfaßt werden, weil diese selbst Resultat der über Jahrtausende lang arbeitsteilig, d.h. gegen den mimetisch-ästhetischen Grundimpuls der Verbundenheiten, organisierten Subjektivität sind. Adorno spricht von der „Spießbürgerweisheit, die Gefühl und Verstand auseinander klaubt und sich die Hände reibt, wo sie beides balanciert findet" (ÄT 489). Diese, wie Adorno charakterisiert, „tödliche Trennung" ist „geworden" und als solche auch „widerruflich" (ebd.). Aber keineswegs in freien, schönen und harmonischen Annäherungsprozessen, wie es sich die Spießbürgerweisheit unverbindlich träumen läßt. Verdrängungsprozesse schieben sich allemal zwischen Erleben und Ausdruck. Wenn, wie gezeigt wurde, im ästhetischen Verhalten ein Impuls zur Überwindung aller Getrenntheiten grundlegend ist, dann dürfen weder Gefühl und Empfindungen „ihrer Beziehung aufs Denken sich sperren", noch darf Denken vor der „Sublimierung der mimetischen Verhaltensweisen" zurückschrecken (ebd.). D.h. in anderen Worten: um lebendige Erfahrungen zu ermöglichen, muß das ästhetische Verhalten gerade jene Eigenschaften transportieren und realisieren, deren Unterdrückung im Zivilisationsprozeß eben jene Getrenntheiten hervorgebracht hat. Und so liegt denn auch die Aktualität des Beitrags zum Bildungs- und Ästhetikdiskurs in dieser Begründung des ästhetischen Verhaltens in einer Dialektik von Mimesis und Ratio, weil nämlich „Fortschritt" nicht auf rationalistischem Wege möglich ist, sondern die „Katastrophe" des losgelassen-rationalistischen Fortschritts eine Mobilisierung systematisch unterdrückter subjektiver Vermögen erfordert.

Konstellation B

Archaische Mimesis und frühokzidentale Rationalisierung

Wurde schon in Konstellation A im engeren Rahmen der ästhetischen Subjektivität Mimesis resp. das mimetische Vermögen als Nervenpunkt des ästhetischen Verhaltens herausgestellt und in subjekttheoretischer Perspektive als eine allgemein-menschliche, zugleich aber gesellschaftlich-geschichtlich unterdrückte Qualität problematisiert, so soll nunmehr dieses Allgemein-Menschliche im Zustand vor seiner gesellschaftlichen Unterdrückung aufgesucht werden. Damit ist für mich bereits die relevante Denkrichtung im ungewöhnlich ausgedehnten Bedeutungsfeld von Mimesis festgelegt. Es geht mir um die mimetische „Lebensäußerung des Subjekts" (Ritsert 1990:26), wie sie sich im Vorangegangenen in der Figur Benjamins bereits unmißverständlich artikulierte. Insofern kommt es mir in der folgenden phylogenetischen Untersuchung primär auf das historisch bestimmbare Phänomen Mimesis an, d.h. auf die einstmals gelebte Mimesis, nicht aber auf eine abstrakt philosophische Begriffsreflexion (Blumenberg 1986; Gadamer 1960; Früchtl 1986; Jay 1995), sowie auf spezialwissenschaftliche Anwendungen der Kategorie (Auerbach 1982; Lehmann 1991; Weiss 1984; Wulf 1994). Auch sollen keine modern-fachwissenschaftliche Kategorien, die das mimetische Vermögen als subjektive Kompetenz thematisieren (Lorenzer 1981; Schmid Noerr 1990; Koch 1995; Sample 1995) in historische Verhältnisse zurückprojeziert werden. Eine maximale Nähe hingegen findet mein Ansatz in den Arbeiten von Rudolf zur Lippe über die *Naturbeherrschung am Menschen* (1974 sowie 1988), die sowohl die Mimesis-Kategorie in unveränderter Tradition der älteren Kritischen Theorie gleichsam bedeutungsmaximalistisch - von der Mimikry bis zum Ausdruck - verwenden als auch historische Veränderungsprozesse in deren Zusammenhang thematisieren. Kann ich an vieles darin bruchlos anschließen, besteht gleichwohl eine nicht zu vernachlässigende Differenz zu meinem Ansatz darin, daß zur Lippe bedauerlicherweise die für mich grundlegenden Arbeiten Hermann Kollers über die *Mimesis in der Antike* noch immer ebensowenig wie die ältere Kritische Theorie rezipiert. Da zur Lippe Entwicklungsprozesse zwischen Früh- und Spätrenaissance als eine Sphärenverlagerung zwischen „Metrik und Mimesis" zielsicher an zeitgenössischen Konzeptionen des höfischen Tanzes demonstriert, hätte eine Reflexion auf Kollers These von der Tanzzentriertheit ursprünglicher Mimesis zweifellos aufhellend wirken können. Ich sehe in diesen Arbeiten indessen eine Bestätigung für meine Voraussetzung, daß Mimesis als „Lebensäußerung" allemal nur in bestimmten historischen Kontexten aufgesucht werden kann. Deshalb soll im folgenden der Frage nachgegangen werden, in welchen historischen Prozessen und gesellschaftlichen Konstellationen sich das reale Phänomen mit dem Namen Mimesis ursprünglich feststellen und nachvollziehen läßt.

B 1. Kollers Mimesis-Konzeption im Kontext benachbarter Theoreme

Für meine Untersuchung zum Phänomen Mimesis hat Hermann Koller, wie erwähnt, eine wesentliche Vorarbeit geleistet, und zwar nicht nur in seiner Arbeit über *Mimesis in der Antike. Nachahmung, Darstellung, Ausdruck* (1954), die zu unrecht vom Großteil der Diskutanden ausschließlich herangezogen wird. Ebenso notwendig einzubeziehen ist *Musik und Dichtung* (1963), in der je spezifisch-historische Einzelphänomene des Mimetischen untersucht werden. Wie schon der Untertitel der ersten Arbeit anzeigt, widerlegt Koller die traditionell-partikulare Übersetzung als „Nachahmung", „Imitation" und erweitert den Bedeutungsgehalt um wesentliche Momente subjektiver Lebenspraxis: „Darstellung" und, noch deutlicher, „Ausdruck" zeugen von weitaus mehr aktiver Auseinandersetzung des Subjekts mit seiner Umwelt als die abhängig-passivische „Nachahmung". Gemessen am zählebigen Festhalten des Nachahmungsparadigmas, kann Kollers Übersetzung des Wortes „Mimesis", resp. „mimeisthai" als geradezu revolutionär gelten, zumal sie sich ihrerseits auf nur wenige, partikulare Vorarbeiten stützen konnte[1] und in durchaus interdisziplinärer Verarbeitung einer intensiven Analyse „von mehreren hundert Mimesisstellen" (MA 223) entwickelt werden mußte. Kollers Erkenntnisse lassen auch die Klassiker des antiken Rationalismus, die Urväter des Nachahmungsparadigmas, in neuem und keineswegs verklärendem Licht erscheinen.

Seine Untersuchung setzt an dem Problem an, daß Mimesis keinesfalls, wie es sich in der Ästhetik etabliert hat, „bloße Nachahmung der Natur" (MA 9) bedeuten könne, daß dies sogar ausgeschlossen und „irreführend" (MA 210) sei. Gängige Interpretationen basierten zutreffend auf der Annahme, Aristoteles müsse diesen Begriff, der ursprünglich auch in anderen Sphären beheimatet gewesen war, bereits als Terminus technicus übernommen haben. Sie orientierten sich jedoch „bewußt oder unbewußt", wie Koller hintergründig offenläßt, an Platon, genauer: am 10. Buch der *Politeia*, dessen Gehalt Aristoteles für seine Zwecke umgebildet habe. In diesem 10. Buch der Utopie eines Idealstaats wertet Platon auf dem Hintergrund seiner Ideenlehre und zu deren Untermauerung die „Mimesis" der Maler und Dichter ab. Diese seien lediglich „Nach-

---

[1] Daß es auch schon früher Annäherungen an diese Bedeutungsgehalte gab, belegt Koller in Anmerkung 69 (MA). Er verweist auf F.M. Cornford 1922: *Mysticism and science in Pythagorean Tradition*, Cl. Quarterly XVI, E. Frank 1923: *Plato und die sogenannten Pythagoreer*, Halle a.S.; K.O. Müller 1830: *Handbuch der Archäologie der Kunst*, Breslau. Des weiteren bezieht er sich auf R. Schäfke 1937: *Aristides Quintilianus. Von der Musik*, Berlin-Schöneberg.

bildner" gegenüber dem „Wesensbildner" („Demiurg"). Ihren Werken käme keine Erkenntnis zu und sie hätten, im Gegensatz zu denen der „Werkbildner", noch nicht einmal einen praktischen Nutzen. Damit schlage, so die Interpreten, der Bedeutungsgehalt um und >mimeisthai< gewinne die Bedeutung von >etwas Unwahres darstellen< und >täuschen<. Diese Position impliziert das Nachahmungsparadigma insofern, als die Kunst in der „dreifachen Stufung der Dinge" lediglich eine deklassierte, minderwertige Nachahmung sei. Unter eben dieser Voraussetzung habe Aristoteles die Bestimmung als Nachahmung beibehalten, allerdings, wie Manfred Fuhrmann in seinem Nachwort zu Aristoteles' *Poetik* argumentiert, habe er durch eine Umprägung der platonischen „Idee" zur „Entelechie" die Nachahmung der Kunst als „erste und einzige Stufe" der Dinge ausgewiesen (Aristoteles 1982:159).

Mit dieser Interpretation und Übersetzungstradition bricht Hermann Koller. Wie er nachweisen kann, zeugen wesentliche Gedanken bei Plato und Aristoteles von einer Auseinandersetzung mit Damons Musiklehre, und dadurch auch mit der pythagoreischen „Mimesis qua Ausdruckslehre" (MA 72). Daran zeigt sich, daß sich beide Philosophen bereits mit den Zerfallsproblemen einer ursprünglichen Einheit von Mimesis in den Formen der „Musiké" auseinandersetzten und diese nach dem Bedarf der historisch neuen individualistischen Vergesellschaftungsformen in der Polis rationalisierten (Platos 3. Buch *Politeia*, Aristoteles' 10. Buch *Politika*, und die *Poetik*). Platon und Aristoteles werden so in einen übergreifenden historischen Transformationsprozeß des Phänomens Mimesis eingeordnet. Sie repräsentieren - anders als noch die pythagoreische Rationalisierung des Phänomens Mimesis, die alle leiblich-geistigen Kräfte im Menschen gleichermaßen berücksichtigte -, lediglich die erste am Begriff orientierte logozentrische Ausprägung, die sich als ontologisch unabhängig und als Gegensatz zur materiellen Welt verstand. Alle vormaligen biozentrischen Merkmale kosmischer und sozialer Verbundenheiten wurden abzustreifen gesucht. Kollers Erkenntnissen zufolge bleibt Mimesis jedoch „immer an den Menschen gebunden, sie ist seine Formgebung" nach eigener Logik (MA 210). Er konnte auf der Basis einer integrierten semantischen, historischen, ästhetischen und kulturbildnerischen Reflexion eine sowohl real- wie ideengeschichtliche Koinzidenz rekonstruieren, die auf das archaische Zeitgeschehen vor der griechischen Klassik zurückverweist und in ihm Mimesis als eine historisch konkret daseiende Einheit von Phänomen und Namen nachweist. Es gelang ihm, in unausdrücklicher Übereinstimmung mit Benjamin und im Unterschied zu Horkheimer und Adorno (vgl. Vogel 1996:93) einen biozentrischen Gehalt herauszustellen, der sich durch Leibzentriertheit und eine kosmische, Denken und Dasein umschließende Verbundenheit auszeichnet: den Tanz als das spontane, nichtrationale Bedeutungszentrum von Mimesis, aus welchem sie noch nach ihrer Herauslösung aus kultischen Zusammenhängen in der pythagoreischen Ausdruckslehre verstanden wurde.

> „Nur im Tanz, und zwar im Tanz, der in Wort, Musik und Bewegung eine Geschichte erzählt und gleichzeitig darstellt, finden wir die natürliche Sinnfülle der Grundbedeutung von Mimesis, aus der heraus die Aufspaltung der Bedeutung, die zum weiten [...] Bedeutungsfeld führen kann, verständlich wird. Es ist klar, worauf diese Überlegungen zielen: eine solch enge Verbindung bestand ursprünglich nur in den Kulttänzen [...]"(MA 38).

Diese These Kollers vom vorplatonischen Ursprung der Mimesis im Kult, die bis heute in ihrer vollen Tragweite noch nicht ausgeschöpft ist[2], soll im folgenden auf der Grundlage der älteren Kritischen Theorie in der Konstellation mit Karl Kerényi, Arnold Gehlen, Max Weber und Sigmund Freud sowie neueren Forschungen zur historischen Sozialwissenschaft und feministischen Theorieansätzen untermauert werden. Es

---

[2] Ganz im Gegenteil verweist die Rezeptionsgeschichte auf erheblichen Widerstand gegen diesen Schritt in die archaische Mimesis der „dark ages", der früh- und vorgriechischen Epoche. Mit ihren Bezugspunkten im 5./4. Jahrhundert setzen die Kritiken nicht nur an einer bereits zerfallenen Einheit von Mimesis an, „Musiké" genannt, sondern auch an je einzelnen, verselbständigten Sphären, die aus diesem Zerfall hervorgingen: so will z.B. Gerald F. Else, *Imitation in the 5th century*, im philosophischen Rahmen verbleibend, den Begriff Mimesis als platonische Idee retten; Siegfried Melchinger, *Das Theater der Tragödie*, bezieht sich auf die Mimesis der Theaterpraxis; Thrasybulos Georgiades konzentriert sich auf die historisch später angesiedelten Probleme der Musiké, die er als ethisch-erzieherische Macht thematisiert u.ä. Dazu sei bemerkt, daß Koller in der 1963 veröffentlichten Arbeit *Musik und Dichtung* nicht nur diese Zerfallsproblematik an je spezifischen Einzelphänomenen untersucht, sondern dieses Zerfallsproblem selbst als bereits ungelöstes Problem der griechischen Klassik herausarbeitet. Umgekehrt gibt es meines Wissens in den historischen Sozialwissenschaften keinen Ansatz, der Kollers umsichtige interdisziplinäre Studien adäquat rezipiert. Seine Arbeit fällt durch das Netz wissenschaftlicher Arbeitsteilung hindurch, wird jedoch voll durch das neuere Konzept historischer Sozialwissenschaft gedeckt, wie es ebenso am Pariser *Centre de recherches comparées sur les sociétés anciennes* als auch in der historischen Schule von Cambridge seit längerem praktiziert wird.
Diese Beurteilung der Kollerschen Untersuchung resultiert aus einem mehrsemestrigen Forschungskolloquium bei Professor Vogel, Universität Frankfurt/Main. Das dort zentrale Thema einer „Historik des Selbst" erforderte u.a. eine Bestimmung des Mimesisbegriffs bei Adorno, Benjamin und Horkheimer, die über die von den Autoren selbst gesetzten Grenzen auf realgeschichtliche Verhältnisse hinausging. Unter der Frage, wie das „selbstbeherrschte Ich der Stärke, Härte und Kälte" (BS 27, zur „Logik des Selbst") entstehen konnte, führte der Weg mit der *Dialektik der Aufklärung* zu der Gestalt des Odysseus: zu Odysseus „als Urbild eben des bürgerlichen Individuums, dessen Begriff in jener einheitlichen Selbstbehauptung entspringt, deren vorweltliches Muster der Umgetriebene abgibt" (DA 42). Diese Konstellation eines „dialektischen Bildes" mußte, so weit wie möglich, auf die Realität des archaischen und klassischen Griechenland übertragen werden. Neben Untersuchungen historischer Sozialwissenschaften (Dodds, Finley, Loraux, Veyne, Vidal-Naquet, Imhof, Lepenies) konnte in Konstellation mit Koller, Kerényi, Gehlen und Freud eine dem soziohistorischen Phänomen entsprechende Argumentation entwickelt werden (vgl. Vogel 1996: *Mimesis - ad libidum? [sic]*). Diese Forschungsarbeit liegt auch meiner Untersuchung zugrunde.

wird sich zeigen, daß Kollers Bestimmungen der Mimesis im kultischen Tanz mit Kerényis Forschungen zur Mythologie und dem „rituell-darstellenden Verhalten" der Archaik bei Gehlen sich zwanglos zusammenschließen lassen und insgesamt eine neue Perspektive der Mimesis-Rezeption eröffnen: es kann damit die vage Webersche Metapher von der „Entzauberung der Welt"[3] im okzidentalen Rationalisierungsprozeß konkretisiert werden. Subjekttheoretisch genügt es nicht, „Mimesis" in einem Zuge mit „Magie", „Mimikry", „Animismus", „Schamanismus" u.ä. als Merkmale des „Zaubers" und demzufolge als Inbegriff dessen, was „entzaubert" wurde, zu benennen, denn es handelt sich dabei nur um allemal aspekthaft objektivierende Begriffe. Wie gezeigt werden wird, bedarf diese Objektivität der Begriffe zugleich der Aufklärung ihrer korrespondierenden Grundlagen in den Subjekten, der „Traumform", wie Elisabeth Lenk diese beseelende Kraft der Subjektivität einer entzaubernden „Vernunftform" entgegensetzt. Meine Interpretation zielt darauf ab, im Anschluß an eine „Logik des Selbst" (Vogel) die historischen Bedingungen der Entstehung individueller Subjektivität im Umbruch der phylogenetisch allgemeinen „mimetischen Daseinsweise" (Horkheimer/ Adorno) zu entfalten. Dann nämlich zeigt sich die „Entzauberung" als eine innere Verdrängung von Mimesis zugunsten äußerlich aufgeherrschter abstrakter Rationalisierun-

---

[3] Jürgen Habermas geht in der *Theorie des kommunikativen Handelns* auf dieses Problem der Weberschen Rationalisierungsthese ein. Er fokusiert die „Entzauberung" als „religiöse Rationalisierung" bzw. „Entzauberung religiös-metaphysischer Weltbilder", die der Ausdifferenzierung kultureller Wertsphären vorausgegangen sei (Habermas 1988 Bd 1:128ff; 262ff) und bearbeitet sie unter dem Aspekt, „wie kognitive, normative und expressive Fragestellungen systematisch entkoppelt und nach ihrer inneren Logik entfaltet werden können" (ebd. 239). Zur Nebensache wird hier, in dieser objektivistischen Ausdifferenzierung von „Rationalitätsbegriffen" (ebd. 239-252), was nicht erst für meine subjekttheoretische Untersuchung zentral ist, sondern es schon für Weber sowie Horkheimer und Adorno in der *Dialektik der Aufklärung* war: die Frage, wie und zu welchem Preis „die asketische Beherrschung von Trieben und Affekten >rationalisiert< worden" ist (ebd. 241). Dieses subjekttheoretische Grundproblem, das von der *Theorie des kommunikativen Handelns* weg in die psychoanalytischen Reflexionen unbewußter Verhaltensweisen und die „Wiederkehr des Verdrängten" führt, wird von Habermas nur peripher behandelt und heruntergespielt. So wirft er, unbeeindruckt von den Katastrophen unseres Jahrhunderts, in seinem Aufsatz über *Die Verschlingung von Mythos und Aufklärung. Bemerkungen zur Dialektik der Aufklärung - nach einer erneuten Lektüre* folgende Fragen auf: „Ungeklärt ist ja nach wie vor die gewisse Unbekümmertheit im Umgang mit den, sagen wir es ruhig plakativ: Errungenschaften des okzidentalen Rationalismus. Wie können die beiden Aufklärer, die sie immer noch sind, den vernünftigen Gehalt der kulturellen Moderne so unterschätzen, daß sie in allem nur eine Legierung von Vernunft und Herrschaft, Macht und Geltung wahrnehmen? Lassen sie sich auch darin von Nietzsche inspirieren, daß sie ihre kulturkritischen Maßstäbe aus einer *verselbständigten* Grunderfahrung der ästhetischen Moderne gewinnen?" (Habermas 1983:420). Wie im Anschluß daran jedoch Habermas' eigene Nietzsche-Rezeption deutlich zeigt, ging es auch Horkheimer und Adorno nicht primär um eine verselbständigte Grunderfahrung der ästhetischen Moderne, sondern um die Verbindung und Verfestigung der „beiden Elemente einer Herrschaft über die äußere und die innere Natur in der institutionalisierten Herrschaft von Menschen über Menschen" (ebd. 421).

gen in der subjektiven Dialektik von Mimesis und Ratio. Der Leib ist dabei das „zentrale Organ der Mimesis" (Horkheimer), in und an dem sich dieser Verdrängungsprozeß abspielt. Es ist zuerst und zuletzt das historische, leibliche Subjekt, das diese „Entzauberung" in sich vollzieht bzw. vollziehen muß, das diese „Entzauberung" als Formierung der Affekte am eigenen Leib erfahren muß. Die dafür mobilisierte rationalisierende Kraft des Subjekts ist also paradoxerweise dieselbe, die bekämpft wird: die wie immer historisch rationalisierte Kraft der „Beseelung", die der rationalistischen Tendenz zur „Verdinglichung" diametral entgegengesetzt ist. Daraus ergibt sich sowohl auf der phylogenetischen als auch ontogenetischen Ebene ein Rückanschluß an die ältere Kritische Theorie und ihre Psychoanalyserezeption hinsichtlich der Denkfiguren einer „unterirdischen Geschichte" und eines „mimetischen Tabus". Aus der Konstellation insgesamt ergeben sich die Grundlagen für die weitere Reflexion von Bildungsprozessen in einer Dialektik von Mimesis und Ratio. Wenn Hans-Jochen Gamm einem „ausgearbeiteten Bildungsbegriff" drei Aufgaben zuschreibt, dann soll dieser Argumentationsgang einen Beitrag zur ersten leisten, in der es darum geht, [g]eschichtliches Bewußtsein für die bisherige menschheitliche Entwicklung auf[zu]-bauen" (H.J. Gamm 1979:173). Doch nun zurück zu Koller und der *Mimesis in der Antike*.

Aus, wie gesagt, Hunderten von Mimesisstellen stellt Koller Bedeutungen von „Mimesis", resp. „mimeisthai" zusammen, die sukzessive über das Verständnis von „Nachahmung" und „Imitation" hinausgehen. Ich fasse das zunächst zusammen (vgl. MA 11ff):

1. decke es sich mit >nachahmen<[4], >gleichkommen<;

2. bedeute es auch >eine Rolle spielen<, >aufführen<; dieser Bezug zu Theater und Dichtung lege hier auch die Übersetzung >darstellen< nahe;

3. habe das Wort Bedeutungen, die über das >Nachahmen< und >Darstellen< hinausgehen und „Gestaltwerdung eines Begriffs, Verwirklichung eines Geistigen, Form und Ausdruck der Seele" meinen. In der Frage, ob das Göttliche >nachgeahmt< werden könne, trete die Bedeutung dieses Gehalts hervor, der eine äußerste Grenze des Bedeutungsfeldes umreiße;

---

[4] Diese Kennzeichnung eines >Wortes< soll im folgenden auf den prinzipiell problematischen Charakter der Übersetzungen hinweisen; die Kennzeichnung mit [eckigen Klammern] gibt Übertragungen der griechischen Buchstaben in lateinische an.

4. bestehe eine enge Verbindung zum Tanz. Diese sei so eng, daß selbst gebräuchliche Wörterbücher neben dem „gewöhnliche[n] >Nachahmen<" eine zweite Gruppe von Bedeutungen unterscheiden: „die Mimesis des Tanzes" (MA 13).

Wird in dieser Bestimmung der Tanz nicht als bloße Nachahmung eines Tieres, einer Handlung, eines Naturereignisses betrachtet (was schon einigermaßen schwierig vorzustellen wäre) dann zwingt diese Gegenüberstellung zu weiteren Überlegungen. Was kann „Mimesis des Tanzes" jenseits der Nachahmung und Darstellung von etwas anderem bedeuten? Neben diesen möglichen Weltbezügen, die sich in Nachahmung allemal manifestieren, muß also offensichtlich auch die Gegenseite aller möglichen Weltbezüge, nämlich der Selbstbezug, in diesem Kontext reflektiert werden. Könnte Mimesis auch Ausdruck eines inneren Befindens bedeuten, des In-der-Welt-seins, und somit eine Grundlage der menschlichen Existenz beschreiben? Dieser Gedanke soll richtungsweisend vorausgeschickt werden.

Der letzte, vierte Aspekt - und dieser entscheidende Punkt wird bislang ausnahmslos übersehen - ist nach Kollers Urteil die eigentlich etymologische Herkunftssphäre des Wortes „Mimesis" und soll deshalb im Sinne einer historischen Sozialwissenschaft im folgenden rekonstruiert werden. Dabei kann ich selbstredend Kollers Argumentation und Forschungsergebnisse in meinen Untersuchungsgegenstand lediglich aufnehmen und am Material entfalten, keineswegs jedoch in aller Ausführlichkeit darstellen.

Ich beginne mit einer Betrachtung über „Mimesis" und „Katharsis", in deren Zentrum die attische Tragödie steht, um die von der Katharsis-Diskussion überlagerten Momente der „Mimesis" freizulegen und um eine erste politische Stufe des „mimetischen Tabus" (Adorno) historisch zu bestimmen. Im Anschluß daran interpretiere ich anhand von Platons Restriktionen gegen „Ausdrucksformen des Lebendigen" (MA 20) den okzidental-rationalistischen Umbruch der vorangegangenen mimetischen Daseinsweise als Verdrängung von Mimesis. Dies führt zu einer gesonderten Betrachtung der Mimesis in der Einheit von Melos, Rhythmos, Logos und der Erfahrung des Enthusiasmus, die die archaische Mimesis subjekttheoretisch erläutert. Sodann wird die pythagoreische Ausdruckslehre als Grundlage einer mimetisch-rationalen Daseinsweise diskutiert. Zum Schluß gehe ich auf die gesellschaftliche Entstehung individueller Subjektivität in der Polis ein.

In diese Argumentationschritte werden sukzessiv Erkenntnisfragmente über die Vorgeschichte, und zwar über das „rituell-darstellende Verhalten" (Gehlen) und die „mimetische Daseinsweise" (Horkheimer, Adorno) in der „Einheit von Mythos und

Kultus" (Kerényi) integriert, um zu einer möglichst geschlossenen Bestimmung von Mimesis als Verhaltensweise zu gelangen. Gehlen geht davon aus, daß „rituell-dar-stellendes Verhalten" wohl immer schon in jener Darstellung bestanden habe, „die als Nachahmung, als imitatorischer Ritus" erscheine (US 16), charakterisiert jedoch diese für ihn mit dem „rational-praktischem Verhalten" gleichursprüngliche Verhaltensform unverkennbar in einer Weise, die das gängige Verständnis von Nachahmung und Imi-tation übersteigt[5]. Hier ergibt sich sodann eine weitere konstellative Verbindung zu Kerényis Bestimmung der „gelebten Mythologie" in Einheit von „Mythos und Ritus". Diese Einheit muß sich vom Subjekt aus als „Ausdrucks-, Denk- und Lebensform" in einem erweisen, d.h.: mit dem Kosmos verbunden (Kerényi), muß sie als „Realitätsgefühl" oder „seelische Realität" sowohl in außeralltäglichen heiligen Kultspielen und Festen wie auch im Alltag präsent sein. Diese subjekttheoretische Lesart von Kerényi konkretisiert die mimetische Daseinsweise in mythisch-kultischer Einheit. Eine dritte Verbindung stellt diese erst in der Konstellation zu Kollers „Mimesis des Tanzes" als eine kulturelle Hochform des „rituell-darstellenden Verhal-tens" heraus. Diese Integration der Ansätze kann sich darüber hinaus auf Johan Hui-zingas kulturwissenschaftliche Arbeit über das Spiel stützen. In ausdrücklichem Hin-blick auf Karl Kerényis Abhandlung *Vom Wesen des Festes*, betont er die engen Be-ziehungen zwischen „Fest" und „Spiel", die „im Tanz" die „innigste Verbindung ein[..]gehen" (Huizinga 1965:29). Der in diesem Erfahrungsbereich angesiedelte Über-gang zur Ästhetik wird in dem Theorem von „Traumform" und „Vernunftform" (Lenk) aufgegriffen. Überall wird sichtbar, daß der bildende Selbstbezug in der Mimesis auf verschiedenste Weise des „Sichverwandelns" zentrale Bedeutung hat, wie sie vom Nachahmungsparadigma schlechterdings nicht mehr erfaßt werden kann.

Im folgenden wird es zunächst darauf ankommen, die konstellierten Ansätze, die nicht explizit von „Mimesis" reden, offenbar aber das Phänomen in seinen unterschiedlichen historischen Formen behandeln, an Kollers Untersuchung anzuschließen. Daß dieser Anschluß über das Katharsis-Problem und nicht über das der Nachahmung vollzogen wird, ist in dem Umstand begründet, daß sich der gesamte Entwicklungsprozeß der Mimesis auf diesem Weg weit aufschlußreicher entfalten läßt[6]

---

[5] Meine Bezugnahme auf Gehlens Untersuchungen konzentriert sich ausschließlich auf diese Thematik im Umfeld der Darstellungskategorie, wie sie in den Analysen von Vogel 1996 expliziert ist. Zur Diskussi-on von Gehlens Ansatz im ganzen vgl. Honneth/Joas 1980, Kap. II.1 u.2; sowie Joas 1996:253ff.

[6] Es kommt mir darauf an, möglichst komprimiert den Zusammenhang von Mimesis, Katharsis, Tragö-die und mimetischem Tabu aufzuweisen. Deshalb soll auch die Diskussion über die Herkunft der Tra-

gödie aus dem Kult bzw. zur Tragödie als ästhetische Form nicht vertieft werden, wenngleich auch hier im Zuge der Auseinandersetzung mit Nietzsches Thesen zu *Die Geburt der Tragödie aus dem Geiste der Musik* themenrelevante Aspekte zu finden sind. Eine diesbezügliche Erörterung übersteigt jedoch den Rahmen der Arbeit. Insofern sehe ich im folgenden generell von einer Bezugnahme ab, was auch für Benjamins Arbeit über den *Ursprung des deutschen Trauerspiels* gilt, die ebenfalls viele Bezugspunkte aufweist (vgl. GS I.1:279ff).

B 2. Mimesis, tragische Katharsis und „mimetisches Tabu"

Mit der *Poetik* von Aristoteles haben wir ein Zeitdokument vor uns, das sowohl die Ausprägung von Mimesis zum kunstphilosophischen Prinzip der Nachahmung als auch die Katharsis zum ästhetischen Wirkungsziel für das dramatische Theater festschrieb. Der am meisten behandelte Satz dieses kleinen, nur unvollständig erhaltenen Buches ist die Definition der Tragödie:

> „Die Tragödie ist die Darstellung einer ernsthaften, in sich abgeschlossenen Handlung von einem gewissen Umfang, in dichterischer Sprache, die verschieden ist je nach den Teilen, eine Darstellung durch handelnde Personen, nicht lediglich durch erzählenden Bericht, *welche durch 'Mitleiden' und 'Furcht' die Reinigung von derartigen seelischen Affektionen bewirkt"* (*Poetik* 1449b, zit. in der Übersetzung von Koller, MD 163f; Hervorhebung von Koller).

Diese Definition hatte nicht nur durch einen vieldeutigen Genitiv (siehe Kursivtext) einen altphilologischen Übersetzungsstreit ausgelöst[7]. Es ging auch um die Fragen, ob bei der durch die Darstellung tragischer Handlungen hervorgebrachten Reinigung (Katharsis) der Gemütsbewegungen (Pathemata)[8] die Affekte die Reinigung bewirkten (genitivus subiectivus), ob diese Affekte ihrerseits gereinigt würden (genitivus obiectivus), oder ob es eine Reinigung von solchen Affekten i. S. einer Befreiung von ihnen sei (genitivus separativus; vgl. Weinstock 1956:111ff). Darüber hinaus brachten die von Aristoteles benannten Affekte „eleos" und „phobos" unterschiedliche Übersetzun-

---

[7] Hier sei darauf hingewiesen, daß in die zitierte Übersetzung von Koller bereits bestimmte Optionen eingegangen sind, die noch diskutiert werden sollen. Zum Vergleich sei deshalb auch die Übersetzung von Fuhrmann angegeben: "Die Tragödie ist Nachahmung einer guten und in sich geschlossenen Handlung von bestimmter Größe, in anziehend geformter Sprache, wobei diese formenden Mittel in den einzelnen Abschnitten je verschieden angewandt werden - Nachahmung von Handelnden und nicht durch Bericht, die Jammer und Schaudern hervorruft und hierdurch eine Reinigung von derartigen Erregungszuständen bewirkt" (Aristoteles 1982:19).

[8] "Pathemata" wird unterschiedlich übersetzt: von Koller hier als „Affektionen", aber auch als „Seelenzustände" wie bei Fuhrmann; Weinstock, auf den ich mich in Fragen des Genitivs beziehe, übersetzt es als „Gemütsbewegungen". Da ich im Fortgang der Arbeit auf psychoanalytische Untersuchungen zur Ontogenese der Affekte zu sprechen komme, sei hier schon vermerkt, daß meine Bevorzugung der Kollerschen Übersetzung als „Affektionen" bzw. dann als „Affekte" für mich stärker bindend ist als Weinstocks Analogon „Gemütsbewegung", dessen Kantische Konnotation in meiner Argumentation von geringerer Bedeutung ist. Daß Karl Landauer, der eine psychoanalytische *Theorie der Affekte* erarbeitet hat, einen Beitrag für *Das psychoanalytische Volksbuch*, hrsg. v. Federn/Meng 1926, überschrieben hat mit *Die Gemütsbewegungen oder Affekte* (vgl. TA 27ff) verweist auf die Möglichkeit der Verwendung beider Ausdrücke. Als eine erste Orientierung, die auch die Möglichkeit gesellschaftshistorischer Ausformung der Affekte aufscheinen läßt, sei dazu folgendes erläutert: Landauer geht davon aus, daß die „Affekte" - das sind „typische Einheiten von äußeren (körperlichen) und inneren (seelischen) Vorgängen (wie Schreck, Angst, Trauer etc.) - und ihre Äußerungen erbt sind, die Affektanlässe jedoch „zum Teil neu erworben, immer aber variiert und spezialisiert" werden (TA 28f).

gen hervor: „Mitleid und Furcht" oder „Jammer und Schauder"[9]. Bei allen Differenzen und Differenzierungen könnte die Dynamik der Tragödie, ohne Eindeutigkeit erzwingen zu wollen, folgendermaßen beschrieben werden: die Darstellung von Leid- und Schreckensvorgängen soll den Zuschauer so außer sich setzen und erschüttern, als ob er unmittelbar selbst davon betroffen wäre, und durch dieses Mit-leiden soll er von diesen Affekten zur Selbsterkenntnis geläutert werden. Benjamin beschreibt unter der Frage *Was ist das epische Theater?* dieses Wirkungsverhältnis kurz und prägnant als „Abfuhr der Affekte durch Einfühlung in das bewegende Geschick des Helden" (AN 344).

Unhinterfragt blieb indessen die Annahme, daß eine solche Wirkung der Tragödie „an sich" zugeschrieben werden könnte, was nichts geringeres als den Kerngedanken und zugleich das Kernproblem aller späteren „Wirkungsästhetik" ausmachte: „was eine Verhaltensweise von Subjekten gegenüber der Wirklichkeit charakterisierte, wird als Merkmal bestimmter Objekte umgedeutet" (Bürger 1983:83). Diese Kritik von Peter Bürger kann auch auf den hier zur Diskussion stehenden Kontext übertragen werden

---

[9] "Eleos und Phobos" werden nach Lessings richtungsweisender Übersetzung als „Mitleid und Furcht" übersetzt bzw. als „Jammer und Schauder" im Gefolge von Schadewalts Kritik in den Arbeiten *Furcht und Mitleid?*, 1955, und *Von der Wirkung des Trauerspiels*, 1960 (vgl. Schadewaldt 1991:10-17, 20; ders. 1990:113-117). Aus diesen voneinander abweichenden Übersetzungen läßt sich eine gesellschaftsgeschichtlich aufschlußreiche Kontextualität herstellen, was für meine soziologische Rekonstruktion der entscheidende Gesichtspunkt ist. Mich interessiert also hier nicht der Streit der Altphilologen, sondern der Umbruch zur antiken Polisordnung, der sich in den verschiedenen Übersetzungen nach seinen verschiedenen gesellschaftlichen und historischen Seiten hin gleichermaßen illustrativ ablesen läßt: Bei allen Argumenten Schadewaldts gegen die etablierte Übersetzung „Mitleid und Furcht" (vgl. auch zur Konnotation der „Innerlichkeit" bei Gadamer 1960:124) muß dieser angerechnet werden, daß sie die stärkeren Bezüge zur historischen Entfaltung des Theaters aus der mimetischen Daseinsweise ausdrückt. So ist die „Furcht" nicht nur als Abkömmling der archaischen Angst vor Naturgewalten resp. Gottheiten zu sehen („Furcht vor der Wirkung dämonischer Mächte", Freud 1990:32; „Gottesfurcht", Weinstock 1956, Kap. 1.4 über „Die Angst" in der Tragödie). Die große Verbreitung dieses „Affekts" im vorklassischen Griechenland muß auch im Zusammenhang gesehen werden mit den historisch neu entstehenden Psychostrukturen im Umbruch der archaischen Lebens- und Tabuordnung zur Polisordnung mit ihren neuen Formen der „Befleckung" (vgl. Vernant: Das Reine und das Unreine, 1987:113-131; Freud 1990, Kap. 2 u. 4, 1990: 38ff, 74ff; Dodds 1991, II. Kap.: „Von der Schamkultur zur Schuldkultur"). Ebenso trägt die Übersetzung „Mitleid" wesentliche Züge einer mimetischen Existenzweise insofern, als Momente sozialer Verbundenheit mitschwingen (nach Schadewaldt geht das Wort „Mitleid" als Lehnwort über das lateinische *„compassio"* auf die „griechische Urform *sym-patheia*, ein Mit-Affiziert-werden im weitesten Sinne" zurück; Schadewaldt 1991:14). Die Übersetzung von „Eleos und Phobos" als „Jammer und Schauder" trägt dagegen individuell-psychologische Akzente der „Menschenfurcht" (Weinstock 1956:80), die das aufgebrochene tragische Zeitalter und den neuen Humanismus der Klassik zum Ausdruck bringen, den Aristoteles bekanntermaßen repräsentiert. Das Leiden des Subjekts tritt in den Vordergrund (vgl. dazu Lehmann 1991: die „mystische und menschliche Perspektive", S.117). Unter dem Aspekt historischer Sozialwissenschaft bedeutet also jede Übersetzung eine andere Seite des Umbruchs der Zeitalter, was eigentlich auch von den Altphilologen mitgedacht werden müßte.

und soll eine vorläufige Fragestellung markieren[10], auf die nach einer eingehenderen Betrachtung zum Verhältnis von Mimesis und Katharsis zurückzukommen sein wird. Ich gehe zunächst auf die Rezeptionsprobleme der Tragödie ein. Hinter der fast ausschließlichen Diskussion des Katharsisproblems trat die in der Definition ebenfalls sedimentierte Festlegung von Mimesis als Nachahmung bzw. (schauspielerische) Darstellung fast gar nicht mehr als Problem in Erscheinung, wie schon bei Aristoteles.

Dies und die daraus resultierenden Folgen für die Katharsisdiskussion, die immer zugleich auch das Mimesisproblem mitbetreffen, soll exemplarisch am Beispiel von Wolfgang Schadewaldts Einleitung in *Die griechische Tragödie* deutlich gemacht werden. Hier finden wir in aller Kürze und Prägnanz die für die Mimesisuntersuchung relevanten Aspekte zusammengetragen. In Übereinstimmung mit Aristoteles' anthropologischer Grundannahme, daß Nachahmung der menschlichen Natur angeboren sei (*Poetik* 1448b)[11], kommt er zu folgendem Ergebnis:

„Alle Dichtung und überhaupt alle Kunst beruht nach Aristoteles auf Mimesis, Nachahmung. Sie ist hervorgegangen aus einem natürlichen Trieb des Menschen, eben seiner Freude am Nachahmen, die so sehr zu seinem Wesen gehört, daß der Mensch für Aristoteles das am meisten zur Nachahmung neigende Lebewesen ist [...]. Dementsprechend ist in dem umstrittenen Satz, der eine Abgrenzung des Wesens [...] der Tragödie geben soll, die Tragödie bestimmt als die Nachahmung, oder richtiger: die Darstellung einer Handlung. [Es folgen Einzelbestimmungen]. Nach dieser Reihe von Einzelbestimmungen, die die Tragödie von anderen Dichtformen abgrenzen, folgt nun der entscheidende Passus, der das Vermögen, die Dynamis des tragischen Spiels nennt: sie ist >durch *éleos* und *phóbos* (Mitleid und Furcht, wie man gewöhnlich übersetzt) hingelangend zur *kátharsis*, Reinigung von derartigen Affizierungen< oder nach

---

[10] Ich will an dieser Stelle noch einmal darauf hinweisen, daß nicht die spezielle Subjektfrage innerhalb der Ästhetik erörtert werden soll, wie es insbesondere unter der Kategorie der „ästhetischen Erfahrung" in verschiedenen kunsttheoretischen Ansätzen unternommen wird (Bubner, Jauß u.a.). Mein Bezugspunkt ist insgesamt subjekttheoretisch bestimmt, d.h. ich betrachte Fragen der Ästhetik, hier der Tragödie, unter der Maßgabe ihrer allgemeinsten Bedeutung für das Subjekt, wie sie in der Dialektik von Mimesis und Ratio begründet ist. Insofern soll der rezeptionsästhetische Ansatz von Jauß, der u.a. auf umfangreichen Betrachtungen zur Tragödie und Katharsis aufbaut und durchaus thematische Bezugspunkte impliziert, nicht speziell behandelt werden. An gegebener Stelle wird kritisch darauf eingegangen.

[11] Hier heißt es: „Denn sowohl das Nachahmen selbst ist den Menschen angeboren - es zeigt sich von Kindheit an, und der Mensch unterscheidet sich dadurch von den übrigen Lebewesen, daß er in besonderem Maße zur Nachahmung befähigt ist und seine ersten Kenntnisse durch Nachahmung erwirbt - als auch durch die Freude, die jedermann an Nachahmungen hat" (Aristoteles 1986:11). - Wie fatal sich diese Festlegung auf „Nachahmung" (stamme sie nun von Aristoteles oder von seinen Übersetzern) auf pädagogische und bildungstheoretische Fragestellungen auswirkt, zeigt sich an der Ableitung einer anthropologischen Grundannahme aus diesem Satz, wie sie z.B. auch Josef Früchtl vertritt: „Die klare Bedeutung von Nachahmung hat Mimesis nur im Kontext ihrer anthropologischen Fundierung als dem Menschen angeborener Trieb. Sie wird dadurch zu einem Wesensmerkmal des Menschen und darüber hinaus pädagogisch bedeutsam für die ersten Lebensjahre [...]" (Früchtl 1986:12f; vgl. auch Wulf 1994: 22ff). Daß „das Humane" natürlich auch an der Nachahmung „haftet", wie Adorno formuliert, sich darin aber nicht erschöpft, sondern ebenso bedeutsam am Ausdruck haftet, wird zum Abschluß dieser Konstellation wieder aufgegriffen.

anderer Deutung >derartiger Affizierungen<; entweder wird der Mensch von den Affekten gereinigt, oder die Affekte selbst werden gereinigt. Die Tragödie besteht also in einem Vollzug, der in einer solchen Reinigung endet. Das ist soweit klar. Was genau aber ist damit gemeint? Der Streit ging dabei hauptsächlich um drei Fragen: 1. was ist mit der Katharsis gemeint, eine moralische Reinigung oder (nach Bernays) eine medizinisch-kultische? 2. der schon erwähnte Genitiv, und 3. die Frage, was >derartige< Affekte heißt" (Schadewaldt 1991:11f).

Aus dieser Interpretation der Tragödie als verselbständigte Kunst mit eigenen Formgesetzen können drei wesentliche Aspekte herausgestellt werden:

1. die Gleichsetzung von „Mimesis" mit „Nachahmung" bzw. „Darstellung einer Handlung" (als Kunstprinzip);

2. Katharsis als ein eigenständiges Phänomen, das sich in der tragischen Dynamik entwickelt (als Wirkungsziel);

3. die ästhetische Verselbständigung der Tragödie, die sich vor allem durch das Merkmal „Katharsis" auszeichnet.

Diese Aspekte sollen nun problematisiert werden an Schadewaldts Frage, ob denn mit Katharsis eine „moralische Reinigung" oder eine „medizinisch-kultische" gemeint sei. Eine Frage, die er später, wie wir noch sehen werden, zur Nebensache abstuft, die aber dennoch erhebliche Relevanz besitzt. Nicht nur, weil sie auf die von Jakob Bernays 1880 mit seinen *Zwei Abhandlungen über die Aristotelische Theorie des Dramas* ausgelöste Kontroverse Bezug nimmt. Die Frage verweist auch auf eine notwendige Differenzierung außer- und vor-*poetischer* Erscheinungsformen von Katharsis, die erläutert werden müssen.

Einerseits reicht dieses Phänomen historisch in die Mysterienkulte und kultischen Reinigungsrituale der Archaik zurück und ist als solches später auch schriftlich dokumentiert, etwa bei Pythagoras, Empedokles und Plato, vor allem unter religiösem, medizinischem aber auch philosophischem Aspekt (vgl. Albert 1982:30ff, 44; Melchinger 1990:225). Andererseits wird Katharsis auch auf außerästhetisch-herrschaftspolitische Fragestellungen bezogen, wie z.B. die erzieherische in der Ethos- und Musikélehre des 5./4. Jh. v. Chr. Schadewaldts alternative Fragestellung, ob es sich um eine moralische oder medizinisch-kultische Reinigung gehandelt habe, täuscht insofern Ungleichzeitiges als gleichzeitig vor. Er bemerkt das seinerseits mit der eher hilflosen rhetorischen Frage, ob denn „Kult moralisch, pädagogisch wirken" müsse (Schadewaldt 1991:33) - und verstrickt sich ein weiteres Mal im Dickicht überlieferter Rezeptionsprobleme, was seine Annahme über die Herkunft der Tragödie aus dem Kultspiel angeht.

Daß Aristoteles Katharsis und Tragödie in seiner Tragödiendefinition zusammenbringt und beide Phänomene für sich genommen auf den Kult zurückverweisen, ist kein Argument für den Schluß, daß die tragische Katharsis in ihrer Wirkung mit der kultischen identisch oder auch nur vergleichbar sei, sozusagen als profane Nachfolge. Noch schärfer ausgedrückt: wir können daraus nicht entnehmen, daß die besagte Wirkung in der Tragödie auch eine „Katharsis" im kultischen bzw. medizinisch-therapeutischen Sinne war bzw. - wenn denn eine solche Wirkung in der attischen Tragödie der Fall war - daß diese von der ästhetischen Form der Tragödie, d.h. im „ästhetischen Schein", herbeigeführt wurde. Alle diese Einzelmomente indessen verweisen insgesamt auf die archaische Mimesis als das umfassendere Phänomen in Ungeschiedenheit. Wir sehen also, daß ein gerütteltes Maß an Differenzierung mehr als angebracht ist. Es verbirgt sich darin nämlich auch der soziologisch wesentliche Unterschied zwischen einer kollektiv-unbewußten Affektformierung in der kultischen Katharsis einerseits, die immer mit einer bestimmten Tabuordnung sowie Vorstellungen von Befleckung im Kosmos eines verwandtschaftlich geordneten Kollektivs verbunden war, und einer bewußt politisch organisierten Formierung[12] andererseits, die Affekte und Leidenschaften in einen eigens dafür eingerichteten Schauplatz kanalisierte: das Theater. Diese neuartig politische Funktion der Tragödie hat Nicole Loraux am Beispiel des Affekts der Trauer herausarbeiten können (vgl. „Massnahmen gegen den weiblichen Exzess", Loraux 1992:27ff).

---

[12] Dieser „Zusammenhang von Gesellschaftsaufbau und Affektaufbau" (Elias 1980, Bd 1:279) wurde von Norbert Elias richtungsweisend herausgearbeitet. In seinen soziogenetischen und psychogenetischen Untersuchungen *Über den Prozeß der Zivilisation* analysiert er unter Einbezug psychoanalytischer Erkenntnis zur Über-Ich-Bildung den Wandel von Affekt- und Kontrollstrukturen für den historischen Zeitraum der frühen Neuzeit. Besonders erwähnenswert ist hier, daß seine Thesen zur Regulierung der Affekte durch Fremd- und Selbstzwänge (vgl. ebd. 173) kompatibel sind mit Freuds Erklärungen zum gewalttätigen Einschärfen der archaischen Tabuverbote. In *Totem und Tabu* heißt es, die Tabu seien „uralte Verbote, einer Generation von primitiven Menschen dereinst von außen aufgedrängt, das heißt also doch wohl von der früheren Generation ihr gewalttätig eingeschärft. Diese Verbote haben Tätigkeiten betroffen, zu denen eine starke Neigung bestand" (Freud 1990:38f). Bei Elias heißt es korrespondierend dazu über die „Veränderung des psychischen Apparats: „ [...], daß sich in dem Einzelnen neben der bewußten Selbstkontrolle zugleich eine automatisch und blind arbeitende Selbstkontrollapparatur verfestigt, die durch einen Zaun von schweren Ängsten Verstöße gegen das gesellschaftsübliche Verhalten zu verhindern sucht [...]" (ebd. Bd 2:317). Eine Vertiefung dieses für die Dialektik von Mimesis und Ratio hochinteressanten Gedankens unter dem Aspekt der Disziplinierung und Instrumentalisierung des leibes als Körper könnte für die zur Diskussion stehende phylogenetisch frühe Stufe des psychischen Apparats sehr aufschlußreich sein, übersteigt jedoch den Rahmen dieser Arbeit (vgl. Joas 1996:246f). Die angesprochenen, von außen oktroyierten inneren Verdrängungsmechanismen von Mimesis werden im Kontext der ontogenetischen Frühphase bzw. des „mimetischen Tabu" wieder aufgegriffen.

Gestützt auf die Annahme, daß die Tragödie aus dem Kultspiel hervorging und daß es die „Bedeutung des Kults" sei, „daß er geschieht, daß sich das Göttliche durch ihn und in diese Welt hinein bezeugt, verwirklicht" (ebd. 33), begreift Schadewaldt die Tragödie als legitime, nunmehr aber auch sich autonomisierende Nachfolgerin der „geweihte[n] und heilige[n] Schaustellung", wie mit Huizinga gesagt werden kann (Huizinga 1965:21):

> „Wenn man diese Erkenntnis auf die Tragödie anwendet, [...] so kann man sagen: ihr *ergon*, ihre Leistung ist, daß etwas geschieht, was einmal war, daß Großes geschieht und sich ereignet, unbekümmert darum, ob ein Herr Müller gebessert nach Hause geht oder nicht. [...] Es ist ein Offenbarwerden der eigentlichen Welt, der echten Wirklichkeit gegenüber der alltäglichen, in der wir stecken. Denn so ist die Welt in ihrer Daimonie, so ist der Mensch. Das muß immer wieder hingestellt werden, Bild werden, wirksam werden in der Erschütterung. Und die Organe, durch die diese Erschütterung hervorgerufen wird, sind Grundorgane der Menschheit: Schauder und Jammer [...]" (Schadewaldt 1991:33).

In diesem Äther der Herrschaftslegitimation - „ob ein Herr Müller gebessert nach Hause geht oder nicht" - kommt die Frage nach einer „moralische[n] Wirkung der Kunst", insbesondere der Tragödie, gar nicht mehr auf. Zwar könne sie nicht ausgeschlossen werden, aber „echte Wirkungen" können nach Meinung Schadewaldts nur dann aufkommen, „wenn sich die Tragödie darum nicht kümmert, nicht erziehen will" (ebd. 34)[13]. Hier wird nicht nur ein ästhetisches Prinzip verabsolutiert sondern ein metaphysisches errichtet, das einer absoluten moralischen Autorität die Tür öffnet. Gegen das „Offenbarwerden der eigentlichen Welt" sind alle irdischen Argumente und Erfahrungen machtlos. Mit der (politisch ebenso problematischen) „Kunst, in anderer Leute Köpfe zu denken", wie Brecht für sein episches Theater einmal formulierte (zit. n. Benjamin, GS II.2:690), hat Schadewaldt also offenbar nichts im Sinn.

Diesen Exkurs in Schadewaldts Verständnis der Tragödie habe ich nicht nur unternommen, um das Nachahmungsparadigma von Mimesis aufzeigen zu können; auch nicht um zu demonstrieren, wie eine bestimmte, genuin subjektive Verhaltensweise, die Erschütterung, zum objektiven Merkmal eines Kunstwerks umgedeutet, verdinglicht wird. Vielmehr kam es mir darauf an, anhand einer differenzierten altphilologischen und kunstphilosophischen Position jene problematischen Aspekte der *Poetik-*

---

[13] An anderer Stelle (*Das Drama der Antike in heutiger Sicht*) heißt es dazu, das „Kultische" der Tragödie beruhe darauf, „daß uns die antike Tragödie und vielleicht die Tragödie überhaupt in ihrer symbolischen Realität als das kultische Spiel von der Wirklichkeit des Göttlichen in der Welt erscheinen muß" (Schadewaldt 1990:110). Diese reaktionäre Begründung der Tragödie, die mit ihrem objektivistisch-abstrakten Seinsbezug nicht zufällig biologistische Anklänge zeitigt (s.o.: „Jammer und Schauder" als „Grundorgane der Menschheit"), braucht hier nicht weiter problematisiert zu werden.

Rezeption ans Licht zu befördern, die auf Kollers These vorausweisen, daß der Katharsisbegriff, vermittelt über die Kultspiele, auf die alte Mimesislehre zurückgehe (vgl. MA 98f). Aus dieser Perspektive ist neben dem Problem der Genitivübersetzung und der Frage, was >derartige< Affekte bei Aristoteles heiße, nicht nur Schadewaldts Vorstellung über die „Wirklichkeit des Göttlichen in der Welt" (Schadewaldt 1990: 110) aufschlußreich.

Sofern er damit schon auf die Vorgeschichte der Tragödie im Kult verweist (wie abgehoben und realitätsfremd er auch immer die archaisch-kultische Wirklichkeit begreift), signalisiert doch seine Kategorie der „Affizierung" einen Zusammenhang mit dem archaischen Phänomen Mimesis. Mit Affizierung spricht er den sozialen Prozeß der Affektmanifestation und -hemmung im Kult an und verweist somit indirekt auf die historisch vorangegangene „mimetische Daseinsweise" (Horkheimer/Adorno) und ihre Formen der „participation" (Levy-Bruhl). Er problematisiert damit, bewußt oder unbewußt, die später partikularisierten Residuen archaischer Mimesis, die als verselbständigte in einen neuen sozialen Raum übertragen werden: in das Theater der Polis als einer tendenziell autonomisierten und zugleich einem neuartigen Herrschaftsinteresse unterworfenen Kulturwertsphäre mit Mäzenen, Autoren, Darstellern sowie Zuschauern. Die letzteren, d.h. die größte Zahl der Beteiligten, sind nunmehr gehalten, 'sitzend' und 'ohne Stimme' die Darstellung der tragischen Handlung 'mitzuerleben'. Sie sollten nahezu bewegungslos bewegt werden; ein historisch und sozial völlig neuartiger Zustand, der später eingehender erörtert wird. Damit aber die besagte Wirkung der „Affizierung" bei den Zuschauern überhaupt eintreten konnte, mußte ein die Menschen an-sprechender, bewegender Inhalt in einer bestimmten Weise bearbeitet und auch vorgetragen werden. Und dieser Inhalt war bestimmt durch den Umsturz des alten „tragischen Zeitalters", das noch die alte Polis prägte und aus dem letztlich der „Mensch als Maß aller Dinge" („homo mensura") und seine „unbeschränkte Herrschaft des individuellen Selbstbewußtseins" hervorgehen sollten. Mit der „sophistischen Umwertung der Werte" wurden zwar „Gottesfurcht" und ein „Leben angesichts der Götter" als „menschenunwürdig" verworfen. Was aber an ihre Stelle rückte, war Ungewißheit (vgl. Weinstock 1956:60-80)[14].

---

[14] Diese Dynamik von Tradition und Bruch in der Überwindung der alten Sozialordnung hat Heinrich Weinstock in seinem Buch *Die Tragödie des Humanismus. Wahrheit und Trug im abendländischen Menschenbild* in der Entwicklung der Tragödie von Aischylos (am Beispiel der *Orestie*) bis zu Euripides, dem „untragische[n] Tragiker", dargestellt. Er faßt die Dialektik dieses Wirkungszusammenhanges folgendermaßen: „Indem die Orestie die Geburt der Polis aus dem tragischen Geiste darstellt, vollzieht

Auch auf dieser Ebene inhaltlicher Auseinandersetzung mit dem sich wandelnden Selbstverständnis und sich verändernder Psychostruktur gibt es also eine Anbindung an die alte mimetische Tradition über den „Mythos als konstitutives Wesenselement der Tragödie" (Effe 1990:56), wenngleich diese Anbindung im Sinne eines Herauslösens und Entwachsens zu verstehen ist. Dies soll sagen: Das „Tragische" der Tragödie, bzw. ihre Wirkung auf die Zuschauer speiste sich vor allem aus außer-ästhetischen Momenten[15].

Alle einzelnen Momente der Tragödie verweisen indessen nicht nur auf ihren Ursprung im Kultspiel, woraus der Zusammenhang von „tragischer" Katharsis und Reinigung konstruiert wurde, sondern zugleich auch auf eine „übergreifende Lebensordnung" (Weinstock), die vormals durch eine Einheit von Mythos und Kult gewährleistet war. Beide zusammen stifteten einen biozentrischen Zusammenhang von Göttern, Tieren, Pflanzen und Menschen, Frauen und Männern, Eltern und Kindern und prägten das individuelle, aber sozial eingebundene Schicksal. „Der Mythos ist vom Ritus nicht zu trennen (der eine ist der Ausdruck des anderen, das Wort der Handlung und die Handlung des Wortes)" (Kerényi 1976:134). Im rituell-darstellenden Verhalten des Kults werden beide verlebendigt und buchstäblich am eigenen Leib erfahren, ja mehr noch: durch den Leib als wesentliches Medium erfahren. Hier war der soziale und historische

---

sie zugleich die Geburt der Tragödie aus dem politischen Geiste" (Weinstock 1956:60). Dies expliziert er zusammenfassend zum Abschluß des 1. Kapitels, genannt „Tragische Summe", deren vierter und letzter Punkt die Tragödie als „höchsten Wächterdienst" beschreibt. Diesen leistete sie, „indem sie 'Furcht und Mit-leiden' erweckt und in solchem Gottesdienst die Polisgemeinde in das Bewußtsein ihrer tragischen Existenz bringt" (ebd. 65). In diesem „Wächterdienst" wurde die Tragödie allerdings schon bald von einer „tragischen" Philosophie abgelöst, die sogleich mit Sokrates Tod durch den Schierlingsbecher ein jähes Ende nahm. - Foucault hat neuerdings diesen Gedanken in Form einer „Hermeneutik des Selbst" dahingehend erweitert, daß Sokrates die „Sorge um sich selbst" geradezu als notwendige Voraussetzung aller staatsbürgerlichen Pflichten anmahnt, „denn indem er die Menschen lehrt, auf sich selbst acht zu geben, lehrt er sie, auf die Stadt acht zu geben" (Foucault 1993:29).
[15] So kann auch Nietzsche interpretiert werden, wenn er nach der Beschreibung der „Verzauberung" dionysischer Schwärme sagt: „Und hier ist die Wiege des Dramas. Denn nicht damit beginnt dasselbe, daß jemand sich vermummt und bei anderen eine Täuschung erregen will: nein vielmehr, indem der Mensch außer sich ist und sich selbst verwandelt und verzaubert glaubt. [...]. Etwas von diesem dionysischen Naturerleben war in der Blütezeit des attischen Dramas auch noch in der Seele der Zuhörer" (*Das griechische Musikdrama*, Nietzsche 1983:159) - Obwohl Gadamer eine vollkommen andere Absicht verfolgt, kommt er zu einem ähnlichen Ergebnis: Das Tragische sei „überhaupt nicht ein spezifisch künstlerisches Phänomen, sofern es auch im Leben begegnet. Aus diesem Grunde wird von neueren Forschern [...] das Tragische geradezu als ein außerästhetisches Moment angesehen; es handle sich hier um ein ethisch-metaphysisches Phänomen, das nur von außen in den Bereich der ästhetischen Problematik eingreife". In der Fußnote gibt er dazu an: „Richard Hamann, Ästhetik, S.97: >Das Tragische hat also mit Ästhetik nichts zu tun<; Max Scheler, Vom Umsturz der Werte, 'Zum Phänomen des Tragischen': >Auch ob das Tragische ein wesentlich 'ästhetisches' Phänomen sei, ist zweifelhaft.<" (Gadamer 1960:122; dazu ausführlich ebd. 118f, 122f u. 126).

Ort der alten Mimesis, die dann nach ihren einzelnen Momenten hin partikularisiert wurde; hier war der Ort der kultischen Katharsis, die dann in die Tragödiendefinition aufgenommen wurde. Im Anschluß an die obige Differenzierung drücke ich mich bewußt so vorsichtig aus und rede nicht von einer Transformation der „kultischen Katharsis" in die „tragische", weil dies zwei vollkommen voneinander unterschiedene, in vollkommen getrennte Kontexte integrierte Phänomene sind. Nach Kollers Untersuchung ist die der „tragischen Katharsis" unterstellte „Katharsis der seelischen Erregungen" nur auf dem „natürlichen Boden der Mimesislehre" gerechtfertigt (MA 98). Sie ist ein „Relikt der alten Mimesislehre" (MA 99), ein Derivat, wie ich es oben genannt habe. Aristoteles übernimmt also offenbar von den Pythagoreern ein bereits im psychagogisch-medizinischen Sinne rationalisiertes, aber bei ihnen immer noch am Subjekt und seiner inneren Natur orientiertes Verständnis von kathartischer Reinigung. Und ohne sich weiter damit auseinanderzusetzen, überträgt er die einstmals wesentlich vom aktiven Subjekt herbeigeführte Katharsis in objektivierte und staatspolitisch organisierte Zusammenhänge des Schau-Spiels[16].

Dieser zurückverweisende Aspekt ist also deshalb für das Problem besonders aufschlußreich, weil die Grundpfeiler der alten Lebensordnung unauflöslich aufeinander angewiesen waren und nicht verselbständigt existieren konnten, ohne das Ganze infragezustellen. Mit der philosophisch-rationalistischen Zerstörung dieser Ordnung in der Polis des 5./4. Jh. v. Chr. entfällt zunehmend für jede kultische Handlung die Grundlage. Sie wird, soweit noch praktiziert, eben in der Tragödie zu einer scheinhaften und herrschaftlich regulierten, während kultische Darstellung konstitutives Wirklichkeitsmoment war (Gehlen). Diese veränderte Wirklichkeit, in der als ein Relikt aus der alten Zeit die kultische Katharsis als „tragische" weiterbestand, bedurfte nach der Zer-

---

[16] Zu dieser Schlüsselstelle soll Koller zitiert werden: „Die Schwierigkeiten in der Interpretation dieses Teiles der Tragödiendefinition beruhen nur darin, daß man bisher nicht beachtet hat, daß das medizinische Gleichnis, welches selbstverständlich darin steckt, nicht auf Konto des Aristoteles geht. Aristides Quintilianus beweist eindeutig, [...] daß die Katharsis nicht von Aristoteles, sondern schon von den Pythagoreern *in die Erziehungs- und Ausdruckslehre* aufgenommen wurde. Erst Aristoteles errichtet auf diesem Fundament eine wissenschaftliche Poetik, die jedoch nicht mit allen Schwierigkeiten der übernommenen Begriffe fertig wird.
Die Katharsis ist in der Tragödiendefinition des Aristoteles also eigentlich ein Relikt der alten Mimesislehre, mit dem er sich bekanntlich nicht weiter auseinandersetzt. Mimesis hat darin wiederum die Bedeutung: selbsttätige Darstellung. Die Erwähnung der bacchischen Weihen bestätigt uns zudem unsere aus sprachlichen Überlegungen und eingehenden Einzelinterpretationen gewonnene Einsicht, daß der Mimesisbegriff von den Pythagoreern und Damon aus den *Kultspielen und -tänzen* (vor allem der dionysischen Weihen, vgl. [mimos!]) abgeleitet worden ist" (MA 98f; dazu MD 163f: *Die orgiastische Musik und die Lehre von der Mimesis*).

setzung des Mythos einer neuen Legitimation: eben der „Theorie", hier in Form einer rational-ästhetischen *Poetik*. Und sie brauchte eine neue praktisch-politische Funktionsbestimmung, d.h. sie mußte nach den Rationalisierungskriterien der Polisherrschaft reibungslos in die Ordnungsregulierung der Stadt eingefügt werden.

Auf diesem Hintergrund gewinnt nun die ganze Problematik eine neue Dimension und zwar in der grundlegenden Frage, welche Affekte in welchem Sinne und in wessen Interesse gereinigt werden sollten. Wie oben bereits erwähnt, ist der Bedeutungsgehalt solcher Begriffe wie „eleos" und „phobos" kein bloß philologisches und semantisches Übersetzungsproblem, vielmehr werden ihre Bedeutungsgehalte selber im historischen Ablauf mit veränderten gesellschaftlichen Kontexten in beträchtlichem Maße umgeformt. Die Affektformierung hängt immer von der umgebenden sozialen Ordnung ab, und wenn diese im Umbruch ist, muß sich auch die Art und Weise der Affektformierung verändern. „Sublimierung der Natur", ja, aber wie? Für Adorno steht in bezug auf die Tragödie außer Frage: "Katharsis ist eine Reinigungsaktion gegen die Affekte, einverstanden mit Unterdrückung" (ÄT 354).

Um dem Eindruck vorzubeugen, einen irrationalistischen Angriff gegen kulturelle Rationalisierungen zu betreiben, soll zum Abschluß dieser Betrachtung über Katharsis und Mimesis ein kurzer Blick, nicht „hinter die Kulissen"[17] des Theaters der Polis, sondern auf seine „unterirdische Geschichte" geworfen werden. Diese zeigt nämlich, daß die Ausdifferenzierung der ästhetischen Kulturwertsphäre im Falle des Theaters mit einer enormen Mimesis-Enteignung des Subjekts verbunden war.

An der griechischen Tragödie wird oftmals gelobt, daß sie „weit mehr auf die Phantasie als auf den Anblick, mehr auf das Ohr als auf das Auge" baue (H.C. Baldry, zit. n. Loraux 1993:8). Diese positive Würdigung des „Imaginären", und damit auch der mimetischen Fähigkeiten aller Beteiligten, darf jedoch nicht die verborgene „symbolische Ordnung" des Politischen vergessen machen, in die die Tragödie realiter eingebettet war. Dazu gehört erstens als Rahmenbedingung, daß die Tragödie, wie noch andere Teile der Festspiele, von freien Bürgern als Mäzenen zu ihren politischen Ehren gestiftet wurde. Dieses Mäzenatentum setzte anstelle der früher überlieferten Eigenaktivität im „Chor" die Auftragsarbeit.

---

[17] Allein schon an den Veränderungen des Theaters in der Entwicklung vom Kultort zum Aufführungsort mit Bühne, Dekoration etc. ließe sich der Zerfall der Mimesis ablesen (vgl. Stoessl 1987; Melchinger 1974; Kerényi: *Landschaft und Geist*, in: *Apollon und Niobe* (1980).

„Es gab Virtuosen der Liturgien. Ein Klient des Advokaten Lysias konnte sich vor seinen Richtern rühmen, in neun Jahren mehr als 72000 Drachmen ausgegeben zu haben für die Choregie einer Tragödie, für einen Männerchor, für Tänzer bei den Panathenäen, für einen Dithyrambenchor, eine Trierarchie, eine Gymnasiarchie, für die Choregie einer Komödie, für außerordentliche Zahlungen anläßlich eines Krieges etc. [...] Bei den Liturgien konnte die griechische Vorliebe für den Wettkampf, ein >kämpferischer Sinn< zutage treten. >Geld auszugeben, um geehrt zu werden, mit Ausgaben und Ehren zu rivalisieren - dieses alte griechische Gefühl -< ist Antrieb der Liturgien wie des Euergetismus" (Veyne 1992:173).

Zweitens verfaßten Tragödiendichter als 'freie' Autoren jährlich neue, aus Mythos und Ritus herausgelöste ästhetische Bearbeitungen der menschlichen Schicksale; freie Dichtungen in authentischer literarischer Form. Trat in der Dichtung von Aischylos die Auseinandersetzung mit dem „tragischen Bewußtsein" und der „schuldlosen Verstrickung in Schuld" noch klar zutage, so galt schon Sophokles als der „Tragiker des Menschen" (Schadewaldt), der sich bereits weit vom mythischen Stoff entfernt hatte; beide indessen waren noch in Mysterien 'Eingeweihte', im Gegensatz zu Euripides, dem dritten Klassiker der Antike. Dieser habe die Traditions- und Mythenkritik so forciert, daß selbst das zeitgenössische Publikum irritiert gewesen sein soll und in ihm einen „Gottesleugner" erblickt habe (Effe 1990:57).

Drittens professionalisierten sich auch die Schauspieler, indem sie dramaturgisch vorgegebene Handlungen und seelische Zustände „zur Aufführung brachten", darunter auch solche, die gegen die guten Sitten verstießen (weshalb Plato die Tragödie verbieten wollte). Solche Mimesis der Darstellung im Schauspiel unterschied sich von dem authentisch rituell-darstellenden Verhalten der Archaik durch den Charakter des Inszenierten, was bekanntermaßen die reflektiert-willkürliche Verfügung über vielseitige Ausdruckskraft voraussetzte. Diese Fähigkeit zur Trennung von spontan-innerer Bewegtheit und selbstkontrolliertem Schauspiel muß als ein absolutes psychologisches Novum angesehen werden, das eventuell auf einem „hintergründige[n] Bewußtsein von >Nichtechtsein<" des Kultes aufgebaut haben könnte (vgl. Huizinga 1965:29f)[18] . Der

---

[18] Die Ambivalenzen zwischen „Glauben und Spielen", „heiligem Ernst" und Spaß beschreibt Huizinga anhand von Ad. E. Jensens Untersuchungen über die heiligen Riten archaischer Kulturen. Ich zitiere eine längere Passage: „Die Männer scheinen vor den Geistern, die während der Feste überall umgehen und auf seinen Höhepunkten allen erscheinen, keine Furcht zu haben. Und dies ist kein Wunder: es sind ja dieselben Männer, die die Regie der ganzen Zeremonien führen: sie haben die Masken verfertigt, sie tragen sie und verstecken sie nach dem Gebrauch vor den Frauen. Sie machen das Geräusch, das das Erscheinen des Geistes ankündigt, sie zeichnen seine Spur in den Sand, sie blasen die Flöten, die die Stimmen der Voreltern vorstellen, und handhaben das Schwirren. Kurzum <ihre Stellung>, so sagt JENSEN, <gleicht der der Eltern, die von der Maske des Weihnachtsmannes wissen und sie vor dem Kind verbergen>. Die Männer belügen die Frauen über die Vorgänge im abgegrenzten geweihten Busch. Der Zustand der Initianden selbst schwankt zwischen ekstatischer Ergriffenheit, simulierter Verrücktheit, ängstlichem Gruseln und knabenhaft wichtigtuerischem Theaterspiel. Die Frauen endlich sind

Schauspieler mußte sich seiner „Scheintätigkeit" bewußt sein (Lenk 1983:319) und eine ästhetische Distanz entwickeln, die ihm Gefühle überzeugend zu spielen erlaubt, ohne sie in diesem Moment zu haben. Es bildete sich das künstlerische Handeln des Schauspielers heraus[19]. Analog dazu verselbständigte sich die Musik, professionalisierten sich die Musiker (vgl. Koller: *Aulos und Kithara*, MD 142ff), entwickelten sich bühnenbildnerische Berufe im weiteren Sinne.

Die Zuschauer schließlich, als die größte Gruppe der Beteiligten, finden sich nun aber in einer völlig gegenteiligen Situation wieder. Sie werden zu völlig rezeptiver Passivität und Selbstbeschränkung gezwungen. Dazu kann Richard Sennett erhellende Einsichten vorbringen, die z.B. den vielgerühmten Effekt der Stimmverstärkung im antiken Theater von der umgekehrten Seite zeigen, nämlich von der des 'entstimmlichten' Zuschauers. Auch erweist sich der Vorzug, bessere Sicht durch gestaffelte Sitzreihen zu haben, von der symbolischen Realität einer unterwürfigen Haltung im Sitzen konterkariert:

„Das antike Theater verband die visuelle Wahrnehmung einer weitentfernten Figur mit einer Stimme, die weit näher zu sein schien als die Gestalt, von der sie ausging. Die Verstärkung der Stimme des Schauspielers und sein Anblick entsprachen der Trennung, die im antiken Theater zwischen Schauspieler und Zuschauer bestand. Es gibt einen rein akustischen Grund für diese Trennung: die Stimme von jemandem, der oben in den ansteigenden Sitzreihen in einem Freilufttheater sitzt, verliert sich auf ihrem Weg nach unten und klingt schwächer als die eines Sprechers auf ebener Erde. [...] Außerdem beeinflußte diese strenge Gestaltung die Selbstwahrnehmung der sitzenden Zuschauer. [...] Sitzen [..] hieß [...] auch sich unterwerfen, so wie etwa ein junges Mädchen in das Haus ihres frischgebackenen Ehemanns kam und ihre Unterwerfung unter seine Autorität durch ein Ritual symbolisierte, indem sie sich zum ersten Mal an seinen Herd setzte. [...] Das Theater machte sich diesen Aspekt des Sitzens in der Tragödie zunutze: Das sitzende Publikum befand sich buchstäblich in einer Haltung, die es erlaubte, mit den verletzlichen Protagonisten zu empfinden, denn die Körper sowohl der Zuschauer als auch des Schauspielers befanden sich in einer >bescheidenen, unterwürfigen Haltung gegen das höhere Gesetz<" (Sennett 1995:76).

An dieser Stelle schließt sich der Argumentationsgang mit dem zusammen, was zur „Umwertung der Werte" gesagt wurde, denn was jeweils als „höhere Gesetze" gefaßt

---

ebenfalls durchaus nicht ganz und gar die Betrogenen. Sie wissen genau, wer sich hinter der oder jener Maske versteckt hat. Trotzdem geraten sie in fürchterliche Aufregung, wenn die Maske sich ihnen in drohender Haltung nähert, und stieben kreischend auseinander. Diese Angstäußerungen, sagt JENSEN, sind zum Teil vollkommen spontan und echt, zum anderen aber traditionelle Pflicht. <Es gehört so dazu.>Die Frauen sind sozusagen die Figuranten im Stück, und sie wissen, daß sie nicht Spielverderber sein dürfen" (Huizinga 1965:29f).

[19] An diesem Fall zeigt sich besonders deutlich, wie wichtig es ist, „künstlerisches Handeln" von „ästhetischem Verhalten" zu unterscheiden. „Ästhetisches Verhalten", wie es später als Medium der Selbstbesinnung bestimmt wird (und wie es allerdings auch als Impuls das künstlerische Handeln inhäriert), lebt gerade vom authentischen Ausdruck der inneren Bewegtheit.

werden konnte, unterlag durchaus herrschaftlicher Willkür und interessiert-kalkulierter Veränderung (vgl. Stoessl 1987:116ff; Vogel: *Antiker Rationalismus und Kriegerbürger-Polis*, unv. Ms.). Unter dem Gesichtspunkt der Enteignung von Mimesis läßt sich das zusammenfassen: Im Vergleich des neuen Theaterauditoriums mit den rituellen Handlungen der alten Kultgemeinde zeigt sich eine massive Einschränkung von Bewegung, Wechselgesang, Partizipation und „Außersichsein", die insgesamt einer rigorosen Enteignung gleichkommt, einer Entstimmlichung und Ruhigstellung, ohne „körperlich erfahrbare Wirklichkeit". Elisabeth Lenk spricht deshalb von einem „Unkörperlichwerden" am „Übergang der Subjektivität aus ihrer heidnisch-religiösen Wirklichkeit in die Kunst" (Lenk 1983:308), von einem „Imaginär-Werden" (Lenk 1986:183):

> „Der erste Schritt der Unterwerfung der Subjektivität war nun der, daß Chor und Maske in der Form der Tragödie integriert wurden, daß also das Ritual, an dem *alle* beteiligt waren, wegfiel. Statt dessen wurde ein Schauspiel vor sitzenden Zuschauern inszeniert. Der Prozeß der Entfesselung fand nicht mehr in der Wirklichkeit, sondern nunmehr in einem imaginären Raum vor den an ihre Sitze gefesselten Zuschauern statt. In diesem Imaginär-Werden liegt der Übergang der Subjektivität aus ihrer heidnisch-religiösen Wirklichkeit in die Kunst" (ebd. 183f).

Die in diesen transformierenden Vorgängen begründete Subjekt-Objekt-Verkehrung, die Verkehrung von Hervorbringenden und Hervorgebrachtem bringt sie prägnant aufs Wort:

> „Diejenigen, die nur Produkte eines Hervorbringungsprozesses sind, das gilt für die ästhetischen Figuren ebenso wie für die gesellschaftlichen [auch Götter u.a.], erscheinen in einem charakteristischen Quid pro Quo von nun an als die eigentlichen Subjekte: Helden, Herrscher, Götter. Umgekehrt haben die Schauenden, das Volk, der ehemalige Chor, von denen einst die Initiative ausging, alle Aktivität verloren. Sie wissen nicht einmal mehr, daß es *ihr* Drama ist, das jetzt vor ihnen als die Geschichte von Königen inszeniert wird. Wie es aus der aktiven Passivität des Traums, über die Ekstase des Tanzes, der Verwandlung und des Außersichseins durch die Maske, zur Dominanz der >Handlung< kam, wie eine rein innerliche Vision sich veräußerlichte und in dieser äußeren Form fixierbar wurde, diese prozessuale Entwicklung der ästhetischen Phänomene, die immer zugleich auch ihre Erstarrung ist, läßt sich hier beispielhaft zeigen" (Lenk 1983: 310a).

Aus dieser Perspektive drängt sich aber nun die Frage auf, ob der derart politisch bestimmte Übergang vom Kult zur Tragödie, anstatt rationalisierend zu „entzaubern" nicht gerade umgekehrt die politisch-rationale Konstitution eines demagogisch-faulen Zaubers war. Auf jeden Fall wurde dieser „erste[.] Schritt zur Unterwerfung der Subjektivität" und ihrer „Traumform" durch die „Vernunftform" mit der Auflösung jener im kollektiven Ritual bewirkten und erfahrenen Beseelung der Welt vollzogen und in einen sozialtechnisch organisierten „Zauber" qua Theater überführt. Das subjekttheoretisch Entscheidende ist nicht die Genese des Ästhetischen sondern die damit verbundene Enteignung des Subjekts, seine Degradierung zum passiven Rezipienten.

Hier schließt sich nun auch das oben schon angesprochene Verdikt auf, daß die Katharsis eine „Reinigungsaktion gegen die Affekte" sei, „einverstanden mit Unterdrükkung" (ÄT 354). Adorno vertritt die Ansicht, daß sich die Reinigung der Affekte in der *Poetik* zwar nicht „unverhohlen zu Herrschaftsinteressen" bekenne. Sie wahre sie aber dennoch, indem das Aristotelische „Ideal von Sublimierung Kunst damit beauftragt, anstelle der leibhaften [!] Befriedigung von Instinkten und Bedürfnissen des visierten Publikums den ästhetischen Schein als Ersatzbefriedigung zu instaurieren" (ebd.). So gesehen würde die Lehre von der Katharsis der Kunst schon jenes Prinzip imputieren, das „am Ende die Kulturindustrie in die Gewalt nimmt und verwaltet" (ebd.): indoktrinäre Unterhaltung und „Massenbetrug" (DA 108ff)[20]. Wie tief und sicher der herrschaftspolitische Eingriff wirkte, zeigt ein Beispiel, das ich der Arbeit von Nicole Loraux entnehme. Sie entschlüsselt darin Imaginäres auf seinen strukturell realen Gesellschaftsgehalt hin. Es geht um den durch den Geschichtsschreiber Herodot dokumentierten Fall einer überaus starken Wirkung einer Tragödie, die in der Tat bei den Zuschauern Furcht und Mitleid erregte und zur Besinnung auf das eigene Leben führte. Welche Folgen hatte dieses Ereignis politisch? - Zensur:

„Eine Leidenschaft in der Stadt?
Ein *pathos*, das die Bürger befällt? Gefahr.
Manchmal sind die Ausbrüche des *pathos* unvorhersehbar: und da man sie nicht von vornherein eingedämmt hat, werden sie gewissenhaft datiert, und man überläßt es dem staatsbürgerlichen Gedächtnis, ihre Spur im Negativ zu bewahren, gleichsam als Warnung für die Zukunft. So fiel es Herodot gewiß nicht schwer, von den Athenern den Bericht jenes Tages zu erhalten, an dem, über die *orchestra* hinwegspringend, die Tragödie vom Fall Milets die Ränge erfaßt und das ganze Theater zum Weinen gebracht hatte. Die Gefahr war groß, daß die Athener an ihrer Politik gegenüber einer befreundeten Stadt zu zweifeln begönnen. Daher die Phrynichos [dem Tragödiendichter] auferlegte Geldstrafe und das Verbot, sein Stück noch einmal aufzuführen: zur Erbauung der künftigen Bürger oder zum Nutzen des späteren Nachforschers. Doch der Alarm war vorübergegangen, und die Maßnahmen erwiesen sich als wirksam: kein Tragiker mehr führte den Athenern das unvermittelte Bild einer beunruhigenden Aktualität vor Augen" (Loraux 1992:27).

---

[20] Nach Hans Robert Jauß bedeute diese grundlegende Kritik „das Kind mit dem Bade ausschütten und die kommunikative Leistung der Kunst auf der Ebene jener primären Identifikation wie Bewunderung, Rührung, Mitlachen, Mitweinen verkennen, die nur ästhetischer Snobismus für vulgär halten kann. Gerade in solchen Identifikationen und erst sekundär in der davon abgelösten ästhetischen Reflexion vollzieht sich der Umschlag von ästhetischer Erfahrung zu symbolischer und kommunikativer Handlung" (Jauß 1984:51). Jauß bemerkt nicht, daß er mit seinem oberflächlichen Schema einer nicht-snobistischen ästhetischen Erfahrung fortdauernder Mimesis-Enteignung der Subjekte das Wort redet: wenn sie denn historisch zu bloßen „Rezipienten" deformiert werden mußten, dann sollen sie doch darin wenigstens gelegentlich etwas zum „Mitlachen" finden.

Diese radikale Manipulation der Gefühle in der Affektformierung der Polis, die einer umfassenden Enteignung der Mimesis in den Reihen der Zuschauer gleichkommt, wurde zugleich mit der fragwürdigen ideologischen Aufwertung bedacht, zu jenen gebildeten Kulturmenschen zu gehören, die allein durch Zuhören und Zuschauen kathartische Erschütterung und Reinigung der Affekte erlangen könnten, im Gegensatz zu den Unzivilisierten, Wilden, Barbaren, die dies 'nur' in magischen Tanzritualen erfahren konnten[21].

Ideologiekritisch betrachtet wurden damit nicht nur die neuen Formen der dorischen Herrschaft nach außen und gegen die Fremden etabliert, denn die „barbaraphonoi" waren die „Fremdsprechenden", die die dorische „Kunst der Musen", die „Musiké" nicht beherrschten (MD 39). Schon zu diesem historischen Zeitpunkt tauchten, wie mit Mario Erdheim zusammengefaßt werden kann, in der Gestalt des Barbaren „jene Züge auf, mit denen der fortschreitende Zivilisationsprozeß aufräumte" (Erdheim 1988:58). Zugleich wurde aber auch eine „innere Fremde" (Erdheim), ein „inneres Ausland" (Freud) etabliert: durch den Verlust des archaisch-rituellen Umgangs mit den Gefühlen und Affekten in der Mimesis des Tanzes, dem kein qualitativer Ersatz sondern nur ein manipulatives Surrogat folgte, entstand für die Individuen ein Defizit an kompetentem Umgang mit der eigenen inneren Natur, mit der eigenen Kreatürlichkeit[22]. Die Men-

---

[21] Diese Selbsterhöhung über eine vorangegangene kulturelle Entwicklungsstufe - und als nichts anderes ist die Einteilung in „zwei Menschenklassen" (MA 95) zu interpretieren (wie schon bei Thukydides, 5. Jh. v. Chr., und Lafitau, 18. Jh. n. Chr., nachgelesen werden kann, vgl. dazu: *Das Rohe, das griechische Kind und das Gekochte*, Vidal-Naquet 1989:123ff; sowie Detienne 1985: *Die skandalöse Mythologie*) - wird in Freuds *Totem und Tabu* an ihrer psychodynamischen Seite aufgedeckt: „In der Mythologie gilt allgemein das Gesetz, daß eine vorangegangene Stufe eben deshalb, weil sie von der höheren überwunden und zurückgedrängt wird, nun neben dieser in erniedrigter Form fortbesteht, so daß die Objekte ihrer Verehrung in solche des Abscheus sich umwandeln (Freud 1990:33). Dieser Gedanke gewinnt in den Antisemitismusstudien von Horkheimer und Adorno neue Dimensionen (vgl. DA: *Elemente des Antisemitismus*), worauf in Konstellation A unter den Stichworten des „Unheimlichen", der „Groteske" und des „Verborgenen" bereits ausführlich eingegangen wurde und worauf später wieder zurückzukommen ist (vgl. dazu auch die Arbeit von Erdheim *Zur Ethnopsychoanalyse von Exotismus und Xenophobie*, in: Erdheim 1988).

[22] Die ethnoanalytischen Untersuchungen von Hans Bosse haben uns an soziologisch analogen Prozessen der Gegenwart anschaulich und einigermaßen nachvollziehbar gemacht, welche tiefgreifenden subjektiven Verunsicherungen und Erschütterungen im „Lebensskript" (Bosse 1996) durch objektive Umstrukturierung der geschilderten Art hervorgebracht werden. Seine gruppenanalytischen Gespräche mit Jugendlichen in Papua Neuguinea, die das traditionale Leben ihres Heimatdorfes hinter sich lassen mußten, um in der Kultur der Weißen zur Schule zu gehen und einen Beruf zu ergreifen, förderten zutage, daß dieser Zusammenprall traditionaler und moderner Kultur eine Tabuierung des Körperlichen nach sich zog, die eine spezifische Art „innerer Selbst-Kolonialisierung" hervorbrachte (Bosse 1994:286). Da hier in beeindruckender Weise geschildert ist, wie sich eine neue Herrschaftsform über die Unterdrückung des Körperlichen zur „Selbstunterwerfung" verinnerlicht, zitiere ich eine längere Textpassage in Auszügen: „Entkörperlichung und Entsinnlichung sind der Preis der Moderne. Mein Eindruck vom

schen mußten nunmehr, nach Ablösung der subjektiven „Traumform" durch die objektive „Vernunftform", „ihr eigenes Inneres als etwas Fremdes, aus der Gesellschaft Ausgeschlossenes empfinden" (Lenk 1983:304). Diese Etablierung eines doppelten Abgrenzungsprozesses gegen Innen und Außen, wie er für die griechische Polis im rationalistischen Umbruch der archaischen Vergesellschaftung notwendig wurde, kann als eine der frühen Stufen des von Adorno formulierten mimetischen Tabus gelten, ein „Tabu, welches auf Subjekt und Ausdruck lastet" (ÄT 70)[23]. Es gingen also zugleich mit der Begründung der individuellen Subjektivität in der Polis, was gemeinhin emphatisch mit der politischen Emanzipation des Individuums aus der kollektiven Subjektivität konnotiert wird, restriktive Maßnahmen zur Beschränkung des Subjekts einher.

Gruppengespräch ist, daß die Jugendlichen in dieser Sache restlos überfordert sind. Erst die Anerkennung ihrer Körperlichkeit würde sie zu Männern machen. So ist es immer am Sepik gewesen. Erst die körperliche Aneignung [...] schafft eine kollektive Identität als Männer. Das haben einige im Initiationsritual erfahren, und auch die anderen beschreiben die Initiation zum Mann als Körperprozeß. Gerade diese körperliche Begegnung scheint nun als das Verbotene [...]. Ihr Körper wird selbst zum Tabu. [...] Zu Recht spüren die Jugendlichen auch, daß die >moderne Initiation<, die gegenseitige Aneignung von Lehrern und Schülern, Informanten und Forschern, keine körperliche ist, sondern eine entkörperlichte; sie spüren, daß der Körper hierbei nicht mehr durch Berührung, sondern durch (ebenfalls ritualisierte) Disziplin und Selbstdisziplin im Umgang mit ihnen zum Medium des Erwachsenen wird: durch Stillsitzen, auf Stühlen sitzen, rhythmisches Aufstehen, Sich-Setzen usw. [...]. Der Körper wird zum Objekt der Erziehung. [...] Das verändert sowohl das Verhältnis der Jungen zu ihrem eigenen Körper wie auch ihr Bild von dem, was sie mit den Männern gemeinsam haben, was ihre gemeinsame Männlichkeit begründet. Aus dem Körper, der in der Sepik-Ordnung Zentrum des männlichen, mit den erwachsenen Männern geteilten Selbst war, wird ein unbotmäßiger, dem Jungen selbst fremd bleibender Gegenstand, den Lehrer und Schüler gemeinsam zurichten müssen nach den Normen der Leistungsgesellschaft. Der Körper wird vereinzelt. Er ist nicht länger Ausdruck und Inbegriff eines >Gruppenselbst<. [...] Die Angst vor ihrem fremd gebliebenen Körper und vor der körperlich-sinnlichen Begegnung mit Männern macht sie offen für die Kontrolle, die die Schule über ihren Körper ausübt. [...]Meine Interpretation unserer Forschung mit Jugendlichen im Übergang von einer ethnischen Gesellschaft >potentiell Gleicher< zu einer Gesellschaft mit institutioneller Herrschaft hat ergeben, daß in der bereits einsozialisierten und von der Schule verstärkten Angst vor dem eigenen Körper, vor eigener und fremder Körperlichkeit das Verbindungsglied zwischen rituellem Zwang und Selbstunterwerfung zu sehen ist" (ebd. 255-259).

[23] "Grundlage des Tabu ist ein verbotenes Tun, zu dem eine starke Neigung im Unbewußten besteht" (Freud 1990:39). Diese von Freud in *Totem und Tabu* formulierte Definition kann durchaus, wie bei Adorno, auf nicht archaische Vergesellschaftungsformen übertragen werden. Denn ebenso wie diese grundlegende „Gefühlsambivalenz", existiert auch heute noch etwas von dem archaischen Gesetz, daß „wer ein Tabu übertreten hat [...] selbst tabu" wird (ebd. 35). Der qualitative Unterschied zum archaischen Tabu liegt Freud zufolge in der Verinnerlichung der äußeren Autorität, die sich durch die Gewissensfunktion des Über-Ichs vom archaischen Schuldgefühl unterscheiden sollten (vgl. Freud 1972:121). Wie die Studien zum Antisemitismus zeigen, wird dieser psychoanalytische Idealzustand allerdings nicht nur in der individuellen Psychose aufgehoben, sondern auch in der Massenpsychose (vgl. Simmel 1993:66, 72f; s.u. C1.4).

Zwar werden von diesem „mimetischen Tabu", um wieder auf die Tragödie zurückzukommen, die Zuschauer am stärksten betroffen. Aber auch alle weiteren Beteiligten müssen zugunsten ihrer professionalisierten, aus der archaischen Mimesis herausspezialisierten Teilfunktionen, ihre umfassenderen mimetischen Potentiale und ihre emotionale Spontaneität unterdrücken, auch sie werden zu Objekten logozentrischen Denkens. Die vereinzelten Momente der archaischen Mimesis aber werden insgesamt von ihren kosmischen Bezügen und subjektiven Selbstbezügen distanziert; sie werden prinzipiell, d.h. schrankenlos objektiviert bis hin zur Verdinglichung. Und so gerät, „was eine Verhaltensweise von Subjekten gegenüber der Wirklichkeit charakterisierte" (Bürger 1983:83), nämlich Mimesis und Erschütterung, in nahezu unkenntlicher Form zum objektiven „Merkmal" der Tragödie - als „Katharsis" - wenngleich *diese* Wirkung nur vom Kollektiv erzeugt sein kann, d.h. vom Zusammenwirken aller in einer noch der Einheit von Mythos und Kult verwandten und ihr entlehnten Formation (vgl. Lenk 1983:121). Es existierte ein inneres Band aus ihrer Vorzeit, das die attische Tragödie noch wesentlich bestimmte.

„Die Tragödie ist ein Schritt über den Mythos hinaus, aber sie, die als Staatsschauspiel inszeniert wird, konstituiert noch eine der mythischen verwandte Einheit, keine geschichtliche" (Lenk 1983:121).

Mit dem Aufzeichnen dieser Ambivalenz der attischen Tragödie soll der erste Schritt der phylogenetischen Betrachtung zur Dialektik von Mimesis und Ratio beendet werden. Als Ergebnis kann festgehalten werden, daß die Tragödie trotz ihrer noch erkennbaren Verwandtschaft mit den mythisch-rituellen Verbundenheiten bei dem Aufbau der individuellen Subjektivität maßgeblich mitgewirkt hat. Ihr politischer Stellenwert dagegen muß in der herrschaftskonformen Regulierung der Affekte gesehen werden, dem ästhetischen Beitrag zur Formierung der politischen Subjektivität. Dieses moderne „Stück Kunstmythologie" (ÄT 354) in subjekttheoretischer Perspektive der Mimesis zu „entzaubern", war insofern keine Polemik gegen kulturelle Rationalisierung. Vielmehr ging es darum, in einem ersten Zugriff an einem noch heute diskutierten Phänomen die von dieser Rationalisierung bedingten und in Vergessenheit geratenen tiefen Umschichtungen der inneren Natur der Subjekte genauer zu bestimmen. Und hier hat die Tragödie als ein wesentliches Moment der Affektformierung in der Polis zur Etablierung des mimetischen Tabus entscheidend beigetragen. Als Geschichte der Enteignung von Mimesis verbergen sich diese Rationalisierungen und Unterdrückungen heute etymologisch in dem auf Nachahmung reduzierten Verständnis von Mimesis, das die für das Subjekt bedeutsamen Ausdrucksgehalte aus der Reflexion und dem Leben ausschließt. Sie werden einem neuartigen mimetischen Tabu unterworfen. Im folgenden Abschnitt wird dieser Aspekt zu vertiefen sein, wozu eine längere Passage aus Aristoteles *Politika* überleiten soll[24].

„Da wir nun die Einteilungen der Liedarten annahmen, wie gewisse Philosophen sie getroffen haben, indem sie *ethische, praktische* und *enthusiastische* Lieder unterscheiden - und sie wiesen auch jeder dieser Liedarten eine andere Harmonie als die ihnen naturgemäße zu -, so sagen wir, daß man die Musik nicht *eines* Nutzens wegen benutzen soll, sondern mehrerer wegen. *Erstens* der *Erziehung* wegen und *zweitens* der <Reinigung> (Katharsis) wegen [...] *drittens* aber zur *Unterhaltung* (zur Entspannung und Erholung von der Spannung). Es ist also klar, daß man *alle Tonarten* verwenden soll, aber nicht alle auf dieselbe Weise, sondern für die Erziehung die *ethischsten*, für das [bloße] *Anhören* (akroasis), wobei andere Personen die Ausführung übernehmen, die *praktischen* und die *enthusiastischen.* Denn die Erregung (pathos), die sich in einigen Seelen sehr stark bemerkbar macht, ist in allen [latent] vorhanden und unterscheidet sich nur durch den Stärkegrad, wie zum Beispiel <Mitleiden> (eleos) und *Furcht*, aber auch >Verrücktheit< *(enthusiasmos).* Denn es gibt auch Menschen, die von *dieser* seelischen Bewegung gepackt werden. *Denn wir können bei der Aufführung von Kultliedern feststellen, daß diese, wenn sie die Gesänge anwenden, welche die Seelen aus der Erregung herausführen* (exorgiazonte mele, d.h. „entzaubernde Lieder"), *eine Art ärztliche Heilung und Reinigung* (Katharsis) *erfahren.* Notwendigerweise müssen aber auch die durch Mitleiden [seelisch] Affizierten und die Furchterregten, aber auch überhaupt alle, welche in einem seelischen Ausnahmezustand sind (die pathetikoi) dies erfahren, je nach dem Stärkegrad der Affektion, und allen wird eine Art Reinigung (Katharsis) und Erleichterung unter Lustgefühl zuteil" (Aristoteles, *Politika*, zit. n. Koller, MD 161f; Bemerkungen in eckiger Klammer sind Kollers Erklärungen, in runder Klammer genauerer Wortlaut des griechischen Textes).

---

[24] In welchem Verhältnis die folgenden Gedanken, die zur Musikerziehung des jungen Staatsbürgers verfaßt wurden, zur „Ethos-Mimesis-Lehre in der Musik" (vgl. MA 80, 92f) stehen, kann hier unberücksichtigt bleiben. Dieser Gedankengang, dem auch das ganze Musiké-Thema angehört, erfordert eine separate Betrachtung, die den Rahmen dieser Arbeit sprengen würde. Auch daran ließe sich der antik-rationalistische Umbruch und sein bis heute fortbestehender ideologischer Überbau nachzeichnen. So ist erstens die Musiké, die mit der Ethoslehre untrennbar verbunden ist, eine hochrationalisierte historische Erscheinungsform von Mimesis. Ihr kultureller Zerfall seit dem 5. Jh. v. Chr. bringt, wie Koller gezeigt hat, abstrakt verselbständigte Sphären hervor: Philosophie, Politik, Rhetorik, Wissenschaft, Religion und die Kunst als verselbständigte Einzelkünste: Dichtung/Prosaliteratur, Instrumentalmusik, Gesang, Schauspiel, Tanz, Bildhauerei, Malerei. Ihr Zerfallsprozeß spiegelt sich u.a. in der nach Koller „typischen Frage", „ob Musik (Dichtung) eine (lehrbare) Techne sei oder aber eine dem menschlichen Willen entzogene göttliche Kraft" (MD 34). Diese Frage verweist zweitens auf jene Vorgeschichte, die die Musiké als „Kunst der Musen" noch in ihrem Namen trägt. Wie noch aus den Mythologien herauszulesen ist, ist in dieser Gestalt auch ein Jahrtausende altes Geschlechterproblem zum „befriedeten Ausdruck" gelangt. Es drückt sich darin nicht nur das heute als „Musenkuß" belächelte „Paradoxon des Gesamtphänomens Muse-Dichter-Dichtung" (Kerényi) aus, sondern eine historisch weiter zurückreichende und subjekttheoretisch tiefergehende Geschlechterhierarchisierung, die erst die Grundlage schuf zur wie auch immer gearteten Unterordnung der Frau unter den Mann, sei es als Reproduktionskraft, als Inspirationsquelle, als Haushälterin etc. Dieser Aspekt wird drittens in der einschlägigen Rezeption des Themas von der Renaissance über die Weimarer Bildungsklassik bis zu modernen Experten der musisch-ästhetischen Bildung unterschlagen. Dies zeigt beispielhaft die vor gar nicht langer Zeit zur Einführung in das Fernstudienprojekt *Musisch-ästhetische Erziehung in der Grundschule* verfaßte Arbeit von Gerhard Schneider *Zur Begriffsgeschichte der musisch-ästhetischen Erziehung* (Schneider 1989). Ausführlicher zu diesem Thema: Kollers Arbeiten über Nymphen, Musen, musischen Enthusiasmus, Musiké, in: MD 5-58; Kerényis Arbeit über *Der antike Dichter*, in: Kerényi 1980; sowie Dodds 1991: 3. Kap. über *Die Segnungen des Wahnsinns*.

B 3. Rationalistischer Umbruch der mimetischen Daseinsweise in der Phylogenese

Die Kritik der Kunst als einer minderwertigen Nachahmung im 10. Buch von Platons *Politeia* ist mit ihrer impliziten Kritik an den tragenden Säulen des mythologischen Zeitalters - für die Homer, 'der' Dichter und Erzieher des alten Griechenland als Galionsfigur[25] einsteht - das Zeichen eines real- und geistesgeschichtlichen Umsturzes. Anhand der Differenzierungen der *Dialektik der Aufklärung* setze ich hierbei an dem Übergang an von der „magischen Phase" einer „organisierte[n] Handhabung der Mimesis" (die sich aus einer elementaren Phase der „organischen Anschmiegung" entwickelte) zur „historischen" Phase, bestimmt durch „rationale Praxis" der Arbeit (DA 162) - wohlwissend, daß diese allemal nur grobe Orientierung im Zivilisationsprozeß äußerst erklärungsbedürftig ist[26]. Mir kommt es primär auf die unterschiedlichen Ebenen kosmischer Verbundenheiten der „mimetischen Daseinsweise" an, die durch zunehmende Subjekt-Objekt-Differenzierungen aufgehoben wurden.

Dieser Umbruch, der unter ideen- und philosophiegeschichtlichem Aspekt vereinseitigt als „griechische Aufklärung" betrachtet wird, erweist sich im Licht jüngster Forschungen der historischen Sozialwissenschaft als eine radikale Zerstörung der mimetischen Daseinsweise vermöge mythisch-kultischer Einheit im Zuge umfassender Rationalisierungen. Er bestand aus den Übergängen von den chtonischen Naturgottheiten zum olympischen Polytheismus, von vorpolitisch-verwandtschaftlichen Vergesellschaftungsformen zur politischen Demosverfassung, vom Kult zur Tragödie, vom Mythos zum Epos und zum Logos. Und er brachte verselbständigte Kulturwertsphären hervor wie Philosophie, Religion, Einzelwissenschaften und Einzelkünste. Platons Abwertung der Mimesis der Dichtung als drittrangig in Hinblick auf die Idee und Aristoteles' Be-

---

[25] "Jedermann hat ja von Anfang her an Homer sich geschult", so beginnt das bekannte Spottgedicht von Xenophanes, in dem er den Wahrheitsanspruch der Dichter in Frage stellt (vgl. dazu Finley 1992: *Die Welt des Odysseus*, 1. Kap.: *Homer und die Griechen*). Da Homer eine so große Bedeutung zukommt sowohl für die vorklassische Zeit als auch für Platons Kritik, wird deren Diskussion umfangreicher ausfallen.

[26] Wie M. R. Vogel in seiner kritischen Sicht auf den Mimesisbegriff der *Dialektik der Aufklärung* problematisiert, liege zwar für die zweite Phase, die magisch organisierte Mimesis, eine „Überfülle" ethnographisch-empirischen Beobachtungsmaterials vor, allein, wie es zu verstehen sei, stoße auf eine „doppelte[.] Schranke der Sprachdifferenz sowie der Künstlichkeit abstrakter Erklärungsmuster". Schon Levi-Strauss habe in *Das Ende des Totemismus* erörtert, wie mit „zwei vollkommen entgegengesetzten Erklärungsmustern das primitive Verhältnis von Affektivität und Magie gleichermaßen plausibel" gemacht werden kann, wie man/frau „es also vermutlich gleichermaßen mißversteht" (Vogel 1996:95). Diese wissenschaftstheoretische Ebene der Auseinandersetzung kann im Rahmen meiner soziologischen Arbeit über den gattungsgeschichtlichen Hintergrund der Verdrängung von Mimesis nicht berücksichtigt werden (dazu ausführlich Vogel 1996).

gründung der *Poetik*, wie oben erörtert, sind als Einzelheiten diesem Gesamtprozeß ersichtlich adäquat. Ein radikaler Umsturz war dies insofern, als dieser Prozeß auch tiefgreifende Veränderungen in Lebenspraxis, Sprache und Denken dahingehend bewirkte, daß alle überlieferten „Verbundenheiten" des Daseins gedanklich trennbar sein sollten und die Pflege des Lebens, mit Luce Irigaray läßt sich diese biozentrische Position als „Sorge um das Leben" benennen, durch lebensfremde, im vereinseitigten logos zentrierte Zwecke verdrängt wurde. Meine These lautet, daß diese Trennungen und die Negation der Verbundenheiten aus dem 3. Buch der *Politeia* ex negativo herausgelesen werden können: denn nur was in der gesellschaftlichen Wirklichkeit noch stark verankert war, nach Meinung der logozentrischen Neuerer aber nicht mehr der Sitte oder Sittsamkeit entsprach, konnte dezidierten Widerspruch und Verbot provozieren. Oder mit Freud gesprochen: „Wo ein Verbot vorliegt, muß ein Begehren dahinter sein" (Freud 1990:76).

Da „Mimesis", wie wir sehen werden, ein wesentliches Moment der zu rationalisierenden lebendigen Gegenseite war, kann der Umbruch gerade aus ihren semantischen Bedeutungsveränderungen und aus der platonischen Abwehr ihrer „Ausdrucksformen des Lebens" (MA 20) herausgelesen werden. Im folgenden soll die Dialektik dieses Umbruchs der Gesellschaftsordnung anhand ausgewählter Beispiele Platonischer Restriktionen dargestellt werden. Sie bilden einzelne Facetten des heraufkommenden „mimetischen Tabu" ab und geben ein gutes Exempel für den Marxschen Gedanken, daß jede neue Gesellschaft aus dem Schoß der alten entsteht. Obwohl es nicht das erklärte Ziel der Untersuchung ist, konkretisieren sich hier am Material auch zentrale Thesen zur *Dialektik der Aufklärung:* daß die Mythen ihren Ursprung im Subjekt nehmen und daß sie schon Aufklärung vollziehen (DA 10, 14).

Ich beginne mit der nächstliegenden Frage, was, und was nicht mehr, in Platos idealem Staat, vor allem von seinen Wächtern, nachgeahmt bzw. dargestellt werden durfte. Als nachahmenswert und ethisch förderlich galt das „Edle". Es wurde verkörpert von tapferen, besonnenen, tugendhaften, selbstbeherrschten Männern. Deshalb waren sie als Vorbild besonders geeignet. Verboten war, das „Unedle" nachzuahmen, nämlich Weiber, weder junge noch alte, weder trauernde noch verliebte - Platon erwähnt hier auch Gebärende, was an die archaische Praxis des Männerkindbetts erinnert. Außerdem durften weder böse Männer noch Unfreie, Kranke, Tolle, Wahnsinnige nachgeahmt werden, ebensowenig wie wiehernde Pferde, brüllende Stiere, rauschende Flüsse,

brausende Meere, Donner, die Stimmen von Hunden, Schafen, Vögeln „und alles der-
gleichen". Der allgemeine Grund für diese Verbote bestand in einer Art Angst vor sozialer Ansteckung: „damit nicht von der Nachahmung das Sein davongetragen würde"
(*Politeia* 395c-397a).

In dieser kuriosen Aufzählung drückt sich nicht nur eine soziale und Geschlechterhier-
archie aus, die auf der Unterdrückung der inneren Natur, der Affekte und Bedürfnisse
aufbaut. Es zeigt sich darin auch eine Abwehr der alten chtonischen Naturgottheiten,
der Tierkulte, schließlich der konatural-kreatürlichen Lebenserfahrungen überhaupt.
Die Gegenüberstellung mit einem durch Strabon übermittelten Fragment von Aischylos, das ein orgiastisches Fest schildert, erhellt den tieferen Grund für diese Nachah-
mungs- und Darstellungsverbote. Im Verbotenen steckt nämlich mehr als die bloße
Imitation etwa eines Tieres. Der Schilderung des Festes kann entnommen werden, daß
„>stierstimmige<, furchterregende [mimoi] zur infernalischen Tanzmusik als Beglei-
tung brüllen wie die Stiere" (MA 39). Mit dem Verbot sollte also vermutlich die ganze
auf den mediterranen Stierkult zurückreichende Tradition des Dionysos/Zagreus (vgl.
Kerényi 1976) eingedämmt und von den Wächtern ferngehalten werden. Dieser Hintergrund muß aber noch etwas vertieft werden, da er, wie schon das Wort „Mimoi"
ankündigt, erstens zentral in die Etymologie von Mimesis hineinragt und zweitens auf
deren Ursprünge im Kulttanz verweist.

Koller vermutet im Anschluß an die leider nur sehr schlecht überlieferte Fragmentstel-
le vorsichtig, daß ursprünglich die Akteure des Dionysos-Kultes „Mimoi" hießen.
Damit eröffnete er eine neue Interpretationsperspektive in der Mimesisforschung, die
nicht nur einige etymologische Schwierigkeiten zur Herkunft des Wortes zu lösen ver-
sprach, sondern zugleich die Herkunft des Phänomens Mimesis aus dem Kult zu belegen vermochte (vgl. MA 39). Aus der vorangegangenen Betrachtung wissen wir, daß
sich in eben dieser Perspektive bereits ein klärender Beitrag zur problematischen Verbindung von Tragödie und tragischer Katharsis ableiten ließ. Kollers Hypothese zur
Herkunft der Mimesis aus dem Kult findet nicht nur in seinen weiteren Untersuchungen gute Begründungen. Auch mit Kerényi, der sich ebenfalls auf authentische Doku-
mente bezieht, kann sie, gegen alle, die diesbezüglich Zweifel anmeldeten[27], aufrechterhalten werden. Ich zitiere dazu eine aussagekräftige Passage aus Kerényis Arbeit

---

[27] Hier sei exemplarisch auf Melchinger verwiesen, der in seinem 1974 erschienenen Buch *Das Theater
der Tragödie* gegen Koller im Anschluß an G.F. Else behauptet: „Die Herkunft der Mimesis aus dem
Kult z.B. bleibt unbewiesen" (Melchinger 1990:237).

Mensch und Maske, die zugleich auch die Dimension des Sichverwandelns andeutet, auf die später im Zusammenhang des Enthusiasmus eingegangen wird. Wenngleich Kerényi dabei nicht von „Mimoi" redet sondern von „Nachahmern" (wie bereits erwähnt, findet der Wortstamm von „Mimesis" bei ihm keine Anwendung), so handelt es sich doch ganz offensichtlich um dasselbe Geschehen:

> „Eine Tragödie des Aischylos, die der Einführung des Dionysoskultes in Thrazien gewidmet war (nach einem thrakischen Stamm >Edonoi< betitelt), schilderte die Töne, die die Ankunft des Gottes, inmitten seiner Begleiter, der Träger des Geheimkultes, verkündeten. >Schrill ertönten Saiteninstrumente< - so beginnt die Schilderung - >tief wie ein Stier brüllen irgendwoher von einem unsichtbaren Ort die Schrecken erregenden Nachahmer< - Nachahmer wohl eben der Stierstimme - >und es ist wie der Ton einer schwer erschütternden Trommel, als wäre es ein unterirdischer Donner<... Es wird von einem antiken Kenner solcher Begehungen hinzugefügt, dies sei in Phrygien - im phrygischen Dionysoskult - ebenso. Moderne Sachkundige brachten diese Stimme mit einem anderen archaischen Geheimkult-Gerät, dem Schwirrholz, in Zusammenhang. Die Stierstimme, von welchem Instrument sie auch komme, fordert eine Stiermaske und kündigt wohl die Ankunft eines in jener Maske erscheinenden Gottes an, dem alle Nichteingeweihten erschrocken ausweichen mußten" (HS 346).

Im Zusammenhang mit dieser Dionysos-Maske wird von Kerényi eine starke Ähnlichkeit mit der Maske des großen Fluß- und Quellgottes Acheloos betont, die zuletzt zum „Antlitz des Vaters Okeanos" wird, des homerischen „Ursprungs von Allen" (ebd.). Wenn also „brüllende Stiere, rauschende Flüsse, brausende Meere, Donner" bei Platon nicht mehr >nachgeahmt< werden dürfen, dann wohl vor allem wegen diesem Bezug auf die Archaik. Parallelen dazu gibt es in einem „Tanz mit Pferden", der historisch ebenfalls weit zurückreicht (vgl. HS 256): die Große Artemis von Ephesos hatte zwei Pferde zur Linken und Rechten, Gorgo hatte ein Pferdesöhnchen, die Kentauren waren Mischwesen aus Pferd und Mann, in der Vorgeschichte von Poseidon wurde von einem Pferdegott Poseidon erzählt (vgl. Vernant 1982:13). Ebenso verhält es sich mit einem Labyrinth-Tanz, der eine Identifikation der Tänzer mit Vögeln nahelegt (vgl. HS 258) und u.a. auf den Mythos von Dädalos, dem Erbauer und Gefangenen des kretischen Labyrinths zurückverweist. Diese Querverbindungen mögen hier vorläufig als Eröffnung eines ersten Zugangs zur archaischen Mimesis des Tanzes genügen, um die Hintergründe der platonischen Verbote als Ausdruck des herrschaftspolitischen Kampfes gegen die konatural-kreatürlichen Lebenserfahrungen zu beleuchten. Es ist evident, daß in biozentrischen Sozialordnungen die Identität alles Lebendigen vor seinen Differenzen rangiert, während logozentrische gegenteilig in den realen und begrifflichen Ausdifferenzierungen und Hierarchisierungen des (männlichen) Menschen als eines einzigartigen ihr zentrales Interesse haben.

Zweitens zeigt sich die Unterdrückung der Naturbasis des Menschen auch in Platons inhaltlicher Zensur der Homerschen Epen. Nicht nur, weil sie „allzu Menschliches", Gefühle wie Liebe, Leid, Schmerz, Trauer und Tod mitsamt „den Schrecken der Unterwelt" tilgen will. Daß Platon seine Bereinigung der episch vermittelten Mythologie mit der Austilgung des „Reichs der Toten" (*Politeia* 386a) beginnt, ist mehr als ein Zufall, gibt er doch sogleich auch den Grund dafür an: die Krieger würden nicht mehr kämpfen und sterben wollen für die Stadt, wenn ihnen wie bei Homer die Unterwelt so schrecklich geschildert würde. Lieber würden sie sich gefangen nehmen lassen. Hinter dieser vordergründigen Abwehr steht der für die dorischen Hoplitendemoi notwendige Bruch mit dem „Eingedenken" der Ahnen und einer das Leben bejahenden und pflegenden Daseinsweise, wie es in den Kulten der Großen Mutter der Fall war. „Die Bilder", sagen Horkheimer und Adorno, die Homers Abenteurer Odysseus „in der ersten Nekyia anschaut, sind vorweg jene matriarchalen, welche die Lichtreligion verbannt: nach der eigenen Mutter [...], die uralten Heldinnen" (DA 69)[28] .

Die „bürgerlichen Krieger" oder „kriegerischen Bürger" der Polis, lange nach Homers Odysseus, müssen aber vergessen haben, daß sie den alten Gesetzen zufolge durch begangene Morde „unrein" werden und dürfen auch nicht mehr daran erinnert werden[29] . In ihrem Buch *Die Trauer der Mütter* hat Nicole Loraux diesen erzwungenen Bruch mit der alten Ordnung untersucht, und zwar aus der Perspektive der Frauen und Mütter, die vornehmlich den Totenkult besorgten und deren pathos der Trauer und Wehklage um Verstorbene und im Krieg Gefallene in der Polis mit Maßnahmen gegen den weiblichen Exzeß zu tilgen versucht wurde (vgl. zu Begräbnisritualen und zur

---

[28] In diesen Nekyia-Szenen werden die Ambivalenzen Homers zwischen Zensur der barbarischen Elemente der Vorzeit und der Erinnerung an die alte Ordnung deutlich: einerseits bringt er schon gegen den alten Mythos den Typus des Heroischen, den „männlichen Charakter" hervor, wie es bei Horkheimer und Adorno heißt, und er figuriert die inhärenten Aufklärungstendenzen zur Seherin oder Priesterin bzw. zum Seher oder Priester - Figuren, die systematische Aufklärung zugleich als Notwendigkeit, aber im mythischen Kontext als Unmöglichkeit, gleichsam im Ausnahme-Individuum einkapseln; andererseits repräsentiert dieser Besuch in der Unterwelt die matriarchale Ordnung, denn hinter den Heldinnen steht der Kult der Großen Mutter (vgl. *Mythologie und Aufklärung*, Rundfunkgespräch Adorno/Kerényi 1952, sowie Kerényi HS 52ff: *Die Geburt der Helena*).

[29] Dieser Gegensatz zur archaischen Vergesellschaftung wird von Vogel folgendermaßen herausgestellt: „Der in der Polis von der Institutionalität und Klassenordnung über den privaten oikos bis ins individuelle Subjekt hinein alles strukturierende Antagonismus ist in der mimetischen Daseinsweise nur Grenzphänomen: die kriegerische Auseinandersetzung mit Feinden, die immer äußere Feinde sind. Die beteiligten Krieger stehen auch keineswegs zwangsläufig, wie in der Polis, vermöge rühmlicher Taten in höchstem Ansehen der Allgemeinheit; sie kehren vielmehr 'ungemein häufig' als 'unrein' heim und haben sich umständlichen 'Reinigungsvorschriften' zu unterziehen (Freud, *Totem und Tabu,*)" (Vogel, *Über mimetische Daseinsweise*; unv. Ms. S.19).

„Leichenrede" des Perikles: Loraux 1992:27, 32ff). Insofern erklärt sich auch, wieso zu den weiblichen Verhaltensweisen, die von Platons Wächtern nicht mehr >nachgeahmt< werden durften, das Jammern und Wehklagen gehörte (vgl. ebd. 28f).

In dieser politischen Neuformierung wird also ganz radikal auch die überindividuelle Verbundenheit des Subjekts mit seinen je „Anderen", den Lebenden, den Toten und den Zukünftigen, zersetzt. Seine kreatürliche Zugehörigkeit zur „zoé", dem unendlichen Leben der Gattung[30] , wird in den Grundfesten seines individuellen „bios" umgebaut, zu rationalen Funktionsbezügen abstrahiert. Jeder muß bereit sein, sein Leben und das seiner Mit-Menschen für die Staatsinteressen zu geben, genauso wie selbst die tragische Königin Praxithea im *Erechtheus* des Euripides bekennt, daß sie Frauen hasse, „die der Ehre ihrer Söhne deren Leben vorziehen" (Loraux 1992:31; vgl. auch ebd. 92). Die Mutterschaft rückt in den „Rang einer staatsbürgerlichen Tätigkeit", fast einer „Steuer" gleich: „Geb ich doch meinen Teil zum Ganzen: ich steuere Männer [...] bei" (ebd. 30), wie es in einer Aristophaneischen Komödie heißt. Schon 1951 hat Simone de Beauvoir in *Das andere Geschlecht* diesen Umbruch der gesellschaftlichen Anerkennung der Mütter und die Neubestimmung ihrer gesellschaftlichen „Funktion" herausgestellt:

> „Die Mutter bleibt der Idee des Todes zugesellt wie im antiken Mythos die Parzen; ihr kommt es zu, die Toten zu begraben und zu beweinen, wobei es aber auch ihre Rolle ist, den Tod dem Leben der Gesellschaft, dem Guten einzuordnen. Daher wird der Kultus der <Heldenmütter> systematisch gefördert: wenn die Gesellschaft von den Müttern verlangt, daß sie ihre Söhne freigeben für den Tod, so glaubt sie das Recht zu haben, sie ihm auch auszuliefern. In Anbetracht der Macht der Mutter über ihre Söhne ist

---

[30] Im altgriechischen gibt es zwei Wörter für „Leben": „zoé" und „bios". Hat zoé die Bedeutung des „näher *nicht charakterisierte[n]* Leben[s] in seiner Unendlichkeit, die allem bios zugrundeliegt (‚Nichttod"), so ist mit bios ein bestimmtes „*charakterisierte[s] Leben*" angesprochen, zu dem auch ein „charakteristischer Tod" gehört (Kerényi 1976:14). Im Bild sprechend erklärt Kerényi, daß „zoé der Faden [sei], auf den jeder einzelne *bios* wie eine Perle aufgereiht wird, und der im Gegensatz zum *bios* nur als *unendlich* gedacht werden kann" (ebd. 16). In diesen zwei unterschiedlichen Begriffen von Leben, deren Differenz in unserer Sprache, und d.h. mit Marx: in unserem „praktischen Bewußtsein", nicht mehr existiert, kommen zwei verschiedene Erfahrungen von Leben zum Ausdruck: Zoé sei die „allererste Erfahrung" des Lebens, „unsere intimste, einfachste und selbstverständlichste", in etwa vergleichbar mit dem „Wiederbeginn der Erfahrung nach einer Ohnmacht" (ebd. 17). Wird indessen eine Bedrohung des Lebens erfahren, so werde, nach Kerényis Einfühlung in das altgriechische Sprachbewußtsein, die „unvereinbare Gegensätzlichkeit von Leben und Tod in der Angst, im Schrecken, in der Furcht erfahren" (ebd.). So unterschiedlich auf individueller Ebene die Erfahrung des bios auch empfunden werden konnte, sie setzte aber unerschütterlich die Erfahrung des unendlichen Lebens voraus und ist in ihr aufgehoben. Das Bewußtsein von bios basiert auf zoé und bricht diese Vorstellung nicht auf. „Die zoé läßt die Erfahrung ihrer eigenen Zerstörung nicht zu: sie wird ohne Ende, als unendliches Leben erfahren" (ebd.). In der griechischen Mythologie existierten Göttergestalten für diese Erfahrung des unendlichen Lebens: Rhea/Demeter und Dionysos, „Urbild[er] des unzerstörbaren Lebens" (vgl. Kerényi 1976: *Dionysos* sowie HS 289ff: *Der große Daimon des Symposions*).

es für die Gesellschaft vorteilhaft, sie sich zur Bundesgenossin zu machen; darum umgibt sie sie mit so vielen Achtungsbeweisen, begabt sie mit allen Tugenden, schafft ihretwegen eine Religion, der man sich nur auf die Gefahr hin, wegen Sakrileg und Blasphemie zur Rechenschaft gezogen zu werden, entziehen kann. Man macht sie zur Hüterin der Moral; selbst Dienerin des Mannes und der Staatsgewalt unterstellt, wird sie auch ihre Kinder sacht die vorgezeichneten Wege führen. Je mehr eine Gemeinschaft zum Optimismus neigt, desto gefügiger wird sie diese sanfte Autorität anerkennen, desto verklärter wird in ihr die Mutter erscheinen" (de Beauvoir 1983:183).

In Übereinstimmung mit verschiedenen Kritiken am Patriarchalismus erklärt Adriana Cavarero, daß „die Nichtanerkennung der mütterlichen Ordnung der Geburt als des Ortes, aus dem die menschliche Existenz hervorgeht und Bedeutung gewinnt", eine Umwertung des Lebens bedingte: die „patriarchalische symbolische Ordnung [suchte] diese Bedeutung nicht zufälligerweise in der Auseinandersetzung mit dem Tod" (Cavarero 1992:101). Leider geht Cavarero auf den oben herausgearbeiteten Widerspruch in dieser historisch neuen „Auseinandersetzung mit dem Tod" nicht ein, daß nämlich der Kriegerbürger einerseits stets opferbereit bis zur Lebenshingabe für die Polis sein mußte, andererseits aber seinen kreatürlichen Todesschrecken möglichst unterdrücken mußte.

Ein dritter, von mir ausgewählter Aspekt von Platons Einsatz für die Herrschaft der Vernunft betrifft seine Homer-Kritik, die Form der Dichtung (lexis; *Politeia* 392d-394b). Auch aus Platons Zensur der epischen Vortragsweise, die dem Mythopoeten verbietet, „sich selbst einem anderen nach[zu]bilden in Stimme und Gebärde", weil dies Darstellung (mimesis) und nicht Erzählung (diegesis) sei, läßt sich die Zertrümmerung einer Jahrtausende alten Tradition ablesen. Darauf soll näher eingegangen werden.

Homer war, wie Finley als wesentliche Charakteristik herausstellt, „nicht eigentlich ein Dichter; er war Erzähler von Mythen und Sagen" (Finley 1992:18). Und dieses „Mythos-Sagen, mytheisthai" *(AR 196)*, das er noch praktizierte, obwohl er dabei bereits eine ästhetische Form, die epische, entwickelte, ist ein wesentliches Moment der griechischen Religion. Es wurde nach Kerényi in einer „feststehenden Verbindung mit Wahrheit gebraucht" (ebd.; vgl. dazu Kobusch 1990:14). Wie Kerényi in einem Rundfunkgespräch mit Adorno (*Mythologie und Aufklärung*) ausführt, gehörte zu diesem Mythos-Sagen entscheidend, daß der Mythopoet/Rhapsode in Bildern erzählte und sich selbst „zur Bühne" machte für die Gestalten seiner >Erzählung<; er „zitierte" sie, indem er sich mit ihnen in der Darstellung identifizierte, sich in sie verwandelte (vgl. auch AR 41). Damit vollzog er eine Partizipation am Geschehen, die einer Verdoppelung seiner selbst gleichkam und zugleich keine Distanz zum Stoff erlaubte, er vollzog eine „mythische Identifikation" (ebd.). Platon erörtert diese darstellende Erzählweise an der mythischen Identifikation Homers mit dem Priester Chryses:

„[...], daß er aber das Folgende redet, als ob er selbst der Chryses wäre, und sich alle ersinnliche Mühe gibt, uns dahin zu bewegen, daß uns nicht Homeros scheine der Redende zu sein, sondern der alte Priester. [...] Aber wenn er irgendeine Rede vorträgt, als wäre er ein anderer: müssen wir nicht sagen, daß er dann seinen Vortrag jedesmal so sehr als möglich dem nachbildet, von dem er vorher ankündigt, daß er reden werde? [...] Aber sich selbst einem anderen nachbilden in Stimme oder Gebärde, das heißt doch den darstellen, dem man sich nachbildet? [...] In einem solchen Falle also, scheint mir, vollbringen dieser und andere Dichter ihre Erzählung durch Darstellung. [...] Wenn nun nirgends der Dichter sich selbst verbergen wollte: so würde er dann seine ganze Erzählung ohne Darstellung verrichtet haben" (*Politeia* 393b-d).

Warum setzte sich Platon so nachdrücklich für die einfache Erzählweise ein, die er im Anschluß an seine Kritik vorführt? Was steckt hinter der darstellenden Erzählweise? Wir wissen, daß die beschriebene „Verdoppelung" durch „mythische Identifikation" mutatis mutandis für die >Darsteller< in Tragödien und Komödien gilt (deren Aufführung Platon am liebsten verbieten bzw. sie nur von „fremden" (!) Schauspielern aufführen lassen wollte), wie auch für die kultischen Tänzer, die vielleicht für alle diese ästhetisch geprägten Formen das „Urbild" abgaben. Daß bei dieser Praxis der mythischen Identifikation weder beim Erzähler noch bei den Zuhörern und Zuhörerinnen ein „festgefügtes" sondern nur ein „ephemer" gefügtes Subjekt gebraucht werden konnte, liegt auf der Hand. Es wurde eine „innerliche Resonanz" erweckt, die auf dem Wissen beruhte, daß die erzählte Geschichte den Erzähler und die Zuhörer persönlich anging (Kerényi 1988, Bd. 1:9). Dieser leiblich-seelische Identifikationsvorgang, der über die Nachahmung auch zur „Einfühlung"[31] führt, erfordert all jene menschlichen Kräfte und Sinne, die nicht primär auf individualistische Abgrenzung abzielen sondern auf Verbundenheit, Entsprechung, Empathie. Gerade deshalb war im Zuge der Herausbildung des „identisch beharrende[n] Selbst" (DA 50) in der Polisvergesellschaftung die darstellende Erzählweise für die Wächter nicht mehr geeignet. Sie mußte objektiviert und neutralisiert werden, um die erzählten Inhalte, Boten der alten Welt, ihrerseits zu objektivieren und damit zu distanzieren. Die „sprachmagischen" Momente wurden dabei ausgetrocknet (Vernant 1987:191f).

---

[31] Ich spiele hier auf Freuds Reflexionen zur „Identifizierung" an, die er in *Massenpsychologie und Ich-Analyse* vorträgt. In einer Fußnote deutet er die Notwendigkeit einer umfassenderen Analyse an: „Von der Identifizierung führt ein Weg über die Nachahmung zur Einfühlung, das heißt zum Verständnis des Mechanismus, durch den uns überhaupt eine Stellungnahme zu einem anderen Seelenleben ermöglicht wird" (Freud 1981b:49). Auf diese verstärkte sozialpsychologische Dimension der „Einfühlung" im Prozeß der „Identifizierung" komme ich unter ontogenetischem und ästhetischem Aspekt zurück.

Ein weiterer Grund für Platons Verbot besteht darüber hinaus auch in dem mythologischen Stoff selbst als der objektiven Seite dieses subjektiven Prozesses. Mythologie war nicht bloß „Erzählung", „Dichtung", „Erfindung" oder sogar „Hirngespinst", „Fabel", „Märchen", als was sie seit den Spottgedichten des Xenophanes, seit dem 6. vorchristlichen Jahrhundert bis ins 20. nachchristliche hinein diskutiert wird. Sie war vielmehr, bevor sie im antiken Rationalismus radikal in Frage gestellt wurde, „die Kunst" gewesen, „von den Göttern zu erzählen und sie dadurch zu vergegenwärtigen" (AR 38). Es war ein lebendiger und aktiver Prozeß, durch und mit dem mythologischen Stoff die „göttliche Ordnung" zu vergegenwärtigen und zugleich sich als sterblicher Mensch in dieser überindividuellen Ordnung zu begreifen und zu bestimmen. Auch hier treffen wir also, wie schon beim Tanz und der Tragödie, auf eine ursprüngliche Einheit von Mythos und Kult[32]. Dieser Zusammenhang ist in Moses I. Finleys Studie über Homer festgehalten:

„Wenn die Menschen bei rituellen Begehungen, bei Festlichkeiten oder anderen öffentlichen Gelegenheiten diesen Erzählungen lauschten, erlebten sie sie als unmittelbare Erfahrung und glaubten sie blindlings [... er fügt ein Zitat Cassirers an:] >In der mythischen Vorstellung ist immer ein Akt des *Glaubens* enthalten, ohne den Glauben an die Wirklichkeit seiner Gegenstände würde der Mythos den Boden verlieren<" (Finley 1992:19).

Hier aber eröffnet sich nun erst eine Mythenkritik, die über die vordergründige Kritik an der anthropomorphen Gestalt der Götter, ihren als unsittlich-skandalös empfundenen Abenteuern und ihren teils barbarisch-wilden Praktiken hinausging. Die Frage nach der 'Wahrheit' der Mythen, die von Platon in Zweifel gezogen wurde, setzte an den Grundfesten des mythischen Welt- und Selbstverständnisses an. Es ging nicht hauptsächlich darum, ob den Göttern zu Unrecht alles Schändliche des Menschen zugeschrieben wurde wie etwa Diebstahl, Ehebruch, Betrug, Inzest, Sodomie (vgl. Devereux 1984:133), um dann, wie Xenophanes, einen unmenschlich-menschlichen Gott zu entwerfen (vgl. Feyerabend 1986:209ff). Vielmehr sollte dem unzivilisierten primitiven Glauben an die Erzählungen ein Ende gesetzt werden, denn noch immer lebte das ursprüngliche Verständnis der Erzählung als einer „lebendige[n] Wirklichkeit" fort (Malinowski), die von allen „irgendwie real befunden" wurde (Kerényi 1980:26).

---

[32] "Die Erzählung von der Geburt der Götter, der Welt und der Menschen war in den orientalischen Religionen [die die griechische Religion stark beeinflußten] ein integraler Bestandteil des Rituals, sie war die Grundlage für die Wiederherstellung der Ordnung, welche mit Hilfe des Rituals bewerkstelligt wurde. Herodot berichtet, daß die persischen Magier, während sie opferten, nichts anderes als eine Theogonie vortrugen". Dieses Hintergrundwissen liefert uns M. Laura Gemelli-Marciano in ihrer Einführung zu *Die Anfänge der abendländischen Philosophie. Fragmente der Vorsokratiker* (1991:12).

„Platon hatte ja auch nicht Bedenken wegen des Wahrheitsgehaltes der Geschichte bei Homer, sondern er verwarf die Philosophie und die Moral, die Vorstellungen vom Recht und von den Göttern, von Gut und Böse, nicht die Erzählung von Troja" (Finley 1992:19).

Platons Kritik, die sich anders als Finleys modern differenzierende Argumentation - Philosophie, Moral, Recht, Religion[33] - gerade auf eine ungeschieden-einheitliche Lebensordnung als ganze richtet, soll nun eingehender dargelegt werden, da sich nur so meine zu Finley gegensätzliche Einschätzung begründen läßt. Dabei darf nicht verwundern, daß ich auch auf Subjektfragen eingehe, wo es doch, wie oben angekündigt, um den inhaltlichen Aspekt gehen soll. Die Mythologie lebt aber untrennbar aus beidem. Am deutlichsten hat Kerényi diesen Lebensbezug der Mythologie herausgearbeitet, wenn er gegen Cassirers Bestimmung der Mythologie als „symbolische Denkform" oder gegen Lévy-Bruhls „prälogisches Denken" (Kerényi 1985:38) bzw. Claude Levi-Strauss' „mythisches Denken"[34] darauf insistiert, daß „lebendige Mythologie" gelebt werden muß: sie ist eine untrennbar-einheitliche „Ausdrucks- Denk- und Lebensform - *und dennoch ist sie stofflich*" (AR 21). „Daher ist das primitive Wort im wesentlichen nicht ein Diskurs über die Realität (...), sondern *die mit anderen Mitteln fortgesetzte Realität*" (Lyotard, zit. n. Vidal-Naquet 1989:203). Dies ist gerade in Hinsicht auf den Mythopoeten Homer von großer Relevanz, zeigt sich doch, daß seine Epen nichts sind außer unwahrer Dichtung, Erzählung, wenn sich seine Hörer nicht mehr in der besungenen Mythologie „*heimisch*" fühlen und nicht mehr an die Mythologeme glauben (AR 21), d.h. an die einzelnen Göttergestalten und ihre je besondere Epiphanie und Wirkungsweise.

---

[33] Diese nachträglich rationalisierende Sicht auf die vorrationalen Zusammenhänge muß als Schwäche des Ansatzes von Finley gesehen werden. Auch gelingt es Finley trotz seines differenzierten Ansatzes nicht, mit dem traditionellen Bild der Griechen als außergewöhnliche Zivilisation zu brechen: „Die Griechen der homerischen Zeit waren keine Wilden wie Malinowskis Trobriander, sondern sie lebten in einer, wie man zu sagen pflegt, archaischen Gesellschaft und standen in den folgenden Jahrhunderten auf einer bemerkenswert hohen Kulturstufe. Die Bitterkeit des Xenophanes im sechsten und Platons im vierten Jahrhundert v. Chr. zeigt allerdings deutlich, daß bei Beurteilung der Mythen viele ihrer Mitbürger die Ansicht der Trobriander teilten oder ihr zum mindesten näher standen als der symbolischen Auffassung" (Finley 1992:19). Es kommt mir hier nicht darauf an, der traditionellen Glorifizierung der Griechen ein Gegenbild entgegenzuhalten - das wurde schon von Detienne (1985), Vernant (1987) und Vidal-Naquet (1989) unternommen -, sondern die zu Platons Zeit bekämpften Relikte der Vorzeit, hier der Mimesis, aufzusuchen.

[34] Renate Schlesiers Arbeit über Levi-Strauss, *Der bannende Blick des Flaneurs im Garten der Mythen* geht, wie der Titel schon verrät, mit Benjamins Blick an den Strukturalismus von Levi-Strauss heran. Dies ist eine weiterführende Arbeit, die für meinen Kontext den Anschluß an die Mythologiediskussion leistet, weil auf dem Hintergrund der Benjaminschen Gedanken zur „profanen Erleuchtung" an das Thema herangegangen wird.

„Jeder Mythopoet ist ein >Lügner<, er und seine Volks- und Zeitgenossen w i s s e n es (sie wären abnorme, wenn sie es nicht wüßten), aber sie können davon ganz absehen, denn für sie ist der Mythos von der anderen Seite her wichtig: nicht darin liegt sein Schwerpunkt für sie, daß er die Schöpfung eines einzelnen ist, sondern darin, daß er von allen irgendwie real befunden wird" (Kerényi 1980:26).

In dem Moment, da der platonische Phaidros die Frage an Sokrates richtet: „Glaubst du, daß diese Sage wahr sei?" (*Phaidros* 229A), ist schon ihr Untergang in die „Unwahrheit" besiegelt. Die Mythologeme der einzelnen Göttergestalten und ihrer je besonderen Wirkungsweise als „kosmische Realität" brauchen nämlich ihre Entsprechung in den Menschen als „seelische Realität"; die Götter müssen ein „Realitätsgefühl" in den Menschen sein, wie Kerényi ausführt (Kerényi 1980:28f). Ist dies nicht mehr der Fall, dann „verschwinden" sie aus der Welt, verwandeln sich in „schönen Schein" oder in „symbolische Ordnung"[35]. Noch klarer wird dieser Zusammenhang

---

[35] Dieses „Verschwinden" will ich an einem Beispiel veranschaulichen, das nicht nur das Verschwinden der alten Ordnung als „seelische Realität" in den Menschen verdeutlicht, sondern zugleich die mythische Reflexionsweise von historischer Erfahrung und Erfahrungsbrüchen demonstriert. Ich wähle dazu die Mythologeme dreier unter sich in Verbindung stehender Göttinnengestalten aus: „Themis", „Nemesis" und „Aidos". Der „sprechende Name" (Koller) der Göttin Themis (was nach Kerényi nur ein anderer Name für die Große Mutter zu sein scheint, deren es so viele gibt) „bedeutet in unserer Sprache die Regel der Natur, die Norm des Zusammenlebens der Geschlechter, ja des Zusammenlebens der Götter und Menschen überhaupt" (Kerényi 1988, Bd 1:82). Es ist >themis< heißt: es ist nach der Ordnung. Wurde diese Ordnung durch Blutvergießen, Mord, Frauenraub verletzt und somit Themis nicht geachtet, wie es z.B. bei den dorischen Eroberungen der Fall gewesen war, dann erschien die Göttin „Nemesis", der „gerechte Zorn" und mit ihr ihre Gefährtin „Aidos", die „Scham". Diese zwei Göttinnen sind zwei Seiten eines Konfliktes, der gebrochenen Themis: „die Aidos im Menschen, der sich als Verletzer einer Ordnung sieht, die Nemesis aber gegen ihn auftretend, als die Gestalt einer Ordnung der Rache" (HS 56). Von beiden verkündet Hesiod, daß sie die Erde verließen als die Menschen sie nicht mehr achteten. In Helena, der irdischen Tochter, lebt Nemesis transformiert weiter; sie soll die Ursache für den Trojanischen Krieg sein. Themis indessen verändert sich dem Inhalt nach so weit, daß in einem homerischen Hymnos „hybris", das „Urübel", „themis" genannt werden kann (Dodds 1991:19). Diese mythologische Namensstudie deckt sich vollkommen mit dem von Dodds beschriebenen Übergang einer „Schamkultur" in eine „Schuldkultur". Die Göttinnengestalten können insofern gesehen werden als eine Mittelstufe zwischen der primitiven Tabuordnung und einer verinnerlichten „Gewissensinstanz" auf ethischer Grundlage, was Freud als den phylo- und ontogenetischen Entwicklungsgang von der äußeren Autorität zur inneren Autorität begrifflich faßt. Es entwickelten sich neue Formen, z.B. die Tragödie, deren Bedeutung vor allem auf dem Hintergrund dieser Übergangssituation zu sehen ist:
Dieser Untergang der „gerechten Ordnung" infolge einer Verletzung der natürlichen Ordnung, der mit Weinstock als das „Ende des tragischen Zeitalters" bestimmt ist, ist bekanntermaßen in der *Orestie* des Aischylos beschrieben: durch den Beschluß des neu etablierten Areopags, des ersten menschlichen Gerichts, eines Scherbengerichts, eingerichtet von Athene zur Schlichtung des Konflikts um den Muttermörder Orest, wurde die göttliche Macht der nemesisähnlichen Zorn- und Rachegeister Erinnyen in ihrer Präsenz im Realitätsgefühl der Menschen gebrochen. Hochsymbolisch wurden sie unter der Erde in einer Höhle vor dem Athenaheiligtum zum Verschwinden gebracht, denn es wurde noch vor einer endgültigen Verbannung gewarnt:
„Verbannt, was Furcht macht, nicht ganz aus der Stadt!
Denn wer, der nichts mehr fürchtet, bleibt im Recht?"
(Aischylos, zit. n. Weinstock 1956: 42)

von Individuum und Überindividuellem in Kerényis Ausführungen über den „Kosmos", als die „daseiende, wirkliche Welt" (Kerényi 1980:29) ausgedrückt. Hier zeigt sich genauer, was die Götter als „seelische Realität" bzw. „Realitätsgefühl" in den Menschen ausmacht.

> „Das Realitätsgefühl ist eben nichts anderes, als das Gefühl des Kosmos als kohärenten - lückenlosen und fortwährenden - Hintergrundes dessen, was der Seele erscheint, im vollen Sinne des griechischen Wortes: [Kosmos] ist die Wirklichkeit der Natur, die zugleich die Gültigkeit einer geistigen Ordnung in sich schließt. [Nach ausführlichen Erläuterungen heißt es:] Zusammenfassend dürfen wir sagen: Nur wenn man den Kosmos fühlt, fühlt man Realität. Und eben dies charakterisiert den antiken religiösen Menschen: seine Religiosität beruht auf der Gewißheit dessen, was in seiner Religion als Wirklichkeit des Kosmos ausgesprochen wird. An der Stelle des Glaubens hat er das Realitätsgefühl, das die antiken Göttergestalten begleitet" (Kerényi 1980:27f).

Wie anschließend im Abschnitt über die Mimesis des Tanzes und den Enthusiasmus gezeigt wird, wird dieses kosmologische Selbst- und Weltverständnis in der Verbindung der Göttergestalten mit den Mysterien der Lebensalter konkret[36]. Die Menschen können sich in den Göttergestalten und den Geschehnissen erkennen und so ihrer selbst „gewahr" werden auf einer mimetisch-rational vermittelten Ebene im Verhältnis ihres einzelnen und sterblichen Lebens, „bios", zur „zoé" des unendlichen (Gattungs-) Lebens.

So riet Athene den Athenern, ihre eigene göttliche Ordnung vor den Menschen schützend. D.h. die chtonischen Erinnyen wurden zwar entmachtet als gerechte Racheinstanz für vergossenes Mutterblut, als Teil der göttlichen Ordnung aber mußten sie im Interesse auch der olympischen Gottheiten bis zu einem gewissen Grad erinnert werden. Unter der Erde allerdings sind sie schon so gut wie vergessen. Von den Menschen erinnern sich nur noch die tragischen Dichter an sie, allen voran Aischylos, eben in seiner dreiteiligen *Orestie*, in der sich die alte und die neue Ordnung im Schicksal von Orest ineinanderschieben. Wie Nicole Loraux argumentiert, gibt es aber noch eine weitere symbolische Ordnung, die die chtonische Vergangenheit im Gedächtnis bewahrt: die sichtbare Stadtarchitektur am Beispiel der athenischen Akropolis (Loraux 1992). Sie ist im wahrsten Sinne des Wortes Baustein einer symbolischen Ordnung, die die Stadt strukturiert und damit auch wieder die Politik, die Ordnung der Geschlechter, Ethnien, Religionsgemeinschaften, kurzum das ganze Leben der Menschen.

[36] Daß es sich dabei nicht um „Archetypen" im Jungschen Sinne handelt, sondern um „Urbilder", die sich aus Menschheitserfahrungen mit ihren Naturverhältnissen entwickelten, ist hier hervorzuheben (vgl. *Bild, Gestalt und Archetypus* in: Kerényi 1980: 289ff; dazu auch: *Der große Daimon des Symposions*, HS 189ff, bes. 305). Auch wenn Kerényi über eine gewisse Zeit mit C.G. Jung zusammengearbeitet und mit ihm ein Buch zur *Einführung in das Wesen der Mythologie. Gottkindmythos. Eleusinische Mysterien* verfaßt hat, unterscheidet sich sein erfahrungsorientierter Ansatz wesentlich von dem Biologismus Jungs. Es kann also nicht davon die Rede sein, daß Kerényi „im Gefolge" von Jung stehe, wie etwa bei Christoph Jamme nachzulesen ist (Jamme 1991:85). Davon distanziert sich Kerényi selbst mehrfach ausdrücklich genug, z.B. wenn er zur „Unmittelbarkeit" des mythischen Geschehens erklärt: „Was in solcher Unmittelbarkeit seinsgemäß-menschlich geschieht, dem eignet das griechische Eigenschaftswort *archétypos*, >archetypisch<, >urbildhaft<, >prägend< - Mythen, Bilder, heilige Handlungen prägend und durch sie das Leben von Einzelnen und Gemeinschaften. Für sich existierende Archetypen und als Dimension für ihre Existenz das kollektive Unbewußte der Jungschen Psychologie werden da nicht gefordert" (Kerényi 1985:94).

Diese Gesamtheit der alten Ordnung war es, die von Platon grundlegend in Frage gestellt wurde, damit sich der Mensch mit Vernunft, frei von den alten „irrationalen" Sitten und Gebräuchen selbst bestimmen könne, ohne den Zwang zur >Nachahmung< und Verlebendigung der Mythologie, der durch die alten Geschichten in den Menschen wach gehalten wurde. Deshalb riß er diese kosmologisch geschlossene Verbundenheit im Zuge einer allgemeinen Umwertung der Werte auseinander[37]. Deshalb arbeitete er daran die „Traumform" des Daseins durch die „Vernunftform" zu ersetzen, wie nunmehr mit Bezug auf Elisabeth Lenks Platonkritik zusammengefaßt werden kann:

„In der *Politeia* von Platon kann man die Ablösung der einen Struktur durch die andere, der Traumform durch die Vernunftform, diesen Prozeß, der heute längst abgeschlossen ist, in statu nascendi studieren. Platon war der erste, der ganz ausdrücklich und im Namen der gesellschaftlichen Arbeitsteilung den Kampf gegen das mimetische Vermögen aufnahm, allerdings selber noch in mimetischer Form. Mit ihm beginnt der Prozeß der Vertreibung der mimetischen Vielheit aus der Welt und der Instituierung einer identischen Einheit, in der Gesellschaft sowohl wie in der Person. Die antimimetische Tendenz der Vernunft äußert sich hier noch als Kunstfeindlichkeit. Platon hat das mimetische Element aus der Kunst und die mimetischen Künste aus der Republik vertreiben wollen, um einer angestrebten Vernunfteinheit willen. Weder in der Literatur noch im Leben sollte der mimetische Zauber länger geduldet werden" (Lenk 1983:20).

Abschließend sei dazu auf Homers feste Bande zu den Göttern und ihrer Ordnung eingegangen, in denen sein Anspruch auf Wahrheit gründet. Ohne Zweifel waren Homers Epen ein erster Schritt aus dem oben beschriebenen Kosmos heraus und weg von der seelischen Realität der Götter in den Menschen. Wie Kerényi im bereits erwähnten Rundfunkgespräch mit Adorno über *Mythologie und Aufklärung* beschreibt, repräsentierte Homer die olympische Ordnung in einem Verhältnis zur archaischen Daseinsweise, das mit dem Verhältnis der Reformation zum Katholizismus vergleichbar sei. Seine Epen seien gekennzeichnet durch die Expurgation magischer und barbarischer

---

[37] Der Bedeutungswandel von >Nomos< spiegelt diese Entwicklung wider, denn die ursprüngliche, göttliche Ordnung >Themis<, aus der sich noch nach der Vorstellung der älteren Dichter und Philosophen, wie Hesiod, Solon, Pindar und Heraklit, alle menschlichen >Nomoi< ableiteten, wurde von dem philosophischen Nomos-Begriff abgelöst, der als Gegenbegriff zum ebenfalls neu entwickelten philosophischen Physis-Begriff als Naturgesetz, ein rationales System politischer Gesetzgebung bezeichnet. „Die Antithese >Physis gegen Nomos< beruht darauf, daß man das wahre >so sein<, dem menschlichen bloßen Schein entgegensetzte" (Kerényi 1980:327), letztlich die Seele, „Psyche", dem Körper, „Soma". In diesem Prozeß rückten interessanterweise Ausdrucksformen des Lebens der alten Ordnung auf die Seite der Natur und ihrer Gesetze, was jedoch nicht verwundert, wenn die Vorgeschichte des Wortes Physis mitbedacht wird. Es spannt sich nämlich auch hier ein Bogen zur chtonischen Großen Göttin: „als >sosein, wie es eigentlich i s t, indem es immer so w i r d <. Das ist die Physis, von der Heraklit wußte, daß sie sich verborgen zu halten liebt. [... sie] ist tiefer gelagert als das dem gewöhnlichen Auge Offenbare, es wird nur dem schärferen Blick göttlicher [...] Menschen zugänglich" (ebd. 326ff, vgl. auch 336f sowie MD 28ff).

Elemente und entsprächen einer Objektivierung der Mythologie, in der sich bereits die Autonomie des in sich ruhenden, weil - vermöge sich individuierender Subjektivität - zu festgesetzter Form gelangten Kunstwerks durchgesetzt habe gegenüber ihren unmittelbaren mythischen Begebenheiten. Sie trügen aber gleichermaßen einen unverkennbaren Zug des mythischen Zeitalters noch in sich, der später nicht mehr in die „neue geistige Lage" (AR 21) der platonischen Ära hineinpaßte: den von den Göttern legitimierten Anspruch der Dichter und Seher auf Wahrheit, den musischen Enthusiasmus.

Dem Mythos zufolge künden nämlich die Musen als Stimme der göttlichen Ordnung von der Vergangenheit, der Gegenwart, der Zukunft; aber nur wenige Menschen sind auserwählt, den Gesang zu hören und an ihre Mitmenschen weiterzugeben, wie Homer zum Beispiel oder Hesiod, der diesen Mythos überlieferte (!). Der menschliche Mythopoet sei also nicht der „Schöpfer" und „freie" Dichter seines Stoffes, sondern der hörende Empfänger des Wissens der Musen gewesen.

Materialistisch betrachtet und dechiffriert führte diese Tradition, zu einem erstaunlichen Bewußtsein über die Vergangenheit. Es wurden nämlich in der Überlagerung der einzelnen Mythologeme auch die vergangenen Kämpfe um realgesellschaftliche Vorherrschaft tradiert. Wie eine ausführliche Beschäftigung mit der griechischen Mythologie zeigen könnte, zeichnete sich das mythologische Zeitalter dadurch aus, daß es sogar den patriarchalen Vormachtskampf im Bild zur Sprache brachte[38]. Etwas von dieser Vergangenheit sollte im mythologischen Gedächtnis offenbar bewahrt bleiben und, wie transformiert und manipuliert auch immer, lebendig erinnert werden. Und diese Erinnerungsfunktion kommt noch den olympischen Musen zu. Als vom Olymp erwählte Vermittlerinnen zwischen Göttern und Menschen hatten sie aber bereits die Tendenz in sich, psychologistisch zur 'Inspirationsquelle' verflacht zu werden. Koller weist nachdrücklich darauf hin, daß die ursprüngliche Musen-Invocatio, das Herbeirufen der Musen zum kultischen Tanz bzw. im Kultlied, in der epischen Dichtung bereits zum bloßen Anruf, zur Formalie verflacht gewesen sei. Wenn also Homer nur die eine Göttin Musa anruft, dann bezieht er sich bereits nicht mehr auf eine archaisch alles umschließende Muse[39] sondern speziell auf seine dichterische Muse, die das, was er

---

[38] Ich brauche hier nur an die zahlreichen Raubhochzeits- und auch Vernichtungsmythen der Zeusreligion zu erinnern (vgl. exemplarisch: Zeus, Nemesis und Leda; Metis und Pallas Athene, in: Kerényi 1988 Bd. 1). In seiner Arbeit über *Die Nymphen* gibt Koller ein Beispiel für die Einbettung solcher Raubmythen in agonale Tanzspiele (vgl. MD 17).

[39] Die neun Musengöttinnen, wie wir sie heute kennen in ihrer allegorischen Zuordnung zu den schönen Künsten, dem geistigen Leben und bestimmten Wissenschaften, entstammen einer späteren Entwicklung

erzählt, als Wahrheit ausweisen soll. Die Muse ist hier zur „Gewährsgottheit" (Koller) für die treue Überlieferung geworden. Sie zeigt sich aber trotz alledem, aufgrund Jahrhunderte währender Überlagerungen von Mythologemen, spröde gegen eine einzige alleinige Wahrheit. Der Dichter steht in Gnade und in Abhängigkeit vom Musenwort:

> „Wir können viel Täuschungsreiches berichten, dem Wahren so ähnlich / Wir können das Wahre verkünden auch, wenn wir es wollen" (Hesiod, zit. n. MD 28).

Solch offene Eingeständnisse der Unsicherheit, Mehrdeutigkeit und Unerkennbarkeit in bezug auf die Wahrheit des mythologischen Stoffes, kamen Platon höchst gelegen zur Legitimation seiner Dichterkritik. Ganz offensichtlich war die „Wahrheit" des Mythos-Sagens nach Meinung der Philosophen „poetischer Wahnsinn, durch die Musen eingegeben" (Dodds 1992:38). Damit mußte Schluß sein im Interesse eines vernunftgeleiteten Individuums und seines nunmehr philosophischen Wahrheitsanspruchs. Eines Wahrheitsanspruchs, der paradoxerweise nicht nur bei Sokrates/Platon auf kryptomythologischem Fundament ruhte, wie u.a. ihre „Zitatsprache" zeigt[40], sondern inzwischen bereits seinerseits selbst weitgehendem Zweifel unterliegt. „Indem sie vom Mythos zum Rationalismus übergehen, lassen die Griechen den Mythos nicht hinter sich, und das, was wir ihren Rationalismus nennen, ist häufig der Mythos" (Vidal-Naquet 1989:205). Gerade aber an dem platonischen Bewahren eines wie auch immer logozentrierten Momentes von Enthusiasmus als „der Bedingung von Philosophie, von

---

des Musenkultes, die bereits stark rationalisierenden und arbeitsteiligen Einflüssen unterlag. An den einzelnen „musischen Tätigkeiten" sind noch ihre Funktionen im rituellen Fest zu erkennen: Wahl des Tanzortes, Zeitpunkt, Musik, Instrumente, Spiele, Tänze, Erzählung der Geschichte etc. Genaugenommen stehen die neun Musen am Ende des ursprünglichen Kultes der „Bergfrau" oder „Bergnymphe" Montja/Musa, die dem Umkreis der chthonischen Naturgottheiten angehörte und durch die Apollon-Religion in dorisch-patriarchale Zusammenhänge gerückt wurde (siehe: „Apollon musagetes", der Musenführer). Sie dominierten über die von ihrem Ursprung ähnlichen Nymphen und Sirenen (vgl. MD 36ff: *Heimat und Namen der Musen*; MD 25ff: *Musen und Nymphen*). Heide Göttner-Abendroth stellt diesen Zusammenhang als einen Aspekt der Abschaffung des Matriarchats durch das Patriarchat ausführlich dar (Göttner-Abendroth 1991:12ff).

[40] Aus der weitläufigen Literatur zu diesem Problem möchte ich nur Koller zitieren, der in seiner Abhandlung über *Die Komposition des platonischen Symposions* wesentliche Einsichten in das mythische Erbe Platons eröffnet. Er kann nachweisen, daß zum einen die „künstlerische Tätigkeit" Platons mehr als die Darstellung einer Reihe wirklich gehaltener Reden umfaßt und die Illusion von der Geschichtlichkeit des Symposions erzeugen sollte; zum andern kann er in der Analyse der von Platon angewandten Darstellungsweise eindeutig mythische Praktiken zum Vorschein bringen. Dies betrifft besonders die Gestalt der Diotima als „mythische Verweisung auf die Seher und Priester", die „Identifikation von Diotima und Sokrates" sowie den Bezug auf den Daimon Eros als antiken Mysterienstoff (vgl. Koller 1948:10f; 27f, 37f, 44; dazu: Kerényi, HS 289ff: *Der große Daimon des Symposion*; Platon: *Phaidros*; sowie allgemein zum Stellenwert des Mythos in der Philosophie: Kobusch 1990: *Die Wiederkehr des Mythos. Zur Funktion des Mythos in Platons Denken und in der Philosophie der Gegenwart*).

emphatischer Erkennntnis" erhält sich, wie Adorno es ausdrückt, eine „letzte Ahnung von der Rationalität in der Mimesis" (ÄT 488). Die göttlichen Urbilder werden in Ideen des Seienden transformiert, die der Mensch nur in besonderen Ausnahmefällen „schauen" kann.

„Wahrscheinlich wenige sind übrig, denen ein zulängliches Gedächtnis innewohnt. Diese aber, wenn sie hier ein Abbild der Wesen droben erblicken, so werden sie erschüttert, und sie sind außer sich - was ihnen aber geschieht, wissen sie nicht, weil sie es nicht recht durchschauen. Denn die irdischen Nachbilder der Gerechtigkeit und Besonnenheit und was sonst der Seele kostbar ist, haben keine Leuchtkraft, und wenn wir mit unsern schwachen Sinnen an die Bilder herantreten, erblicken nur wenige mit Mühe das Geschlecht des Urbildes" (Platon, *Phaidros* 249C - 250 B).

Vom erkennenden Subjekt aus betrachtet, bedeutet diese Konstruktion nichts anderes als ein in die Philosophie geflüchteter Rest der transzendierenden Nichtidentität archaischer Mimesis. Und genau dieser Anteil an der alten Lebensordnung in mimetischer Daseinsweise ist es, der in Adornos *Ästhetischer Theorie* den Kontext bildet für die Ausgangsthese dieser Arbeit[41]. Wie mit ethnologischen und altertumskundlichen Forschungen noch weiter vertieft werden könnte, sind dies alles aufschlußreiche Hinweise auf einen gewaltigen rationalistischen Umstrukturierungsprozeß, der zwischen dem 7. und 4. Jh. v. Chr. die gesamte soziale Struktur in ihren „Lebens-, Denk- und Ausdrucksformen" ergriffen und umgebaut hat. Und dies sind zugleich auch Hinweise auf jene noch ältere „Vorzeit" der kosmischen Verbundenheiten, die für die Betrachtung der Mimesis des Tanzes ausschlaggebend sind. Bei Platon läuft alles darauf hinaus, konatural-kreatürliche Lebenserfahrungen einzudämmen. Und wie wir aus der Entfaltung des übergeordneten kosmologischen Zusammenhangs gesehen haben, waren dies keineswegs nur jene „Ausdrucksformen des Lebens", nämlich „Melos, Rhythmos, Logos" (vgl. MA 20), die Platon im Anschluß an Damon problematisierte und die sich in formalisierenden Fragen zu Tonarten, Musikinstrumenten, Rhythmen

---

[41] Ich zitiere im Zusammenhang: „Jene Platonische Lehre ist zum Bildungsgut herabgesunken, ohne ihren Wahrheitsgehalt einzubüßen. Ästhetisches Verhalten ist das ungeschwächte Korrektiv des mittlerweile zur Totalität sich aufspreizenden verdinglichten Bewußtseins" (ÄT 488). Früchtl hat dieses mimetische Moment in der Philosophie in seiner Bedeutung für Adornos *Ästhetische Theorie* ausführlich behandelt (vgl. Früchtl 1986, Kap. III.3). Die Anlage seiner Argumentation zeigt jedoch, daß er die logozentrische Aufhebung von Mimesis aus der Lebensrealität in die Philosophie nicht unter dem Aspekt des Verlustes für die Lebenswelt berücksichtigt. Er bleibt in einer psychoanalytisch erweiterten Philosophierezeption, die Adorno mit dem Konzept des ästhetischen Verhaltens bereits überstiegen hat, z.B. wenn er mit dem Platonbezug die Rationalität bzw. den Erkenntnischarakter der Kunst als ein Mehr-wahrnehmen an den Dingen im ästhetischen Verhalten erläutert.

und Tanzschritten erschöpften (*Politeia*. 398c-400e)[42]. Wie aber hingen nun die oben erörterten Verbote mit der „Mimesis des Tanzes" zusammen? Welche Beziehungen gab es hier insbesondere? Zur Klärung dieser letzten Frage an Platon müssen wir unseren bisherigen Bezugstext *Politeia* verlassen und die *Nomoi* zu Rate ziehen.

Die *Nomoi* gelten als die wichtigste Quelle für die besondere Rolle des Tanzes im alten Griechenland. Einmal mehr wird hier deutlich, daß es sich bei den „Ausdrucksformen des Lebens" nicht nur um „Tanz" oder „Tanzschritte" im modernen Sinne handelt, wie dieser von Damon übernommene Begriff nahelegen könnte. In seinem Einteilungsschema der Tänze stößt Platon nämlich auf die besondere Schwierigkeit, kultische Mysterientänze nicht in seine Begriffssystematik einordnen zu können:

„Alle Tanzspiele (Darstellungen, Mimeseis) von Bakchantinnen und ähnlichen Wesen, als da sind *Nymphen* und *Pane* und *Silene* und trunkene *Satyrn*, die man bei solchen Tänzen gewöhnlich darstellt, indem man gewisse Sühnungen und Weihen vollzieht" (Platon zit. n. MD 21).

„Wir können sie weder zum friedlichen noch zum kriegerischen Tanzgenus rechnen, sondern müssen sie beiseite liegen lassen, da es sich nicht um [politische Genus] handelt" (Platon zit. n. MA 32).

Diese Mimesis der Nymphen, Pane, Silene und Satyrn kommen Platon in seinem abstrakt subsumierenden Kategorisierungsdrang ungelegen. Sie werden als unpolitische Genus, d.h. nicht der Polis anverwandelbare Tanzarten kurzerhand ausgeschlossen. Platons logozentrisches Urteil trifft insofern zu, als sie ursprünglich zur wilden Natur, zu Wald und Bergen gehörten. Sie beschworen Naturdämonen[43]. Franz Stoessl trägt diesbezüglich über die Zeit vom 8. zum 7. Jh. v. Chr. folgendes zusammen:

„Wohl allenthalben gab es in Griechenland längst ursprüngliche Vegetationsdämonen, die das drängende, treibende, zeugende Wesen der Natur verkörperten und in verschiedenen Gestalten, die menschlich als „Dickbäuche", oft dagegen tierisch gedacht waren: Phlyakes, Panes (in Bocksgestalt), Satyroi und Silenoi (in Pferdegestalt) [...]. Alle diese Dämonen und ihr Kult wurden von der Religion des Gottes Dionysos überschichtet, gingen in seinem Kult auf, sie sanken zu seinen Begleitern herab: Satyroi, Silenoi, Tragoi. [...] Ein *Fragment hesiodischen Charakters* [...] bringt die *Satyrn in genealogischen Zusammenhang mit den Nymphen und Kureten* [...]" (Stoessl 1987:52f).

Wir sehen, daß diese von Platon benannten dämonischen Wesen noch eine vorpolitisch-chtonische Welt repräsentierten; letztlich sollte also ihre Darstellung, nun als

---

[42] Ich kürze hier einen wesentlichen Gang der Kollerschen Argumentation zu den „Ausdrucksformen des Lebens" ab. Zum Nachweis, daß diese bei Platon mit Melos, Logos, Rhythmos bezeichneten Ausdrucksformen über dessen Gewährsmann Damon auf die pythagoreische Ausdruckslehre und ihren sozialen Kontext zurückverweisen vgl. MA 15ff, 21ff, 25ff.
[43] Ich gebrauche diesen Ausdruck als Sammelbegriff für Vegetationsdämonen, Naturgeister, Götterwesen, Spirits u.ä.

Ausdrucksform urtümlicher „Unordnung" stigmatisiert und verboten werden, weil sie das „Schlechte" und nicht das „Gute" trifft. Aus dieser Verbannung können wir aber auch schließen, daß dieses den chtonischen Naturgöttern verwandte „Gefolge" und seine Mimesis im „Realitätsgefühl" (Kerényi) der Menschen noch gegenwärtig waren, daß sie sogar - nachdem die neue Ordnung der Polis durch den „mörderischen Bruderkrieg" (Weinstock) mit Sparta radikal in Frage gestellt war - verstärkt wieder erinnert wurden, so daß sie umso rigoroser „verbannt" werden mußten[44].

Was an der Mimesis dieser Tänze war es aber, das den antiken Rationalismus zu ihrer exorzistischen Verfolgung trieb? Eine erste Betrachtung des „Tanzgeschehens", das von Platon lediglich als „das Ganze von Tanz und Gesang" beschrieben wird (Platon, zit. n. Georgiades 1958:37), kann uns darüber Auskunft geben. Die „Tanzkunst" ist nämlich „ihrem Ursprunge nach" nicht nur „zurückzuführen auf Darstellung des Gesprochenen vermittelst der Körperbewegung", wie Platon meinte (zit. n. MA 33). Nach Kerényis Auskunft konnte sehr wohl die ganze griechische Mythologie getanzt werden. Aber diese Art des mimischen Tanzes, der Pantomimos, wie er in Italien hieß, muß streng vom „Ur-Tanz" unterschieden werden:

> „Kein Ur-Tanz *stellt* den Mythos *dar*. Er *ist* selber Aussage, ein Mythos in der Sprache der Tanzbewegung. Er tanzt es aus: es, worauf es ankommt" (HS 286).

Kerényi hebt hier in aller Konsequenz auf den kultischen Tanz ab, der von Koller als das Bedeutungszentrum von Mimesis bezeichnet wird und auf einem offenbar uralten „rituell-darstellenden Verhalten" basiert, wie es Gehlen in aller Ausführlichkeit nachweist. Was sich aber historisch konkret hinter dem von Kerényi mit ontologischer Schwere beschriebenen „Ur-Tanz" verbirgt, wird im nächsten Abschnitt ausführlich behandelt. Eine erste Annäherung finden wir in Stoessls Beschreibung des Tanzgeschehens der Vegetations- resp. Naturdämonen:

> „Zu den Festzeiten dieser Dämonen schlüpften die Menschen in deren Gestalt und Maske und führten in dieser Vermummung Tänze magischen Charakters aus, die die Kraft der Dämonen in die sie Darstellenden eingehen lassen sollten. Der Mensch trat nicht nur aus seiner eigenen Identität heraus, sondern auch in die eines anderen, des von ihm dargestellten Wesens, ein [...]" (Stoessl 1987:52).

---

[44] Vgl. dazu Weinstocks These, daß sich allgemeine Unterdrückungsverhältnisse in der Polis in chtonischen Kulten „Luft" machten (Weinstock 1956:118f), die sich mit dem Problem der „Wiederkehr des Verdrängten" bei Freud und Horkheimer/Adorno deckt. Ebenso ist sie kompatibel mit Dodds These eines „Wiederauflebens" alter Kulturformen" in Zeiten sozialer Umschichtungen und Unsicherheit (Dodds 1991:32).

Wenn Platon also erklärt, daß die gesamte Tanzkunst ihrem Ursprung nach zurückzuführen sei auf Darstellung des Gesprochenen vermittels Körperbewegungen, dann trifft dies nur äußerlich-formal zu; das Wesentliche aber bleibt unterschlagen: die enthusiastische Ekstase. In dieser Mimesis des Tanzes vermischte sich auf eigentümliche Weise das „irdische Geschehen" mit dem „mythischen Ereignis" (MD 15) in jener (schon bei Homer angesprochenen) „Verdoppelung" der TeilnehmerInnen, die, mit Gehlens Worten, als eine „Transzendenz ins Diesseits" zu beschreiben ist, oder, mit Kerényis Worten, als eine „vereinigende Verwandlung". Koller benennt sie mit Cassirers Begriff „Transsubstantiation". Dieses so unterschiedlich benannte Phänomen ist offenbar zentral für das Verständnis der „Mimesis des Tanzes" und soll deshalb ausführlicher betrachtet werden. Es hat sein 'verzauberndes' Geheimnis im „Enthusiasmus". Erst nach seiner Betrachtung kann abschließend auf die sozialen und politischen Gründe seiner Bekämpfung im antiken Rationalismus eingegangen werden.

B 4. Mimesis des Tanzes als „Melos, Rhythmos, Logos" und die Erfahrung des Enthusiasmus

„Nur im Tanz, und zwar im Tanz, der in Wort, Musik und Bewegung eine Geschichte erzählt und gleichzeitig darstellt, finden wir die natürliche Sinnfülle der Grundbedeutung von Mimesis, aus der heraus die Aufspaltung der Bedeutung, die zum weiten, von uns zu Beginn abgesteckten Bedeutungsfeld führen kann, verständlich wird. Es ist klar, worauf diese Überlegungen zielen: eine solch enge Verbindung bestand ursprünglich nur in den Kulttänzen, im [hieros logos], der von den Priesterkollegien und ständigen Chören als heilige Handlung zum Fest aufgeführt wurde" (MA 38).

Diese eingangs schon zitierte These von Koller, die auch den Betrachtungen zur Katharsis sowie zum rationalistischen Umbruch des mythischen Zeitalters zugrundelag, soll nun aus der Perspektive des subjektiven Erlebens vertieft werden. Was genau ist diese Mimesis, die im Kulttanz ihr Bedeutungszentrum hat? Was ist diese „Mimesis des Tanzes", wie Koller sie in theoretischer Abgrenzung zu anderen, historisch späteren Erscheinungsformen, wie etwa der „Mimesis der Erziehung", der „Mimesis der Technai" oder der Mimesis Platons nunmehr nennt? Was ist diese besondere Einheit von Rhythmos, Melos, Logos, die über Damons Musiklehre in die Werke und Auseinandersetzungen von Platon und Aristoteles eingewandert war?[45]

In seinem zusammenfassenden Rückblick systematisiert Koller den Zusammenhang für die Entwicklung eines theoretischen Begriffs der Mimesis folgendermaßen: der kultisch-kathartische Tanz, in dem das Bedeutungszentrum der Mimesis liege, bildete als „Verbindung von Wort, Melodie, Rhythmus und Gestik" eine „naturgegebene Einheit menschlichen Ausdrucks", weshalb auch Mimesis „immer an den Menschen gebunden" sei; „sie ist seine Formwerdung" (MA 210). Diese durchaus subjekt- und bildungstheoretische Wendung zugleich soll nun, aufbauend auf den vorangegangenen Betrachtungen zur Eigentümlichkeit griechischer Religion und Daseinsweise am Phänomen selbst konkretisiert werden. Ex negativo, herausgefiltert aus dem, was verboten und verdrängt wurde, haben wir bereits folgendes erfahren: die lebendigen Ausdrucksmedien Wort, Melodie, Rhythmus, Gestik sind in einen übergeordneten Kosmos eingebunden, der auf archaische Kulte zurückverweist. Sie sind, wie das Mythos-Sagen, mit bestimmten Gottheiten verbunden, die im Realitätsgefühl der Menschen verankert sein müssen. Indem die Menschen die Mimesis des Kulttanzes praktizieren, treten sie aus sich heraus und verwandeln sich in die angerufene Gottheit oder deren Schwarm, ihr Gefolge. Masken müssen in diesem Prozeß der Verwandlung eine große Bedeutung

---

[45] Dazu ausführlich MA Teil A: Die Quellen der Mimesistheorien, S.15-79, Überblick auf Seite 119ff.

haben. In dieser Gesamtheit liegt das Geheimnis der „Verzauberung" im Tanz, der Trance, der Ergriffenheit, des Enthusiasmus beschlossen, hierin liegt auch der Grund des Verbotes, dem nun nachgegangen werden soll.

Ich schließe an die bisher benannten formalen Elemente der „Musik", der Musik „im weiteren Sinne" (MA 66) an, die auf dem Hintergrund der griechischen Religion und Daseinsweise transparent werden. Die Verbindung von Wort, Melodie, Rhythmus, Gestik im Tanz schloß nicht im modernen Sinne eine wort- und lautlose Tanzkunst mit dem zusammen, was wir heute arbeitsteilig zur Musik ordnen, nämlich den Rhythmus, die Harmonie, die Melodie eines Liedes, die Instrumentierung. In der mimetischen Einheit geht es um die in der Klassik sogenannte „Kunst der Musen", die „Kunst des gesungenen und getanzten Wortes" (MD 48), die auf den Ur-Tanz zurückverweist. Über das Moment des Logos als Heiliges Wort, d.h. in seiner Verbindung mit einem Mythos, haben wir einen, auch für uns Logozentriker, direkt nachvollziehbaren Anhaltspunkt für diesen Ur-Tanz als übergreifendes religiöses Phänomen. Es ist nicht beliebig, welcher Rhythmus, Melos, Logos >getanzt< wurde. Jede Gottheit hatte ihr eigenes Mythologem, eine besondere Epiphanie und Wirkungsweise, die erst als Ganzes eine feste Verbindung mit der „Wahrheit" eingingen und als solche im Realitätsgefühl der Menschen verankert war[46]. Und dieser überindividuellen Sinn stiftende >Mythos-Logos< ist in der mimetischen Verbindung von Melos, Rhythmos und Logos gemeint, nicht, wie retrospektiv häufig unterstellt, ein diskursiv-rational begründetes Argumentieren des philosophischen Logos (vgl. AR 15f). Vorgetragen wurde mit singender Stimme und in Versen, mit je besonderen, regional verschiedenen Instrumenten begleitet. Und es ist anzunehmen, daß sich darin eine bestimmte Zuordnung von Tönen, bestimmte Klangqualitäten herausbildeten, die spezifische Arten von Melos und Harmonia ausmachten[47]. Ebenso hat auch jede Göttergestalt einen bestimmten Rhythmus. Dieser muß als das zentrale Moment der Verbindung angesehen werden, weil er den rhythmisierten Logos, den Melos und die Tanzbewegungen zusammenschließt. Er

---

[46] Zur Einbindung der Epiphanie einer Gottheit in den Jahreskreislauf, den Sternenhimmel, die Landschaft und die visionäre Fähigkeit der Menschen siehe Kerényi 1976.

[47] Zur Entstehung der Musik im Zusammenhang mit Instrumenten, Gottheiten und Kultspielen, siehe MD 147-149: *Aulos und Kithara*. Sie findet u.a. ihren mythologischen Ausdruck in der Legende über den Silen Marsyas. Zum Zusammenhang von Instrument, Klangqualität, Tönen im Hinblick auf ihre Wirkung sei exemplarisch verwiesen auf Hegi 1988: *Improvisation und Musiktherapie. Möglichkeiten und Wirkungen von freier Musik.* Teil I: „Ein Ganzes in fünf Teilgebieten", Rhythmus, Klang, Melodie, Dynamik, Form; sowie auf Jakobs 1984: *Musiktherapie. Ein Beitrag aus anthroposophischer Sicht.*

hat sich wohl aus dem Kultruf entwickelt und dem Tanzlied seinen Namen gegeben zur Benennung der durch das Lied geweckten geistigen und lebendigen Kräfte: z.B. der „Dithyrambus", der das dionysische Lied kennzeichnete oder der „Paian", das Stampflied im Apollondienst. Nach Koller war „Paieon, Paian" „letzten Endes eine Verbindung von Singen, Rufen mit Schlagen, Stampfen des Bodens, also einem intensivierten Tanzen" (MD 112). Es liegt nahe, daß sich daraus die >Advocatio<, mit der das Tanzspiel eingeleitet und die Gottheit herbeigerufen wurde, entwickelt hat, um „voll der Gottheit" (entheos) und ihrer Kraft zu sein. Über die Advocatio „Iakchos! Iakchos!", bekannt aus den Chorliedern der attischen Komödien, besonders bei Aristophanes (z.B. *Die Frösche*, 1. Akt, 8. Szene), sagt Koller folgendes:

„Iakchos ist eigentlich der festliche *Ruf* der Mysten; im Taumel des Tanzes wird dieser Ruf zum Namen, zum göttlichen Wesen, das als solches aber nicht kultische Ehren genoß, sondern nur im Spiel, in der Aktion, gegenwärtig ist. Der Ruf wird zum *Namen des Tanzliedes*, zur Bezeichnung schließlich der durch das Lied geweckten geistigen Kraft, als Gott zum Erfinder seines Liedes. Ähnliches gilt von andern Liedern und Rufen, wie dem Linos und dem Paian. Aus dieser Existenz und gegenwärtigem Wirken des Gottes im Rhythmus und Tanzspiel seines Liedes ist es zu verstehen, daß jeder Gott sein eignes Lied hat und diesen spezifischen Melodien nur ihnen eigentümliche Wirkungen zugeschrieben werden. Aber auch alle andern Götter werden an ihrem Fest vom Chor zum Tanz herbeigerufen" (MD 18).

Diese leibliche Verankerung des Tanzspiels soll zunächst eingehender betrachtet werden, um noch klarer zu sehen, wie die „Musik" ihre „Darstellungen" „durch mehrere Sinne" bewirken kann und „so den ganzen Menschen" erfassen kann (MA 82). Im Zentrum steht der Rhythmus, der die ganze Natur und das Leben bestimmt: Jahreszeitenrhythmus, Rhythmus von Tag und Nacht, Wachheit und Schlaf, Ein- und Ausatmen, Bedürfnis und Befriedigung, Mangel und Erfüllung. Er ist das zentrale Moment, das Bewegung, Stimme, Wort und Sinn zusammenschließt und alle Sphären der menschlichen Existenz ergreifen kann, auch die soziale vom psychophysiologischen her, indem er „Atem-, Herz- und Muskelbewegungen" der einzelnen TänzerInnen zur Korrespondenz bringt (Mauss 1989:164)[48]. Er bildet die Basis dieses „Tanzes", dieses hochkomplexen Gesamtphänomens ebenso wie des von ihm hervorgebrachten Erlebens und

---

[48] Die von Marcel Mauss betonte „Einheit der Gesichtspunkte" beim „Rhythmus", „Tanz" und „noch im Ton", die „das Soziale, das Psychologische und Physiologische zur Koinzidenz" bringen (Mauss 1989:164), stehen nicht nur im Zusammenhang der Erforschung der „mentalen Mechanismen des Kollektivlebens des Individuums" (ebd. 162), der „sozialen Ansteckung" und „Massenseele" (Freud, Vierkandt). Es geht auch daraus hervor, daß er einzelne Momente von Mimesis aufgreift, wie z.B. die „rituelle[.] Gebärde, mimetisch ansteckend" sei (ebd.). Seine Reflexionen zum Studium des „vollständigen Menschen" münden in eine methodisch notwendige Interdisziplinarität zwischen Soziologie, Psychologie, Anthropologie. Sie können also auch als eine Unterstützung meines Ansatzes betrachtet werden.

der mit ihm ermöglichten Erfahrungen. Diese in der rhythmischen Durchdringung aller Sphären liegende besondere Kraft hat Thrasybulos Georgiades aus der Perspektive des griechischen Sprechens, das einen „musikalischen Klangkörper" beibehalten habe, zu erklären versucht:

> „Wir erfahren diese Einheit [von musikalischem Klangkörper und Sprache] in Gestalt des griechischen Rhythmus. Seine Wurzeln reichen bis in den Tanz (die Orchesis), bis in das Körpergefühl, jene menschliche Schicht des Vorgeistigen und des bloß Triebhaften hinab. Er ergreift also den Menschen von der urtümlichsten Schicht des bloß Körperhaft-Bewegungsmäßigen bis zu der höchsten, der des *Logos*, der Sprache. So ist im Altertum das unmittelbar auf die Welt der Sinne bezogene rhythmisch-musikalische Vermögen nicht nur in Musik und Tanz, sondern vor allem in dem am wenigsten mit Materie behafteten Äußerungsmittel, im Wort selbst, verwirklicht. Es handelt sich also nicht um Sprache, die eine Verbindung mit der Musik und dem Tanz eingeht, wie dies in den neueren Sprachen möglich ist. Es handelt sich nicht um Dichtung, die nun die Grundlage für eine Komposition bildet, die vielleicht auch außerdem getanzt oder allgemein choreographisch dargestellt werden kann" (Georgiades 1958:42).

Aus dieser Argumentation in der Tradition des Philhellenismus geht hervor, daß Georgiades den Rhythmus nicht am Gesamtphänomen Tanz sondern an der Sprache orientiert, was viele begeisterte Graecisten tun. Es spiegelt sich darin auch der rationalistische „Geist", der sich über den „Körper" oder den „Leib" und seine Gefühle erhebt und die „urtümlichste[.] Schicht des bloß Körperhaft-Bewegungsmäßigen" weit unter sich zu lassen bemüht ist. Für die Aussagekraft des Arguments bedeutet dies allerdings keine Einbußen. Kehren wir nämlich diese am „Logos, der Sprache" orientierte, rationalistische Betrachtung auf den Tanz um, d.h. von der „höchsten" zur „urtümlichsten Schicht" und den Wurzeln des Ganzen, gilt seine Beobachtung gleichermaßen: Rhythmus durchdringt den ganzen Menschen, von seinem Leib, jener Schicht des „Vorgeistigen", „Triebhaften", „Körperhaften" bis zur Sprache und dem Bewußtsein. Vielleicht äußert sich in dieser mimetischen Einheit das, was Mary Douglas in ihrer sozialanthropologischen Studie über *Ritual, Tabu und Körpersymbolik* sogar als ein „Bedürfnis" bezeichnet: „das Bedürfnis, alle Schichten der Erfahrung miteinander in Einklang zu bringen" (Douglas 1981:101f). Der Kontext zumindest verweist darauf, wenn sie sagt, daß dieses Bedürfnis „eine allgemeine Abstimmung der Ausdrucksmittel aufeinander" produziert, und wenn sie hinzufügt, „der Gebrauch des Körpers als Ausdrucksmedium wird mit den übrigen Ausdrucksmedien koordiniert" (ebd.). Ihr objektivierender Ansatz verhindert leider eine „Wendung aufs Subjekt", die den „Gebrauch des Körpers als Ausdrucksmedium" als lebendigen Ausdruck der Leiblichkeit, als ein „Instrument" im Sinne der Musik und nicht des Arbeitsprozesses begreifen ließe, wie später an der pythagoreischen Ausdruckslehre dargelegt werden soll. Bedenkenswert bleibt dennoch die sozialanthropologische Kategorisierung dieses Phänomens als „Bedürfnis".

Die in beiden Ansätzen zum Ausdruck kommende subjektive Dialektik von Mimesis und Ratio springt ins Auge, ist doch bei Adorno von „Mimesis" als „gleichsam physiologische[r] Vorform des Geistes" die Rede (ÄT 172) und redet doch Benjamin von der Sprache als der „höchste[n] Stufe des mimetischen Verhaltens" (AN 99). Erst dieser leibliche Horizont, dieser „Leibraum" der Mimesis, entschlüsselt Benjamins Ahnung einer Verbindung von Tanz und mimetischem Vermögen als „eine lebensbestimmende Kraft der Alten" (AN 97). Dies soll hier vorerst nur angedeutet werden, denn zunächst kommt es mir auf das durch den Tanz bewirkte Erleben an. Was wurde durch diese Einheit von Melos, Rhythmos, Logos im rituellen Tanz subjektiv hervorgerufen, in dieser „natürlichen Fülle der Grundbedeutung von Mimesis", wie Koller sagt?

Die ursprüngliche Stärke dieser Erlebnisse im Tanz darf keineswegs unterschätzt werden. Wir wissen durch Kollers Quellen, daß in den griechischen Städten der Antike an den Festtagen ein „Tanztaumel" selbst die angesehensten Bürger erfaßte. Sie hielten ihre persönliche Teilnahme für wichtiger als etwa ihre Abstammung oder ihre öffentliche Stellung. In der Zeit dieser Feste waren die Städte dem gewöhnlichen Leben für einige Tage entrückt (vgl. MA 98). Außerdem ist diese Kraft durchaus auch unserem Jahrhundert bekannt, und zwar nicht nur durch ethnologische Beobachtung von ekstatischen und Trancetänzen fremder Kulturen wie den Derwisch-Tänzen u.a. sondern auch durch die Tanzkultur Jugendlicher im „Rock 'n Roll", „Beat" und neuerdings „Techno"[49]. Auch wissen wir von den „außergewöhnlichen Tanz-Epidemien", die vom 14.-17. Jh. periodisch Europa befielen und deren Intensität zum Johannes- oder St. Veits-Tag zunahm. Die Menschen tanzten bis sie umfielen. Daher stammt das heute noch übliche Wort, einen „Veits-Tanz aufführen", was soviel heißt, wie sich ungezügelt und außer aller Konvention zu verhalten, die „Körper"- und Selbstkontrolle aufzugeben. Alle diese verschiedenen Tanzphänomene verdeutlichen einheitlich eine hochgesteigerte Erlebnisintensität. Sie eröffnen zugleich einen größeren Zusammenhang,

---

[49] Von großem kultursoziologischen und politischen Interesse ist an diesem sozialen Phänomen natürlich die Frage, inwieweit Techno, Rave-Party und Lovepurade eine im gesellschaftlichen Verhaltenskodex nicht mehr vorgesehene Verhaltensweise von bewegter Ausgelassenheit, Spontaneität und Sozialität realisiert und inwieweit sich darin, wie ephemer und fragil auch immer, ein Bedürfnis nach politischer und menschlicher Gemeinschaftlichkeit Ausdruck verschafft und formiert, das nirgendwo mehr einen sozialen Ort hat. Oder müssen solche Jugendphänomene als eine Demonstration der Negativität nicht mehr einlösbarer Kommunikationsbedürfnisse gesehen werden?

mit dem ich auf den „rituellen Tanz" und sein spezifisches Erleben, das in einer kosmischen Erfahrung gründet, zurückkomme. Hier nämlich verwirklicht sich ein Tanz, der in erstaunlicher Vollkommenheit mit Musik, Religion und Gemeinschaft zugleich verbunden ist (vgl. HS 277). Worin aber gründet diese integrative Kraft?

Nach Aldous Huxley gibt es Menschen, für die „der rituelle Tanz ein religiöses Erlebnis bedeutet, das zufriedenstellender und überzeugender ist als irgendein anderes [...]. Mit ihren Muskeln erhalten sie am leichtesten Kenntnis vom Göttlichen" (Huxley, zit. n. Dodds 1992:142). Diese Beobachtung einer religiösen Erfahrung im Tanz ist nach Kerényi bereits von einem anonymen, „erfahrenen Kenner der Religion im Altertum" beschrieben worden: „Getanzt wird im Kult [...], weil es der Wille unserer Vorfahren war, daß kein Teil des Leibes ohne die Erfahrung der Religion bleibt" (HS 286). Das leibhafte, religiöse Tanzerlebnis hebt sich in eine „Kenntnis vom Göttlichen" auf. Dieser Gedanke deckt sich zwanglos mit Gehlens Feststellung, daß es in der Archaik ursprünglich das Göttliche nicht abstrakt, sondern nur als „Anschauliches, Leibhaft-Gewordenes, selbst Lebendiges" gegeben habe (US 56). Der Mensch der archaischen Gemeinschaft „erlebt ganz leibhaft die chtonischen Dämonen", sagt auch Theodor Lessing (Lessing 1995:63).

Der in der alten Welt weitverbreitete Labyrinth-Tanz, zu dem auch der von Koller besprochene delische Kranich-Tanz zählt, ist ein herausragendes Beispiel zur Veranschaulichung dieser religiösen Erfahrung, denn Labyrinth-Sagen, -Zeichnungen und -Gebäude bedeuten die Auseinandersetzung mit Leben und Tod, bedeuten die Unterwelt. Wie Kerényi in seinen *Labyrinth-Studien. Labyrinthos als Linienreflex einer mythologischen Idee* zeigt, schließt der Labyrinthtanz als ein „gelebtes Urbild der Totalität >Leben -Tod<" (HS 272) individuelle Leibhaftigkeit und ihr Erleben mit überindividuellem Gattungsleben zusammen; er integriert das Erfahrungswissen um den Tod in das Leben. Bei den Griechen findet diese Auseinandersetzung ihr mythologisches „Vorbild" in der dem Labyrinth verbundenen Gestalt der Göttin Persephone (HS 231-235). Die Korrespondenzen zwischen dieser Göttinnengestalt und der Raumgestalt des Labyrinthos, d.h. dem „Linienreflex der mythologischen Idee", werden bei Kerényi ausführlich dargelegt, ebenso wie deren Ähnlichkeit mit Mythen in aller Welt. Was seine Studien jedoch besonders interessant macht für meinen Forschungszusammenhang, in dem vor allem der Bezug zur Leiblichkeit und den physiologischen Vorformen der religiösen Erfahrung herausgestellt werden soll, ist die folgende Entdeckung, die eine empirische Bestätigung der vom Ur-Tanz vermutlich ausgelösten leiblichen Phänomene gibt.

Kerényi entdeckt über einen dokumentierten Fall von „automatisme ambulatoire", einem zwar schlafwandlerischen, aber doch mit klarem Erinnerungsvermögen ausgeführten labyrinthischen Herumwandern, daß diese „circumambulatio", wie die rituellen Umgänge bei den Römern hießen, von dem Phänomen der Levitation begleitet war: „Wer das erleidet, fühlt die Tendenz, sich vom Boden zu erheben, als ob ihn ein kräftiger Wind packen würde. Man muß sich festhalten und sich irgendwie an die Erde haften" (HS 276). Diese Beobachtung auf die Tänze übertragend, die geheimnisvollerweise mit einem Seil getanzt wurden, an dem sich alle Mittänzer festhielten (der „Ariadne-Faden"), stellt er die Frage, ob denn das Seil zu demselben Zweck diente: „zum Sichfesthalten? Erlebten die Geranostänzer den befreienden Flug so stark, daß sie sich gegenseitig anfassen und sich an der diesseitigen Wirklichkeit anklammern mußten?" (HS 256).

Diese Hypothese, deren Verifizierung hier nicht aufgenommen werden kann, weil sie in das ekstatisch-mystische Phänomen des „magischen" (Eliade 1991:444) oder des „kultischen Flugs" (HS 259) führt, fügt sich wie keine andere in eine Erklärung dieser Tänze durch jenen mythologischen Gesamtkomplex ein, der oben als „Totalität >Leben-Tod<" benannt wurde. Mit der Abfolge der einzelnen Tanzabschnitte, zuerst „linksläufig", „in der Todesrichtung", „dann nach der erreichten Mitte rechtsläufig" „zum Ursprung des Lebens" (HS 256), vollzieht sich eine „Prozession"/ein Procedere „Durch den Tod ins Leben", wie Kerényi mit einem Chorlied des Euripides entfaltet (vgl. HS 258)[50]. In der griechischen Archaik, aus der diese antik-griechischen Tanzpraktiken stammen, galt noch immer, was Gehlen über die „archaische Mystik" sagt: Dieser labyrinthisch äußere Weg sei zugleich ein „Weg nach innen", der als dieser gedoppelte eine „Neuerfahrung des Außen" bewirke. Es habe die Praxis gegeben, durch „asketische Prozeduren" wie auch „durch aktiv herbeigeführte Trance- oder Ekstasezustände einen Innenzustand anzusteuern, in dem man in einen nichtalltäglichen Erfahrungsbereich transzendiert, um diese Erfahrungen dann im Alltag festzumachen" (US 119f). Diese beiden Verhaltensmodi, die asketische und die orgiastische Ausprägung

---

[50] Um eine, wenn auch nur sehr mittelbare Anschauung von der Bedeutung des Labyrinths zu bekommen, empfiehlt sich immer noch die berühmte Kathedrale von Chartres mit ihrer eigentümlichen Version des Labyrinthganges. Das sogleich am Gemeindeeingang der Kathedrale auf dem Boden dargestellte Labyrinth bewirkt im exakten Durchschreiten eine erste Stufe der leiblich-geistigen Einstimmung auf die besondere religiöse Erfahrung der folgenden Sakralhandlung; weitere Quellen zum Labyrinth-Tanz vgl. Fritsch 1988:124ff.

der archaischen Mystik (US 120), bildeten zusammen, neben den beiden gleichursprünglichen „rational-praktischen" und „rituell-darstellenden Verhaltensweisen", eine dritte Verhaltensklasse, die Gehlen als eine „Umkehr der Antriebsrichtung" umschreibt. Damit meint er „ein Verhalten, das die Veränderung des eigenen Innenzustandes, der eigenen Bewußtseins- oder Antriebslage erstrebt" (US 93)[51]. Darauf ist näher einzugehen.

Die kultivierte Form des rituellen Tanzes, die wir bei den Griechen vortrefflich dokumentiert vorfinden (was sie für die Mimesisreflexion so besonders interessant macht) muß als eine Art innere Technik im Sinne einer Kunst verstanden werden, das Leben führen zu können: als eine „Erfahrung der Religion" im Tanz, die ineins damit pointierte „Selbst-Erfahrung" ist durch die Erfahrung des Anderen.

„[Es gehört nach Gehlen zu den archaischen Überzeugungen]: daß der Mensch sich nicht selbst direkt verstehen kann, sondern nur von einem Nichtich aus, und daß er zum Nichtich zu werden hat. Von den uralten mimischen Riten, in denen man sich entäußert, indem man ein heiliges Tier darstellt, bis zu den Mysterien der Hochreligionen scheint es hier eine Kontinuität der Form zu geben, wenn auch nicht der Inhalte. Der Mensch bekommt einen neuen Status, er zieht eine neue Wirklichkeit an, wenn er sich mit etwas identifiziert, was er nicht selber ist - das ist eine anthropologische Konstante. Und dazu bedarf es einer Vorbereitung, eines inneren Weges, einer 'Umkehr der Antriebsrichtung'. Das Innere des Menschen ist dann nicht jeweils das, was bloß weggelebt wird, und noch weniger pathosbesetzte Subjektivität oder Fakteninnenwelt, sondern es ist selbst Material eines gerichteten Handelns zu einem Ziel hin" (US 121).

Für die Annahme über die Mimesis des Tanzes als Moment archaischer Lebensführung finden wir bei Gehlen zwar dezidierte Anhaltspunkte, sie sind aber leider im Rahmen seiner konservativen Kulturkritik mehr als marginalisiert. Sie tauchen als die „barbarischen Formen des Rausches und der Ekstase" (US 262) in den Verhaltensweisen zur Umkehr der Antriebsrichtung auf, die den besser geeigneten asketischen Weg, der die „unmittelbaren, leibnahen Formen" ausgrenzt (US 260), in der phylogenetischen Entwicklung zunächst verdeckt gehalten haben sollen. In dem Phänomen, das

---

[51] Gehlen macht mit Recht darauf aufmerksam, daß das „rituell-darstellende Verhalten" in der Einheit von Mythos und Kult bereits aus der „archaischen Verbindung mit der Lebenspraxis" (im „Urritual") herausgetreten ist (US 260). Es geht für ihn in „aufführenden" Kulten und zugeordneten Mythen auf, was heißt, daß es seine primäre Funktion als Stabilisierung der Lebensführung verloren habe (US 220). Insofern übernehme es in mythologisch eingebundenen Religionen in der „rituellen Darstellung" die Funktion eines „sichtbaren Außenhalts" (ebd.), bevor es in der Kunst als „künstlerisch-darstellendes Verhalten" diese Verbindung ganz abstreife und freigesetzt würde. Damit aber unterschätzt Gehlen die Bedeutung des rituell-darstellenden Verhaltens, denn seine Abgrenzung zur „Umkehr der Antriebsrichtung" ist offensichtlich problematisch. Solange das „rituell-darstellende Verhalten" in die gelebte Einheit von Mythos und Kult integriert ist, ist es für die Menschen mehr als die bloße Aufführung eines Kultrituals. Als „selbsttätige Darstellung" (MA 99) berührt es auch hier formgebend die innere Natur des Menschen, d.h. es impliziert durchaus auch Momente von „Umkehr der Antriebsrichtung".

Gehlen hierzu beschreibt, und zwar abwertend beschreibt, ist ganz deutlich die hier zur Diskussion stehende Mimesis des Tanzes gemeint. Als orgiastische Form der Ekstase, wird sie gegen die asketische ausgespielt, weil sie „Entdifferenzierungs-Sensationen" hervorbringe. Diese Seite einer Erfahrung des „Nichtich" zielt nach Gehlen in die falsche Richtung:

> „Alle Formen des Rausches und der Ekstase, beginnend mit endlosen monotonen Tanzrhythmen in Begleitung ebenso endloser erregend-hypnoider Töne und endend mit beliebig toxischen Nachhilfen setzen also ein wesentliches Merkmal des Menschen schlechthin fort, das nur in dieser Form bewußt wird. Und diese Hypothese bestätigt sich, wenn wir sie auf einer zweiten Linie wiederfinden. [...] Die asketische Ekstase hat gegenüber der orgiastischen den eminenten Vorzug der Protrahierbarkeit, es ist also ihre Stabilisierung als *Zustand* möglich [...]. Die asketische Umkehr der Antriebsrichtung läßt im Gegensatz zur orgiastischen den Willen und das Bewußtsein intakt, ja sie konzentriert beide, und gerade weil hier keine Entdifferenzierungs-Sensationen vorkommen, ist der methodische Einsatz des Willens zu einer Steigerbarkeit der Zustände hin möglich" (US 241f).

Ganz anders ist bei Kerényi die innere Technik des Tanzes beschrieben als eine genuin zur Einheit von Mythos und Kult gehörende. Er versteht sie als ein bewußt eingesetztes Mittel wie Wein, Mescalin etc. zur „künstliche[n] Steigerung der Spontaneität bis zur Ekstase, bis zum Verlieren der Fähigkeit zur Beherrschung und Absicht" (Kerényi 1985:95). Damit betont er gerade das positiv, was bei Gehlen als barbarische Form abgewertet wird. Anders als dieser sieht Kerényi in diesen „unmittelbaren, leibnahen Formen" die authentische Praxis mythischer Religiosität und Lebensweise, die in sich rational begründet ist. Diese Art der „'Technik' ist *techne* auf dem Weg der Selbständigkeit, des Fürsichseins" (ebd. 95). Nicht zufällig hat auch Koller mit Nachdruck auf den gemeinsamen Ursprung dieser Erfahrungs- und Verhaltensformen in der Mimesis des Tanzes verwiesen. In „orgiastischen Tänzen" ist die Heilkraft der Musik, der Musik im weiteren Sinne, beobachtet worden - wie später an der pythagoreischen Ausdruckslehre gezeigt wird - „die Enthusiasmusbehandlung [war] in erster Linie durch tänzerische Selbstaktivierung erreicht" worden (MA 102).

Wir sehen, daß Gehlen jene Spur, die Koller in seiner Mimesisuntersuchung mühevoll freilegen mußte, nämlich ihre Herkunft aus orgiastischen Tänzen, als einen zur Bildung individueller Subjektivität ungeeigneten Weg einschätzt, als eine Art primitive Vorform, die das entscheidende Merkmal der „Selbststeigerung", die Differenzierung von der Außenwelt mittels Willen und Bewußtsein, noch nicht aufweise, ja gerade von gegenläufigen „Entdifferenzierungs-Sensationen" begleitet sei. Das aber verfehlt nun gerade das entscheidende Moment einer noch nicht an der „Identität" des individuierten Subjekts orientierten Vergesellschaftungsform, die, wie Marcel Mauss sagte, den

„Eintritt in Ekstase" als „Eintritt in die Gesellschaft" begriff (zit. n. Lenk 1983:300). Und Mary Douglas zufolge entspricht auch das „Aufgeben der Körperkontrolle in gewissen Ritualen den Erfordernissen der in ihnen zum Ausdruck kommenden sozialen Erfahrung" (Douglas 1981:106). Hinter Gehlens Sichtweise verbirgt sich indessen eine die Ratio verabsolutierende Geschichtsbetrachtung, die das wahre Leben als ein „Leben im Geiste", im logozentrisch-ethischen Denken und Handeln bestimmt. Dagegen waren die archaisch-kreatürliche Lebensweise und ihre „barbarischen Formen des Rausches und der Ekstase" nicht an einem abstrakt-rationalen Geist sondern an einer auch ihn, da alles biozentrisch umfassenden Lebendigkeit orientiert[52].

Mit diesen Ausführungen zur „Mimesis des Tanzes" als einer kulturell entwickelten Form des archaischen Umgangs mit der inneren Natur (Affektformierung) komme ich noch einmal auf die leibliche Verankerung der Musik zurück und schließe wieder an die leibhafte Erfahrung der Religion an. Ich fasse zunächst das bisher Erarbeitete zusammen: In allen Kulttänzen ruft der Tanzchor mit der „Advocatio" einleitend die Gottheit herbei und stellt so eine Wirkung her, die deren Ankunft im Kreis ankündigt („Enthusiasmus"). Der Tanzchor verwandelt sich dabei in das Gefolge („thiasos") dieser Gottheit, oder besser, wie Koller klar formuliert: „der feiernde Chor konstituiert diesen thiasos erst" (MD 20). In der Mimesis dieses in „melos, rhythmos, logos" eingebundenen griechischen Tanzes bringen die TänzerInnen die mythischen Gestalten in „Verwandlung" (Kerényi) ihrer selbst hervor. Sie treten aus dem „irdischen Dasein" heraus („Ekstase") und sind für die Dauer ihrer Ekstase von der göttlichen Kraft, deren Rhythmus getanzt wird, „ergriffen" und „besessen". Koller benennt diesen Zustand mit Cassirer „Transsubstantiation"; Kerényi spricht sogar von einer „vereinigenden Verwandlung", was mir insofern treffender erscheint, als die Seite der Verbindung mit der Gottheit darin mitklingt[53]. Die Menschen gehen aus sich heraus mit dem Ziel, sich mit

---

[52] "Buddha und Christus geben das Leben auf, um „das *wahre* Leben, das Sein im Geiste zu gewinnen. Das Heidentum dagegen gab den Geist auf und *an* das Leben *dahin*" (Lessing 1995:60). So differenziert Theodor Lessing den Unterschied zwischen den Arten der Mystik vor und nach der „Entzweiung mit der Erde" (ebd. 57), wobei er die archaische Transzendenz ins Diesseits als ein An-das-Leben-dahingeben treffend beschreibt - wenngleich von einer willentlichen Hingabe des Geistes noch nicht die Rede sein kann, da es diese Trennung noch nicht gab. Näheres zu Buddha und Christus, s. ebd. 61. Hier soll nur am Rande erwähnt werden, daß Lessing im Rahmen seiner „panischen Philosophie", die gegen die rationalistische Kulturentwicklung auftritt, unter den Begriffen der „Bildkraft" und der „Ahmung" (ebd. 8, 58, 51) wichtige Aufschlüsse für eine Dialektik von Mimesis und Ratio beiträgt.
[53] Dazu Koller, Cassirer zitierend: „>In allem mythischen Tun gibt es einen Moment, in dem sich eine wahrhafte Transsubstantiation - eine Verwandlung des Subjekts dieses Tuns in den Gott oder Dämon, den es darstellt, vollzieht< oder >Es gibt hier (bei der mythisch-tänzerischen Darstellung) nirgends ein

der Gottheit, ihrer Kraft, zu vereinigen und für die Dauer ihrer Ekstase sind sie „menschengestaltige[.], göttliche[.] Wesen" (MD 21). Nach einer Beschreibung der Verwandlung von Mädchen und Frauen in Nymphen, Musen, Mänaden und Thyiaden (vgl. ebd. 19f) und einer Aufzählung der Entsprechungen für Jünglinge und Männer, für die es Tänze als Pane, Kureten, Korybanten, Silene, Satyroi gibt, faßt Koller zusammen:

> „Alle diese halbgöttlichen und göttlichen Wesen sind nicht konventionell weitergegebenes Personal eines mythischen Götterapparates, sondern sind aus dem kultischen Spiel der Aufführung und Darstellung geborene Wesen, die sich in jedem Spiel neu schaffen in der Mimesis des griechischen Tanzes. [...] Eine aufmerksame Lektüre griechischer Zeugnisse über diese uns so fremd anmutenden Erscheinungen kann darüber keinen Zweifel lassen: die Bakchantinnen und andere <vom Gott Ergriffene> sind für die Dauer ihrer Ekstase göttliche Wesen. Verklingt aber der Rausch, so kehren sie wieder ins gewöhnliche Dasein zurück: <Es ist ähnlich wie mit den Bakchantinnen, die nur in diesem Zustand der Verzückung aus den Strömen Milch und Honig schöpfen, nicht aber wenn sie bei voller Besinnung sind>, sagt Platon in einem Vergleich" (ebd. 21).

Wie Koller am Beispiel der Nymphen gezeigt hat, die an bestimmten Berggipfeln, Quellen, Bäumen und anderen Orten der Kraft wirken, sind sie keine Personifizierungen dieser „heiligen Orte", wie z.B. die Allegorie der Quellnymphe suggeriert. Vielmehr ist mit diesem Wort, das vermutlich nachträglich eine Fixierung zum Eigennamen erfahren hat, so etwas wie die Kraft des Lebens benannt: „die geheimnisvolle, unfaßbare Kraft, die allem Lebendigen entströmt und die Menschen in der freien Natur erfaßt, das stets sich erneuernde sprudelnde Strömen der klaren Quelle, das pulsierende Leben [...]" (MD 22). Koller unternimmt hier den Versuch, ein in unserer Kultur verschüttetes urspüngliches Wissen über die Lebendigkeit wieder zu aktivieren. In der auf mythischen Zeugnissen begründeten Rekonstruktion der Nymphen als „lebendige Kraft des Lebens" ist nämlich jene Lebensenergie angesprochen, die wir heutigen Europäer, anstatt sie aus dem eigenen Lebensumkreis erfahren zu können, uns aus fremden, z.B. fernöstlichen Lebensweisheiten wieder aneignen müssen. In unserem Kulturkreis ging dieses Wissen im Zuge der Rationalisierung aller Lebensbereiche verloren. Die vitalkreatürlichen Lebensgrundlagen sind zerstört, wie der Bankrott unseres Gesundheitssystems und der Boom der sog. Esoterik gleichermaßen zeigen[54].

---

bloß Bildhaftes, eine leere Repräsentation; es gibt kein bloß Gedachtes, Vorgestelltes oder Gemeintes, das nicht zugleich ein Wirkliches und Wirksames wäre<" (MD 21).
[54] Wie die Anstrengungen von Brecht, Hesse, Lessing, Graf Kayserling und anderen Kulturkritikern zeigen, wurde die Beschäftigung mit fernöstlichen Weisheiten zu Anfang dieses Jahrhunderts „fast Mode", so ein Kommentar Max Webers (RS 276). Mit dieser „Orientierung" (Kayserling) wurden krisenhafte Züge der westlichen Kultur und ihrer Entwicklung vor dem Hintergrund gattungsgeschichtlicher Alternativen thematisiert. Auch Weber hatte in Studien zur altchinesischen Rationalisierung eine Alter-

Was in der bisherigen Darstellung der Mimesis in Einheit von Melos, Rhythmus, Logos noch keine Beachtung gefunden hat, ist der Umstand, daß sie als ein Moment des Kultspiels immer in Verbindung steht mit anderen Kulttechniken, mit den Kultgeräten wie Masken, Haarschmuck, ritueller Kleidung, Schwirrhölzern/Trommeln etc., mit Kultbildern, Düften, Ölen, Farb- und Lichtreflexen, die insgesamt einen atmosphärisch erfahrbaren zeremoniellen Rahmen schaffen bzw. dem leibhaften Empfinden im Tanz eine äußerlich wahrnehmbare Formung geben. Die Maske hat dabei den bedeutendsten Anteil.

„Das Geheimnis des heidnischen Rituals lag in der Verdoppelung, wie sie in der Maske zum Ausdruck kam. In der Maske wird deutlich, daß ursprünglich die Menschen gerade das der Gesellschaft Fremde anbeteten, das Unbeherrschbare, was den Bestand der menschlichen Ordnung bedrohte [...]. Durch das Aufsetzen der Maske verwandelten die Menschen sich in das, wovor sie Angst hatten" (Lenk 1986:182).

Die „Verwandlung in der Maskenzeremonie" (ÄT 485) wirkt nicht nur auf die anderen Menschen (vgl. den Abwehrzauber der Masken, z.B. der „Gorgo"), sondern auch auf die MaskenträgerIn selbst. Vernant beschreibt diesen von der Maske bewirkten „Verdoppelungseffekt" folgendermaßen:

„Die Besessenheit: eine Maske tragen heißt, aufzuhören man selbst zu sein und vielmehr während der Maskerade die jenseitige Macht zu verkörpern, die sich unserer bemächtigt hat, deren Gesicht, Gebärden und Stimme man vollständig nachahmt. Die Verdoppelung des Gesichtes als Maske, die Überlagerung des ersteren durch die letztere, die es unkenntlich macht, setzen eine Entfremdung vom eigenen Selbst voraus, eine Beschlagnahme durch den Gott, der uns Zaum und Zügel anlegt, uns zureitet und in seinen Galopp mitreißt -; zwischen Mensch und Gott stellt sich also eine Berührung her, ein Austausch des Status, der bis zur Verwechslung, zur Identifikation gehen kann; in solcher Nähe jedoch wird ein Sich-selbst-Entrissenwerden begründet, die Übertragung in eine radikale Andersheit, während sich diese Intimität und diesen Kontakt größte Distanz und vollständigste Entgrenzung einfügen [s' inscrivant]" (Vernant 1985:418f).

Diese Beschreibung gibt eine scheinbar klare Antwort auf Adornos Frage, ob denn der Maskenträger bei seinem Spiel „noch scharf zwischen sich und der gespielten Rolle distinguieren" könne (ÄT 485). Nach Vernant wird zwar „der Betrachtende sich selbst

---

native zum okzidentalen Rationalisierungsprozeß entdecken können. Als ein Resultat seines Vergleichs zwischen Konfuzianismus und Puritanismus hält er fest: „Die E r h a l t u n g dieses Zaubergartens aber gehörte zu den intimsten Tendenzen der konfuzianischen Ethik" (RS I:513). Benjamin führte diese Suche nach einer Umorientierung im Okzident auf die Verbreitung einer neuartigen Erfahrungsarmut zurück, auf eine „neue Armseligkeit", die mit der ungeheuren Entfaltung der Technik über die Menschen gekommen" sei. Er monierte schon damals jene Tendenz zum Surrogatcharakter fremder Kultureinflüsse, die auch heute größtenteils die Beschäftigung und das Geschäft damit begleitet: „Und von dieser Armseligkeit ist der beklemmende Ideenreichtum, der mit der Wiederbelebung von Astrologie und Yogaweisheit, Christian Science und Spiritismus unter - oder vielmehr über - die Leute kam, die Kehrseite. Denn nicht echte Wiederbelebung findet hier statt, sondern eine Galvanisierung" (Illu 292).

entrissen", „wird besetzt", hört auf, er „selbst zu sein", und an diesem Punkt scheint keine Unterscheidung mehr möglich. Aber dennoch läßt die „Identifikation" mit der Gottheit und auch das „Sich-selbst-Entrissenwerden" nicht unbedingt einen solchen Rückschluß zu. Das ekstatische Außer-sich-sein in einer Gottheit als spezifisches Erlebnis des „Selbst" zu erfassen, eines „Selbst", das durch Entgrenzung zu sich kommt und so (über das Nicht-Ich) sein Leben verstehen lernt (wie wir es beispielsweise aus der ontogenetischen Frühphase kennen) kann durchaus ein Individuationsprozeß sein - unter einer Bedingung allerdings: daß noch nicht das politische Identitätsprinzip herrscht. Deshalb muß der oben im Kontext des Tragödienschauspielers angesprochene Aspekt des „Nichtechtseins im Kult", dessen Ambivalenzen zwischen „daran glauben und es sein" mit einer Beobachtung von Ad. E. Jensen belegt wurde, nun aus dieser fatalen Alternative des „entweder glauben oder sein" herausgelöst werden. Es geht dabei um eine dritte Möglichkeit, die heute durch den Zwang zur Identität fast schon nicht mehr gedacht, geschweige denn gelebt werden kann, ohne als verrückt zu gelten: es geht um die Möglichkeit des Außer-sich-seins als Bei-sich-sein-im-Anderen, wie dieser Zustand im Anschluß an Hegels Bestimmung des natürlichen Gattungsprozesses dialektisch gefaßt werden kann.

Konkretisiert an der durch die Maske bewirkten Begegnung mit dem „Archetypus" [55], beschreibt Kerényi eine durch dieses „wahre[.] Zaubergerät" ausgelöste „schöpferisch miterlebende Ekstase". Diese leibliche Erfahrung befördere eine „geistige", wie es in *Vom Wesen des Festes* heißt (AR 59). Wobei es ihm, seiner Untersuchung über *Mensch und Maske* zufolge, „um die Begegnung des *Menschen* mit dem nichtindividuellen - sei es göttlichen oder tierischen, sei es heroischen oder nur typischen - Gesicht" (HS 355f) gehe. Welche Reaktionen aber bringt diese Begegnung hervor?

„Es ist eine erschütternde Begegnung [...]. Wie könnte - würde der Psychologe sagen - eine Art Begegnung mit dem Archetypus, im Fall der [von Kerényi besprochenen] Silenosmaske dem Vaterarchetypus, nicht erschütternd sein? Das menschliche Antlitz, sonst der Träger individueller Züge, der Züge einer >Persönlichkeit<, wie dieses Einmalige mit einem Bedeutungswandel des lateinischen Wortes für Maske, >persona<, genannt wird, ist da die Erscheinungsform des Allgemeinen und Kollektiven. Die Situation des Menschen zwischen einem *individuellen* Sein und einem weiteren, alle Gestalten annehmenden, *proteusartigen* Sein wird in der Maske sichtbar. Daher die schöpferisch miterlebende Ekstase, die die Maske hervorruft und verbreitet. Sie ist ein wahres Zaubergerät, das dem Menschen in jedem Augenblick ermöglicht, solcher Situation inne zu werden und den Weg in eine weitere, geistigere Welt zu finden, ohne die Welt eines naturhaften Daseins zu verlassen" (HS 356).

---

[55] So wie Kerényi diesen Zusammenhang zwischen Realität und (archetypischen) Urbildern entwickelt, kann sein Ansatz als eine erfahrungstheoretische Fortführung der materialistischen Religionskritik gelesen werden (siehe Kerényi 1985, Kap. 5 u. 7; vgl. dazu Anm. B 36).

Hier liegt der letzte Schlüssel zum Verständnis der enthusiastischen Ekstase und der Verdoppelung in ein göttliches Wesen. Dieses Zaubergerät Maske, die verzaubernden Melodien und die Mimesis des Tanzes als innere Technik der Ekstase ermöglichen das Spiel mit jenem Anderen, das latent auch im Individuum selbst steckt. In dem phylogenetisch frühen (Kult-)Spiel der Erwachsenen mit der „Nichtfestgelegtheit" des Menschen (Lenk 1983:300) zeigt sich das Gegenbild zur modernen „Identität jedes Einzelnen mit sich selbst" (MM 201). Es drückt sich darin aber nicht nur eine spontane Lust am Anderssein aus, die über alle „Freude an der Nachahmung", wie im Anschluß an Aristoteles (*Poetik* 1448b) häufig formuliert wird, hinausgeht. Vielmehr muß es auch als Niederschlag einer sozialen Ordnung gesehen werden, einer sozialen Ordnung, die das Individuum noch nicht auf Identität einschwört und die in einer metaphysischen Götterwelt Anstöße für das lebendige, d.h. auch leiblich-physische Sich-selbst-Begreifen gibt. So betrachtet können diese Formen als archaische Vorstufe jener „Technologien des Selbst" verstanden werden, die Foucault an der griechisch-römischen Antike herausgearbeitet hat (vgl. Foucault 1993:28ff).

In der üblichen Rezeption der kultischen Ekstase wird allzu oft vergessen, daß es eine höchst ausdifferenzierte Kultur dieser „Verdoppelungen" zum „Gefolge" einer Gottheit und der „vereinigenden Verwandlung" gab. So gehörten zwar die von Platon erwähnten Nymphen, Silene, Satyroi, wie oben dargelegt, seit altersher zu den Naturdämonen; sie waren aber auch, was nahezu unbekannt ist, die Namen für die einzelnen Lebensalter (für junge Frauen/Bräute, erwachsene Männer, zur Pubertät herangewachsene Knaben). Sie waren mit den „natürlichen >Mysterien< des menschlichen Lebenslaufes" (HS 338) verbunden und bringen insofern eine vorbegriffliche, an der Bild-Gestalt orientierte Dialektik zwischen Individuellem und Allgemeinem, zwischen Menschlichem und Göttlichem zum Ausdruck, die sich aus konkreten Lebenserfahrungen konstituiert und durch mimetische „Bildkraft" (Lessing) zu „Urbildern" der Gattung formiert haben könnte. Diese mythisch-kultische Aufhebung existenzieller Grunderfahrungen des individuell-endlichen Bios in seiner überindividuellen Charakteristik als dem „allgemeinsten Konkreten" (Kerényi 1985:92) macht das inhaltlich-stoffliche Spezifikum der archaischen Mimesis aus. „Nicht Begriffe [z.B. Abstraktionen der Lebensalter] wurden zuerst personifiziert, dann deifiziert, sondern Wirklichkeiten, Realitäten des Lebens ausgesprochen, durch ein Wort, das *sie* >tönte<" (AR 242). Am Beispiel des weiblichen Geschlechts heißt das in der pythagoreischen Auslegung konkret:

„Die vier weiblichen Lebensalter [...] sind nicht umsonst ebenso benannt, wie vier Göttinnen: die Jung-
frau heißt Kore, die junge Frau Nymphe, die Mutter Meter, die Großmutter Maia. Alle sind ursprünglich Namen von Göttergestalten, die das weibliche Geschlecht nachahmt und so sein eigenes Leben als
Kultleben lebt" (HS 48f).

Subjekttheoretisch ist daran besonders hervorzuheben, daß die Göttergestalten, zu deren „thiasos" die Individuen sich je spezifisch nach Geschlecht und Alter ordnen, auch
ein Medium bieten, sich seiner selbst innezuwerden, weil diese Gestalten auf das
„Konkret-Menschliche" gerichtet sind (Kerényi 1985:74). Die je spezifische Gestalt
ermöglicht antizipativ eine „Innewerdung" seiner selbst (Kerényi), die die Veränderungen der Lebensstufen in Leiblichkeit und sozialer Orientierung - im Werden und
Vergehen der einzelnen Lebenslagen - anschaulich vorfindet und zwar in Gestalt der
dem Lebensalter entsprechenden Gottheit, dem heiligen Wort, Tanz und in der Weihe
der Kulthandlung. Dies alles macht die „Zelebrierung" der Altersstufe aus (vgl. AR
226ff). Das Mysterium „So-und-so-alt-sein" besteht darin, es zu wissen *und* zu sein, es
alltäglich zu leben *und* kultfestlich auszudrücken.

„Ganze Lebensalter wurden wie >Zitate< gestaltet. Die athenischen Mädchen ahmten als kleine
>Bärinnen< in Brauron von ihrem neunten Jahre bis zu ihrer Verheiratung - wie im Spiel - die Göttin
Artemis nach. Die Nachahmung Apollons durch die Jünglinge bezeugen die Kuros-Statuen und die Tragödie *Ion* des Euripides. Es ist immer >Leben im Mythos< *auf bestimmte Zeit" (AR 42).*

Den qualitativen Unterschied zwischen „davon wissen" und „es wissen und sein" unterstreicht Kerényi in seiner Interpretation der eleusinischen Inschrift, die besage, daß
die eleusinische Demeter „Kore" und „reife Frau" zugleich sei (Jung/Kerényi 1941;
Nachwort, vgl. dazu auch die Ausführungen über „Persephone", ebd. 171ff, bes. 174f).
Sie spreche damit nicht nur die leiblichen Verwandlungen des weiblichen Geschlechts
in den Lebensaltern an, sondern bedeute, daß die Frau beides in sich trage - in Verbundenheiten, die sich innen und außen manifestieren - und das „Erfahrungswissen um
Frauenerlebnisse" (Kerényi 1985:78) immer wieder an jüngere weitergebe. In diesem
leibgebundenen „Wissen und Sein" um resp. als dieses Mysteriengeheimnis drückt sich
also nicht nur eine leiborientierte Subjektivität und Intersubjektivität, ein geschlechts-
spezifisches Selbstgefühl aus, sondern auch eine Form der Tradierung der „weiblichen
Abstammungslinie" (ebd. 82), d.h. alle sozialpsychologisch relevanten Sphären des
Subjekts, die heute pädagogisch und therapeutisch problematisiert werden müssen,
waren darin aufgehoben. Ihr Verlust bzw. ihre pathologische Störung im Mutter-
Tochter-Verhältnis, im Verhältnis zur eigenen Leiblichkeit („Eßstörungen" u.a.) wird
mittlerweile in der feministischen Theorie reflektiert, was zum Abschluß dieses Abschnittes in den für meine Argumentation wesentlichen Punkten referiert sei.

So kann z.B. Carol Gilligans Gedanke, „daß das schwer faßliche Mysterium der Ent-wicklung [...] in der Erkenntnis der andauernden Bedeutung der Bindung im menschli-chen Lebenszyklus" liege (Gilligan 1984:34), als konstruktive Auseinandersetzung mit dem mythologischen Erfahrungsbild gedeutet werden, ebenso wie Irigarays Versuch „[d]as vergessene Geheimnis der weiblichen Genealogien" wiederzuerinnern (Irigaray 1991:117ff). Mit Gilligans Worten geht es darum, „das Ausklammern bestimmter Wahrheiten in bezug auf das Leben" (Gilligan 1984:10) zu vermeiden, und diese „Wahrheiten" sind die der Leiblichkeit, der Sexualität und der Sozialität, die in der modernen Vergesellschaftung zur quantité negligable geworden sind. Selbstzerstöreri-sche „Körperstrategien" wie Anorexie, Bulimie u.a. sprechen Bände über die Hilflo-sigkeit im Umgang mit sich selbst und Anderen (vgl. Steiner-Adair 1992, insb. S. 244, Zitat Douvan und Kommentar)[56]. Die archaisch-antiken Formen dagegen zeigen wie selbstverständlich solche Kulte die weibliche Allgemeinheit und Besonderheit aner-kennen und ausdrücken konnten. Daß vieles daran heute lediglich Ziel reflektierter Frauenpolitik ist, kann im einzelnen nachgelesen werden bei Andrea Maihofer. Ihr Be-griff von „Geschlecht" als eine „historisch bestimmte Denk-, Gefühls- und Körperpra-xis bzw. als gesellschaftlich-kulturelle Existenzweise" (Maihofer 1995:78) sucht die „gesellschaftlich-hegemoniale[.]" Bestimmung „Geschlecht" (ebd. 96) aufzulösen in Richtung auf „ein Verständnis von >Geschlecht< als einer konkret gelebten körperli-chen >Materialität<" (ebd. 72). Dies kann nur so verstanden werden, daß sie argumen-tativ auf die physische Basis zurückkommen will; ein Versuch, der durchaus mit der subjektiven Figuration von „Ausdrucks-, Denk- und Lebensform" zusammengehen könnte. Unverständlicherweise schneidet sie sich aber den Weg zur „körperlichen Materialität" ab, indem sie „theoriepragmatisch" die „gesellschafts- und kulturkonstitu-ierende Bedeutung der Natur" ausklammert, und das kann ja wiederum nur heißen, daß sie von der physischen Basis abstrahiert[57].

---

[56] Es wäre eine Überlegung wert, die genannten pathologischen Störungen auf dem Hintergrund der in Konstellation C erörterten „Haßliebe gegen den Körper" zu reflektieren. Catherine Steiner-Adairs Un-tersuchung *Körperstrategien. Weibliche Adoleszenz und die Entwicklung von Eßstörungen* gibt in verschiedener Hinsicht begründeten Anlaß dazu (Steiner-Adair 1992:240ff), um nur ein Beispiel zu nennen.
[57] Welche theoretische Undifferenziertheit in dieser zentralen Frage vorliegt, kann ihrer Kritik an Barba-ra Duden entnommen werden. Hatte diese u.a. die zunehmende technologische Verdinglichung des Frau-enleibs in der Schwangerschaft als Erfahrungsverlust problematisiert, wie es übrigens auch allgemein in der Wissenschaftskritik als Enteignung von Erfahrung problematisiert wird (vgl. H.J. Schneider 1987:45f), so ist für Maihofer nicht offensichtlich, warum eine „technisch vermittelte optische Körper-

Dezidierter und konsequenter als Maihofer tritt die italienische Philosophinnengruppe „Diotima" an das Problem der Geschlechterdifferenz mit einer eindeutigen Position heran: „Der Mensch ist zwei" (Diotima 1989). Es ist erstaunlich, welche Analogien der hier geforderte „Weg des Sich-Manifestierens und des Sich-Ausdrückens der weiblichen Geschlechterdifferenz" (Piussi 1987:152) mit der archaischen Innewerdung ihrer/seiner selbst gemein hat. Als Bedingung für die Verwirklichung weiblicher Subjektivität wird ein „Zugang zum Bewußtsein ihrer selbst und durch sich selbst" gesucht, ein Zugang, „zu einem Geistigen, das aus dem Verwurzeltsein mit dem Körper die Energie und die Richtung schöpft für sein un-endliches Transzendieren" (ebd. 154). Ein Transzendieren, das sich gegen das „Menschlich-Universale" und seine männliche Formierung der „symbolischen Verdoppelung" (ebd. 156) richten kann. Damit wird aus der Perspektive artikulierter weiblicher Erfahrungen in der Moderne, die durch einen Bruch sozial-leiblicher Selbstgewißheiten geprägt sind (s.u. C 2) eine phylogenetische Form der Selbstvergewisserung und des „Selbstausdrucks" (ebd. 166) wiedererinnert, die ähnliche Strukturen wie die in Konstellation A am Urbild Engel erarbeiteten aufweisen. Eine Vertiefung dieser Problematik anhand von Kerényis leib- und erfahrungsorientierter Auseinandersetzung mit den Urbildern (hier in der Zweiheit von Demeter - Kore) im Zusammenhang mit jüngsten feministischen Reflexionen (Irigaray, Diotima, Duden) übersteigt jedoch den Rahmen dieser Arbeit. Der mythologische Umgang mit der „Erfahrungskluft zwischen Frau und Mann" und dem beide Geschlechter Verbindenden (Kerényi 1985:78) könnte einiges zur Erhellung der Geschlechterdifferenz beitragen, sowohl in ethisch-sozialpolitischer als auch in geschichtlicher Hinsicht. Die Kunst dieser Reflexionen bestünde allemal darin, weder in archetypische Naturkonstanten, noch in abermalige gesellschaftliche Tabuierungen des Geschlechtlichen zu verfallen und die „geschlechtseigentümliche[.] Erfahrung" als solche anzuerkennen,

---

erfahrung weniger authentisch [...] sein [sollte] als eine haptische" (Maihofer 1995:14), die auf einer sinnlichen Selbstwahrnehmung beruht (hier die „Kindsregung" als Zeichen von Leben, vgl. Duden 1991a:96, 89-117). Maihofers Kritik an Duden indessen führt nahezu in technologischen Positivismus, der die Menschen und ihre Leiberfahrung an jegliche Technikentwicklung und „anstehende Veränderungen der Körpererfahrung" anpassen will (Maihofer 1994:14). Bezeichnenderweise existiert die Differenz von „Körper" und „Leib" bzw. die „Erfahrung des eigenen Leibes" nicht mehr in ihrer Argumentation. Dies aber ist, um wieder auf den Ausgangspunkt zurückzukommen, exakt das Thema der Mysterien der Lebensalter; nicht von ungefähr hat dabei die Erfahrung von Schwangerschaft und Geburt einen besonderen Stellenwert. Nach Duden ist das „geschlechtseigentümliche[.] Erfahrung", „die Frauen aber nie Männern zugänglich ist" (Duden 1991a: 96, 94). Eine differenziert-umfangreiche Analyse zur Problematik Leib - Körper, Natur - Kultur - Geschlechterdifferenz wurde von Heike Kahlert erarbeitet (vgl. Kahlert 1996, Kap. 3).

ohne „körperliche Erfahrung auf biologische >Tatsachen<" (Duden 1991a: 96) zu reduzieren oder gänzlich zu negieren.

Mit Sicherheit kann insofern in den mythischen Formen des Innewerdens ein gattungsgeschichtlicher Modellfall einer leib-bewußten Vergesellschaftung gesehen werden, die sich, mit Benjamin gesprochen, am „Leibraum" orientiert und die Integration aller Kräfte des Lebens befördert - allerdings auf vorindividuell-kollektiver Stufe. Zweifelsohne handelt es sich dabei auch um eine mit Rigidität an Naturgesetze gebundene Sozial- und Lebensordnung. Diese mythischen „Lebens-, Denk- und Ausdrucksformen" sind ebenso zwanghaft wie die archaische Gesellschaft selbst und dulden keine Abweichung. Initiationsriten und Tabuordnungen zeigen, mit welcher Teilnahme- und Unterordnungspflicht die Individuen in die ihnen per Geschlecht zugewiesene Kollektivbiographie gezwungen werden. Es kann keine „offenen Lebensskripte" geben (Bosse 1996:137f; vgl. ders. 1994: Kap. 3). Die Besonderheit des Individuums existiert nicht oder nur in exzeptionell-charismatischen Gestalten als PriesterIn, SeherIn, KönigIn, SchamanIn, HeilerIn. Solche Sozialordnungen zeichnen sich aber dennoch gegenüber entzaubert rationalisierten in einem wesentlichen Zug aus, der nicht zu gering eingeschätzt werden darf. Der alles beherrschende Sinn einer Formierung des Lebens in der Naturordnung offenbart sich paradoxerweise in der religiösen Anerkennung dessen, was dieser Ordnung immer wieder „entschlüpft": der Chaotik des Lebens. „Zur Ganzheit des Lebens gehört auch die Unordnung" (Kerényi 1979:173), die durch spezifische Perioden ritueller Wildheit in das Leben eingebunden ist (vgl. AR 224-231; Vidal-Naquet 1989:142f). An der Figur des göttlichen Schelms aus einem indianischen Mythos der Winnebago führt Kerényi diesen auch auf die griechische Mythologie übertragbaren Gedanken aus:

„Archaische Gesellschaften sind äußerst streng. Archaik bedeutet nicht Chaotik. Ganz im Gegenteil: der Sinn der alles beherrschenden archaischen Ordnung wird durch nichts so eindrucksvoll bewiesen, als durch die, man darf wohl sagen, religiöse Anerkennung dessen, was der Ordnung entschlüpft, in einem Vertreter des durch keine Ordnung völlig niederzuhaltenden, von Lustgier beherrschten, selbstverursachtem Schmerz anheimfallenden, schlaudumm sich gebarenden körperlichen Lebens. Zur Ganzheit des Lebens gehört auch die Unordnung, deren Geist der Erzschelm ist. Und dadurch wird seine Funktion, genauer die Funktion seiner Mythologie, der Erzählungen über ihn, in einer archaischen Gesellschaft bezeichnet: sie ergänzen das Geordnete um das Ungeordnete, innerhalb der festgesetzten Grenzen des Erlaubten ermöglichen sie das Erleben des Unerlaubten" (Kerényi 1979:172f).

Um Mißverständnissen vorzubeugen sei hier abschließend betont, daß es mir in dieser Darstellung darauf ankam, die Orientierung an den Lebensaltersstufen als ein historisches Sozialisationsmodell aufzuzeigen. D.h. es sollte damit keineswegs die archaische

Kollektivvergesellschaftung verklärt werden sondern umgekehrt, aus moderner Perspektive der Leibvergessenheit, eine sozialisatorisch vernachlässigte Dimension wiedererinnert werden. Diese an der Leiblichkeit orientierte Vergesellschaftung repräsentiert modellhaft eine integrale Vorform der „Sorge um sich selbst" und des „Erkenne dich selbst", wie es nach Foucault in der griechisch-römischen Antike als politisch-individuell einheitliche „Lebenskunst" praktiziert wurde - bevor auch diese Form der auf Selbstsorge fundierten Selbsterkenntnis in ein philosophisch-moralisches Prinzip transformiert wurde (vgl. Foucault 1993:28ff). Benjamin sagte einmal, „die vergessenste Fremde [sei] unser Körper - der eigene Körper" (AN 261). Und seine Worte erhalten heute in Anbetracht der Krankheitsstatistiken unseres „Gesundheitswesens" eine ungeahnte Bestätigung. Am Ende des 20. Jahrhunderts sind wir Logozentriker zivilisatorisch so weit gekommen, daß wir nicht mehr wissen, wie wir uns ernähren, wie wir auf den Füßen stehen und uns bewegen, wie wir atmen sollen, geschweige denn wie wir mit „Krankheiten" sozial und human umgehen sollen (vgl. Erdheim 1993). Im Labyrinth der Fachärzte, Überweisungen und Verordnungen kann eigentlich nur noch eine engagierte „Selbstsorge" weiterhelfen, die sowohl äußere Fragmentierung in „Fach"-Krankheiten für sich wieder zusammenfügt und ganzheitlich therapiert als auch der Krankheit das Stigma der „Schuld" und des „individuellen Schicksals" nimmt (vgl. ebd. 83f). Glück hat, wer dazu Kraft und konstruktive Unterstützung findet. Daß es auch andere Formen der Rationalisierung des Lebens gab, beweisen uns z.B. die fernöstlichen Traditionen mit ihrer Verbundenheit von Philosophie/Kosmologie, Medizin, Ernährung, inneren und äußeren Übungen. Von ihnen können wir lernen und uns, zumindest in der Vorstellung, mit einer uns mittlerweile fremden, am Leib orientierten Sozialisation vertraut machen, um Gegenmodelle zu leibferne Subjektivität und ihren krankmachenden Folgen zu entwickeln. Dazu sollte die Erinnerung an die Mimesis des Tanzes und insbesondere des Modells der Lebensaltersstufen einen Anstoß geben. Nur zu erwähnen bleibt, daß in der Kunst, wie etwa bei Klimt, dieses unterdrückte Erfahrungswissen um die Lebensalter und Selbstverdoppelung ebenso präsent blieb wie in der Literatur (vgl. Lenk 1986: 161ff: „Die sich selbst verdoppelnde Frau"; Klüger 1993:253f).

B 5. Die pythagoreische Ausdruckslehre und Mimesis

An dieser Stelle kann ich nun auf jene „Ausdruckslehre" zu sprechen kommen, die, nach Kollers Rekonstruktion, die Verbindung zwischen der hocharchaischen Mimesis des Tanzes sowie dem klassischen Mimesisbegriff darstellt und, vermittelt über Damons Musiktheorie, dem Werk Platons und Aristoteles' als solche zugrundelag: die pythagoreische Ausdruckslehre. Sie wurde bisher als „Mimesis qua Ausdruckslehre" angesprochen und soll nun in ihren Gehalten als „Musiklehre" präzisiert werden. Ich beginne mit einer grundlegenden Betrachtung zu den bei Pythagoras formulierten Gedanken über „Seele" und „Leib". Da dieser Aspekt bei Koller nicht ausführlich erörtert ist, ziehe ich Kerényis Studie über *Pythagoras und Orpheus* hinzu.

Die Grundlage der pythagoreischen Ausdruckslehre war eine Seelenlehre, genauer eine Seelenwanderungslehre, die Leib und Seele zwar getrennt gedacht, aber nicht unabhängig voneinander verstanden hat. Beide befanden sich in einer elementaren Verbindung, die zugleich mit dem Kosmos harmonierte, beide zusammen waren „Leben", „konsubstantiell" (Dodds). Bei Kerényi heißt es dazu:„>Seele< ist >Leben<, aber das Leben göttlich in einem göttlichen Kosmos, den es >belebt<" (HS 37). Das Besondere der pythagoreischen Seelenlehre liegt also darin, daß sie sich am Lebendigen orientierte und eine Integration aller seiner Kräfte hervorbrachte. Die Vorstellungen über die Seele sind noch nicht von einer Vertröstung auf das eigentlich wahre Leben nach dem Tod geprägt, d.h. von der Ablösung der Seele vom Körper. Vielmehr ruhen sie auf einem Wissen über das Leben und über die Leiblichkeit. Ihr Ziel ist die „natürliche Isonomie des Seelisch-Körperlichen", ein harmonisches Gleichgewicht der leiblich-seelischen Kräfte im Menschen in Verbundenheit mit der kosmischen Ordnung[58]. Diese sei als „Lebensprinzip" im Menschen „zu wahren und zu erhalten" (ebd. 36).

Wie diese „Harmonie" des einzelnen Menschen in eine himmlische Weltharmonie eingebettet ist; wie darin die mythische Verbindung von „bios" und „zoé" in eine rationalere (Zahlen-)Lehre aufgehoben ist, die wiederum in der jüdischen Mystik eine Analogie findet, kann hier nicht weiterverfolgt werden[59], was umso betrüblicher ist, als sich darin wesentliche Momente einer interkulturellen Transformation von Mimesis ausdrücken. Dennoch kann von Kerényis Untersuchung zwanglos eine Brücke zu

---

[58] Zum Ursprung dieses Verständnisses in der Demeterreligion vgl. HS 47.
[59] Weiterführende Ausführungen vgl. Franck 1844: *Die Kabbala oder die Religions-Philosophie der Hebräer*, S.7

Kollers Mimesisanalyse geschlagen werden. Das folgende Zitat thematisiert in dessen religionswissenschaftlicher Perspektive jene biozentrische, gegenüber dem „Chaos des Lebens" produktiv-integrale Lehre der Pythagoreer, die übereinstimmend bei Koller mit der Erklärung hervorgehoben wird: daß nämlich die erzieherische und kathartische Musikpflege sowie deren Theorie nur verständlich seien „bei einer positiven Wertung des ganzen Menschen, *auch der irrationalen Seiten seines Wesens*" (MA 134).

„Die ganze pythagoreische Medizin beruht auf der Überzeugung, das Lebensprinzip, das man im Kör-per zu wahren und zu erhalten habe, sei Harmonie. Diese Medizin als Therapie der scheinbar Gesunden war die Grundlage der pythagoreischen Erziehung und wurde mittels der Musik fortgeführt und ergänzt. Die Harmonie ist für die Pythagoreer wissenschaftliche Faßbarkeit des Lebens - in seinem biologischen Sinne - und zugleich seine höchste Entfaltung" (HS 36).

Aus diesem Zitat Kerényis können wir zwar den hohen und besonderen Stellenwert der Musik für die Harmonie als Lebensprinzip erkennen - was auf die wesentliche Bedeu-tung der Mimesis des Tanzes für das Leben verweist - eine Beschreibung dessen, was diese „Musik" in concreto ist, suchen wir allerdings vergeblich in seinen umfangrei-chen Schriften. Es lassen sich diesbezüglich in seinen gesamten Mythosstudien nur Analogien und Annäherungen an Musiké und Mimesis finden, so etwa, wenn er davon redet, daß das Wort des Mythos „tönt", oder daß die Mythologie mit Musik und Dich-tung korrespondiere u.ä. (vgl. AR 33, 242; Kerényi 1985:48f). Die zentrale Bedeutung, die „Musik" in diesem Kontext von Harmonie als Lebensprinzip einnimmt, muß des-halb aus der Perspektive der Mimesisanalyse expliziert werden.

Wie Koller mit Bezug auf Aristides Quintilianus rekonstruiert, konnten die Pythago-reer im 5. Jh. v. Chr. „unter dem Eindruck der ekstatischen Musik und der kultischen Tänze und ihrer Wirkung auf die Besessenen" eine „eigentümliche Verwandtschaft der seelischen Zustände ([ethe]) mit dem rhythmisch-musikalischen Ausdrucksphänome-nen" (MA 128) beobachten. Die damit angesprochene „Enthusiasmusbehandlung" durch „tänzerische Selbstaktivierung" (MA 102) sei mit zwei aussagekräftigen Erläute-rungen Kollers verdeutlicht; sie erinnern zugleich die vorangegangen Ausführungen zur Mimesis und zum Enthusiasmus:

„Von besonderer Bedeutung sind dabei die Kultgesänge und aufreizenden Melodien im Dienste der gro-ßen Mutter, der Rhea, einer asiatischen Muttergöttin, deren Gefolge [...] die *Korybanten* bildeten. Ihre wilden Gesänge, vom Aulos in phrygischer Tonart begleitet, versetzten die <Anfälligen> in wilde Rase-rei, welche aber zugleich die gestauten seelischen Energien befreite und ableitete und so zur <Reinigung> von diesem Affekt führte. Ähnliche, aber offenkundig viel harmlosere Entladungen brach-ten auch andere ekstatische Kulte. Die seelische Erregung wurde als Gottbesessenheit (Enthusiasmus) erfahren, die nur durch das homöopathische Mittel des Tanzes im Kult dieses Gottes geheilt (abreagiert) werden konnte" (MD 150).

„Die Heilkraft der Musik (im weiteren Sinne) ist also an den orgiastischen Tänzen zuerst beobachtet und wohl schon von den Priestern (vgl. Plat., Leges 790d ff) therapeutisch ausgebeutet worden. [...] Befreiung von der *Furcht* durch Mimesis im orgiastischen Tanz oder durch Anhören und Miterleben [...], gab also den ursprünglichen Anstoß zu dieser fruchtbaren Ausdrucks- und Erziehungslehre" (MA 102).

Den pythagoreischen Beobachtungen dieser Auflösungsphase der ursprünglichen mimetischen Daseinsweise erschloß sich also folgendes Wirkungsverhältnis: Die einzelnen Kulte mit ihren je spezifischen Ausdrucksmitteln der Musik im weiteren Sinn (Logos, Rhythmus, Melos, Harmonie) korrespondierten mit bestimmten seelischen Zuständen und Leidenschaften, die wiederum mit eben denselben Ausdrucksmitteln gesteigert und so auch zur Entladung gebracht werden konnten. Die Konsequenzen aus diesem beobachteten Wirkungsverhältnis von Spannung und Entladung in der kultischen Katharsis wurden in aller Schärfe gezogen: wenn es möglich ist, daß sich eine innere Verfassung und Leidenschaft über bestimmte, leiblich gebundene Ausdrucksmittel äußert, wenn mittels des Leibes die seelischen Zustände und Vorgänge äußere Gestalt annehmen, dann müsse es umgekehrt auch möglich sein, mit vernünftig planender Absicht auf bestimmte Seelenverfassungen, ganz unabhängig von kollektiven Kultritualen, mit entsprechender Musik heilend einzuwirken. In einem nach Koller hervorragenden Gleichnis bei Aristides Quintilianus wurde diese Schlußfolgerung ausgedrückt als die Verbindung zwischen „seelischer und rhythmisch-musikalischer Bewegung", „die Verwandtschaft von Seele und musikalischem Ausdruck" (MD 153). Koller erläutert dazu:

„<Wenn einer auf eine von zwei gleichgestimmten Saiten eine leichte Feder legt, die andere aber in weitem Abstand davon zupft, wird er sehen, daß die federtragende Saite sehr kräftig mitschwingt. Wieviel mehr muß also bei den in der Seele Erregten der Grund der Ähnlichkeit wirksam werden!> Der Körper wird als das Instrument der Seele aufgefaßt, das wie die gleichgestimmte Saite in Schwingung gerät, wenn die Seele sich bewegt. Da nur die Seele Eigenbewegung besitzt, ist der nächste Schritt der Theorie leicht zu verstehen: Bewegung der Seele ruft die Musik überhaupt erst hervor, Musik ist Ausdruck (Mimesis) der Seele. [...] Die Konsequenzen wurden in aller Schärfe gezogen: In umgekehrter Richtung mußte also auch die Musik auf den [...] Menschen tiefsten Eindruck machen" (MD 153).

Im Duktus der pythagoreischen Seelenlehre zeigt sich hier ein physiognomischer Zusammenhang von Eindruck und Ausdruck, der vormals allein auf das Göttliche gerichtet war. Es herrschte die Vorstellung, daß das an sich Unsichtbare und mit den Sinnen unfaßbare Göttliche nur „als Mimesis, als tänzerisch-musikalische Ausdrucksbewegung" „zur menschlich erfahrbaren Gestalt (mimema)" gebracht werden könne (MD 159). Vermittelt über einen individualistischen Seelenbegriff wurde nunmehr die Einheit mimetischen Ausdrucks in der Verbindung von Wort, Melodie, Rhythmus, Gestik vom Göttlichen abgekoppelt und auf die menschliche Psyche übertragen. Die damit entstehende feste Korrelation zwischen Innen und Außen bringt Koller auf die kurze sprachliche Formel: „Mimesis ist Leibwerdung dieses Psychischen, das seinerseits wiederum nur in der Gestaltung erkannt werden kann" (MA 140). Bezeichnenderweise kommt im Expressionismus der Moderne das pythagoreische Verständnis wieder zum Vorschein, wenn z.B. unter (Ausdrucks-)Tanz verstanden wird, „innerer Bewegtheit durch die Gestaltung äußerer Bewegung Ausdruck zu verleihen" (Artus 1994:71).

Koller orientierte sich bei der Bestimmung, daß Mimesis Leibwerdung des Psychischen sei, vor allem an jener lapidaren Weisheit des 5. Jh. v. Chr., die in dem pythagoreischen Spruch „Soma sema tes psyches", „der Körper (ist) Ausdruck (Form) der Seele", gebündelt ist. Genaugenommen müßte diese Übersetzung von Koller im Lichte einer subjekttheoretisch wesentlichen Differenzierung zwischen „Leib" und „Körper" lauten: der Leib ist Ausdruck der Seele[60]. Im pythagoreischen Sinne steht, wie wir oben gehört haben, das Leben immer im Mittelpunkt, es geht um den Leib als den belebten und beseelten Körper, so daß Leib und Seele als eine Einheit gefaßt werden, wie sie im modern objektivierenden Abstraktum „Körper" gerade nicht existiert. Insofern impliziert der Begriff „Leib" den Gegensatz zu seiner verdinglichten Form als „Körper", als Mittel zu außerhalb des Individuums liegenden Zwecken. Auf diesen negativen Aspekt eines instrumentellen Umgangs mit dem eigenen Leib und Leben komme ich in der Reflexion über die Entstehung des bürgerlichen Individuums in der Polis

---

[60] Hierzu sei zweierlei angemerkt: 1. Die Differenzierung ist insofern wesentlich, als zum einen das Wort „Körper" über das lateinische Lehnwort „corpus" = Körper, Leib, Fleisch, Leichnam, Schatten (eines Toten), Rumpf, Bauch, Person, Wesen u.a. in unsere Sprache eingewandert ist und eindeutig Konnotationen des Nichtlebendigen trägt; zum anderen hat sich im bedeutsamen Gegensatz dazu das Wort „Leib" aus dem germanischen Wort für „Leben" entwickelt (vgl. auch das angelsächsische „life"). Ilse Middendorf hat nicht nur diese unterschiedliche Semantik sehr gut im Hinblick auf ihre Atemlehre herausgearbeitet (vgl. Middendorf 1990:10), sondern auch konsequenterweise ihre Atemtherapie als „Leibarbeit" benannt. In ihrem geschichtlichen Überblick zu den Anfängen der „Leiberfahrung" zu Beginn des 20. Jahrhunderts, die die „Tür zum Gefängnis >körperliche[r] Unbewußtheit<, (ebd. 11) öffneten, findet auch Erwähnung, „daß schon im Altertum, bei Ägyptern, Griechen und den östlichen Kulturvölkern der Atem als eine Verbindung zum Göttlichen und als Träger der Lebenskraft galt" (ebd.), womit sie, ohne es explizit zu benennen, exakt den Umbruch und wunden Punkt in unserer mitteleuropäischen Kulturtradition ins Auge faßt. Noch das vorsokratische „pneuma" der Naturphilosophen trägt ebenso wie die Musen und Nymphen ganz entscheidend ähnliche Züge mit dem chinesischen „Chi", dem japanischen „Reiki", dem indischen „Prana". 2. Wenn ich hier positiv Bezug auf den physiognomischen Gedanken nehme, daß der Leib Ausdruck der Seele sei, dann geht es mir ausschließlich um den psychosomatischen Zusammenhang des leibhaften Ausdrucks psychischer Stimmungen. Ich distanziere mich von deterministischen Auslegungen wie sie etwa zur „Charakterkunde" bei Ludwig Klages angelegt sind und rassistischen Interpretationen Tür und Tor geöffnet haben (vgl. auch Anm. A 39 zur Physiognomik).

zurück; der komplementär positive Aspekt der pythagoreischen Vorstellung vom Menschen, der im Respektieren dieser subjektiven Dialektik von Mimesis und Ratio liegt, wird in Konstellation C wieder aufgegriffen.

Es ist als eine wissenschaftliche Leistung der Pythagoreer anzusehen, die Jahrtausende alten kultischen Praktiken „von außen", d.h. in distanzierter, reflektierter Haltung zu den archaisch unbewußten Ritualisierungen betrachtet zu haben und das, was vormals allenfalls die Priester- und Schamanenpraxis bestimmt hat, nämlich die ahnungsvoll erstrebte Lenkung kathartischer Prozesse im Kult, theoretisch erkannt zu haben. Von der Frage ausgehend, was sich denn im Innern der Menschen bei dieser kultischen Katharsis vollziehe, reflektierten sie historisch erstmals den mimetischen Selbstbezug neben dem tradierten, dialektisch entgegengesetzten Götterbezug in der „Transsubstantiation". Aus der mythisch-kollektiven „vereinigenden Verwandlung" differenzieren sich somit nicht nur die Ethos- und Pathoslehre aus, sondern, damit ineins, eine therapeutisch und pädagogisch reflektierte Konstitution individueller Subjektivität im Rahmen einer mimetischen Ausdrucks- und Musiklehre. Der springende Punkt besteht nun aber in der gezielten Anwendung dieses beobachteten mimetischen Zusammenhangs auf die Seelenzustände und mittels einer von außen intervenierenden Techne. Musikarten und Seelenzustände wurden klassifiziert und Krankheitszuständen zugeordnet; für alles gab es „eine passende Heilung" (MA 84), der Enthusiasmus wurde entzaubert, entgöttlicht. Damit wurde aber auch zugleich einer umfassenden Pathologisierung der Affekte „Lust, Trauer, Enthusiasmus" (MA 135) der Weg gebahnt:

„Die [..] Beobachtung, daß eine seelische Erregung (Pathos) durch eine ähnliche, künstlich hervorgerufene Erregung gesteigert und zur Entladung gebracht werden kann, führte zur Eingliederung der auch sonst auf medizinischem Gebiet bekannten *Homoipathie* [...]. Enthusiasmus hat seinen göttlichen, verzauberten Sinn abgestreift und ist nur noch eine seelische Krankheit , die durch menschliche Techne beeinflußt und geheilt werden kann. Der Vorwurf, sie würden den Enthusiasmus durch ihre Auffassung und Psychotherapie entgöttlichen, blieb den pythagoreischen Ärzten nicht erspart" (MA 100).

Wie Koller in beabsichtigter Nähe zu Nietzsches *Geburt der Tragödie aus dem Geist der Musik* formuliert, entwickelten die Pythagoreer eine „Kulturlehre aus dem Geist der Musik", die, anders als die Demokritsche, der Musik im weiteren Sinne kulturbildnerische Bedeutung zuschreibt. Die Musik, genauer: alle aus archaischer Mimesis entstandenen musisch-ästhetischen Betätigungen gelten nicht als Überfluß, der nach der Sicherung des Notwendigen (der Nahrungsbeschaffung etc.), nur ein luxuriöses Ornament des Lebens bildet. Vielmehr ist sie als Abkömmling der ursprünglichen Mimesis des Tanzes ein gleichursprüngliches und neben dem zweckrationalen Handeln gleichbedeutsames Verhalten derart, wie Gehlen das „rituell-darstellende Verhalten" veranschlagt. So verstanden, d.h. im Kontext von Mimesis, trägt „Musik" grundlegend zu einer rationalisierenden Lebensführung und zur Bildung der Subjekte bei, ohne doch die Verbindung zum nichtrationalen Lebendigen preiszugeben. Die nichtrationalen Momente menschlicher Erfahrung sind ebenso bedeutsam wie die rationalen. Deshalb kann diese Kulturlehre mit Gründen als ein frühgriechisches Modell „für eine mimetisch-rational 'versöhnte' Daseinsweise" betrachtet werden (Vogel 1996:96).

Die pythagoreischen Lehren prägten den historischen Umbruch von der Hocharchaik zur Klassik, von einer kollektiven Sozialisation mittels kultischer Mimesis, die durch „verzaubernde" Lieder und Tänze das „Außer-sich-sein" kultivierte, zu einer Sozialisation des „identisch beharrende[n] Selbst" (DA 50), das von diesem „Zauber" durch „entzaubernde Melodien" („exorgiazonte mele", MD 164), durch Verbote orgiastischer Tänze und Weihen u.v.a.m. befreit sein sollte. Dies ist die Entzauberung der Welt aus der Sicht des historisch zu individualisierenden Subjekts. Hatten die Pythagoreer diese Umgestaltung der Subjektivität durch die Integration aller subjektiven Kräfte (wie die Integration der Dionysos-, Demeter- und Apollonreligion zeigt) mimetisch-rational geprägt, so zeichnete sich schon ein Jahrhundert später, im Anschluß an ihre eigenen rationalisierenden Vorarbeiten, eine systematische Zurückdrängung orgiastisch-enthusiastischer Momente zugunsten apollinisch-reiner Ratio ab. In dieser historischen (Rationalisierungs-)Dynamik entschied sich die Entwicklung einer Dialektik von Mimesis und Ratio auch auf subjekttheoretischer Ebene. Konnte das vorangegangene pythagoreische Bildungsideal noch als eine verwirklichte, weil „in ihren Grund" (Hegel), das subjectum, produktiv „zurückgehende" Dialektik von Mimesis und Ratio charakterisiert werden, so muß das neu entstehende klassische als eine letztlich destruktive, „zugrundegehende" Vereinseitigung zur Ratio hin bezeichnet werden.

B 6. Kollektive Subjektivität und politischer Individualismus

Ich schließe zunächst an die Betrachtung zu Platon, an seine Verurteilung der archaischen Mimesis des Tanzes an, wobei ich also einen Kreis zum Vorangegangenen schließe, zugleich aber in die Grundlegung meiner Konstellation C übergehe, in der sich die Betrachtungsperspektive in eine aktuell bildungstheoretische verändert. Der leibliche „Enthusiasmus" in der „Ekstase" des Tanzes und die „verwandelnde Vereinigung" mit den Göttern und mit seinesgleichen, diese ursprüngliche Sphäre von Mimesis im „bacchantischen, orgiastischen, geheimen Kult[..]", paßte nicht mehr in Platons rein spirituelle und individualistische Vorstellung eines „göttlichen Enthusiasmus" der Philosophen. Koller sagt es ganz klar, „daß Platon offensichtlich die wichtige orgiastische Seite der Mimesis aus erzieherischen Gründen unterschlagen hat" (MA 48), um die „ungeordneten Lüste" (MA 27) auszuräumen. Damit kann ich es allerdings nicht bewenden lassen, und so buchstäblich hat es Koller wohl auch nicht gemeint. Es ging nicht nur punktuell um das Durchsetzen strenger Moralgesetze, wie es aus der heute vorherrschenden Konnotation von „Orgiastik" mißverstanden werden könnte (vgl. Schmid 1990:44ff, 57ff, 76ff). Es ist auch nicht nur ein innerweltlicher, kultisch-religiöser Bereinigungsprozeß, wie er schon bei Homer eingesetzt hatte. Aus subjekttheoretischer Perspektive ging es bei der Zerstörung der alten mimetischen Kultpraxis vor allem um die Zerstörung der archaisch-kollektiven Subjektivität und um die Vereinzelung des Individuums im neuen, jetzt politisch bestimmten Kollektiv. „Die Angst vor dem ansteckenden Beispiel, vor der Versuchung zur Nachahmung [...] ist hier im Spiel" (Freud 1990:77). Freuds Charakterisierung der Angst vor der „Infektionsfähigkeit des Tabu" fügt sich mühelos in die Argumentation ein, und in der Tat wird sie sinngemäß von Koller aus der Perspektive der Mimesis wiederholt. Es sei die „mächtige Furcht vor der magischen Wirkung der Mimesis" gewesen, die Furcht vor der „Ansteckung durch Identifikation mit dem Dargestellten", die diese „calvinistische Reinigungswut" im platonischen Staat hervorgebracht habe (MA 57). Die Entwicklung eines individuell in sich festgefügten und identisch beharrenden Subjekts, das sich nicht „im Rausch" an sein „Anderes" verliert, sollte in der demokratischen Polis selbst unter Einsatz politischer Verbote und ethischer Verurteilung durchgesetzt werden. Einen analogen Gedanken arbeitet Hans Thies Lehmann für die Tragödie heraus:

„In der identifizierenden Darstellung einer Person, auch einer fiktiven, durch eine andere, meldet sich eine fundamentale mimetische Fähigkeit zu Wort, Ausbruch der Seele aus dem Ich-Panzer, nicht zuletzt in der Übernahme des anderen Wortes. Platon befürchtet als Gefahr für die Ratio der Sichselbstgleichheit eine *Angleichung*, wenn das Subjekt, Frauen, Klagende, Wahnsinnige darstellend - zentrale Motive der Tragödien - sich *verliert*. Solche Mimesis setzt partiell die Ordnung (der Geschlechter, der Zeichen, der Zeit) außer Kraft, die der Staatsbürger im Aufbau seiner psychischen und rationalen Identität hat vollbringen müssen. Zersetzung des identischen Subjekts qua Mimesis bedroht den Staat: Platon sieht hier eine *Assimilation* der Subjekte untereinander am Werk, die verboten bleiben muß, weil es nur einen Weg und eine Instanz der Verknüpfung der Subjekte untereinander geben soll: den Staat" (Lehmann 1991:152).

Diese zutreffende Einschätzung der Polis-Vergesellschaftung als eine von monadolo-gisch konzipierten Individuen, die sich nach ihrer Stellung in der Polis hierarchisierten und erst nach Maßgabe der Staatsinteressen zusammenschlossen[61], wird freilich in ihrer Argumentationskraft durch die Annahmen beeinträchtigt, daß der Aufbau der „psychischen und rationalen Identität" historisch bereits abgeschlossen gewesen sei, ja daß sich bereits ein „Ich-Panzer" entwickelt habe. Dieses ohnehin grob vereinfachte Verständnis der Konstitution von Subjektivität legt Denkfiguren der modernen Sozi-alpsychologie in den antiken Menschen hinein: der sogenannte „Ich-Panzer", eine Metapher, die die Abgrenzung und vor allem Abhärtung des Ichs gegenüber sich selbst und seinem Anderen beschreiben soll, konnte allenfalls ein positives Telos sein im neuzuschaffenden politischen Verband, eine Monadisierung, die erst gegen die alten Mächte und ihre Ordnung der Verbundenheiten über Generationen hergestellt werden mußte. Nicht „Zersetzung des identischen Subjekts qua Mimesis bedroht[e] den Staat", vielmehr mußte ein „identisch beharrende[s] Selbst" (DA 51) als Grundlage der Polis überhaupt erst einmal herausgebildet werden. Und dies geschah, wie Lehmann zutref-fend einschätzt, auch durch Unterdrückung von Mimesis in den Subjekten, durch Un-terdrückung von Lebensäußerung in kollektiver Subjektivität. Deshalb paßte das, al-lerdings weniger in der Tragödie als im kultisch-ekstatischen Tanz realisierte, „Sich-seiner-selbst-Innewerden" im „Außer-sich-sein", dieses „Bei-sich-sein-im-anderen" nicht mehr ins neu entstehende politische Sozialgefüge. Die an der Kraft kreatürlichen Lebens orientierten Kulte der Demeter und des Dionysos, die Urbilder der enthusiasti-schen Verwandlung stifteten, beförderten - auch noch in der Tragödie, nunmehr als schöner Schein von der Wirklichkeit ins Imaginäre abgedrängt (vgl. Lenk 1986:183) - eine religiöse Erfahrung kollektiver Art und keineswegs die politisch erforderliche „individualistische". Also nicht um Rückfälle zu verhindern, sondern vielmehr um die neue politisch-individualistische Konstitution des Subjekts verallgemeinert zu begrün-

---

[61] Zur Unterprivilegierung verschiedener Bevölkerungsgruppen in der Polis, insbesondere der Frauen und Sklaven, als auch zu den Unterschieden zwischen den einzelnen Städten vgl. Vidal-Naquet 1989 und Pomeroy 1985.

den, deshalb mußte alles, was mit Mimesis und mimetischer Daseinsweise verbunden war, be- und verhindert werden.

Das „Selbst" des Hopliten, des kriegerischen Polisbürgers, mußte sich in Abgrenzung gegen die soziale Gemeinschaft, die äußere Natur und vor allem gegen seine innere Natur entwickeln, so, wie es sein „Urbild" Odysseus vorführte und als solches von Horkheimer/Adorno interpretiert wurde. Allerdings war das „Urbild eben des bürgerlichen Individuums, dessen Begriff in jener einheitlichen Selbstbehauptung entspringt, deren vorweltliches Muster der Umgetriebene abgibt" (DA 42), in seiner nur „ephemere[n] Fügung" (DA 46) für die neuen politischen Verhältnisse schwerlich verallgemeinerbar. Und an diesem Punkt der Argumentation sind Differenzierungen zur *Dialektik der Aufklärung* erforderlich.

Zwar erkennen Horkheimer und Adorno die in Homers *Odyssee* dargestellte „lose ephemere Fügung des Subjekts" (ebd.) als historische Vorform des „Selbst", wenn sie die Irrfahrt von Troja nach Ithaka charakterisieren als „Weg des leibhaft gegenüber der Naturgewalt unendlich schwachen und im Selbstbewußtsein erst sich bildenden Selbst durch die Mythen" (DA 44). Auch wird der Beginn der „Selbstbeherrschung" und „Selbstkontrolle" mit überzeugender Einfühlung in den Übergang von der Biozentrik zur Logozentrik an den „gefahrvolle[n] Lockungen, die das Selbst aus der Bahn seiner Logik herausziehen" konnten (DA 45), erarbeitet. Dies zeigen nicht nur die in der Sekundärliteratur vielbesprochenen Begegnungen mit den chtonischen Mächten in Gestalt der Circe und der Sirenen, sondern auch eine diesbezüglich eher unscheinbare, heute gleichwohl schockierende Szene zu Beginn des 20. Gesangs der *Odyssee*. Deren Interpretation führt in der *Dialektik der Aufklärung* zu zentralen Schlußfolgerungen über die Konstitution des Selbst und soll deshalb ausführlich dargelegt werden, um dann zur Kritik an dieser Konzeption der Entstehung des „bürgerlichen Individuums" überzuleiten.

Es geht in dieser Szene, die zur Rückkehr des Odysseus in seinen oikos gehört, um seine Reaktion auf den „Frevel" der Mägde. Er sieht, wie diese nachts zu den Freiern der Penelope schleichen und somit die Interessen seines Hauses verraten. Auf die Aufregung und Affekte, die in Odysseus dadurch ausgelöst werden, folgt die Reaktion, sich an die Brust zu schlagen. Dies ist natürlich keine Geste des Triumphes, sondern zeigt, daß ein Körperteil von ihm, sein Herz, sich „wider seinen Willen" regt. Odysseus redet daraufhin zu seinem Herz und hält es zur Geduld an. Diese Aufregung und „Bändigung des Triebs durch die Vernunft" (DA 46) schildert Homer folgendermaßen:

„Da wurde sein Mut aufgebracht in seiner Brust, und er überlegte vielfach in seinem Sinne und Gemüte [...]. Und es bellte ihm das Herz in seinem Innern, und wie eine Hündin, über ihren zarten Jungen stehend, einen Mann anbellt, den sie nicht kennt, und voller Begierde ist zu kämpfen: so bellte es in seinem Innern, voll Unmut über die schlimmen Werke. Da schlug er gegen seine Brust und schalt das Herz mit dem Worte: ‹Halte aus, Herz! einst hast du noch Hündischeres ausgehalten an dem Tage, als mir der Zyklop, der Unbändige in seinem Drange, die trefflichen Gefährten verzehrte. Du aber hieltest aus, bis dich ein kluger Einfall aus der Höhle führte,der du schon wähntest, daß du sterben müßtest! So sprach er und schalt sein Herz in der Brust. Da verharrte ihm das Herz ganz im Gehorsam und hielt aus unablässig. Er selbst aber wälzte sich halb auf die eine und dann auf die andere Seite [...] und überlegte, wie er die Hände an die schamlosen Freier legen sollte: er, der Eine, an die Vielen" (Homer 1991:261).

Horkheimer und Adorno interpretieren diese Szene subjekttheoretisch als ein Stadium, in dem das Subjekt noch „nicht in sich fest, identisch gefügt" und einem Willen unterworfen ist, denn „unabhängig von ihm regen sich die Affekte" (DA 45). Dieses „unabhängig" ist im wörtlichen Sinne wie „eigenständig" oder „selbständig" zu verstehen, denn wie die Übersetzungen der Homertexte zeigen, wurden in der Tat die einzelnen Körperteile unabhängig voneinander und von dem Willen eines Subjekts begriffen. Horkheimer und Adorno verweisen auf dieses Problem anhand der Übersetzung von Wilamowitz-Moellendorf (Fußnote 5, DA 45f), und mit Dodds könnte diese Rede an das eigene Herz dem Phänomen der „Aufspaltung der Selbstidentifikation" zugeordnet werden (Dodds 1991:175; dazu ausführlich ebd. 13ff). Bei den Homerischen Helden der Vorzeit besteht noch keine von einem individuellen, ichzentrierten Willen gelenkte Handlungsorientierung, was sich gerade in der für moderne Vorstellungen 'verrückten' Möglichkeit zeigt, sich mit seinem Herzen, seinem Bauch oder auch seinem „thymos" (definierbar als ein „Organ der Empfindung") „fast so wie von Mann zu Mann" unterhalten zu können (ebd. 14). Dodds verweist u.a. mit Berufung auf W. Nestle auf noch für spätere Zeiten feststellbare „unvermeidliche Ergebnis[se] des fehlenden Willensbegriffs" (ebd. 175).

Odysseus' gelungene „Bändigung des Triebs durch die Vernunft" (DA 46) ermöglicht jedoch den „Übergang von archaisch-spontaner Affektbestimmtheit des Verhaltens zum affekt-unterdrückenden Handeln aus rationaler Reflexion und Selbstreflexion" (Vogel o.J., *Über mimetische Daseinsweise*, S.15). Daß dabei der Affekt, den sich der Mensch unterwirft wie alle äußere Natur, mit einem Tier gleichgesetzt wird, veranschaulicht drastisch die „innermenschliche Naturbeherrschung" in statu nascendi beim Helden der Vorzeit. Hier schon wird jener „Augenblick" vorbereitet, „in dem der Mensch das Bewußtsein seiner selbst als Natur sich abschneidet" (DA 51).

Diese Betrachtung zur „Urgeschichte der Subjektivität" (DA 51) reicht jedoch nicht aus, das bürgerliche Individuum in seiner systematischen Formierung als Polisbürger in seiner historischen Realität konkret zu erfassen. Eine Gesellschaft setzt sich nicht nur aus Individuen zusammen, sondern die Individuen sind „hinter ihrem Rücken" (Marx) durch dauerhaft institutionelle Strukturen gesellschaftlich allemal gleichsam präformiert. Was diese gesellschaftlichen Strukturen angeht, halten sich Horkheimer und Adorno in der *Dialektik der Aufklärung* bedenklich vage. Aus der Perspektive der Formierung durch „gesellschaftliche Subjektivitätsformen" formuliert Martin Rudolf Vogel folgende Kritik:

> „Das Urbild des bürgerlichen Individuums, dem dessen Begriff entspringt, ist freilich nur eine Seite okzidentaler 'Urgeschichte der Subjektivität'. Deren andere, die gesellschaftlich-systematische Konstitution des individuellen Subjekts als des 'selbstbeherrschten Ich', der 'beherrschten Reflexion' ist bis heute noch nicht nachgetragen worden" (Vogel 1996:95).

Natürlich kann im Rahmen dieser Arbeit weder auf die historische Realität noch auf die „gesellschaftlich-systematische Konstitution des individuellen Subjekts" in der Form eingegangen werden, wie es das Thema erforderte. Ohne also ins Detail zu gehen, soll deshalb lediglich in groben Zügen die Struktur dieser Vergesellschaftung nachgezeichnet werden, so weit es zur weiterführenden Betrachtung der Konstitution von Subjektivität wichtig ist. Mein Bezugspunkt ist dabei die Frage, was aus Mimesis und dem Leben in biozentrischen Verbundenheiten geworden ist.

Daß die griechisch-antike Polis für den okzidentalen Kulturkreis die erste Vergesellschaftung von Individuen war und infolgedessen auch systematisch individuelle Subjekte konstituieren und reproduzieren mußte, kann als allgemein bekannt vorausgesetzt werden. Daß dieser Ursprung der „Demokratie" antagonistisch verfaßt war, wie nicht nur in aller Deutlichkeit die Existenz von Freien und Sklaven belegt, sondern auch die gesamte gesellschaftlich politische Struktur, im geradezu diametralen Gegensatz zu den ethnologisch bekannten verwandtschaftlich-mimetischen Strukturen archaischer Gesellschaften, gehört schon zu den weniger bekannten Tatsachen. Daß allerdings die freien Polisbürger der altgriechischen Poleis in einer „gesellschaftlichen Doppelformierung zum Kriegerbürger ins Dasein treten" (Vogel o.J., unv. Ms.: *Antiker Rationalismus und Kriegerbürger-Polis*, S. 12) scheint nahezu vergessen. Im Anschluß an Friedrich Engels, der die klassische griechische Polis als „Militärdemokratie" charakterisierte und Max Webers zahlreichen Details darüber an verschiedenen Stellen von *Wirtschaft und Gesellschaft*, wird in den neueren historischen Sozialwissenschaften dieses Moment eines militärpolitischen Rationalisierungsprozesses wieder verstärkt herausgestellt. So geht Vidal-Naquet von einer Zweistufigkeit dieses frühen Rationali-

171

sierungsprozesses aus: nach einer „Krise der Souveränität", die aus dem Untergang der minoisch-mykenischen Welt, aus den sogenannten dorischen Wanderungen und den „dark ages" resultierte, seien die „Krieger die wesentliche Antriebskraft der Veränderung" gewesen. Auf diese erste Stufe einer „Hoplitenreform" folgte die zweite der „Demokratie" (Vidal-Naquet 1989:208f; dazu ausführlich das ganze Kapitel über „Der Rationalismus der Griechen und die Polis", S. 201-215; vgl. Brunkhorst 1996:84). Auf der Basis der neueren Untersuchungen des Centre de recherches comparées sur les sociétés anciennes und im Wissen um „den unverändert hoffnungslosen und widersprüchlichen Charakter der antiken Quellenlage" (Vidal-Naquet 1989:90) kommt Vogel zu folgender Skizze des Zeitgeschehens:

„[Es] zeichnet sich einigermaßen deutlich in den dorischen Polisgründungen zwischen dem 7. und 5. Jahrhundert v. Chr. eine Gesellschaftsklasse ab, die auch mehr oder weniger modifiziert in den älteren ionischen zum eigentlich soziologisch-historischen Novum werden sollte: die Klasse der sog. Hopliten, die nicht nur als schwerbewaffnete Fußkämpfer in einer rational organisierten Schlachtordnung, der sog. Phalanx, ebenso selbständig qualifiziert wie in die Truppe integriert zu kämpfen vermochten, sondern analog dazu auch als freie Bürger, zumal unter demokratischen Verfassungen, ihre individuellen Rechte im wohlverstandenen Rahmen des städtischen Gemeinwesens zu betätigen hatten. Ein Typus des „Wehrbürgers" oder genauer: 'Kriegerbürgers' also, der sich einerseits von allen anderen zeitgenössischen Gesellschaftsklassen und -schichten, vom Grundbesitz- und Seehandelsadel über Kleinbauern und Handwerker bis zu den oikoslosen Landarbeitern als historisch beispiellos darstellt, der andererseits aber für die neue Polisstruktur überlebensstrategisch offenbar so zentral bedeutsam ist, daß die Konzeption seiner individuellen Subjektivität und ihrer korrespondierenden Außenbedingungen konsequent aus dem Militärischen in alle politisch wichtigen Lebensbereiche strukturhomolog transformiert wurden. Alle Bürger werden gleichsam 'kriegerbürgerlich' formiert, da alle bürgerlichen Lebensbereiche quasi militärisch strukturiert sind" (Vogel o.J. unv. Ms.: *Über mimetische Daseinsweise*, S. 11).

Wie in diesem Kontext weiterhin gezeigt wird, bleibt dieser Ursprung der bürgerlichen Individuen auch nicht ohne Konsequenzen für die Konstitution von „Subjektivität", denn gerade hierin liegen die Gründe jener „selbstbeherrschten Gewaltbereitschaft" (Vogel), die von Horkheimer und Adorno am Urbild Odysseus nur tendenziell herausgezeichnet werden konnte. Odysseus war und blieb bei allen Differenzen ein Repräsentant jenes Typus des affekt- und ausdrucksbetonten aristokratischen Einzelkämpfers, wie er in der *Ilias* beschrieben ist und der politischen „Vorzeit" angehörte. Nun aber mußte ein Selbst entstehen, das sich der Mehrzahl seiner politischen Funktionen in Kriegs- und Friedenszeiten bewußt war, sie tätig voneinander zu unterscheiden vermochte und sie auch als eine persönliche Einheit zu verbinden wußte.

„Es ist eine einheitliche, stufenförmig transformierte Gewalt- und Überwältigungsstruktur, die vom kriegerischen Kampf auf Leben und Tod, als einem Extrem, über die wehrsportlichen und musischen Agone in Gymnasien und Heiligtümern („Übertrumpfung") sowie über die Wort-Kämpfe auf der Agora („Überredung") bis zum philosophischen Dialog der Akademie („Überzeugung") als anderem Extrem eine prinzipiell in Antagonismen konzipierte Daseinsweise ausdrückt (Vidal-Naquet 1989:18ff). Eine Daseinsweise, die den Heraklit'schen Krieg als Vater aller Dinge gesellschaftlich ebenso wortwörtlich wie auch im übertragenen Sinne praktiziert" (Vogel o.J., unv. Ms: *Antiker Rationalismus und Krieger-bürger-Polis*, S. 4).

An diesem Syndrom politischer Antagonismen spannen sich die „Manifestations-sphären" des kriegerbürgerlichen Selbst, seines Sichaufsichbeziehens" als „Selbst-erhaltung" im Kampf auf Leben und Tod einerseits, der einen höchst leistungsfähigen, auf Kraft, Ausdauer, Elastizität und Entbehrungsvermögen gedrillten „Körper" erfor-dert sowie andererseits der Arbeit im Oikos und in den politischen Institutionen zu Friedenszeiten, beides die Sphären seiner öffentlichen „sozialen Anerkennung" als ebenfalls äußerer Gegenpol der Selbsterhaltung. Dazwischen liegen, noch diffus und historisch nicht differenziert entwickelt, die inneren „Manifestationssphäre des Selbst-gefühls" und des „Selbstbewußtseins" (alle Zitate BS 21ff).

Bei allen wissenschaftlichen Unklarheiten über den entsprechenden Status der Frauen, bei deren Untersuchung, wie Sarah B. Pomeroy mit Nachdruck hervorhebt, sowohl zwischen den wirtschaftlichen und sozialen Klassen (Bürger, ortsansässige Fremde, Sklaven) als auch zwischen den verschiedenen Poleis unterschieden werden muß, steht gleichwohl außer Zweifel, daß es die „vorrangigste Aufgabe" und „vornehmste Pflicht" der Frauen war, „Kinder zu gebären", „rechtmäßige Erben" (vgl. Pomeroy 1985:53, 90). D.h die Frau wurde gezielt in die Sphäre der Gattungs- und individuellen Repro-duktion gezwängt, in jene gesellschaftliche Praxis, die ein unverzichtbares mimetisches Minimum gesamtgesellschaftlicher Reproduktion zu erfüllen hat. Welche geschlechts-spezifisch weibliche Organisation der Manifestationssphären des Selbst sich mit dieser Zuweisung ergeben hat und welche spezifischen Probleme aus dieser Form des Wider-spruchs zwischen gesellschaftlicher Form und sich etablierendem Selbst resultieren, kann nicht weiter verfolgt werden. Daß aber die geschlechtsontologische Subsumtion des Weiblichen unter die Naturkategorie, als Gegensatz zum Männlich-Geistigen, so-wie die falsche Naturalisierung eines weiblichen Sozialcharakters und Arbeitsvermö-gens bereits in dieser Art der Polisvergesellschaftung mit institutioneller Trennung von Öffentlichkeit und Privatheit ihren entscheidenden historischen Ausgang nahm, muß an dieser Stelle bewußt sein. Über den übergeordneten Zusammenhang von individuel-len Rechten und Pflichten der Bürgerklasse mit dem Familien- und Staatsinteresse gibt Pomeroy folgenden aufschlußreichen Hinweis:

„Politische Funktionen im klassischen Athen müssen eher als Pflichten denn als Rechte betrachtet wer-den. Verpflichtungen gegenüber der Familie und dem Staat bildeten den stärksten Antrieb im Leben aller

Bürger und Bürgerinnen. Die vornehmste Pflicht der Bürgerinnen ihrer *polis* gegenüber bestand darin, ihren *oikoi* oder Familien, deren Gesamtheit die Bürgerschaft ausmachte, rechtmäßige Erben zu gebären. In jeder Generation waren die Angehörigen der *oikoi* aufgefordert, die Kulte ihrer Väter ebenso wie den Familienstamm zu erhalten. Im Grunde fiel das Interesse des Staates also mit dem der einzelnen Familie zusammen, wenn er dafür sorgte, daß keine seiner Familien erlosch" (ebd. 90).

Die Individuen werden also für die familien- und staatspolitischen Belange formiert und dem übergeordneten Ganzen subsumiert. Individuelle Freiheiten sind also auch in diesem System, das die archaische Vergesellschaftung mit ihren „geschlossenen Lebensskripten" (Bosse) ablöste, nicht für alle eingeplant. Wenn Dodds' Untersuchungen heute noch Relevanz beigemessen werden kann, und alle Anzeichen sprechen dafür, dann wurde der Dionysoskult in jener Zeit, als „das Individuum [...] zum erstenmal der alten Familiensolidarität entwuchs", gerade deshalb so bedeutsam, weil die „ungewöhnliche Last persönlicher Verantwortlichkeit", d.h. der Zwang zur Identifikation mit den neuen sozialpolitischen Aufgaben, besonders bei den Frauen, als „drückend" empfunden wurde (Dodds 1991:49). In dieser Zeit hatten der Dionysoskult und die Katharsis Hochkonjunktur[62].

Wenn nun heute philosophisch und humanwissenschaftlich mit größter Selbstverständlichkeit davon die Rede ist, daß mit dem Individuum ein mit sich selbst identisches Subjekt gegeben sei, dann ist diese Rede gleichwohl höchst problematisch. Allein schon die vorangegangene Skizzierung der historischen Realität zeigt, wie wichtig es ist, die konkreten Umstände der Polis in die Bildung des Begriffs vom Individuum miteinzubeziehen. Das mit sich identische Subjekt, das „identisch beharrende Selbst" (DA 50) wird allzu umstandslos zum „mythischen Trug des reinen Selbst" (MM 203), zum Mythos einer „Ratio der Sichselbstgleichheit" gemacht, wie Lehmann demon-

---

[62] Das wohl bekannteste und am heftigsten diskutierte Phänomen aus dieser historisch-sozialen Umschichtung sind mit Sicherheit jene Frauen, die im Dionysoskult zu „Mänaden" und „Thyiaden" werden und in „rasender Begeisterung über die Berge dem Gott nachstürmen" (vgl. MD 20). Die Charakterisierung, daß sie im Wahn Tiere und Menschen zerreißen u.ä., die auf Euripides' *Bakchen*, den Mythos von Lykurgos u.a. zurückgeht, ist bereits eine äußerst problematische Vereinseitigung des historischen Phänomens. Sie speiste sich wohl zum großen Teil aus literarischen Phantasien der Interpreten (siehe W.F. Ottos *Dionysos*). In der Perspektive historischer Sozialwissenschaft steht das Phänomen im Zusammenhang der von den Frauen vorangetriebenen Einführung des Kultes von Dionysos/Zagreus in Griechenland und ist ebenso wie die Etablierung dieses Gegenspielers der Apollonreligion von dem Widerspruch und der Auflehnung gegen die sich etablierende olympische Ordnung bzw. die patriarchale Polisordnung gezeichnet. Ein vergleichbares Phänomen einer anderen Kultur wurde neuerdings von Beatrix Pfleiderer in ihrem Buch über *Die besessenen Frauen von Mira Datar Dargah. Heilen und Trance in Indien* herausgearbeitet (1994). Was die patriarchale Polisordnung als eine „herrschaftliche" angeht, halte ich es begrifflich mit Max Weber, für den, im Unterschied etwa zu Foucaults vage totalisierter Machtkategorie, „Herrschaft" nicht bloß eine allgemeinste Gehorsamschance bei Anderen bezeichnet sondern allemal eingebunden ist in institutionell legitimierte Rechte- und Pflichtenordnungen.

striert (Lehmann 1991:152), wenn die wesentlichen Momente der Verlebendigung „gesellschaftlicher Subjektivitätsformen" (Vogel 1983) unberücksichtigt bleiben. Identität bedarf immer eines Anderen, mit dem sich das Selbst beharrlich identifiziert, identifizieren muß. In Elisabeth Lenks Kritik am Identitätsbegriff ist dieses Moment sehr gut herausgearbeitet:

> „So kommt es zu dem Paradox, daß die Menschen, sofern sie sich mit ihrer Gattung, mit der ihnen allen gemeinsamen Substanz identifizieren, außer sich sind. Das äußere, sozusagen materialisierte Symptom dieses Außersichseins ist die Maske. Was sich in der Maske ursprünglich ausdrückt, ist das soziale Grundgefühl des Menschen: das Gefühl der *Nichtidentität*. Nun geschieht jedoch an diesem Punkt noch einmal, was bereits als Umwertung der Werte beschrieben wurde: das Grundgefühl der inneren Vielheit, das in der Maske zum Ausdruck kam, wird in eine äußere Einheit verwandelt, die radikale Nichtidentität des Menschen in einen Zwang zur Identität" (Lenk 1983:300).

Vom Subjekt aus besehen liegt also der gleiche transzendierende Vorgang zugrunde wie in der archaischen Mimesis, allerdings mit dem entscheidenden Unterschied, daß nicht in einen außeralltäglich-göttlichen Kosmos sondern in ein alltäglich weltliches Sozialgefüge und seine Männlichkeits- und Weiblichkeitsbilder transzendiert wird. Im Rahmen der Logik des Selbst entspräche dies der „gesellschaftlichen Form", die vom Subjekt angeeignet werden muß, bis in die Psyche und Leiblichkeit hinein (s.u. C 2). Sie ist also nichts dem Subjekt Äußeres, wie beispielsweise die Metaphern der „sozialen Rolle" oder der „Charaktermaske" suggerieren. Das Ich wird vielmehr zum „Betriebsleiter", der über den „Körper" als „Betriebsmittel" verfügt (MM 309). Ein kurzer Blick auf die Subjektivitätsformen der Polis zeigt, daß damit auch die Funktionalisierung des Leibs als Körper etabliert wird: als männliches Instrument des Kampfes und als weibliches Instrument des Gebärens. Die Leiblichkeit des Subjekts und dessen innere Natur werden herrschaftlichen Interessen geopfert; sie werden verdinglicht.

> „In der Klassengesellschaft schloß die Feindschaft des Selbst gegens Opfer ein Opfer des Selbst ein, weil sie mit der Verleugnung der Natur im Menschen bezahlt ward um der Herrschaft über die außermenschliche Natur und über andere Menschen willen. [...] In dem Augenblick, in dem der Mensch das Bewußtsein seiner selbst als Natur sich abschneidet, werden alle die Zwecke, für die er sich am Leben erhält, der gesellschaftliche Fortschritt, die Steigerung aller materiellen und geistigen Kräfte, ja Bewußtsein selber, nichtig, und die Inthronisierung des Mittels als Zweck, die im späteren Kapitalismus den Charakter des offenen Wahnsinns annimmt, ist schon in der Urgeschichte von Subjektivität wahrnehmbar. Die Herrschaft des Menschen über sich selbst, die sein Selbst begründet, ist virtuell allemal die Vernichtung des Subjekts, in dessen Dienst sie geschieht, denn die beherrschte, unterdrückte und durch Selbsterhaltung aufgelöste Substanz ist gar nichts anderes als das Lebendige, als dessen Funktion die Leistungen der Selbsterhaltung einzig sich bestimmen" (DA 51).

Hier gründet für den Okzident die „Geschichte der Zivilisation" als eine „Geschichte der Introversion des Opfers. Mit anderen Worten: die Geschichte der Entsagung. Jeder Entsagende gibt mehr von seinem Leben als ihm zurückgegeben wird [...]" (ebd.).

Geistesgeschichtlich betrachtet schürzt sich in dieser historischen Ära ein Knoten im inneren Zusammenhang der sokratischen Lehre von der Seele, die in Verknüpfung mit der schamanistisch beeinflußten Orphik eine Loslösung der „unsterblichen Seele" vom bloß menschlichen Leben und seinen „leiblichen Begierden" fordert (wie im platonischen Dialog *Phaidon* so minutiös herausgearbeitet wird; vgl. 67d, 79c/d, 80d, 81a, 83d). Zentral werden darin je spezifisch individualistische Konzepte, die gegen das Dasein gerichtet sind[63]. Das hier angesprochene Problem einer Verneinung der Lebendigkeit kann allerdings nicht weiterverfolgt werden[64]. Es soll jedoch dazu unter dem für mich relevanten Aspekt eines veränderten Begriffs vom „Leben" auf die Argumentation der feministischen Philosophin Adriana Cavarero zurückgegriffen werden.

„Von diesem Ausgangspunkt", sagt sie, „hebt die abendländische Philosophie an, wenn sie die Hochämter der Entwirklichung [des Denkens] feiert; und diese Entwirklichung auch ist es, die die notwendigerweise körperliche Dimension des Lebens(vollzugs) ihrer Bedeutung beraubt" (Cavarero 1992:44). Wenn sie hier auch bedauerlicherweise nicht auf Mimesis eingeht und ihre Kritik in *Platon zum Trotz* im Rahmen des traditionellen Philosophiediskurses ansiedelt, so hat sie doch das Grundproblem eines das Leben verneinenden Denkens bloßgestellt. Ihre Philosophiekritik paßt sich haargenau in

---

[63] Daß nach Dodds auch die Pythagoreer stark von diesem „puritanischen" Einfluß betroffen sind, ist keineswegs eine wissenschaftlich allgemein anerkannte These: „Die Annahme einer nach dem Jenseits gerichteten, lebensfeindlichen Seelensubstanz war der pythagoreischen Idee zuwider" (HS 33f). Ich stütze mich, wie schon oben dargelegt, auf die Studien von Kerényi und Koller, die belegen, daß die Pythagoreer einen am Leben orientierten Begriff der Seele gehabt haben müssen.

[64] In der Perspektive der *Dialektik der Aufklärung* kann jedoch nicht unerwähnt bleiben, daß hinter der dialektischen Kritik am okzidentalen Rationalisierungsprozeß auch Momente der jüdischen Tradition stehen könnten, die eine Orientierung am Leben und der sozialen Gemeinschaft zugrundelegen, also im Gegensatz zu sich in der Polis abzeichnenden logozentrischen und lebensverneinenden Entwicklung zu denken sind. Wie z.B. Horkheimer hervorhebt ist der jüdische Glaube noch nicht vom Glauben „an die Individualseele und ihrer Erlösung nach dem Tod" durchsetzt. Im Gegensatz zu diesem „egoistische[n] Standpunkt" sei „Seele" ein „Kollektiv-Begriff", „der sich in Einheit auf das Volk und seine Geschichte bezieht". Die Ähnlichkeit dieses Standpunktes zur antiken Figur von Zoé und Bios wird in dem folgenden Zitat besonders deutlich: „Wenn Sie das alte Testament lesen ... dann finden Sie dort, daß das Wort 'Du' sowohl auf den Einzelnen wie auf das ganze Volk zutrifft, ohne daß man es eindeutig trennen könnte ... Und jetzt komme ich zu dem Punkt, an dem das Judentum für mich so interessant ist: Die Identifikation nicht mit *dem*, sondern mit *den* Anderen. Ich bin am Schicksal der Anderen interessiert, ich weiß mich als Glied der Menschheit, in der ich fortleben werde" (Horkheimer Gesammelte Schriften 7, S. 389f; sowie Rosen 1995:147f).

176

meine Argumentation zum Umbruch der Ordnungen von der Biozentrik zur Logozentrik ein. Dazu eine längere, zentrale Passage:

„In Wahrheit vertraut sich der Philosoph, der wie der platonische Sokrates auf den Tod hin lebt, einer Doktrin an, die den Tod längst der Dimension des Lebens entzogen hat; denn diese Lehre hat aus dem Leben selbst - als ewiges Leben der Seele verstanden - einen vom Geborenwerden, vom Vergehen und Sterben abstrahierten (unberührten) Begriff gemacht. Wir haben hier in der Tat eine semantische Umkehrung vor uns, die den Begriff des Lebens von den Begriffen der Geburt und des Todes abtrennt, von den Begriffen also, die in der Erfahrung jedes lebendigen Individuums diesem jedoch eigentlich zugehören. Möglich wird diese Verkehrung, weil dem Philosophen eben das Leben der Seele - als ewiges Leben, als ein Leben ohne Geburt, ohne Veränderung oder Tod - zum Paradigma dient, so daß das nunmehr durch das ewige Leben der Seele definierte Leben seine Verknüpfungen mit Geburt und Tod verliert und diese in der Dimension des bloß Körperlichen beläßt.
Somit haben wir jetzt *zwei* Bedeutungen von >Leben<: das *wahre* Leben, das Leben der Seele: ein Leben von ewiger Dauer, ohne je geboren zu werden oder zu sterben; und das *bloße* Leben: das Leben des Körpers, das zwischen Geburt und Tod verläuft, das heranwächst und sich wandelt. Das einzelne menschliche Lebewesen enthält als Einheit von Seele und Körper beide, aber es hat seinen Mittelpunkt und sein Schicksal im wahren Leben seiner Seele. Weit mehr als das bloße Leben beherbergt das menschliche Individuum das ewige göttliche Leben in einem vorübergehenden Kerker aus Fleisch, der zwischen Geburt und Tod schwebt" (Cavarero 1992:43f).

Cavarero setzt treffsicher am wunden Punkt der Philosophie- und Geistesgeschichte an, dort nämlich, wo der Leib als Körper zum „Kerker" der Seele deklariert wird. Diese durchaus nicht nur semantische Verschiebung zwischen Leib und Körper findet sich in dem oben bereits angesprochenen pythagoreischen Spruch wieder, daß der Leib Ausdruck der Seele sei. Vor allem die späteren Deutungen des Spruchs in der Klassik kehren den wunden Punkt dieser Veränderungen der Vorstellungen drastisch hervor. Sie focusieren nicht nur den Bruch mit dem von den Pythagoreern beobachteten physiognomischen Zusammenhang sondern darüber hinaus zugleich eine zivilisatorische Weichenstellung, die erläutert werden muß. Wie wir wissen lautet der Satz: „Soma sema tes psyches". Da „sema" im Griechischen dreierlei bedeuten kann: „Zeichen", „Mal", zugleich auch „Grabmal", kann entsprechend verschieden übersetzt werden. So wird er z.B. bei Aristoteles noch in der ursprünglich pythagoreischen Version gedeutet:

„Seele und Körper sind in ihren Bewegungen aufeinander bezogen (sympathei), am Körper sind die Zeichen (semeia, Ausdruck) des seelischen Zustands ablesbar" (Aristoteles zit. n. Koller, MD 159).

Der Bezug auf die pythagoreische Lehre kommt hier ebenso zum Tragen wie in der oben zitierten Passage der *Politika* (vgl. Ende B 2). Der pragmatische Umgang damit braucht deshalb nicht noch einmal ausführlich behandelt zu werden, wenngleich auch seine sozialtechnische Tendenz sinnverkehrende Züge zurückläßt. Von größerem Gewicht ist die geradezu sinnentstellende zweite Deutung, wie sie z.B. in der lebensverneinenden Orphik formuliert wurde: „Der Körper ist das Grabmal der Seele" (MD 201f). Sie ist noch heute geläufig in der Vorstellung, daß der Körper das Gefängnis oder der Kerker der Seele sei. In diesem Verständnis manifestiert der Satz jene Strömung, die das „bloße Leben" mit dem Leib und all seiner natürlichen Chaotik dem „wahren", „ewig göttlichen Leben" unterordnet. Mit dieser Doppelung eines bloß irdischen Lebens und eines ewig göttlichen durch die Seele wird das irdische bereits funktionalisierte Leben einmal mehr abgewertet: die Leiblichkeit des Subjekts wird nun auch ideologisch negativ besetzt. Im Christentum letztlich wird „das Fleisch als Quelle allen Übels erniedrigt" (DA 207). Insofern kann Benjamin in seinem Buch über den *Ursprung des deutschen Trauerspiels* von der „fromme[n] Mortifikation des Leibes" reden (GS I.1:396).

Schlußbetrachtung und Ausblick: Mimesis in Phylogenese und Ontogenese

Die gesamte Betrachtung der archaischen Mimesis kann unter Max Webers Formel einer „Entzauberung der Welt" zusammengefaßt werden. Diese Formel konkretisierend hat sich gezeigt, daß sie keineswegs einseitig objektive Veränderungen im Zuge okzidentaler Rationalisierung benennt, wie der einschlägige Diskurs mit Zentrierung in „Weltbildern" und „Magie" suggeriert. Die Rationalisierungsgewinne werden vielmehr entscheidend auf der subjektiven Seite desselben Prozesses bezahlt von der Mimesis-Enteignung der Subjekte in der attischen Tragödie an bis zu ihrer Arbeitsplatz-Enteignung in der „Postmoderne". Anders als etwa in Altchina, dessen konfuzianisch kulturelle Rationalisierung sich unter „E r h a l t u n g dieses Zaubergartens" vollzog, wie Weber selbst feststellt (RS I:513), wurde Entzauberung im okzidentalen Rationalisierungsprozeß durch die sukzessive Formierung und letztlich durch Unterdrückung von Mimesis in Gang gesetzt. In diesem Horizont könnte der Übergang von der Archaik zum antiken Rationalismus durchaus als eine „Hexenjagd gegen den Ausdruck" (ÄT 176) begriffen werden, wie sie Adorno in der Moderne ansiedelt und zum Grundzug unfreier Vergesellschaftung erklärt. Meine These lautet: Die Mimesis-Ratio-Dialektik des Subjekts ist als solche in der okzidentalen Kulturentwicklung seit der griechischen Klassik nicht entfaltet worden ist. Sie ist vielmehr als einseitige Verselbständigung der Ratio von ihrem Gegensatz Mimesis fortschreitend abgeschnitten worden, und dieser Mimesis-Pol wurde den verschiedensten Formen der Verdrängung und Verkehrung überantwortet. In eben dieser Spannung ist offenbar die These der *Dialektik der Aufklärung* zu verstehen: „Die Ratio, welche die Mimesis verdrängt, ist nicht bloß deren Gegenteil. Sie ist selber Mimesis: die ans Tote" (DA 53).

Diese geschichtsphilosophischen Gedanken, die mit Horkheimer und Adorno durchaus in bezug auf eine „dialektische Anthropologie" (DA 6) verstanden werden müssen, sollen in Konstellation C vertieft werden. Es geht darin um die „unterirdische Geschichte" in ihrem Zusammenhang mit verdrängter Mimesis. Daß die „unterirdische Geschichte" der „Entzauberung der Welt" selbstverständlich auch eine ontogenetische Dimension hat, soll hier mit einem abschließenden Gedanken gezeigt werden. Es geht um das Mimesisproblem in der kontroversen Gestalt zwischen „Nachahmung" und „Ausdruck". Vor allem in diesem bildungstheoretischen Bezug erweist sich die Notwendigkeit einer fundierten Differenzierung als Zünglein an der Waage zwischen Erziehung und Bildung, Anpassung und Emanzipation.

Aus der bisherigen Analyse einer historisch sukzessiven Einschränkung von Mimesis und der sozialen Abwertung genuiner Ausdrucksformen des Lebens kann der Schluß gezogen werden, daß bereits den Bezugnahmen von Platon und Aristoteles auf die „Nachahmung" der Kinder ein grundsätzliches Ausdrucksverbot inhäriert. Wenn für die Erwachsenen bestimmte Ausdrucksweisen verboten waren, sollten die Kinder diese dann noch unbehelligt ausleben dürfen? Wohl schwerlich.

Bei Platon ist dieser Umstand direkt angesprochen unter der Frage, was die Wächter des Staates von Kindheit an lernen sollen und was nicht. In diesem Zusammenhang findet die im Schwerpunkt B 3 herausgearbeitete Gegenüberstellung von guter Ordnung, die befördert, und schlechter Ordnung/Unordnung, die bekämpft werden muß, eine weitere Anwendung (vgl. Platon *Politeia* 395 c/d; 424a). Da „alle jugendlichen Geschöpfe feuriger Natur seien und nicht imstande, Körper und Stimme völlig ruhig zu lassen, vielmehr sich immer in regellosen Tönen und Sprüngen ergehen" (Platon zit. n. MA 27); und da es der menschlichen Natur als einziger möglich sei, diese Bewegungen zu regeln, bedürfe es der Ordnung durch den Rhythmus und der Harmonie im Chorreigen. Dabei aber sollen die männlichen Kinder nur jene Bewegungen und Handlungen zum Vorbild nehmen, die die „erhabene und männliche Denkweise zum Ausdruck bringen" (Platon zit. n. MA 89). Darüber hinaus gibt es in Aristoteles *Poetik* jene schon angesprochene Aussage über die zentrale Bedeutung der Nachahmung für das Menschsein, die, allseits bekannt, weitreichenden Einfluß auf die pädagogische Theorie nahm.

„Denn sowohl das Nachahmen selbst ist den Menschen angeboren - es zeigt sich von Kindheit an, und der Mensch unterscheidet sich dadurch von den übrigen Lebewesen, daß er in besonderem Maße zur Nachahmung befähigt ist und seine ersten Kenntnisse durch Nachahmung erwirbt - als auch die Freude, die jedermann an Nachahmungen hat" (*Poetik*, Kap. 4, in der Übersetzung von Fuhrmann).

Das restriktive Moment tritt dann aber deutlich zutage, wenn es zum einen im Anschluß daran heißt, daß zwar „das Nachahmen unserer Natur gemäß" sei, „ebenso wie Melodie und der Rhythmus", zum anderen aber eine gesellschaftliche Zensur betreffs guter und schlechter Nachahmung verordnet wird (vgl. *Poetik*, Kap. 2). Eine eingehende Beschäftigung damit würde die Fragmentierung der ursprünglichen Mimesis wie auch die neuen formierenden Maßnahmen der Erziehung deutlich machen. Ich beschränke mich hier jedoch auf ein abschließendes Resümee:

Wie nicht anders zu erwarten war, finden wir in diesen Reflexionen zur frühen Ontogenese eine der Mimesisverdrängung bei den Erwachsenen entsprechende Haltung.

Auf der Basis der vorangegangenen Mimesisreflexion ließe sich deshalb zum einen, in Abwandlung der Aristotelischen Worte, die sozialanthropologisch begründete Frage stellen, ob denn nicht der Ausdruck selbst den Menschen angeboren sei, wie auch die Freude, die alle am Ausdruck haben. Daß nämlich die „Affekte der Umwelt [an]stekken" und das Kind zum „Echoen" treiben, zum „Nachfühlen" und „Nachleben", verweist auf „Nachahmung" übersteigende Momente subjektiver Bedürfnisse. Der Antrieb speist sich aus der zwischenmenschlichen Sphäre lebendigen Ausdrucks. „Das Kind spiegelt wider, was es sieht, tönt wider, was es hört. Der Lachende zwingt zum Lachen. Hört oder sieht es weinen, so muß es mitweinen" (TA 111). Das Leben der Kinder zeigt offensichtlich genug, daß es sich im Spiel nicht primär um eine wißbegierige Nachahmung handelt und auch nicht um ein Als-ob-Spiel, sondern daß die imaginäre Spielhandlung selber gelebte kindliche Realität ist. So gesehen müßte auch der Adornosche Satz „Das Humane haftet an der Nachahmung" dialektisch ins Mimetische umgewendet werden, in die mit dem späten Adorno durchaus konforme Schlußfolgerung: das Humane haftet am Ausdruck. Und es ließe sich zum anderen dazu eine Voraussetzung formulieren: daß nämlich jene „Freude am Ausdruck" noch nicht gänzlich ausgetrieben sein darf. Sie dürfte keinem Tabu unterliegen.

Konstellation C

Gesellschaftliche und individuelle Aktualität von Mimesis und ästhetischem Verhalten im Kontext kritischer Subjekt- und Bildungstheorie

In dieser abschließenden dritten Konstellation sollen verschiedene Argumentationsstränge aus den vorangegangenen in einer neuen Problemstellung zentriert werden: im Problem von ästhetischem Verhalten und Mimesis für die Selbstwerdung. Dies kann wiederum nur interdisziplinär angelegt werden. Um aber die ohnehin umfangreiche Konstellation nicht ins Überkomplexe auszudehnen sondern, wie angekündigt, auf eine praktisch mögliche Bildungsperspektive hin zu orientieren, werde ich mich auf ihren kritischen Kern konzentrieren: auf die Leiblichkeit des Subjekts im Wechselspiel von Eindruck und Ausdruck, Welt- und Selbsterfahrung. Wir sind diesem Zusammenhang bereits mehrfach begegnet: im Anthropomorphismus der Urbilder; in Form des Engels wie auch der griechischen Göttergestalten; in der leiblich zentrierten religiösen Erfahrung des Göttlichen und des Menschlichen im Tanz; im Phänomen des Leibgedächtnisses und der Erschütterung; aber auch im Prozeß des ästhetisch-mimetischen Verhaltens. Thema ist nun, diese Problematik unter dem negativen Vorzeichen der Moderne zu diskutieren, d.h. im Zeichen eines „destruktiven Widerspruchs" von Mimesis und Ratio, der sowohl eine pathologische Verzerrung des „mimetischen Vermögens" wie auch Beschränkungen der ästhetischen Verhaltensweisen im Zuge des „theoretischen und praktischen Rationalismus" (Weber) bedingte.

Ich gehe in drei Schritten vor: Im Anschluß an Konstellation B wird zunächst die phylogenetische Betrachtung um den Geschichtsentwurf der älteren Kritischen Theorie erweitert. Die gesellschaftliche Situation 2500 bis 3000 Jahre nach dem dokumentierten Beginn der okzidentalen Rationalisierung wird nach dem Schicksal der von ihr verdrängten Mimesis befragt. Die Folgen ihrer Verdrängung, wie sie mit den kritischen Stichworten einer „unterirdischen Geschichte" sowie einer „Revolte der Natur" aufscheinen, werden exemplarisch im Kontext der „Studien zum Antisemitismus" dargelegt. Dieser Gedankengang impliziert die Dialektik von subjektivem „Leib" und objektivem „Interesse am Körper" (DA), was die historische Betrachtung in die gesellschaftsstrukturelle überführt und damit insgesamt einen geschichtsphilosophischen Rahmen von „Aktualität" für die folgenden Bildungsprobleme beschreibt. Diese Dialektik entspricht nämlich einer strukturellen Transformation des „allgemeine[n] Gegensatz[es] von Gesellschaft und Individuum" ins Innere des Subjekts, und zwar „als der je besondere" Gegensatz von „Selbst" und „gesellschaftlicher Form" (BS 15). Im zweiten Schwerpunkt wird der ontogenetischen Frage nachgegangen, wie der Mechanismus der Unterdrückung von Leiblichkeit den Individuen gegen ihre subjektivlebendigen Bedürfnisse oktroyiert bzw. wie das mimetische Tabu im Subjekt etabliert wird. Daß dem so ist, wird anhand psychologischer Untersuchungen der weiblichen Adoleszenz und eines für sie typischen Phänomens, des „Stimmverlustes", gezeigt. Sodann wird die unterdrückte Leiblichkeit im Rahmen einer „Logik des Selbst" im Hinblick auf verdrängte Dimensionen des mimetischen Vermögens analysiert. Abschließend wird die frühe Ontogenese auf dem Hintergrund von Landauers *Theorie der Affekte* betrachtet, wobei ausgewählte Beispiele den Zusammenhang von Affekt- und Mimesisverdrängung aufschließen sollen. Im dritten Schwerpunkt wird die Ausgangsthese im Ausblick auf eine kritische Bildungstheorie und Bildungspraxis geprüft. Im Mittelpunkt steht dabei die Mikrokonstellation von ästhetischem Verhalten, mimetischem Vermögen und Erfahrung als Konstitutionsmomente der Selbstwerdung. Daß sich nur im Zusammenschluß dieser Momente eine lebendige Erfahrungsfähigkeit realisiert, die alle Sphären des Selbst integrieren und mit ihrer Selbstbesinnung das „Ichprinzip" der Härte und Kälte erschüttern kann, wird anschließend entwickelt. Diese Arbeitsschritte implizieren eine minimalisierte Auseinandersetzung mit Kant, Hegel und Schiller zu Fragen der Subjektkonstitution sowie eine kurze Diskussion des Phänomens der „Erschütterung". Die Arbeit endet mit einem Ausblick auf ein „starkes Ich" der ästhetischen Entäußerung und Selbstbesinnung, das durch die Freisetzung des mimetischen Vermögens der gesellschaftlichen Tendenz zu „Erfahrungsverlust" und „Verdinglichung" widerständigen Selbstbezug entgegensetzen kann.

C 1. „Unterirdische Geschichte" und die Revolte verdrängter Mimesis

C 1.1. Die Erfahrung des Zweiten Weltkriegs und die Begründung einer neuen Theorie der Geschichte

Mit dem Zweiten Weltkrieg verstärkten sich fortschritts- und rationalismuskritische Strömungen, die bis dahin unbenannte und nicht bedachte 'Neben'-Wirkungen des okzidentalen Rationalisierungsprozesses ins Licht der Aufklärung rückten. Kultur- und gesellschaftskritische Strömungen suchten die Aufklärung selbst aufzuklären anhand der Schatten, die sie auf das Leben warf. Denn deutlicher als der Erste Weltkrieg, dessen katastrophaler Charakter bereits in Konstellation A aufschien, setzte dieser zweite großtechnisch geführte Krieg jeder noch bestehenden Illusion über den Einsatz wissenschaftlich-technischer Errungenschaften zum Wohle aller Menschen ein grausames Ende. Der organisierte Massenmord an Millionen Menschen - Juden, Sinti, Roma, Slawen, Homosexuellen, politisch Andersdenkenden, Kriegsdienstverweigern, BibelforscherInnen, Behinderten -, ihre rationalisiert-kostengünstige Tötung mit Zyklon B in Gaskammern nach ihrer Beraubung, demonstrierte unüberbietbar die absolute Unmenschlichkeit. Der "Zusammenbruch der bürgerlichen Zivilisation" (DA 1) war mit dieser faschistischen „Endlösung" im Umgang mit Menschen, die auf dubiose Weise als „Fremde" diffamiert wurden, besiegelt[1].

1944 hatten Horkheimer und Adorno in der *Dialektik der Aufklärung* die „rastlose Selbstzerstörung der Aufklärung" (DA 1) zum zentralen Thema gemacht. Es war ein erster Versuch, die faschistische Barbarei aus der europäischen Aufklärungsphilosophie zu verstehen und zwar aus ihrer immanenten Ambivalenz von Kontinuität und Bruch. Konnte es sein, daß diese Inhumanität und Irrationalität in der bürgerlichen Gesellschaft strukturell angelegt war, daß die philosophische Aufklärung nur einen ideologischen Überbau zu inhumanen Herrschaftsverhältnissen bildete? Denn ihrem Anspruch zufolge hätte es ein solches Destruktionspotential gar nicht geben dürfen. Nach dem eigenen Universalitätsanspruch des okzidentalen Rationalisierungstypus dürfte es im Sinne der politisch verbrieften Menschenrechte keine strukturell-pathologischen

---

[1] Diese Einschätzung geht mit Shmuel N. Eisenstadts These zusammen, daß die „bedeutendste Eigenschaft der modernen Barbarei [...] in ihrer auf Prinzipien gegründeten ideologischen Dimension zu finden" sei: „Die Barbarei legitimiert sich in Form einer verabsolutierenden, totalen Exklusion einiger Teile der Bevölkerung, welche zuvor mit denjenigen, die nun die Exklusion betreiben, einen gemeinsamen Rahmen gebildet hatten, die nun aber als >vollkommen anders< definiert und von jeglicher Kategorie des Menschlichen ausgeschlossen werden" (Eisenstadt 1996:96).

Spannungen zu anderen Kulturen, Völkern und zwischen den Geschlechtern geben, geschweige denn Vertreibung, Mord und systematische Vernichtung. Der Ideologie zum Trotz ging stattdessen mit der Formulierung politisch-demokratischer Rechte zugleich auch immer der Kampf um das Definitionsmonopol und die Vormachtstellung einher und hinterließ in dem Gewebe der Geschichte von der Gründung der griechischen Polis über die Französische Revolution bis heute einen „roten Faden", der einem „Blutstrom" gleichkommt. So jedenfalls sehen es Jürgen Ebach und Christa Wolf (vgl. Ebach 1987: 47f), und so sahen es vor ihnen schon Horkheimer und Adorno.

„Die Ordnung, die 1789 als fortschrittliche ihren Weg antrat, trug von Beginn an die Tendenz zum Nationalsozialismus in sich", schrieb Horkheimer 1939 über die Französische Revolution in seinem Aufsatz über *Die Juden und Europa* (Horkheimer 1988:324). Er kritisierte darin die liberalistische Abwehr jener „Vernünftigkeit, die den spezifischen Verwertungsbedingungen auf der je erreichten Stufe zuwiderläuft" (ebd.). Alle politökonomisch nicht notwendigen Ziele der bürgerlichen Revolution, und dazu zählen vor allem die humanen, die die Sozialität der Menschen bilden sollten, wurden zu verhindern und zu vereiteln versucht. Mit Erfolg, wie der Fortgang der Geschichte mit der Zersetzung öffentlicher Interessen durch das „abstrakte[.] Prinzip[.] des Selbstinteresses" zeigte (KiV 29). Schon Karl Marx konnte aus der Entwicklung der frühen bürgerlichen Gesellschaft herauslesen, daß sich gegen alle Ideale von Freiheit, Gleichheit, „Brüderlichkeit" und Gerechtigkeit nur der individuelle Eigennutz verallgemeinern konnte, der „Besitzindividualismus", wie Crawford B. Macpherson dieses Problem politisch erfaßt. „Das einzige Band", das die Menschen zusammenhält, „ist die Naturnotwendigkeit, das Bedürfnis und das Privatinteresse, die Konservation ihres Eigentums und ihrer egoistischen Person" (Marx 1981:366). Daß bei der Verfassungsgebung die Gleichberechtigung der Frau nirgendwo Thema war, weil die Frauen keine „gleichberechtigten Menschen" (Maihofer 1995:161) sondern inferiores Geschlecht seien (vgl. DA 99f), ist eine ebenso grundlegend problematische Weichenstellung dieser bürgerlichen Emanzipation (Gerhard u.a. 1997: Kap. I, IV, V, VII). Die so ausgerichtete kritische Sicht auf den „Fortschritt" wurde in der *Dialektik der Aufklärung* zu der Frage radikalisiert, ob denn nicht Ursache und Anfang dieses Fortschritts in Katastrophen in die griechische Antike, die Wiege des okzidentalen Rationalismus, zurückverfolgt werden müßte.

Gesellschafts- und subjekttheoretische Ausgangsfrage war dabei, „warum die Menschheit, anstatt in einen wahrhaft menschlichen Zustand einzutreten, in eine neue Art von

Barbarei versinkt" (DA 1). Aufgrund der neuen historischen Erfahrung mußte Horkheimers Hypothese von 1932, daß eine vernünftig-rationale Gesellschaftsordnung
durch eine „das Bewußtsein verfälschende Triebmotorik" verhindert würde (Horkheimer 1968:20), noch radikaler ausgelegt werden. Der analytisch-sozialpsychologisch
erweiterte Ansatz, der zunächst das Ausbleiben der Revolution im historischen Kontext der Moderne erklären sollte, reichte nicht aus, um die „Irrationalität der Rationalität" (Horkheimer) zu erfasssen. Als in den Vereinigten Staaten, dem Exil von Horkheimer und Adorno, die unglaublich schrecklichen Nachrichten über das Schicksal der
Juden in Europa bekannt wurden, schrieb Adorno folgende Zeilen:

> „Mir geht es allmählich so, auch unter dem Eindruck der letzten Nachrichten aus Deutschland [...], daß
> ich mich von dem Gedanken an das Schicksal der Juden überhaupt nicht mehr losmachen kann. Oftmals
> kommt mir vor, als wäre all das, was wir unterm Aspekt des Proletariats zu sehen gewohnt waren, heute
> in furchtbarer Konzentration auf die Juden übergegangen" (Brief vom 5.8.1940, zit. n. Rosen
> 1995:150).

Horkheimer bestätigte diese Ahnung in seiner Antwort und äußerte die Meinung, daß
„die Judenfrage die Frage der gegenwärtigen Gesellschaft ist" (zit. n. Rosen ebd.).
Damit setzte ein Prozeß theoretischer Umorientierung auf Probleme des Antisemitismus ein, der nicht nur ein neues Licht auf den Totalitarismus und seine gesellschaftlich-historischen Erscheinungsformen warf[2], sondern zugleich Fragen der "gattungsgeschichtlichen Konstitutionsbedingungen des bürgerlichen Subjekts überhaupt"
(Vogel 1983:41) aufwarf. Das theoretisch Neue daran war eine Radikalisierung der
Zusammenführung von Marx, Weber und Freud in phylogenetischer Perspektive, die
neben den politökonomischen und analytisch-sozialpsychologischen nun auch anthropologische Erkärungsansätze heranzog. In diesem Kontext wurden die zentralen Thesen der *Dialektik der Aufklärung* als Kritik an der Moderne entwickelt. Die Leitfragen,
wie der in der faschistischen Barbarei hervortretende Geistes- und Kulturzerfall ent-

---

[2] Zvi Rosen stellt diese Umorientierung in seiner Arbeit über Horkheimer und dessen Bezug zum Judentum eindringlich dar: „Während des Krieges hat Horkheimer immer mehr die Überzeugung gewonnen,
daß die Geschichte der Juden als Exempel einer Leidensgeschichte dienen könne. Seiner Auffassung,
daß die Juden Opfer von Verfolgungen und sogar der Vernichtung schon viele Generationen vor Hitler
gewesen seien, gab er Ausdruck in einem seiner Briefe an Pollock: Antisemitismus sei immer totalitär
gewesen, er sei die Inkarnation des Totalitarismus bereits tausend Jahre vor dem Nazismus, wie die
Geschichte des ersten Kreuzzugs in Deutschland 1096 zeige. Antisemitismus bedeute immer mehr als
'Kampf den Juden', er bedeute 'lösch sie aus, alle, nicht einer soll überleben'. Das sei das totalitäre
Ideal, ein System, aus dem es kein Entrinnen gäbe. Das sei einer der Punkte, denen man nachgehen
wolle: den Begriff des Totalitarismus analysieren im Zusammenhang mit Tod und Vernichtung" (Rosen
1995:149f).

stehen, wie sich Rationalität in Irrationalität und Barbarei verkehren konnte, führten zu der These: "schon der Mythos ist Aufklärung, und: Aufklärung schlägt in Mythologie zurück". „Der Fortschritt schlägt in den Rückschritt um" (DA 5). Die Ursache für diesen Rückschlag wurde nicht länger in der Aufklärungstradition gesucht, die die „Vernunft" strikt antinomisch zum „überwundenen" mythischen Zeitalter setzte und Abweichungen von der Vernunftform als Rückfälle in Aberglauben, Magie und Barbarei faßte[3]. Es werden nunmehr „Vernunft" resp. „Rationalität" und „Irrationalität" aus ihrer Genese in der „mimetischen Daseinsweise", der phylogenetischen ebenso wie der ontogenetischen, zu verstehen gesucht, was immer ein Gewordensein der Ratio sowie ihrer Vermittlung mit ihrem dialektischen Gegensatz, der Mimesis, impliziert. Das, was Adorno schließlich die „losgelassene[.]" Ratio nennt[4], ist seiner ganzen Argumentation zufolge eine von ihrem dialektisch vermittelnden Gegenpol Mimesis losgelassene Ratio, denn alle Anzeichen der vorzeitlichen mimetischen Daseinsweise sprechen dafür, daß diese weder irrational im modernen Sinne noch als 'reine' Mimesis hätte existieren können (vgl. Ritsert 1987).

Konstellation B hat gezeigt, daß in der Tat der frühe okzidentale Rationalisierungsprozeß einen ganz allgemein tiefergehenden Umbruchsprozeß aller kulturellen und gesellschaftlichen Zusammenhänge bewirkt hat, als die bisherige Historiographie deutlich zu machen vermochte. Und sie hat vor allem mit dem Aufriß beginnender Affektbeherrschung und Selbstkontrolle jenen gewaltigen und gewaltsamen Umbau der inneren Natur der Menschen aufgewiesen, der zur Überwindung und Abschaffung der am Kreatürlichen orientierten biozentrischen Ordnung notwendig gewesen ist. Dies war der phylogenetisch frühe Fall von Restriktionen der mimetischen Daseinsweise[5]. Ihm

---

[3] Das neue Erklärungsmodell der *Dialektik der Aufklärung* beschreibt Jan Philipp Reemtsma folgendermaßen: „Nicht das Gegenteil - vernachlässigt, provoziert, gehegt, geheckt - gewinnt Macht über die Zivilisation, sondern etwas wird sein eigenes Gegenteil. Nicht hat der Leviathan die Kontrolle verloren, sondern er selbst, also in ihm konzentrierte Macht und potentielle Gewalt wird unmittelbar mörderisch, und dem Massenmord dienen die zivilisatorischen Tugenden Umsicht, Triebaufschub, Disziplin, Arbeitsteilung. Das Barbarische ist nun nicht mehr das, was >vor< oder >jenseits< der Zivilisation lauert, sondern auch das, was sie selber hervorbringt, nicht im Kollaps, sondern *en marche"* (Reemtsma 1996:31). Vgl. dazu die Beiträge zu *Modernität und Barbarei. Soziologische Zeitdiagnose am Ende des 20. Jahrhunderts* in Miller/Soeffner (Hg.) 1996 sowie zu *Zivilisationsbruch. Denken nach Auschwitz* in Diner (Hg.) 1988.
[4] Noch in der *Negativen Dialektik* Adornos ist die These des „Umschlag[s] von Aufklärung in Mythologie" präsent als „das Falsche der losgelassenen, sich selbst entlaufenen Rationalität" (ND 44) Von ihr heißt es in der *Ästhetischen Theorie*: „Ratio ohne Mimesis negiert sich selbst"(ÄT 488).
[5] Natürlich kann von einer mimetischen Daseinsweise, wie ich sie in Konstellation B in der Einheit von Mythos und Ritus beschrieben habe, in der frühen Neuzeit keine Rede mehr sein. Vielmehr muß diese Zeitspanne soziokulturell als Übergangsstufe einer durch Katholizismus, Scholastik, Feudalordnung und

sollten noch viele weitere in unserer Kulturtradition folgen im Dienste eines „Ichs", das sich der Natur prinzipiell distanziert gegenübergesetzt verstehen sollte, zur Herstellung einer „methodischen" und „asketischen Lebensführung" sowie „zur grundsätzlichen Abwendung von aller Sinnenkultur überhaupt" (RS I:95). Lebenspraktisch zielten z.B. die religiösen Systeme des Puritanismus/Protestantismus darauf ab, alle mimetisch-nichtrationalen Momente der Ontogenese möglichst schnell zu tilgen. Sie zielten darauf, „den persönlichkeitsbildenden Erziehungsprozeß in den Individuen bis zur Entfaltung einer >selbständigen< Subjektivität in der Verfügung über die Sprachformeln voranzutreiben, [und] damit in Richtung auf Selbstverfügung, Selbstbeherrschung und ein planvolles Wollen nach außen und innen" (Lorenzer 1981:99). Lorenzer, von dem diese subjekttheoretische Skizzierung stammt, zieht zur Erläuterung ein Weber-Zitat heran:

„Die puritanische - wie jede >rationale< - Askese arbeitete daran, den Menschen zu befähigen, seine >konstanten Motive<, gegenüber den >Affekten< zu behaupten und zur Geltung zu bringen: - daran also, ihn zu einer >Persönlichkeit< in d i e s e m, formal-psychologischen Sinne des Worts zu erziehen. Ein waches bewußtes helles Leben führen zu können, war, im Gegensatz zu manchen populären Vorstellungen, das Ziel, - die Vernichtung der Unbefangenheit des triebhaften Lebensgenusses die dringendste Aufgabe - O r d n u n g in die Lebensführung derer, die ihr anhingen, zu bringen, das wichtigste M i t t e l der Askese" (RS I:117f; vgl. Lorenzer 1981:99).

Im zivilisatorisch weiter gespannten Rahmen und in bezug auf die mimetische Daseinsweise heißt es analog dazu bei Horkheimer und Adorno:

„Die Strenge, mit welcher im Laufe der Jahrtausende die Herrschenden ihrem eigenen Nachwuchs wie den beherrschten Massen den Rückfall in die mimetische Daseinsweise abschnitten, angefangen vom religiösen Bilderverbot über die soziale Ächtung von Schauspielern und Zigeunern bis zur Pädagogik, die den Kindern abgewöhnt kindisch zu sein, ist die Bedingung der Zivilisation. Gesellschaftliche und individuelle Erziehung bestärkt die Menschen in der objektivierenden Verhaltensweise und bewahrt sie davor, sich wieder aufgehen zu lassen im Auf und Nieder der umgebenden Natur. Alles Abgelenktwer-

---

beginnendem Humanismus bzw. einsetzender Reformation aufgesprengte Daseinsweise in Verbundenheiten gedacht werden, so, wie es Arthur E. Imhof in der Einleitung zum Colloquium über *Leib und Leben in der Geschichte der Neuzeit* charakterisiert hat. Demnach „bestanden für unsere Vorfahren zahlreiche enge Verbindungen zwischen ihrem körperlichen Mikrokosmos und dem universellen Makrokosmos. Die heutigen Horoskope sind nur noch ein schwacher Abglanz hiervon" (Imhof 1983:5) - ebenso konnten diese „engen Verbindungen" - Korrespondenzen - nur noch ein „schwacher Abglanz" der mimetischen Daseinsweise in der Archaik sein. Wie die neueren Forschungen zur Kultur-, Sozial-, Körpergeschichte und zur Geschichte der Gefühle zeigen, hatte die okzidentale Rationalisierung in der frühen Neuzeit einen weiteren gewaltigen Schub der Verdrängung von Mimesis durchzusetzen. Hierzu sei auf folgende weiterführende Literatur verwiesen: Duden; Foucault; Heinemann; Honegger; Imhof u.a.; Lindenberger/Lüdtke u.a.; Laslett; zur Lippe; Muchembled; Pohl/Türcke; Roper; Steinert/Huber.

den, ja, alle Hingabe hat einen Zug von Mimikry. In der Verhärtung dagegen ist das Ich geschmiedet worden" (DA 162)[6].

Die damit einhergehende dunkle Geschichte einer „zunehmende[n] Ausgrenzung der Sinnlichkeit" und der Verdrängung „aller Sinnenkultur" (Lorenzer 1981:107, 99) ist unter Schlagwörtern wie „Bildersturm", „Hexenjagd", „Bücherverbrennung" und „entartete Kunst" in bleibender Erinnerung. Sie dokumentiert, daß der in Schüben vollzogene Kampf gegen einzelne Momente mimetischer Daseinsweise nicht nur bis in die frühe Neuzeit sondern bis ins 20. Jahrhundert und vermutlich noch weiterhin andauert (vgl. Lorenzer 1981). Die sich hierin äußernde Verdrängung von Mimesis wurde in der *Dialektik der Aufklärung* reflektiert als jenes „Furchtbare", das die Menschheit sich habe antun müssen, „bis das Selbst, der identische, zweckgerichtete, männliche Charakter des Menschen geschaffen war" - „und etwas davon wird noch in jeder Kindheit wiederholt" (DA 33). Auf diesen kritisch-theoretischen Voraussetzungen wurde eine Dialektik von Individuum und Gesellschaft, die die Verschränkung von Ontogenese und Phylogenese unter der historischen Perspektive des Leidens zu erfassen sucht, zur Grundlage einer von Horkheimer und Adorno intendierten „dialektischen Anthropologie" (vgl. Vorrede DA 6).

C 1.2. „Unterirdische Geschichte" und das „Interesse am Körper"

Horkheimer und Adorno begriffen den okzidentalen Rationalisierungsprozeß vor allem konsequent unter seinen negativen Auswirkungen auf die Menschen und bezeichneten diese „Nachtseite" der „bekannten Geschichte Europas" als eine „unterirdische" Geschichte (DA 207). Es ist kein Zufall, daß dieser Gedanke am Anfang einer Ausarbeitung steht, die „Interesse am Körper" genannt wurde (ebd.). Wie wir bereits in Konstellation B gesehen haben, ist die Leiblichkeit des Subjekts, seine Affekte und Ausdrucksformen die psychosomatische Angriffsfläche für die gesellschaftliche Formierung. Hier setzen nicht nur die positiven Zivilisationsmaßnahmen ein, sondern mit Gewalteinwirkungen auch die Etablierung von Tabus und die Einschränkung der Ent-

---

[6] Der Begriff „Mimikry" ist hier weniger im Sinne von Caillois' Auslegung als Totstellen zu verstehen. Vielmehr muß er im Rahmen der Landauerschen *Theorie der Affekte*, die ja von Horkheimer und Adorno rezipiert wurde, im Kontext von „Primitivreaktionen", „Affekt", „Echoen" verstanden werden. Für diese Auslegung spricht folgendes Zitat: „Es ist die ansteckende Gestik der von Zivilisation unterdrückten Unmittelbarkeit: Berühren, Anschmiegen, Beschwichtigen" (DA 163).

faltungsmöglichkeiten menschlicher Potentiale. Und hier liegt, in den Termini von erster und zweiter Natur gesprochen, die „erste" Natur für die gesellschaftlich-logozentrische Verdinglichung des Leibes zum Körper, was als ein Ursprung der Leidensgeschichte gesehen werden muß. Insofern realisiert sich in diesem Ansatz einer dialektischen Anthropologie auf gesellschafts- und subjekttheoretischer Ebene ein „Eingedenken der Natur im Subjekt, in dessen Vollzug die verkannte Wahrheit aller Kultur beschlossen liegt" (DA 39) unter gesellschaftlichen Verhältnissen von Verdinglichung. Der nähere Anschluß meiner Argumentation findet sich zu Beginn von „Interesse am Körper"[7].

„Unter der bekannten Geschichte Europas läuft eine unterirdische. Sie besteht im Schicksal der durch Zivilisation verdrängten und entstellten menschlichen Instinkte und Leidenschaften. Von der faschistischen Gegenwart aus, in der das Verborgene ans Licht tritt, erscheint auch die manifeste Geschichte in ihrem Zusammenhang mit jener Nachtseite, die in der offiziellen Legende der Nationalstaaten und nicht weniger in ihrer progressiven Kritik übergangen wird.
Von der Verstümmelung betroffen ist vor allem das Verhältnis zum Körper. Die Arbeitsteilung, bei der die Nutznießung auf die eine und die Arbeit auf die andere Seite kam, belegte die rohe Kraft mit einem Bann. Je weniger die Herren die Arbeit der anderen entbehren konnten, als desto niedriger wurde sie erklärt. Wie der Sklave so erhielt die Arbeit ein Stigma. Das Christentum hat die Arbeit gepriesen, dafür aber erst recht das Fleisch als Quelle allen Übels erniedrigt. [...]" (DA 207).

Was bedeutet zunächst diese Unterscheidung einer „unterirdischen" von einer „bekannten" Geschichte Europas für die Geschichtsreflexion? Hier wird die Marxsche Kritik, daß die herrschende Geschichtsschreibung immer die der Herrschenden sei, ernst genommen. Horkheimer und Adorno untersuchen konsequent die unterdrückte Seite der Beherrschten, die auch, aber nicht ausschließlich, mit der gesellschaftlichen Arbeitsteilung und den Produktionsverhältnissen zu erfassen ist. In der Analyse der Herrschaftsverhältnisse muß auch die zur Objektivität komplementäre Subjektivität untersucht werden, was in einem doppelten Sinne geschieht. Zum einen in der klassischen Kritik gesellschaftlicher Objektivität, wobei allerdings die gesellschaftliche Arbeitsteilung sowie ihre Unterdrückungs- und Ausbeutungsverhältnisse auf der Grundlage ideologischer Machtstrukturen reflektiert werden. Weltliche und kirchliche Indoktrinationsmechanismen werden als tragendes Moment der gesellschaftlichen Arbeitsteilung aufgezeigt, die wiederum als Moment der Rationalisierung ihren Teil zur inneren Fragmentierung des Subjekts beiträgt (vgl. A 3.1). Zum anderen wird dieses Herr-

---

[7] In seiner Bearbeitung des „Eingedenken[s] der Natur im Subjekt" hat Schmid Noerr ebenfalls diese Aufzeichnung „Interesse am Körper" besprochen unter dem Titel „Natur als Geschichte - das Repressionsmodell der Zivilisationsgeschichte" (Schmid Noerr 1990:44ff). Seine Ergebnisse bestärken im wesentlichen meine Argumentation, auf die entscheidende Differenz komme ich zurück.

schaftsverhältnis auf der Seite individueller Subjektivität als Naturverhältnis weiterverfolgt, womit der Herrschaftsbegriff nicht nur auf die Naturverhältnisse im allgemeinen, sondern vor allem auf die Fragen der Beherrschung innermenschlicher Natur gerichtet wird: eben „auf das Schicksal der im Zivilisationsprozeß verdrängten und entstellten menschlichen Instinkte und Leidenschaften". Hier gewinnt also eine Erweiterung des Herrschaftsbegriffs auf die Naturverhältnisse an Relevanz, die die Beherrschung der inneren und äußeren Natur zum Thema macht[8] und die Argumentation weitertreibt zu den Grundlagen im Subjekt (dem Objekt der Herrschaft), zu den beherrschten, kontrollierten und ausgebeuteten Leibern gleich Körpern[9].

In dieser Geschichtsbetrachtung wird also nicht nur auf der allgemein-gesellschaftlichen Ebene die Perspektive von den Herrschenden zu den Beherrschten gewechselt, was jeder „Geschichte von unten" eignet. Vielmehr wird zugleich auf der individuellen Mikroebene dieser Perspektivenwechsel vollzogen und die Herrschaft der subjektiven Vernunft, der Religion und Moral über den Leib, als dem frei zur Verfügung stehenden Objekt „Körper", thematisiert. Der semantische Übergang vom „Leib" zum „Körper"[10] könnte als Zeichen für die herrschaftliche Enteignung der

---

[8] Wie wenig selbstverständlich diese Doppelseitigkeit des Naturverhältnisses ist, dokumentiert neuestens der Band *Gegensätze. Elemente kritischer Theorie* (hrsg. v. Brentel u.a. 1996), worin „Naturverhältnisse" von nicht weniger als vier Beiträgen thematisiert werden, ohne daß deren subjektive Seite als eine spezifische ausgewiesen würde.

[9] Diesen häufig vernachlässigten Aspekt der Herrschaft über die innere Natur hebt Andrea Maihofer in ihrer feministischen Analyse von *Geschlecht als Existenzweise* hervor. Im Anschluß an ihre Bezugnahme auf den „patriarchatskritischen Aspekt" an der *Dialektik der Aufklärung* (vgl. Maihofer 1995:110ff, 189) - der sich um das Argument bewegt, daß die Menschheit sich „Furchtbares" antun mußte, bis „das Selbst, der identische, zweckgerichtete, männliche Charakter des Menschen geschaffen war" - betont sie die für das moderne Subjekt „konstitutive Dialektik von Herrschaft/Beherrschung und Unterwerfung/Gehorsam" (ebd. 115), die auch die „Herrschaft über die eigene, innere Natur" (ebd.113f) einschließt. Es gelingt ihr allerdings nicht, den von Horkheimer und Adorno angedeuteten Zusammenhang von männlichem Selbst, Naturbeherrschung und Herrschaft jenseits einer Geschlechterdichotomie aufzugreifen und in den Selbstverhältnissen geschlechtsspezifischer „Denk-, Gefühls- und Körperpraxen" zu dechiffrieren. Dies könnte daran liegen, daß bei aller beabsichtigten Differenzierung, die notwendigerweise auch von den Frauen betriebene Beherrschung der inneren Natur vernachlässigt wird, die Dialektik von Leib und Körper wird vollkommen ausgeblendet (vgl. Anm. B 57). Aber erst eine solche gesellschaftliche und historische Analyse könnte „Geschlecht als Existenzweise" in dem gesellschaftlich vorgegebenen Herrschaftsverhältnis über die Natur zur Reflexion bringen - was der *Dialektik der Aufklärung* zufolge auch immer als kritische „Selbstbesinnung" des Denkens auf sich verstanden werden muß.

[10] Daß diese Differenzierung zwischen „Leib" und „Körper" kein theoretisches Glasperlenspiel ist, weist Barbara Duden als eine der wenigen HistorikerInnen in ihrem Buch *Geschichte unter der Haut. Ein Eisenacher Arzt und seine Patientinnen um 1730* beeindruckend nach und zwar durch ihre eigenen Erfahrungen, die sie im Forschungsprozeß machte und die sich auch in ihrer Methodenreflexion niederschlugen. Sie war durch ihre Auseinandersetzung mit den Patientinnenberichten von Dr. Storch, seinen Kommentaren und Diagnosen nachhaltig mit einer ihr „fremde[n] Vorstellung vom >Leib<„ (Duden

Leiblichkeit des Subjekts als Selbst gelten, einer Enteignung zur Verfügbarmachung des Körpers als Objekt für heterogene Zwecke, als Zeichen der Verdinglichung und des verdinglichten Selbstbezugs. In Konstellation B wurde bereits im Kontext des „Urbilds Odysseus" und der antik-politischen Subjektformierung, die für unsere Kulturtradition nachhaltig die Funktionalisierung des Leibs als Körper etablierte, dieses Phänomen als „Introversion des Opfers" angesprochen (vgl. Schmid Noerr 1990:48ff).

Eine „Introversion des Opfers", die die „Geschichte der Zivilisation" zur „Geschichte der Entsagung" werden läßt, wie Horkheimer und Adorno im expliziten Anschluß an Nietzsche charakterisieren. Sie kommen zu der ebenso offensichtlichen wie auch tabuierten Einsicht, daß sich jedes äußere Herrschafts- und Ausbeutungsverhältnis gegenüber Menschen und Natur auch als inneres in den Subjekten selbst auswirken müsse, ja daß die Unterdrückung des eigenen Leibs das psychodynamisch treibende Motiv sei. Ganz klar ist diese These bei Horkheimer *Zur Kritik der instrumentellen Vernunft* ausgedrückt. Im Kapitel über „Die Revolte der Natur" heißt es dazu:

> „Naturbeherrschung schließt Menschenbeherrschung ein. Jedes Subjekt hat nicht nur an der Unterjochung der äußeren Natur, der menschlichen und der nichtmenschlichen, teilzunehmen, sondern muß, um das zu leisten, die Natur in sich selbst unterjochen. Herrschaft wird um der Herrschaft willen >verinnerlicht<" (KiV 94).

Die damit verquickte Beleuchtung der „Nachtseite" der „manifesten Geschichte" wird ermöglicht durch Einbeziehung der Psychoanalyse, in der die von offizieller Geschichtsschreibung nicht als geschichtswürdig erachtete Dimension des Leibes und des Leidens thematisch ist. Sie geht der Frage nach, wie sich die Herrschaft im Subjekt etabliert, reproduziert und pathologisiert. Damit bin ich an einem weiteren Aspekt der „unterirdischen Geschichte" angelangt, dem Aspekt, der nicht nur ihre psychoanalytischen Konnotationen des „Unbewußten", der „Verdrängung" und der „Wiederkehr des Verdrängten" zum zentralen Thema hat, sondern zugleich eine massive Kritik der

---

1991b:124) konfrontiert, die ihr bewußt machte, daß sie als Frau des 20. Jahrhunderts einen Körper >hat< und als Historikerin diesen Körper „nicht als Brücke in die Vergangenheit benutzen" darf. „Ich >habe< einen Körper. Keine von Storchs Patientinnen >hat< einen in diesem Sinn. Bis in meine Sprache und in meine Physis hinein bin ich ein besitzergreifendes Individuum" (ebd. 13). „Über meinen Körper kann ich nicht in die Vergangenheit klettern" (ebd. 10). Um sich „a priori den Weg zu der untergegangenen Wirklichkeit der >Leibhaftigkeit<" (ebd. 13) nicht zu verbauen, mußte sie sich nicht nur von Körpervorstellungen der Moderne befreien (vgl. ebd. 14ff), sondern zugleich auch neue Formen der Darstellung finden, was sowohl meinen methodischen Reflexionen zur wissenschaftlichen Selbstbesinnung als auch zum „Denken in Konstellationen" entspricht (vgl. A 1). Wenigstens der heuristische Wert der konstellativen Methode Adornos ist also mittlerweile in der feministischen Wissenschaft erkannt und praktiziert worden.

Geistesmetaphysik ausmacht. Die Psychoanalyse repräsentiert mit der Entdeckung der ungeheuren Kraft, die das „Es" im Seelenleben innehat, auch die wissenschaftlich manifest gewordene Kritik an der Metaphysik des Geistes und schlägt auf ihre Weise die Brücke zu Schopenhauers und Nietzsches Kulturkritik, die „gegen den Glauben von Jahrtausenden den Primat des Triebes vor Geist und Vernunft" setzten (Mann 1972:137). Im zivilisatorisch gewordenen Gegensatz von Geist und Natur, der sich im Subjekt wiederholt als Gegensatz von Körper und Bewußtsein, Sinnlichkeit und Vernunft, bildet nunmehr nicht mehr der Geist, die Ratio, den Ausgangspunkt der Kulturtheorie bzw. Geschichtsreflexion sondern die phylogenetisch unterdrückte Natur: der Leib. Bei Freud kommt dieses umgestürzte Verhältnis in der Metapher von Pferd und Reiter zum Ausdruck.

„Man könnte das Verhältnis des Ichs zum Es mit dem des Reiters zu seinem Pferd vergleichen. Das Pferd gibt die Energie für die Lokomotion her, der Reiter hat das Vorrecht, das Ziel zu bestimmen, die Bewegung des starken Tieres zu leiten. Aber zwischen Ich und Es ereignet sich allzu häufig der nicht ideale Fall, daß der Reiter das Roß dahin führen muß, wohin es selbst gehen will" (Freud 1991:78).

Daß diese Metapher keineswegs so spaßig zu verstehen ist, wie sie auf den ersten Blick wirkt, macht spätestens Horkheimers Anwendung auf den Antisemitismus deutlich. Noch im Vergleich mit den neuerlich in der Debatte um Daniel Goldhagens Buch *Hitlers willige Vollstrecker. Ganz gewöhnliche Deutsche und der Holocaust* vorgebrachten Argumenten, die sich fast vollständig auf die Bewußtseinsebene beschränken, muß diese auf den Mechanismen des Unbewußten insistierende Erklärung des Antisemitismus hervorgehoben werden.

„Ein bloßer Appell an den bewußten Geist genügt nicht, weil Antisemitismus und Anfälligkeit für antisemitische Propaganga dem Unbewußten entspringen" (Horkheimer 1993:25).

Bevor ich allerdings auf die Antisemitismusstudien ausführlich eingehe, muß noch ein wesentlicher Gedanke aus „Interesse am Körper" elaboriert werden: die gesellschaftlich produzierte „Haßliebe gegen den Körper" [11], die auch als subjektive Grundlage

---

[11] Auch bei Schmid Noerr wird die „Haßliebe gegen den Körper" zentral diskutiert und er verfolgt ihre Entstehung bis zur Introversion des Opfers bei Odysseus zurück (vgl. Schmid Noerr 1990:45ff). Seine aufschlußreichen Darlegungen zur „unterirdischen Geschichte des Körpers und seiner Verstümmelungen" als Unterdrückungs- und „Repressionsgeschichte" der Zivilisation beziehen jedoch eine Reflexion des Tabus nicht ein. Erst darin wird aber das psychodynamische Moment der Unterdrückung der inneren Natur als „Haßliebe" transparent. Wenn auch Horkheimer/Adorno im „Interesse am Körper" weder die „tabuierten mimetischen Züge" (DA 163) noch das „Tabu, das auf Subjekt und Ausdruck lastet" (ÄT 70), verhandeln, so gehen sie dennoch auch hier davon aus, daß das „Körperliche tabuiert" ist, „Gegenstand von Anziehung und Widerwillen" (DA 208).

des Antisemitismus zu verstehen ist. Sie ist, wie sich zeigen läßt, das entscheidende psychodynamische Moment unbewußter Entgeltung des eigenen Unglücks über das „verkümmerte Leben" (DA 210) an anderen, die nicht davon betroffen zu sein scheinen; d.h. diejenigen, die unfrei dem mimetischen Tabu unterliegen, rächen sich an Freieren für die einem selbst auferlegte Tabuierung.

C 1.3. Die „Haßliebe gegen den Körper"

Im Zuge der Rationalisierungsprozesse in der frühen Neuzeit, die von der puritanischen Ethik, ihrer Verteufelung des Leibes und der Kreatürlichkeit, dem Zwang zur Vereinsamung und der Abtötung der Nächstenliebe geprägt waren, verschärfte sich das Moment der „Entsagung" aufs äußerste. Hinweise zur Leib- und Sexualfeindlichkeit, zur Selbstkontrolle zum Zwecke innerweltlicher Askese und des Gewinnstrebens sind in Max Webers Studien *Die protestantische Ethik und der Geist des Kapitalismus* allerorten zu finden (vgl. RS I:93f, 95, 99ff, 117, 133ff, 169ff, 184). Sie sprechen Bände über die Verkehrung jenes Zweck-Mittel-Verhältnisses, wenn „die Arbeit [...] vor allem, von Gott vorgeschriebener S e l b s t zweck des Lebens überhaupt" wird (ebd. 171). Oder wie Zinzendorf sagte: „Man arbeitet nicht allein, daß man lebt, sondern man lebt um der Arbeit willen, und wenn man nichts mehr zu arbeiten hat, so leidet man oder entschläft" (ebd.). Dieses aus dem Ökonomischen hergeleitete und fälschlich totalisierte zweckrationale Handeln im Zeichen der Alternative von „Gnadenstand oder Verwerfung" (ebd. 115) ist Ausdruck umgeleiteter Energien und keineswegs so frei von Affekten, auch pervertierten Affekten, wie es sich selbst dünkt. Der „Triumph des Geistes über den Körper" (ebd. 560) ist nur scheinbar, wie der folgende Mormonenspruch verrät: „Aber ein Träger oder Fauler kann kein Christ sein und selig werden. Er ist bestimmt, totgestochen und aus dem Bienenkorb herausgeworfen zu werden" (ebd. 171). Zweifelsohne gibt dieses Zitat die äußerst extreme Position einer Sekte wieder. In seiner Extremität zeichnet es allerdings jenen Zug der asketisch-methodischen Lebensführung heraus, der nach Lorenzer als „Grundkonflikt" den gesamten Gang der Rationalisierung prägt[12] : „den sich verschärfenden Druck einer von Sinnlichkeit abge-

---

[12] Die starre Unmenschlichkeit dieser sog. religiösen Überzeugung zeigt sich ebenfalls in einem phylogenetischen Novum im Umgang mit dem Tod, das an Extremität dem genannten Beispiel in nichts nachsteht. Bei Max Weber ist nachzulesen: „Der echte Puritaner verwarf ja sogar jede Spur von religiösen Zeremonien am Grabe und begrub die ihm Nächststehenden sang- und klanglos, um nur ja keinerlei

trennten Rationalität, den Umschlag der Befreiung durch das Wort in die instrumentalistische Fesselung der Selbstverwirklichung der Subjekte" (Lorenzer 1981:108), die
sich über die Reformation hinaus immer weiter ausbreiteten.

Ohne daß Lorenzer im *Konzil der Buchhalter* diese Dynamik aus der Dialektik von
Mimesis und Ratio erklärt - denn er übernimmt die von Marcuses *Triebstruktur und
Gesellschaft* geprägte Terminologie von „Sinnlichkeit" und „Vernunft", die er zum
Gegensatz von „sinnlichen Interaktionsformen" und „Sprache" bzw. „diskursivem
Symbolsystem" präzisiert - konkretisiert er implizit die Folgen der Restriktionen des
mimetischen Vermögens für das Subjekt:

> „Eine vom sinnlichen Umgang mit Mitmenschen und Umwelt abgekoppelte Rationalität totalisierte die
> sprachlich-planende Fügung zur >rücksichtslosen< Herrschaft über Dinge und >verdinglichte< Be-
> zeichnungen. Die asketische Selbstdistanzierung von Sinnlichkeit - die Selbstdistanzierung der Sprache
> von ihrer Basis in sinnlichen Interaktionsformen - bringt den subjektiven Einspruch gegen das System
> objektiver Zeichen zum Erlöschen. Die Entsinnlichung, die Distanzierung von sinnlicher Praxis, in der
> Reformation angelegt, verfestigte sich im weiteren Verlauf der Geschichte zur >abstrakten< Weltsicht,
> zur Durchsetzung strategisch-instrumentellen Handelns [...], in dem nicht nur die Herrschaft des Men-
> schen über die Natur radikalisiert wird, sondern vermittels der Naturbeherrschung die Herrschaft des
> Menschen über den Menschen etabliert und in die Persönlichkeitsstruktur eingesenkt wird" (Lorenzer
> 1981:108).

Die insofern nicht nur religiös sondern vor allem herrschaftlich motivierte Verachtung
des Subjekts in seiner leibhaftigen - und das heißt mehr als „sinnlichen" - Lebendigkeit
ist das schiere Gegenteil vom „Eingedenken der Natur im Subjekt". Der Mensch hat
seinen „Zweck" nicht mehr in sich als „Selbstzweck", als Natur, sondern setzt ihn
(resp. bekommt ihn gesetzt) außer sich in Gott, bzw. in der kapitalistischen Bildung (!)
von Mehrwert anstatt der Bildung seiner selbst. Dies ist die wesentliche subjektive
Grundlage der Verdinglichung und instrumentellen Vernunft[13], die auch das christli-
che Gebot „Liebe Deinen Nächsten wie Dich selbst" null und nichtig werden läßt,
denn wo keine Achtung vor dem Leib existiert, kann weder Selbst- noch Nächstenliebe

---

>superstition<: kein Vertrauen auf Heilswirkungen magisch-sakramentaler Art, aufkommen zu lassen"
(RS I:95).

[13] Zweckrationales Handeln muß es seit Anbeginn der Menschheit gegeben haben, da es die Bedingung
aller Selbsterhaltung ist. Spezifisch modern dagegen ist das Übergreifen zweckrationaler Denk- und
Handlungsmuster über Sachgüter und äußere Objekte hinaus auf die zwischenmenschlichen Beziehungen und die Prozesse innerer Natur in Form der Selbstverdinglichung. Das phylogenetisch gleichursprüngliche rituell-darstellende Verhalten indessen blieb im Prozeß der „Entzauberung der Welt" auf der
Strecke. Es wurde aus dem allgemeinen Lebensprozeß verdrängt. Einen exemplarischen Einblick in die
puritanische Transformation der „Mimesis" zur ethischen „Nachfolge Christi" sowie zur Ausbildung
einer „puritanischen Ästhetik" gibt Klaus Weiss 1984: *Grundlegung einer puritanischen Mimesislehre.
Eine literatur- und geistesgeschichtliche Studie der Schriften Edward Taylors und anderer puritanischer Autoren.*

sein. Ethik und Religion können, als menschliche, nur auf dem Wohlergehen der Leiblichkeit begründet sein.

Es wäre nun, ganz im Sinne Horkheimers und Adornos, ein analytischer Fehler anzunehmen, daß diese Entsagung, bei der vom Leben mehr gegeben als ihm zurückgegeben wird (vgl. DA 51), von den Entsagenden nicht als ein ideologisches 'Spiel' durchschaut, zumindest erahnt worden wäre. Die Ambivalenz des Subjekts zwischen der inneren Beteiligung an dem Prozeß der „Selbsterniedrigung [...] zum corpus" und dem aufbegehrenden Widerstand gegen diese Selbstverneinung wird im folgenden Zitat hervorgehoben. Es geht um diejenigen, die sich nicht durch Gnadenwahl einer Erlösung nahe wähnen konnten und daher die ideologische Täuschung „dumpf" erahnen mußten:

„Sie ahnten dumpf, daß die Erniedrigung des Fleisches durch die Macht nichts anderes war als das ideologische Spiegelbild der an ihnen selbst verübten Unterdrückung. Was den Sklaven des Altertums geschah, erfuhren die Opfer bis zu den modernen Kolonialvölkern: sie mußten als die Schlechteren gelten. Es gab zwei Rassen von Natur, die Oberen und Unteren. Die Befreiung der europäischen Individuums erfolgte im Zusammenhang einer allgemeinen kulturellen Umwandlung, die im Innern der Befreiten die Spaltung desto tiefer eingrub, je mehr der physische Zwang von außen nachließ. Der ausgebeutete Körper sollte den Unteren als das Schlechte und der Geist, zu dem die anderen Muße hatten, als das Höchste gelten. Durch diesen Hergang ist Europa zu seinen sublimsten kulturellen Leistungen befähigt worden, aber die Ahnung des Betrugs, der von Beginn an ruchbar war, hat mit der Kontrolle über den Körper zugleich die unflätige Bosheit, die Haßliebe gegen den Körper verstärkt, von der die Denkart der Massen in den Jahrhunderten durchsetzt ist, und die in Luthers Sprache ihren authentischen Ausdruck fand. Im Verhältnis des Einzelnen zum Körper, seinem eigenen wie dem fremden, kehrt die Irrationalität und Ungerechtigkeit der Herrschaft als Grausamkeit wieder, die vom einsichtigen Verhältnis, von glücklicher Reflexion, so weit entfernt ist, wie jene von der Freiheit. [...] Die Haßliebe gegen den Körper färbt alle neuere Kultur. Der Körper wird als unterlegenes, Versklavtes noch einmal verhöhnt und gestoßen und zugleich als das Verbotene, Verdinglichte, Entfremdete begehrt." (DA 207f).

Das Zitat bringt nicht nur die in Konstellation B am Beispiel der Barbaren angesprochene Hierarchisierung in zwei Menschenklassen, Herrschende und Beherrschte, in Erinnerung und faßt bereits Gesagtes zur Dialektik von Leib und Körper zusammen. Hier werden vor allem aus der Perspektive der Unterdrückten die Resultate der herrschenden Leibfeindlichkeit und ihrer Verinnerlichung auf den Punkt gebracht: als eine „Haßliebe gegen den Körper", die subjektiv nur noch verstümmelte und deformierte Beziehungen zu sich selbst und anderen hervorbringen kann. Im Anschluß an den Ausdruck der „glücklichen Reflexion" möchte ich diesen negativen subjektiven Zustand die „mißglückende Reflexion" nennen, weil auf die dumpfe Ahnung, daß etwas nicht stimmen kann, nicht mehr rational-vernünftig sondern nur noch affektiv-irrationalistisch reagiert werden kann. Denn: die tabuierte Körperlichkeit und ihre verdrängten und nicht gelebten Affekte und Leidenschaften werden im Unbewußten wirksam als eine destruktive Kraft, die das Potential zu einer glücklichen Reflexion lahmlegt. Das „Subjekt als Selbst"[14] kann dadurch die Reflexion auf sich und Anderes nicht in „glücklicher" Durchlässigkeit zwischen seinen einzelnen „Manifestationssphären" (BS 22) einlösen, sein unterdrücktes Selbstgefühl darf als solches nicht zum Selbstbewußtsein kommen, und es entsteht jenes oben als „Haßliebe" beschriebene Verhängnis zwischen Attraktion und Repulsion. Paradigmatische Fälle für die in solcher Pathologie ausgelösten Projektionen liefern Beziehungsverhältnisse zu vermeintlich Schwächeren, wie sie nicht nur gegenüber Frauen sondern auch gegenüber Juden gewalttätig ausgelebt wurden:

„Die Erklärung des Hasses gegen das Weib als die schwächere an geistiger und körperlicher Macht, die an ihrer Stirn das Siegel der Herrschaft trägt, ist zugleich die des Judenhasses. Weibern und Juden sieht man es an, daß sie seit Tausenden von Jahren nicht geherrscht haben. Sie leben, obgleich man sie beseitigen könnte, und ihre Angst und Schwäche, ihre größere Affinität zur Natur durch perennierenden Druck, ist ihr Lebenselement. Das reizt den Starken, der die Stärke mit der angespannten Distanzierung zur Natur bezahlt und ewig sich die Angst verbieten muß, zu blinder Wut. Er identifiziert sich mit Natur, indem er den Schrei, den er selbst nicht ausstoßen darf, in seinen Opfern tausendfach erzeugt" (DA 101).

Zweifelsohne ruft diese ins Extrem extrapolierte und apokalyptisch anmutende Aussage der *Dialektik der Aufklärung* Widerstände im Leser hervor. Das intellektuelle Bewußtsein widerstrebt dieser Einsicht in offen zutage beförderte und ausgelebte Haßliebe gegen die Leiblichkeit und ihre Gewaltförmigkeit, widerstrebt dieser Einsicht in „[a]lles, was im Geheimnis, im Verborgenen ... bleiben sollte und hervorgetreten ist", wie Schelling das Unheimliche umschrieb (zit. n. Freud 1993:143). Dennoch verifizieren sich die Aussagen immer wieder in Untersuchungen zur Mißhandlung von (Ehe-) Frauen, Kindern und Fremden (vgl. Oppenheimer 1996:81f; Hagemann-White/Kavemann/Ohl 1997). Diese Haßliebe ist die dunkle Kehrseite der kulturellen Leistungen Europas, deren Realisierung über die notwendige Sublimation hinausgehende Opfer erzwungen hat. Daß diese Opfer im wesentlichen durch herrschaftliche Beschränkung des mimetischen Vermögens, d.h. in dem Tabu auf Ausdruck und Subjekt gegründet waren, kann an den Antisemitismusstudien nachgewiesen werden. Es kommt mir in der folgenden Darstellung darauf an, zu zeigen, wie eine vereinseitigte und „losgelassene" Ratio das mimetische Vermögen und sich selbst in sein Gegenteil verkehrt.

---

[14] Ich nehme hier Teile einer „Logik des Selbst" (BS) vorweg, auf die ich später systematisch eingehen werde (C 2).

Als Übergang von diesem Aspekt, der noch einmal den Zivilisationsprozeß, der „über die Menschheit abläuft" (Freud), aus der Perspektive der älteren Kritischen Theorie heraus problematisieren sollte, zum nächsten, der Antisemitismus als Folge von Mimesisverdrängung behandelt, soll aus Ernst Simmels Arbeit *Antisemitismus und Massen-Psychopathologie* zitiert sein. Er wendet Freuds These, daß die Zivilisation selbst das Antizivilisatorische hervorbringe, auf diesen Extrempunkt an:

> „Wenden wir unser psychoanalytisch-dialektisches Verfahren an, so dürfen wir nicht davon ausgehen, daß der Antisemitismus die Errungenschaften der Zivilisation vernichtet, sondern daß der Zivilisationsprozeß selbst den Antisemitismus als pathologische Symptomatik *hervorbringt*, die den Boden zerstört, auf dem sie erwachsen ist" (Simmel 1993:59).

C 1.4. Antisemitismus im Kontext verdrängter Mimesis

Die Antisemitismusstudien der älteren Kritischen Theorie basieren auf dem Grundgedanken der „Wiederkehr des Verdrängten" (Freud) in Form einer „Rebellion der unterdrückten Natur" (DA 166)[15]. Sie gehen davon aus, daß die im Zivilisationsprozeß begründete und in der Ontogenese wiederholte Rationalisierung (als eine Verdrängung von Mimesis) durch die Konfrontation des Subjekts mit Residualformen von Mimesis bei Anderen virulent werden. Es gehören also mindestens zwei 'Parteien' dazu und zwar diejenigen, die dem Tabu unterliegen, und andere, die ihm nicht, weniger oder in anderer Form unterliegen:

> „Die von Zivilisation Geblendeten erfahren ihre eigenen tabuierten mimetischen Züge erst an manchen Gesten und Verhaltensweisen, die ihnen bei anderen begegnen, und als isolierte Reste, als beschämende Rudimente in der rationalisierten Umwelt auffallen" (DA 163).

---

[15] Ich konzentriere mich in dieser Darstellung ausschließlich auf mein Thema Mimesis und Mimesisverdrängung und baue auf der Problematik des unterdrückten Ausdrucksimpulses auf, wie er sich z.B. als Folge unterdrückter Aggressionen, die nicht gegen die Eltern gerichtet werden durften, ereignet (vgl. hierzu Simmel 1993:73ff, 77). Zur Weiterführung des Diskurses verweise ich auf Lorenzer, der unter Bezug auf Simmels Arbeit die „nationalsozialistische *Weltanschauung* in ihrer Zentrierung um den Antisemitismus" als „profilierteste[s] Beispiel einer Vergesellschaftung über >Ersatzbefriedigung und Schablone<" analysiert (Lorenzer 1981:117). Seine These lautet, daß sich das „weltanschauliche Angebot" in seinem „entscheidenden Kern - dem Rassenwahn - inhaltlich präzis an eine sozial bedingte *Persönlichkeitsirritation*" wendet (ebd. 121). Die Mechanismen des mimetischen Tabus sehe ich als eben solche sozial bedingten Persönlichkeitsirritationen an. Darüber hinaus dient als Hintergrund der Reader zur Konferenz „Rechtsextremismus und Fremdenfeindlichkeit in der demokratischen Gesellschaft", hrsg. v. der Hessischen Stiftung für Friedens- und Konfliktforschung u.a. (1994).

Durch das ontogenetisch eingesenkte „erbarmungslose Verbot des Rückfalls" (DA 163) in mimetische Verhaltensweisen komme es allerdings nicht mehr zum bewußten Vollzug des Konfliktes zwischen unterdrücktem Triebwunsch und Verbot, was als Ambivalenzkonflikt i. S. des „mimetischen Tabus" bezeichnet werden kann. D.h. mimetische Verhaltensweisen werden bei Anderen unbewußt wahrgenommen, verleiten sogar „ansteckend" zum Mittun, weil sie Derivate von verbotenen Wünschen und „unterdrückten Unmittelbarkeiten" (DA 163) aktualisieren. Sie werden zugleich aber auch abgewehrt, eben weil ihre Erfüllung verboten ist. Somit wird der „mimetische Impuls" unterdrückt und reiht sich ein in die Kette zurückgehaltener Ausdrucksimpulse, die der Verdrängung anheimfallen.

Hier zeigt sich der Einfluß einer dritten „Partei", die nach dem Verursacherprinzip die primäre ist: es ist die „äußere Autorität" (Freud), zunächst der Eltern, die diese Verbote ins Individuum einsenkt und die, aufgrund eines schwachen Über-Ichs, als äußere Repräsentanz der Verbote weiterbestehen bleibt. Anstelle der „äußeren Eltern-Repräsentanz", die das „individuelle Über-Ich ersetzt", setzt der antisemitische Massenmensch den Führer der Gruppe und erkennt ihn als solches an (vgl. Simmel 1993:72f)[16]. Dieser Aspekt gewinnt speziell im politischen Antisemitismus des Nationalsozialismus an Relevanz und zwar in dem Phänomen, das Adorno, in Abweichung von Simmels These einer „Regression", die „kollektive Retrogression" nennt. Zum Abschluß dieses Schwerpunktes werde ich darauf zurückkommen.

Freuds Theorie des *Unheimlichen* muß in diesem Kontext zur Erklärung herangezogen werden, denn, so eine darauf hinweisende Wendung von Adorno und Horkheimer, „was als Fremdes abstößt, ist nur allzu vertraut" (DA 163). Es ist dem Seelenleben „nur durch den Prozeß der Verdrängung entfremdet worden", kann mit Freud ergänzt werden (Freud 1993:160f). Dieser Punkt der Argumentation führte „uns zur alten Weltauffassung des *Animismus* zurück[..]" (ebd. 160). Damit gibt Freud einen eindeutigen Hinweis auf mimetische Lebenszusammenhänge. Obwohl er diesbezüglich direkt Bezug auf die frühe Ontogenese als Urgrund des *Unheimlichen* nimmt, soll seiner Argumentation hier noch nicht weiter gefolgt werden; diese Parallele von Phylogenese und Ontogenese in der „Urgeschichte von Subjektivität" (DA 51) wird später aufgegriffen (C 2.3). Es muß jedoch eine zentrale Schlußfolgerung Freuds zitiert werden,

---

[16] Der psychoanalytische Hintergrund dieser zentralen Problematik der „Massenpsychose" bzw. des „autoritären Charakters" kann hier nicht vertieft werden; vgl. weiterführend Gerassimos Kouzelis: *Das symbolische Mehrprodukt*, Diss. am Fachbereich Gesellschaftswissenschaften, Frankfurt/M. 1985.

griffen (C 2.3). Es muß jedoch eine zentrale Schlußfolgerung Freuds zitiert werden, weil sie die psychoanalytische Basis für die Antisemitismusstudien bildet.

„Es scheint, daß wir alle in unserer individuellen Entwicklung eine diesem Animismus der Primitiven entsprechende Phase durchgemacht haben, daß sie bei keinem von uns abgelaufen ist, ohne noch äußerungsfähige Reste und Spuren zu hinterlassen, und daß alles, was uns heute als >unheimlich< erscheint, die Bedingung erfüllt, daß es an diese Reste animistischer Seelentätigkeit rührt und sie zur Äußerung anregt" (Freud 1993:160).

In meiner auf Mimesis bezogenen Darstellung kommt es mir ausschließlich auf den damit nachweisbaren Zusammenhang an, daß in der frühen Ontogenese Formen von Mimesis durchlaufen werden müssen, die an die phylogenetische Frühphase erinnern (an das „Archaische", das „Primitive") und offenbar noch in der höchst rationalisierten Gesellschaft nicht schadlos durch rationale Verfahren substituierbar sind; daß ferner diese Formen aus normativ-äußeren Zwängen heraus möglichst schnell überwunden werden sollen (die „Allmacht der Gedanken", die Symbiose mit der Mutter, die Beseelung des Unbelebten im Spiel, die starken Affekterlebnisse); und daß dabei schließlich Spuren zurückbleiben, subjektiv empfunden als „beschämende Rudimente", die, nach außen gewendet, den Teufelskreis des Antisemitismus bedingen. Es bleibt ein Bedürfnis nach Ausdruck, ein „sprungbereite[s] Innen" (DA 167), das sich seinen Weg nach außen, nunmehr gleichsam auf wilde und blinde Art, symptomatisch, suchen muß[17].

Dieser basalen Explikation zur Psychodynamik muß nun, der These folgend, daß „die Rebellion unterdrückter Natur gegen die Herrschaft unmittelbar der Herrschaft nutzbar" gemacht werden könne (DA 166), eine Betrachtung der Objektivität folgen. Denn wenn der unterdrückte mimetische Impuls mit Horkheimer „als eine von den radikalsten Systemen gesellschaftlicher Herrschaft ausgebeutete Destruktivkraft" anzusehen ist (KiV 95), dann müssen auch die funktionalisierbaren Auslösemechanismen benannt werden, die das Verdrängte zum Ausbruch bringen. Bisher sind wir in der Argumentation nur bis zur vollzogenen Unterdrückung des mimetischen Impulses vorgedrungen. Jetzt nähern wir uns seiner repressiv-autoritären Freisetzung. An dieser Stelle der Argumentation treffen wir ein weiteres Mal auf Reste von Mimesis, die Horkheimer und

---

[17] Ich beziehe mich hier nur auf die „Massenpsychopathologie", die im politischen Antisemitismus zum Ausdruck kommt und abstrahiere von den individuellen Fällen der Resignation und Selbstaufgabe, bei denen es keine Rebellion gegen den Oppressor und die repressiven Verhältnisse gibt. Das Bedürfnis nach Ausdruck wird vollkommen negiert, bis zur „Versteinerung". Im Gegensatz dazu haben wir im Falle des Malers Paul Klee gesehen, daß es ihm geradezu eine grundlegende psychische Notwendigkeit war, die Brücke von „Innen nach Außen" „frei" zu schlagen. Er repräsentiert damit ein Modell der Mitte zwischen Resignation und gesellschaftlich organisierter Selbstdeformation, die als „glückliche Reflexion" den Formen von mißglückender Selbstreflexion gegenübergestellt werden kann.

Adorno als „Mimesis der Mimesis" charakterisieren. Es handelt sich um Momente kultisch-kollektiver Mimesis, die in der faschistischen Reinstitutionalisierung des Rituals sozialtechnisch wiederbelebt werden[18]. Es ist die „autoritäre Freigabe des Verbotenen", die ein wie auch immer geartetes Bedürfnis nach diesen Ausdrucksformen demagogisch dienstbar macht in Aufmärschen und Propagandaveranstaltungen - eine Ersatzbefriedigung, die das uralte „Erleben des Unerlaubten" (Kerényi) ermöglicht. Horkheimers und Adornos Beschreibung der Inszenierung von kollektiver Praxis kultischer Mimesis, die eine bestimmte Form mimetischen Vermögens in manipulativer Absicht mobilisierte, zitiere ich im folgenden. Zwar sind darin die entscheidenden Momente archaischer Mimesis in einer pervertierten Form diskutiert, sie werden aber im Hinblick auf die bereits differenzierteren Bestimmungen von Mimesis in der *Dialektik der Aufklärung* lediglich als „organisierte Nachahmung magischer Praktiken" einseitig bestimmt. Es sei deshalb vorausgeschickt, daß Mimesis als Problem des gehemmten, subjektiv spontanen Ausdrucks an dieser Stelle nicht berücksichtigt wird:

„Um den Augenblick der autoritären Freigabe des Verbotenen zu zelebrieren, versammeln sich die Antisemiten, er allein macht sie zum Kollektiv, er konstituiert die Gemeinschaft der Artgenossen. Ihr Getöse ist das organisierte Gelächter. Je grauenvoller Anklagen und Drohungen, je größer die Wut, um so zwingender zugleich der Hohn. Wut, Hohn und vergiftete Nachahmung sind eigentlich dasselbe. Der Sinn des faschistischen Formelwesens, der ritualen Disziplin, der Uniformen und der gesamten vorgeblich irrationalen Apparatur ist es, mimetisches Verhalten zu ermöglichen. Die ausgeklügelten Symbole, die jeder konterrevolutionären Bewegung eigen sind, die Totenköpfe und Vermummungen, der barbarische Trommelschlag, das monotone Wiederholen von Worten und Gesten sind ebensoviel organisierte Nachahmung magischer Praktiken, die Mimesis der Mimesis" (DA 165f).

Diese mit Gründen als „Mimesis der Mimesis" benannte faschistische Aktion kann mit Horkheimers These einer Verzerrung des mimetischen Impulses erläutert werden. Er sagt dazu, daß für den Fall einer zivilisatorisch nicht geglückten Zügelung des „angeborenen" Impulses, mit dem die Zivilisation beginnt und den zu zügeln jedes Kind lernen muß, eine „zerstörerische Kraft" aus ihm hervorbricht: die „Menschen fallen auf ihn in einer regressiven und verzerrten Form zurück" (KiV 114)[19]. Und ge-

---

[18] Die strukturelle Analogie zwischen archaischem und faschistisch reinstitutionalisiertem Ritual ist schon mehrfach aufgearbeitet worden, so etwa bei Thomas Alkemeyer (1986): *Gewalt und Opfer im Ritual der Olympischen Spiele 1936* oder bei Hans-Dieter König (1994): *Totemismus und Magie in einer Großkundgebung mit Hitler. Szenische Rekonstruktion aus Leni Riefenstahls „Triumph des Willens".* Im folgenden kommt es mir ausschließlich auf die Rekonstruktion aus der Perspektive verdrängter Mimesis an.

[19] In der besagten Textstelle in der *Revolte der Natur* geht es um Fragen der Zügelung des „mimetischen Impulses", der eindeutig negativ beurteilt wird: „Die Zivilisation beginnt mit angeborenen mimetischen Impulsen des Menschen, über die sie aber schließlich hinausgehen und sie umwerten muß. Der kulturelle Fortschritt insgesamt [...] besteht weitgehend darin, daß mimetische in rationale Verhaltensweisen über-

nau dies tritt bei faschistischen Massenaufmärschen ein, wie der folgende Vergleich mit der genuin archaischen Mimesis zeigt:

Im Vergleich mit der in Konstellation B beschriebenen archaischen Mimesis fallen die Gemeinsamkeiten, aber auch die pathologischen Differenzen und Abweichungen sofort auf. Es handelt sich auch beim faschistischen Reinszenieren um ein Kollektiv, das sich über die Einheit von Mythos und Kult zusammenfindet; nun aber wird es über einen „unechten Mythos" (Benjamin, Cassirer, Kerényi) und erfundenen Kult ideologisch bestimmt, nämlich dem politischen Mythos vom Germanentum, von der arischen Rasse und dem „Erzfeind" Jude, einem Mythos, der anderen das Recht und den Raum zum Leben nimmt. Im Unterschied zur Archaik steht das ganze „außeralltägliche Festspiel" in politischer und nicht in sozial-religiöser Regie. Alle folgen den festgefügten rituellen Formen, wobei allerdings - im Gegensatz zu den archaisch-religiösen, die ihrer eigenen Ratio der Vermittlung von Menschlichem und Göttlichem folgen - das „faschistische Formelwesen" und die gesamte „Apparatur" „vorgeblich irrational[e]" Züge tragen (DA 165). Es zielt ebenso wie die archaische Mimesis auf die „naturgegebene Einheit menschlichen Ausdrucks" in der „Verbindung von Wort, Melodie, Rhythmus und Gestik" (Koller), steht aber in einem kalkulierten doppelten Zweckzusammenhang: die Individuen der „Volksgemeinschaft" sollen sich mimetisch verhalten und dürfen damit ihrem Bedürfnis nach Ausdruck nachgeben, allerdings nicht spontan, sondern reglementiert und faschistisch präformiert. Einzig in der Identifikation mit diesen „repressiven Kräften" wird den Menschen „freier Lauf gelassen, ihren andrängenden mimetischen Impulsen, ihrem Bedürfnis nach Ausdruck nachzugehen. Ihre Reaktion

---

führt werden. Wie die Primitiven lernen müssen, daß sie bessere Ernten erzeugen können, wenn sie den Boden richtig bearbeiten, als wenn sie Magie anwenden, so muß das moderne Kind lernen, seine mimetischen Impulse zu zügeln und auf ein bestimmtes Ziel zu lenken. Bewußte Anpassung und schließlich Herrschaft ersetzen die verschiedenen Formen der Mimesis" (KiV 113). Hier dominiert die Interpretation von Mimesis als „Nachahmung", „Angleichung" i. S. einer Mimikry, eines „Sich-wie-die-Umwelt-Machen[s]" (ebd.), was jeder Individuation, zu der auch das Moment des Sichgegenübersetzens (Hegel) gehört, vereitelt. Deshalb müßte der Impuls überwunden werden, und geschieht das nicht, liegt er „stets auf der Lauer [...], bereit, als eine zerstörerische Kraft hervorzubrechen"; dann fallen die Menschen auf ihn zurück „in einer regressiven und verzerrten Form" (KiV 114). Im Gegensatz zur Betonung dieses negativen Gehalts spricht Horkheimer direkt im Anschluß daran auch von dem „Bedürfnis nach Ausdruck" (was in der anschließenden Interpretation der Massenaufmärsche ausgeführt ist). Dieses Nebeneinander von „Ausdruck" und „Nachahmung" ist kein Zufall, sondern zeugt von unterschiedlichen Verweisungszusammenhängen. In Adornos Analyse indessen steht nicht nur das Problem von Ausdruckshemmung, Tabu und Tabubruch im Vordergrund. Die ganze Denkfigur der Rebellion unterdrückter Natur ist darauf ausgerichtet. Es ist offensichtlich, daß Horkheimer und Adorno argumentative Differenzen aufweisen, indem sie unterschiedliche Aspekte von Mimesis pointieren. Dies im einzelnen zu verfolgen, wäre aber Angelegenheit einer eigenen Untersuchung.

auf den Druck ist Nachahmung" (KiV 114). Mit Löwenthals Argumentation in *Individuum und Terror* kann dieser Zusammenhang in Richtung auf Karl Landauers These des „organisierten Dummseins" vertieft werden. Auch im Rahmen der Massenaufmärsche als einem Teil der „totalen Integration der Bevölkerung in Kollektive, die jede zwischenmenschliche Kommunikation lähmen"[20], gilt, daß die Furcht vor Sanktionierung bei Abweichungen von der Norm „spontane emotionale und kognitive Reaktionen" verbietet.

„Der Akt des Denkens selbst wird zur Dummheit: Er ist lebensgefährlich. Es wäre dumm, nicht dumm zu sein, und als Folge erfaßt allgemeine Verdummung die terrorisierte Bevölkerung. Die Menschen verfallen in einen Zustand der Erstarrung, der einem moralischen Koma gleichkommt" (Löwenthal 1990:205).

Die objektive Funktion solch einer politisch organisierten „Mimesis der Mimesis" besteht also nicht nur im Abreagieren unterdrückter mimetischer Impulse, die sich gegen Herrschaft richten könnten. Sie schafft zusätzlich Bahnen für eine Verschiebung destruktiver Energien auf das Feindbild „Jude"[21]. Und hier setzt die gezielte Ausnutzung unbewußter Mechanismen ein. In ihnen haben tieferliegende Motive des „Unheimlichen" eine große Bedeutung. Es geht um das der „organisierten Dummheit" zugrundeliegende mimetische Tabu, das bei Juden, jedenfalls in dieser allgemeinen Form, nicht bestand[22].

---

[20] Dies entspricht einer Kommunikations(zer)störung, die ebenfalls auf pathologische Verzerrungen hinweist (vgl. Lorenzer 1981:123ff).

[21] Vgl. Nipperdey/Rürup 1972: Nach eingehender etymologischer und historischer Betrachtung entwickeln die Autoren die These, daß sich unter dem Begriff „Antisemitismus" eine grundsätzlich neue Judenfeindschaft verbirgt. Als exponierte Vertreter des modernen Liberalismus wurden die Juden seit Ende des 19. Jahrhunderts für alle negativen Folgen der kapitalistisch-industriellen Entwicklung verantwortlich gemacht (vgl. „Semitismus" als „Zerrbild der Moderne", ebd. 135) um schließlich im Zeichen der nationalsozialistischen Suche nach einem „Sündenbock" in einen „planmäßigen Antisemitismus" (ebd. 150) verwandelt zu werden: "Der Jude wurde zum wichtigsten Antisymbol der nationalsozialistischen Propaganda, in der nun die verschiedenen Stoßrichtungen eines nationalen, wirtschaftlichen, kulturellen und biologischen Antisemitismus und alle Unzufriedenheiten mit dem liberal-demokratischen System gebündelt wurden" (ebd. 151). Wie es allerdings der nationalsozialistischen Bewegung gelang, die Judenfrage „zum treibenden Motiv einer großen Volksbewegung umzuwandeln" (ebd.), wird bedauerlicherweise im Rahmen dieser Arbeit, die den Antisemitismus als geschichtlichen Grundbegriff erörtert, nicht ausgeführt, wie überhaupt jeder Verweis auf die Dynamik des Unbewußten und seine Reflexion ausbleibt.

[22] Die Formulierung dieses Gedankens bei Horkheimer/Adorno ist in vielerlei Hinsicht der Erinnerung wert: „Zivilisation ist der Sieg der Gesellschaft über Natur, der alles in bloße Natur verwandelt. Die Juden selber haben daran über Jahrtausende teilgehabt, mit Aufklärung nicht weniger als mit Zynismus. Das älteste überlebende Patriarchat, die Inkarnation des Monotheismus, haben sie die Tabus in zivilisatorische Maximen verwandelt, da die anderen noch bei der Magie hielten. Den Juden schien gelungen, worum das Christentum vergebens sich mühte: die Entmächtigung der Magie vermöge ihrer eigenen Kraft, die als Gottesdienst sich wider sich selbst kehrt. Sie haben die Angleichung an Natur nicht so-

Komplementär zur beschriebenen „Mimesis der Mimesis" gibt es eine weitere Möglichkeit, „ohne offenkundige Verletzung des Realitätsprinzips, gleichsam in Ehren, der mimetischen Verlockung nach[zu]geben" (DA 164): in der Imitation 'des' Juden:

> „Sie können den Juden nicht leiden und imitieren ihn immerzu. Kein Antisemit, dem es nicht im Blute läge, nachzuahmen, was ihm Jude heißt. Das sind immer mimetische Chiffren: die argumentierende Handbewegung, der singende Tonfall, wie er unabhängig vom Urteilssinn ein bewegtes Bild von Sache und Gefühl malt, die Nase, das physiognomische principium individuationis, ein Schriftzeichen gleichsam, das dem Einzelnen den besonderen Charakter ins Gesicht schreibt. In den vieldeutigen Neigungen der Riechlust lebt die alte Sehnsucht nach dem Unteren fort [...]. So gilt der Zivilisation Geruch als Schmach, als Zeichen niederer sozialer Schichten, minderer Rassen und unedler Tiere. Dem Zivilisierten ist Hingabe an solche Lust nur gestattet, wenn das Verbot durch Rationalisierung im Dienst wirklich oder scheinbar praktischer Zwecke suspendiert wird. Man darf dem verpönten Trieb dienen, wenn außer Zweifel steht, daß es seiner Ausrottung dient" (DA 164f).

Es braucht nicht eigens erwähnt zu werden, daß das von Horkheimer und Adorno beschriebene und analysierte Bild vom Juden lediglich die faschistische Phantasmagorie 'des' Juden ist. Dan Diner hat diesem Aspekt einer „Doppelung" des „konkreten jüdischen Menschen" „um eine Metapher gesellschaftlichen Charakters, die in der Phantasiewelt des Antisemiten komponiert wird" (Diner 1988:31), den Rang einer grundlegenden analytischen Differenzierung in Horkheimers Überlegungen zu Antisemitismus und Massenvernichtung gegeben. Gerade der mit einer pseudowissenschaftlichen Rassentheorie in der politischen Öffentlichkeit begründete „Antisemitismus" hat diese übers Vorurteil hinausschießende Phantasmagorie mit ihren Vernichtungsdrohungen gezielt forciert. Mit dem tatsächlichen Massenmord an den Juden, der den Schritt vom Phantasma zur Realität besiegelte, mußte sich die gegebene Ausgangsbasis der kritischen Reflexion ändern. Wie einleitend ausführlich dargelegt bedurfte es, um den „Zivilisationsbruch" erklären zu können, der in der "verwaltungsmäßig durchgeführten industrielle[n] Vernichtung" (Diner 1988:31f) kraß zum Vorschein kam, weitergehender Analysen. An eben diesem Punkt aber setzt die Reflexion der Ausdrucksproblematik in der Dialektik von Mimesis und Ratio ein, greift eine Vertiefung der Weberschen Rationalisierungsthese in das Unheimliche der Psychoanalyse über. Jüdische Traditio-

---

wohl ausgerottet als sie aufgehoben in den reinen Pflichten des Rituals. Damit haben sie ihr das versöhnende Gedächtnis bewahrt, ohne durchs Symbol in Mythologie zurückzufallen. So gelten sie der fortgeschrittenen Zivilisation für zurückgeblieben und allzu weit voran, für ähnlich und unähnlich, für gescheit und dumm. Sie werden dessen schuldig gesprochen, was sie, als die ersten Bürger zuerst in sich gebrochen haben: der Verführbarkeit durchs Untere, des Dranges zu Tier und Erde, des Bilderdienstes. Weil sie den Begriff des Koscheren erfunden haben, werden sie als Schweine verfolgt. Die Antisemiten machen sich zu Vollstreckern des alten Testaments: sie sorgen dafür, daß die Juden, da sie vom Baum der Erkenntnis gegessen haben, zu Erde werden" (DA 167).

nen, die mimetische Momente in sich aufgehoben haben und für sie einen Ausdruck gefunden haben, sei es in der Religion, Musik, Lebensführung, Sozialität etc.[23] mußten bei christlichen Mimesisverdrängern einen Eindruck des Unheimlichen hervorrufen und machten die Juden zum Ziel von Projektionen, von „falschen Projektionen": „Regungen, die vom Subjekt als dessen eigene nicht durchgelassen werden und ihm doch eigen sind, werden dem Objekt zugeschrieben: dem prospektiven Opfer" (DA 167).

Die psychische Innenperspektive der „Mimesis der Mimesis" kann insofern unmittelbar an die Kategorie der Haßliebe angeschlossen werden, wie sie oben entwickelt worden ist. Denn wenn die Sphäre des Mimetischen wesentlich sympathetische Verbundenheit bedeutet - die im Judentum eher noch als im Christentum existiert -, dann decken sich diese Mechanismen der Projektion mit dem oben als Haßliebe charakterisierten Ambivalenzverhältnis der inneren Natur, die durch Unterdrückung des mimetischen Vermögens formiert wird.

Der Mißbrauch des mimetischen Vermögens bzw. des Ausdrucksbedürfnisses in Propagandaveranstaltungen wird von Adornos Analyse in *Antisemitismus und faschistische Propaganda* noch deutlicher herausgestellt. Von „organisierter Nachahmung" ist dabei gar nicht mehr die Rede. Das Syndrom von Ausdruckshemmung, Tabu und Tabubruch steht im Vordergrund und bestimmt die gesamte Denkfigur der Rebellion unterdrückter Natur. Es wird mit großer Plausibilität die geschickte faschistische Manipulation der sprachlos gemachten Zuhörer analysiert, die unter dem Einfluß der Propagandisten sogar zeitweise ihre starren Selbstkontrollen aufgeben können. Es ist eine „Erlösung" aus der Sprachlosigkeit, ohne subjektzentrierte „Selbstaktivierung" und „Selbststeigerung", stattdessen mit einem enormen Zwang der sozialen Kontrolle. Solche sozialpsychologischen Beobachtungen der inneren, unbewußten Mechanismen drängen eine Analogisierung mit archaischer Mimesis auf und konfrontieren zugleich mit der gesellschaftlich-historischen Tatsache, daß es sich in der Moderne gerade nicht um eine Lenkung der Affekte im Rahmen kollektiver Subjektivität handelt. Das bürgerlich-individualistische Vergesellschaftungsprinzip existiert als Rahmenbedingung fort, aber die individuelle Subjektivität wird in der antisemitischen Propaganda mit

---

[23] Es würde den Rahmen dieser Arbeit sprengen diese These am Material zu entfalten. Zur Orientierung sei folgende Literatur genannt: Buber 1994; Brumlik 1994a; Fenichel 1993; Goldin 1989; Goodman-Thau 1995; Graff 1980; Herweg 1994; Lévinas 1992; Westheimer/Mark 1996.

Erfolg dazu geführt und verführt[24], die Individualität aufzugeben und gegen den Imperativ „Beherrsche deine Affekte" (TA 41) aufzubegehren bzw. sich von ihm mit Erlaubnis 'von oben' zu befreien. „Retrogression" nennt Adorno das sich erfüllende Bedürfnis nach verbotenem Ausdruck bei strikter Genehmigung durch die Autorität. Vormals nicht erlaubte „Schwäche" und „Unvernunft" darf nun reglementiert erlebt werden. Es kommen hier gleichsam kathartische Eruptionen zustande, die propagandistisch provoziert werden.

> „Die faschistischen Führer werden oft als hysterisch bezeichnet. Doch ihr hysterisches Verhalten erfüllt, wie immer sie es zuwege bringen, eine bestimmte Funktion. [...]: sie sind ungehemmt in ihrem Ausdruck. Stellvertretend für ihre sprachlosen Zuhörer tun und sagen sie das, was diese gern täten oder sagten, aber nicht können oder nicht wagen. Sie verletzen die Tabus, durch die in der Mittelschicht-Gesellschaft alles expressive Verhalten der normalen nüchternen Bürger verpönt ist. Auf diesem Tabubruch beruht ein Teil der Wirkung der Propaganda. Die faschistischen Agitatoren werden ernst genommen, weil sie sich trauen, sich zum Narren zu machen. [...]
> Die durch eine solche Schaustellung geschaffene Situation ist eine *rituelle*. [...] Diese Zeremonie besteht nur in der symbolischen Offenbarung der Identität, die er verbalisiert, einer Identität, die die Zuhörer spüren und denken, aber nicht ausdrücken können. [...] So ist die Propaganda für sie eine Art institutionalisierte Erlösung aus der eigenen Sprachlosigkeit durch den Wortschwall des Redners. Diese Offenbarung und der zeitweilige Verlust der [alltäglichen] verantwortlichen, gefaßten, ernsten Stimmung ist das entscheidende Moment am propagandistischen Ritual. Bei dieser Identifizierung handelt es sich zweifellos um ein Phänomen kollektiver Retrogression, nicht einfach um einen Rückfall in ältere, primitivere Gefühle, sondern eher um Wiederaufnahme einer ritualisierten Attitüde, bei der der Ausdruck von Gefühlen durch eine solche Kontrollinstanz gebilligt wird. [...]
> Diese Lockerung der Selbstbeherrschung, das Verschmelzen der eigenen Triebe mit einem rituellen Muster steht in engem Bezug zu der allgemeinen psychischen Schwächung des selbständigen Individuums" (Adorno 1993:156).

Hier wird ganz deutlich, daß die Individuen aus dem Dilemma zerstörter Ausdrucksfähigkeit herauskommen wollen, aber mit eigenen Mitteln diesem Problem nicht abhelfen können. Die Wiederveräußerlichung der Autorität durch die Individuen schafft eine sekundäre Abhängigkeit und Unselbständigkeit, die die inneren Vermittlungsprozesse zwischen den Sphären des Selbst unterbricht und lahmlegt. Sie überlassen sich ohnmächtig beherrschbar dem „Führer" in „seiner Eigenschaft als kollektives Über-Ich". Er ist imstande, wie aus Simmels psychoanalytischer Argumentation nachgetragen werden kann, „die Masse zu einem einzigen Gruppen-Ich zusammenzuschweißen, das - je nach *seinem* Willen - emotionale Triebabfuhren entfesselt, oder bremst". Daß sich

---

[24] Eine umfassende Quellenanalyse zum Thema *Führung und Verführung* ist von Hans-Jochen Gamm aufgearbeitet worden (Gamm 1990). Darüber hinaus liefert der von Wolfgang Dreßen herausgegebene Band über *Selbstbeherrschte Körper. Turnvater Jahn. Olympia '36. Kinderspiele* eine Menge anschaulich aufgearbeiteten Materials aus dem Bereich Sport, Spiel und Ästhetisierung des Politischen im Faschismus, das subtile Momente der inneren Selbstformierung gegen sich selbst aufschließt.

„der Führer" die Treue seiner „Anhänger" sichern kann, „indem er ihrer aufgestauten Aggression ein äußeres Ziel bietet" (alle Zitate Simmel 1993:72f), ist der erschütterndste Beweis für eine mißglückte Bildung, die sich im Antisemitismus Bahn bricht und „zur autoritätsgefügige[n] Vernichtung Fremder, Verfremdeter, Ausgegrenzter" führt (Lorenzer 1981:121). Und gerade in diesem Erzeugen und Festhalten von unangemessenen „primitiven" Reaktionsweisen liegt die perfide Menschenverachtung einer Gesellschaft, die im Prinzip des Selbst gründet, es aber nach seiner eigenen Logik nicht zulassen kann. Die „Stabilität eines Charakters gegen kollektive Verführungssituationen", die Freud „organisierte Kultureignung" nannte und in einem fließenden Gleichgewicht im Kräfteverhältnis zwischen „Gewissensleistungen, kritischen Ich-Leistungen und Triebansprüchen" gründen müßte (Mitscherlich/Mitscherlich 1990: 100), wurde nicht entwickelt. D.h. in der Dialektik von Mimesis und Ratio: es wurde kein symmetrisches Verhältnis zwischen mimetischem und rationalem Vermögen entwickelt. Wenn insofern das „organisierte Dummsein" und die politstrategische Ausnutzung unbewußter Mechanismen im Zentrum der Argumentation stehen, so heißt das noch lange nicht, daß die „ganz gewöhnlichen" antisemitischen Deutschen von ihrer je spezifischen Schuld und Mitschuld freigesprochen werden sollen. Wieviel Verantwortung hat ein autoritär erzogener, verführter und „dummgemachter" Mensch, dessen mimetische Impulse systematisch unterdrückt und irrationalistisch auf Feindbilder projiziert wurden, dennoch für den „eliminatorischen Antisemitismus" (Daniel J. Goldhagen) in Deutschland zu übernehmen? Er/Sie war zumindest kein „bloßes Reflexbündel" (Adorno), ohne Chancen, sein Verhalten zu reflektieren. Solchen Fragen, die bei Adorno in dem Komplex des „verdinglichten Bewußtseins" enthalten sind, kann hier nicht weiter nachgegangen werden. Sie gewinnen jedoch in der abschließenden Bildungsreflexion an Relevanz, denn nach Auschwitz darf verdinglichtes Bewußtsein nicht mehr verharmlost werden.

Die hier skizzierte Analyse der antisemitischen Persönlichkeitsstruktur kann als das Hauptthema der Forschungen des *Instituts für Sozialforschung* in den 40er Jahren bezeichnet werden. Sie beschränken sich nicht auf den Nationalsozialismus, sondern entdeckten weiterreichende Momente des „autoritären" und von außen geleiteten Charakters, die über die Charakterformation des totalitären Systems hinausreichen, denn: „Nicht erst das antisemitische Ticket ist antisemitisch, sondern die Ticketmentalität überhaupt" (DA 187). Deshalb sind die Studien auch heute noch von größter Aktualität in den neueren Problemen von Neonazismus, Rassismus, Fremdenfeindlichkeit und Fremdenhaß.

Resümee und Ausblick

Wie die Analyse des Antisemitismus gezeigt hat, endete der phylogenetische Verdrängungsprozeß der Mimesis vorerst mit der faschistischen Verkehrung zur „Mimesis der Mimesis", die auf dem unterdrückten Ausdrucksbedürfnis der Individuen als einem Bestandteil ihrer inneren Natur gründete. Diese demagogisch-zweckrationale Instrumentalisierung mimetischer Massenbedürfnisse bezeugt indessen zugleich deren fortdauernde Existenz trotz sozialisatorisch systematischer Verdrängung ebenso wie die Gefährlichkeit der nicht gelebten und verdrängten Mimesis für alle politisch pathologischen Entwicklungen. Daß nach dem Faschismus diese Gefahr einer „Wiederkehr des Verdrängten" nicht gebannt ist, sondern mit der Kulturindustrie weiterbesteht, ist von Leo Löwenthal in prägnanter Weise herausgestellt worden. In seiner Rede anläßlich der Verleihung des Theodor-W.-Adorno-Preises 1989 heißt es über die gemeinsamen Grundlagen von Antisemitismus und Kulturindustrie:

„In den Thesen zum Antisemitismus in der Dialektik der Aufklärung und in den Studien zum autoritären Charakter und den demagogischen Techniken von Agitatoren drückte sich unsere Zusammenarbeit aus. Wir beide meinten, daß moderner Antisemitismus und Kulturindustrie letztlich in denselben gesellschaftlichen Zusammenhang gehören, auch wenn sie zeitweise verschiedene politische Funktionen haben. Was sie gemeinsam haben, ist die Verhinderung genuiner Erfahrung, wie sie sich in der Begegnung mit Kunst paradigmatisch ausdrückte. Von besonderer Bedeutung ist dabei die unvermeidliche Lähmung der Einbildungskraft, die schließlich zu einer Verwandlung erkenntniserweiternder Bewußtseinsfunktionen in bloße Marktpsychologie führt" (Löwenthal 1990:6).

Gemeinsamkeiten der verschiedenen Vergesellschaftungsformen unter faschistisch-totalitären bzw. kulturindustriellen Bedingungen bestehen demnach in der „Verhinderung genuiner Erfahrung" und der „Lähmung der produktiven Einbildungskraft", wohingegen deren genuines und produktives Umfeld paradigmatisch in der „Begegnung mit Kunst" zu finden sei. Nicht von ungefähr war der Expressionismus der Feind Nr. 1 der faschistischen Unkultur, und nicht von ungefähr überschlagen sich die kulturindustriellen Konkurrenten in Angeboten zum Nachahmen ohne lebendige Erfahrungsgrundlagen[25].

---

[25] Die Miniplayback-Shows, in denen Kinder im Wettkampf vorführen, wie perfekt sie Popstars und deren pseudo-spontanes, weil vorprogrammiertes Auftreten mit (Ver-)Kleidung, Gestik, Mimik, Tanz

In der Analyse der modernen Vergesellschaftungsformen muß es demnach nach wie vor um bestehende Verdrängung des mimetischen Vermögens primär im Sozialisationsprozeß gehen. Eben weil dieses Bedürfnis nach wie vor existiert, muß auch in der Ontogenese die „Urgeschichte der Subjektivität" (DA 51) gleichsam im Zeitraffer wiederholt werden. Die Art und Weise, wie dies erzieherisch eingeleitet wird, hat sich jedoch, was das mimetische Tabu an sich betrifft, weniger gewandelt als auf den ersten Blick vermutet werden könnte. Nach wie vor herrscht die Vorstellung, den Kleinkindern möglichst schnell aus dem notwendigen mimetischen Anfangsstadium heraushelfen zu müssen und ihre Formierung zum rationalen Subjekt voranzutreiben, ohne auf die mimetisch-rationalen Vermittlungsprozesse zu achten. Die Leiblichkeit wird immer noch nicht in ihrer vollen Bedeutung für die „Bildung zum Subjekt als Selbst" (Vogel) erkannt.

Für die ältere Kritische Theorie war Landauer der psychoanalytische Kronzeuge für diesen verfehlten Entwicklungsprozeß, weil er als erster die Unterdrückungsfolgen rigider Affektbehandlung in ihrer gesellschaftlich und individuell verheerenden Wirkung thematisiert hatte, und zwar über den Aspekt der „psychosexuellen Genese der Dummheit". In der *Dialektik der Aufklärung* schlug sich seine *Theorie der Affekte* in einer Besprechung *Zur Genese der Dummheit* nieder, in der die eingepflanzten Mechanismen der Denkhemmung als „Narben" beschrieben wurden, „kleine Verhärtungen", die die „Deformationen" bilden. In nuce ist damit Adornos späterer Satz vom Charakter als einem „System von Narben" vorweggenommen (Soc II:97). Ohne Landauers Affektenlehre zu vernachlässigen, denn sie setzt auch heute noch wesentliche Denkimpulse, sollen im folgenden Konstellationsschwerpunkt aktuelle psychoanalytische und psychologische Ansätze unter der Perspektive von mimetischem Vermögen und mimetischem Tabu, Ausdrucksförderung und Ausdruckshemmung behandelt werden, um Kriterien für die Bedingungen gelungener Individuation herauszuarbeiten. Ich will zeigen, daß es das mimetische Tabu in der modernen Gesellschaft nach wie vor gibt, in welcher Form es wirkt und welche Spuren es im Individuum zurückläßt. Meine Hypothese lautet, daß es sich im Bereich psychosozialer Kränkungen des

---

imitieren können, dürften zu einem der extremsten Produkt-Einfälle dieser Industrie zählen. Der playback-unterlegte Song, getragen von einer erwachsenen Stimme, meistens von Liebe und Sex erzählend, demonstriert im Kontrast zum begleitenden kindlich-ernsten Imitationsgebaren, die Deformationen des Selbstseins (der Erwachsenen und Kinder) in aller Kraßheit. Dieses technische Zusammenfügen von Erwachsenheit und Kindlichkeit läßt bereits alle inneren Bezüge zum lebenszyklischen Selbstgefühl vermissen. Zur Kritik der Miniplayback-Shows siehe Cebulla-Jünger 1991.

Selbstseins auswirkt, die spezifische Konfliktvermeidungsstrategien des Selbst bis hin zum Selbst-Verzicht nach sich ziehen. Wohl am eindringlichsten läßt sich dieses Phänomen einer system(at)ischen, d.h. einer dem gesellschaftlichen System und dessen Logik entspringenden Selbst-Zerstörung an der weiblichen Adoleszenz zeigen: erstens am Beispiel der Stimme, zweitens am Beispiel der gesellschaftlich verschütteten Dimensionen des mimetischen Vermögens. Daß ich den Übergang vom Mädchenalter zum Frausein als Ausgangspunkt meiner Erörterungen wähle und im Rahmen feministischer Theorie reflektiere, hat also nicht nur einen politischen Grund sondern ineins damit auch einen theoretisch bedingten. Wie schon im Kontext der „Haßliebe" Erörterung fand, wirken sich auch hier gesellschaftliche Phantasmagorien und die Unterdrückung des mimetischen Vermögens zum Nachteil der individuellen Lebendigkeit aus.

C 2. Ontogenese und Leiblichkeit. Zur systematischen Reproduktion des mimetischen Tabus

Die ontogenetische Reflexion der „unterirdischen Geschichte" als Mimesisverdrängung beginne ich mit der Betrachtung eines bestürzenden Phänomens, das neuerlich von einer Gruppe amerikanischer Psychologinnen um Lyn M. Brown und Carol Gilligan in einer Interviewreihe mit Mädchen und jungen Frauen erfaßt worden ist, das aber in der Frauenliteratur seit der Romantik beharrlich subversiv zur Sprache gebracht wird: der „Verlust der Stimme". Diese Quasi-Metapher, die ganz reale psychosomatische und psychosoziale Verluste umfaßt, steht für „ein Aufgeben der Stimme, einen Selbstverzicht, um eine gute Frau zu werden und Beziehungen zu haben" (VSt 8), um dem männlichen Phantasma der Weiblichkeit zu entsprechen.

Aus welchen Gründen es dazu und zu dem dahinterstehenden Entscheidungsdilemma zwischen sich selbst und anderen kommt; welche gesellschaftlichen Formierungszwänge zum „Frausein" zugrundeliegen und wie sie aus der „Logik des Selbst" heraus zu verstehen sind, soll im Anschluß an die Darstellung der für mein Thema relevanten Untersuchungsergebnisse in einem zweiten Schritt behandelt werden, bevor dann zu einer Verallgemeinerung des Phänomens und seiner analytisch sozialpsychologischen Reflexion übergegangen wird. Die einzelnen Abschnitte befassen sich mit:

1. der Stimme, ihrer Bedeutung für das Selbst und dem Stimmverlust;
2. dem Widerspruch von Selbst und gesellschaftlicher Form am Beispiel weiblicher Adoleszenz;
3. der Etablierung des mimetischen Tabus in der frühen Ontogenese.

C 2.1 Weibliche Adoleszenz und der Verlust der Stimme, oder: Wie Frauen dazu gebracht werden, sich selbst zum Schweigen zu bringen. Reflexion einer empirischen Untersuchung

Die Untersuchungen, auf die ich mich hier stützen will, wurden deutschsprachig unter dem Titel *Die verlorene Stimme. Wendepunkte in der Entwicklung von Mädchen und Frauen* veröffentlicht. Während im Originaltitel *Meeting at the Crossroads* mehr die lebensgeschichtlichen Wegkreuzungen zwischen Mädchensein und Frausein als auch die Begegnungen zwischen Mädchen und Frauen angesprochen werden, dominiert im deutschen Titel der Aspekt des Verlustes, der die Schwellenerfahrung der Adoleszenz

214

auffallend begleitet. Beides ist gleichermaßen wichtig in diesen Studien, die nur einen Ausschnitt einer kontinuierlichen Forschungsreihe zur Psychologie von Frauen und zur Entwicklung von Mädchen bilden[26]. Sie nehmen ihren Ausgangspunkt in einem „Gefühl des Unbehagens" an den vorausgegangenen Forschungsergebnissen, die hervorbrachten, daß Frauen ihre Stimme aufgeben, d.h. einen „Selbstverzicht" leisten, „um eine gute Frau zu werden und Beziehungen zu haben" (VSt 8). Zwar sei es für die psychische Entwicklung und die „Grundlage des Wissens von Frauen" entscheidend, „sich verbunden zu fühlen und aufeinander einzugehen", zugleich aber brächten sich Frauen in Beziehungen oft zum Schweigen, anstatt offene Konflikte und Meinungsverschiedenheiten zu riskieren und auszutragen (VSt 10). Hier zeigt sich ein Widerspruch, denn das Bedürfnis nach Verbundenheit müßte konsequenterweise auch die Bereitschaft zur offenen Aussprache und zur Klärung von Konflikten nach sich ziehen. Die kantische Aufforderung, „Mut" zu haben, den eigenen Verstand zu gebrauchen, um mündig zu werden, d.h. zu sprechen und sich mitzuteilen, die eigene Meinung zu bilden und kundzutun (vgl. Vogel/Mattheis 1997), müßte zuallererst in den privaten Verbindungen von Familie und Freundschaft einen Platz haben. Stattdessen aber zeichnete sich folgende paradoxe Spaltung ab:

„Einerseits schienen die [...] befragten Frauen zu wissen, was sie taten - sie schienen sich der Torheit bewußt zu sein, die in dem Versuch liegt, zu anderen Beziehungen herzustellen und sich gleichzeitig zum Schweigen zu bringen. Andererseits schienen sie es aber auch nicht zu wissen" (VSt 8).

Es sieht so aus, als ob eine Gefühlsambivalenz im Sinne des „Unheimlichen" hier vorläge, weil dort, wo im eigenen Interesse etwas gesagt werden müßte, geschwiegen wird. Aber was bringt die Frauen dazu, sich selbst in Beziehungen „zum Schweigen" zu bringen und Kritik und Bedenken nicht eindeutig auszudrücken? Dieses Rätsel um das Wissen, Nichtwissen und Schweigen löste sich in Interviews mit Mädchen im Alter von sieben bis elf Jahren. Im Gegensatz zu den Stimmen adoleszenter und erwachsener Frauen waren hier in beeindruckender Weise Stimmen zu hören, die „ungehemmt über Wut, Streit oder einen offenen Konflikt in Beziehungen sprechen und Meinungsverschiedenheiten im alltäglichen Leben als etwas Selbstverständliches hinnehmen" (VSt 10). Der Umbruch zum „Verlust der Stimme" mußte also erst nach dieser Lebensphase einsetzen. Genau diese Hypothese bestätigte sich sodann in Interviews mit Mädchen, die am Anfang der Adoleszenz standen. Hier kamen Mädchen zu

---

[26] Vgl. zum Forschungskontext: VSt 8ff u. 257f.

Wort im Zwiespalt zwischen Sprechen und Schweigen, Mädchen, „die darum ringen, einerseits zu sprechen, und andererseits nicht zu sprechen, zu wissen und nicht zu wissen, zu fühlen und nicht zu fühlen" (ebd.). Die Psychologinnen wurden Zeuginnen eines „aktiven Prozesses, in dem sich Nichtwissen bis zu einer gewissen Verwirrung steigerte" (ebd.). Das häufig eingeworfene „Ich weiß nicht" übermittelte in Kurzform dieses Desaster. Die Mädchen rangen darum,

> „[...] mit sich selbst und mit anderen verbunden zu bleiben, in Beziehungen ihre Gefühle, Gedanken und Erfahrungen zum Ausdruck zu bringen - das zu zeigen, was Annie Rogers den >ganz normalen Mut< genannt hat, die Fähigkeit, die eigenen Gedanken klar auszusprechen und gleichzeitig das ganze Herz auszuschütten<" (VSt 11).

Im Ringen um den „ganz normalen Mut" aber manifestieren sich Ängste um den Verlust authentischer Verbundenheiten, die Brown/Gilligan im Anschluß an neuere psychologische Arbeiten von Daniel Stern u.a. (vgl. VSt 258, Anm. 13) in Verbindung bringen mit der Erschütterung des Vermögens, die „relationale Wirklichkeit" zu erfassen (VSt 11). Bezogen auf die Dialektik von Mimesis und Ratio stellt dieses Vermögen eine frühkindliche Ausprägung einer Wirkungssphäre des mimetischen Vermögens dar, derjenigen nämlich, die soziale Verbundenheiten ganzheitlich, „coenästhetisch" und tiefensensibel (René A. Spitz) zu spüren und zu erleben befähigt. Gerät eine Beziehung ins Stocken oder erleidet sie Brüche, wird dies von den Kindern untrüglich (auf-)gespürt. Brown/Gilligan beobachteten, daß sich dieses kindliche Vermögen bei Mädchen bis zur Adoleszenzphase weiterentwickele. Dann aber gäbe es Anzeichen, daß sie diese „Fähigkeit" „zu wissen, was relational wahr oder wirklich ist" verlieren (VSt 11)[27]. Äußere Normen schöben sich zunehmend in ihre „Beziehungswelt". Ein Beispiel:

> „Das Aussprechen ihrer Gefühle war für Jessie mit acht überhaupt kein Problem, mit neun war es für sie ein Grund zur Sorge, und mit elf ist sie jetzt ängstlich. Wenn ein Mädchen ein anderes Mädchen nicht mag, sagt Jessie, >sollte [sie] so tun, als ob [sie] sie mag<". Die Ursache dieser neuen Angst ist das >perfekte Mädchen<" (VSt 71).

---

[27] Vgl. zur Thematik des unterschiedlichen geschlechtsspezifischen Ablösungsprozesses von der Mutter (im Rahmen der gegebenen gesellschaftlichen Arbeitsteilung und heterosexueller Beziehungsstrukturen): Gilligans Diskussion von Nancy Chodorows Thesen über das *Erbe der Mütter* (Gilligan 1984:15ff). Sie zeigt: Mädchen gehen aus der ersten Lebensphase mit einer in „ihr primäres Selbstbild integrierten Basis für >Empathie< hervor, die Jungen fehlt". Sie entwickeln eine „stärkere Fähigkeit, die Bedürfnisse oder Gefühle eines anderen als ihre eigenen zu erleben (oder zu glauben, daß sie die Bedürfnisse und Gefühle eines anderen so erleben)" (Gilligan 1984:17).

Bei der elfjährigen Jessi fehlt also im Gegensatz zur Mündigkeit der achtjährigen dieser „ganz normale[.] Mut", die eigene Meinung frei zu äußern, auch wenn etwas weniger Schönes gesagt werden muß. Sie verschweigt das Unangenehme nicht nur, sondern täuscht sogar die Situation vor, „als ob" alles in bester Ordnung wäre. Sie deckt mit einer Lüge eine Beziehungskrise zu und macht damit einen ersten Schritt auf einem Weg der kleinen Notlügen, des Schweigens und der Unaufrichtigkeit gegenüber Anderen und sich selbst. Vergessen ist das Wissen früherer Erfahrungen, mit offener Aussprache eine positive Wendung einer langweiligen oder unerfreulichen Situation herbeizuführen (vgl. VSt 68). Jetzt orientiert sie sich an einem Idealbild des „perfekten Mädchens", dem sie so gut wie möglich zu entsprechen sucht. Die untergründig wirkende moralische Botschaft „Sei nett zu einer Freundin" hat sich im Handeln durchgesetzt, ebenso wie die Norm (hier: der weißen amerikanischen Mittelschicht), „keine schlechten Gedanken oder Gefühle" zu haben und eine Person zu sein, „mit der jeder zusammen sein möchte" (VSt 71), nett und adrett, ohne Makel, anmutig, brav und reizend.

Jessie hat durchaus auch intensive Gefühle. „Manchmal muß ich einfach meine ganze Wut aus mir rauslassen". Das perfekte Mädchen vor Augen kann sie jedoch ihre Gefühle weder aussprechen noch ausleben, denn sie weiß, daß dies „ernste Konsequenzen" hätte. „Etwas Falsches oder etwas in der falschen Form zu sagen, erklärt Jessie, ist >fürchterlich<" (VSt 71). Das Fürchterliche besteht in einem sozialen Dilemma[28]:

---

[28] Zur Veranschaulichung der inneren Konflikte zwischen Gefühl und Normen sowie der Ängste, die damit ausgelöst werden, zitiere ich eine längere Passage aus dem Interviewprotokoll. In der Art, wie sie redet, wird überaus deutlich, zu welcher Sprachverwirrung sich dieses Dilemma steigert:
„Wenn du wirklich sauer auf jemanden bist, und du etwas richtig Schlechtes sagen möchtest, und du kannst es nicht, kannst es einfach nicht. Es ist so, als ob es aus deinem Mund kommt, und du vergessen hast, was du sagen wolltest ....., oder ich sage nichts, weil ... jemand etwas wirklich Gutes sagt, und alle sind damit einverstanden, und ich denke genau das Gegenteil, und du willst nicht, daß du von allen ausgeschlossen wirst, wenn du sagst: >Oh, das ist ja schrecklich! Was soll das denn, das wollen wir doch gar nicht so machen.< Weil du dich irgendwie schlecht fühlst, wenn das passiert.
Kannst du noch mehr darüber sagen?
Manchmal hast du Freunde, und die sind dann auch wirklich nett zu dir. Du versuchst dann auch, nett zu ihnen zu sein, und normalerweise sind sie auch nett zu dir, wenn du nett zu ihnen bist. Manchmal, wenn andere Leute etwas sagen, was alle gut finden, und alle sagen: >Oh, das ist ja eine gute Idee>, und du denkst genau das Gegenteil, dann hast du eben das Gefühl: >Oh, oh, die wollen nicht, daß ich das so mache, oder sie wollen mich nicht in ihrer Gruppe, denn ich habe ja keine guten Ideen<, und irgendwie hast du dann Angst, das auch zu sagen. Manchmal hast du Angst, Sachen zu sagen, wie zum Beispiel >ich kann dich nicht leiden<, wenn du böse auf jemanden bist.
Warum hast du Angst, das zu sagen?
Weil sie dann oft wirklich böse werden, und das jagt dir so eine Angst ein, weil du das Gefühl hast, daß sie das jemanden erzählen werden, und die werden fast die ganze Klasse auf ihre Seite bringen, und das wäre eine gegen, ich weiß nicht, zehn.

Jessies Entscheidung zu sprechen würde gegen die auf der Basis dieser Normen und Zwänge errichteten Szenarien des „Netten und Freundlichen" verstoßen und diese entlarven[29]. Sie würde diesen „Verstoß" zu spüren bekommen, „denn die anderen werden nicht nett zu ihr sein, wenn sie nicht nett zu ihnen ist, nämlich genau dann, wenn sie ausspricht, was sie denkt". „Das ist für sie ein >merkwürdiges Gefühl<, es >verwirrt [sie] irgendwie< und >jagt [ihr] wirklich Angst ein". Ent-spricht sie aber diesen Szenarien trotz anderer Ansichten, muß sie ihre Gedanken verschweigen. So kommt es, daß Jessie, die mit acht Jahren ihrer Freundin sagen konnte, „dabei fühle ich mich nicht wohl, ich gehe nach Hause", mit elf Jahren Angst hat zu sagen, was sie denkt. Sie „findet es >furchtbar<, was passieren könnte, wenn sie ausspricht, was sie denkt" (VSt 72). Und deshalb beherrscht sie ihre Affekte und sagt nichts. Der von Landauer beschriebene erzieherische Imperativ „Beherrsche deine Affekte" funktioniert, die spontanen Ausdrucksbewegungen werden gehemmt und unterdrückt. Daß diese Alternative zwischen einer „Tyrannei des Netten und Freundlichen" und den Versuchen „Widerstand aus[zu]sprechen" (VSt 65, 41) kein Einzelfall ist, zeigt die ganze Interviewreihe, aus der noch ein weiterer Kompromißversuch zwischen Wollen und Sollen zitiert sei. Neeti, um die es sich handelt, zeigt große Widerstandskraft gegen die weiblichen Ideale und ist fest entschlossen, deutlich gehört zu werden. Aber auch sie ist „gefangen in diesem Widerspruch":

„Ich möchte nicht, daß das Image des >perfekten Mädchens< mich daran hindert, ein wirklicher Mensch zu sein [...], doch möchte ich dabei auch immer noch nett sein und auf keinen Fall irgendwelche Probleme machen" (VSt 51).

In drastischer Klarheit bekommen wir hier den Widerspruch zwischen Selbstsein und gesellschaftlicher Formierung (Fremdbestimmung) als ein kaum lösbares Programm der Lebensplanung demonstriert: einerseits will Neeti Beziehungen haben, andererseits weiß sie um die Folgen und hat „das Gefühl, daß sie, um Beziehungen zu haben, ihre Stimme dämpfen oder begraben muß" (so Brown/Gilligan, ebd.). Welchen Weg wird sie einschlagen, um aus dieser „Sackgasse", die sie deutlich vor Augen sieht, herauszufinden? Es bleibt eine offene Frage, ob Neeti den Widerstand gegen das einengende

---

Wie fühlst du dich in solchen Situationen?
Ich fühle mich nicht sehr wohl. Ich fühle mich so, als ob ich diesen ganzen Streit anfange, der dann zu einem einzigen Durcheinander wird" (VSt 72).
[29] Hier sehe ich ab von jenen zusätzlichen gruppendynamischen Normen und Zwängen (Dominanzen von einzelnen Personen, Herausbildung von Ingroups und Außenseitern etc.), die auf den allgemeinen aufsitzen und sie differenzieren.

Bild durchsetzen kann, auch gegen ihre eigenen Bedürfnisse der Verbundenheit, oder ob sie dem gesellschaftlichen Druck zur Anpassung nachgeben wird. Wie gesagt sind dies keine Einzelfälle sondern eine gesellschaftliche Normalität. Der Bericht der Psychologinnen über ihre Begegnungen mit den Mädchen wurde zum Bericht „über einen Weg in einen bisher dunklen Kontinent der Entwicklungsgeschichte von Frauen - eine Beziehungskrise, die mit Lügen verdeckt wird" (VSt 13). Das psychologisch Erschreckende, das daraus hervorgeht, beschreiben sie folgendermaßen: Es führt zu einem „zentralen Widerspruch", dem „Aufgeben der Beziehungswelt um der >Beziehung< willen" (VSt 14).

„Wir stellten nämlich fest, daß die Mädchen sich nicht nur an der Losgelöstheit (dissociation) beteiligen, sondern den Prozeß ihrer Beziehungslosigkeit (disconnection) auch erzählen - und dabei machen sie sowohl seinen Mechanismus als auch seine Intention sichtbar. Als sich die Mädchen unserer Studie der Adoleszenz näherten, gerieten sie in eine Beziehungssackgasse; als Reaktion darauf erfuhren sie eine Reihe von Unverbundenheiten (disconnections), die sie manchmal selbst verursachten und gegen die sie sich manchmal wehrten, die gleichzeitig hinnehmbar und psychologisch verletzend zu sein schienen: Unverbundenheit zwischen Psyche und Körper, Stimme und Bedürfnis, Gedanken und Gefühlen, dem Selbst und der Beziehung" (ebd.).

Ebenso wie diese Beobachtungen aus der adoleszenten Umbruchphase zu weiteren Klärungen einiger Widersprüche in der Psychologie der Frauen beitragen konnten, warfen auch deren zentrale Probleme Licht auf die Verluste und Kämpfe in der Adoleszenz. Das, was später in Lebenskrisen an zentralen Problemen zu bewältigen gesucht wird, findet seinen Ursprung in Umbrüchen der Adoleszenz. Brown/Gilligans Beschreibung jener fünf Problemzonen, die von ihnen als zentral angesehen werden, verdeutlicht auf den ersten Blick diesen Zusammenhang: Das „Bedürfnis nach authentischer Verbindung" bildet die Basis, denn das „innere Gefühl zur Verbundenheit mit anderen" ist ein wichtiges strukturierendes Merkmal in der Entwicklung von Frauen (VSt 9). Die „Erfahrung der Unverbundenheit", wie sie beispielsweise in der Adoleszenz erlebt wird (VSt 10) und sich in Beziehungskrisen wiederholen kann, ist der negative Gegenpol, die Negation des Bedürfnisses nach Verbundenheit. Psychische Krisen von Frauen lassen sich nach Brown/Gilligan darauf zurückführen. Drei weitere Problemkomplexe indessen können als Niederschläge psychischer Konflikte betrachtet werden, die durch Nichtanerkennung und soziale Mißachtung von Weiblichkeit in einer „männlich-bestimmten Kultur" und ihrer Moral hervorgerufen werden. Dies sind: die „Schwierigkeiten zu sprechen"; „das Gefühl, daß ihnen nicht zugehört wird, daß sie nicht gehört werden und nicht empathisch auf sie eingegangen wird"; „das Gefühl, daß sie nicht in der Lage sind, die eigenen Erfahrungen zu vermitteln oder gar an sie zu glauben" (VSt 11f).

Ich lese daraus, daß adoleszente und erwachsene Frauen einen Großteil ihrer Lebensenergie damit verschleißen, diese inneren und äußeren Kämpfe der Selbstfindung und Selbstbehauptung gegen die gesellschaftlichen Mechanismen zu bestehen. Welche Momente der „Selbst-Zerstörung" unter diesen subtilen Mechanismen der sozialen Mißachtung und sozial induzierten Selbst-Abwertung stehen, wird später im Kontext der „Logik des Selbst" (Vogel) wiederaufgegriffen. Für diesen theoriesystematischen Schritt können wir bei Brown/Gilligan allerdings noch wertvolle Ausführungen zum „verbundenen" und „getrennten Selbstgefühl", wie auch zur Bedeutung der „Stimme" für die immer in Leiblichkeit eingebundene Subjektivität herausfiltern. Die Stimme insbesondere ist für die theoretische Reflexion des Selbst ein markanter Anschlußpunkt.

Auf die „Stimme" der Interviewpartnerin zu hören, ist für Brown/Gilligan zur conditio sine qua non ihrer eigens dazu entwickelten „stimmensensible[n] Arbeitsform" (VSt 24) geworden. Sie ist der „Verbindungskanal": Die „innere Welt der Gefühle und Gedanken" (VSt 28) wird durch sie freigesetzt, wird hörbar und kann in einer Beziehung gehört werden. Sie trägt diese Gefühle und Gedanken in Worten, Lauten und Tönen nach außen und färbt sie durch den Klang. In der Art ihres Klanges und Volumens teilen sich psychische Befindlichkeiten mit.

Die Stimme nimmt ihren Ursprung in der Kehle und verbindet Herz, Bauch und Kopf; als Ausdruckskraft, die auch die Sprache transportiert, verbindet sie das leibliche Subjekt mit der Kultur im allgemeinen und mit anderen Menschen im besonderen. Die psychosomatische Gesundheit ist weitgehend von einem aktiven Tätigwerden der Stimme bewirkt[30], denn im besonderen Maße befördert sie „das Eingehen auf die eigene Person, das Kennen der eigenen Gefühle und Gedanken, Klarheit, Mut, Offen-

---

[30] Daß der Atem wichtig ist für die Stimme, ist eine noch einigermaßen bekannte leibliche Tatsache; daß aber auch umgekehrt die Stimme für den Atem wichtig ist, ja eine „lebenserweckende" Bedeutung hat, wie Schlaffhorst/Andersen schon seit den 30er Jahren betonen, gerät immer wieder in Vergessenheit, ebenso wie ihre soziale Bedeutung. Die Stimme wird für Bildungsprozesse immer noch viel zu wenig berücksichtigt. Was in anderen Kulturen, z.B. in Meditationstechniken, seinen angestammten Platz hat (Bsp. Mantrasingen), ist bei uns zur Therapie geworden (Middendorf, Schlaffhorst/Andersen, Lowen u.a.). Im krassen Gegensatz zur subjektiven Bedeutung der Stimme steht also ihre gesellschaftliche Behandlung als eine bloß nebensächliche Bildungsaufgabe. Ja schlimmer noch, das breite Spektrum der Stimmtätigkeit wird in aller Regel und in 'allerbester' Absicht von Kindesbeinen an auf das 'ordentliche Sprechen' eingeschränkt.

heit, freie und offene Verbindungen zu anderen und zur Welt" (VSt 13). Mit und in der Stimme manifestiert sich somit ein „verbundenes Selbstgefühl" (VSt 28), das sowohl zu seiner leiblichen Basis, der Gefühle, Wünsche, Sehnsüchte, Bedürfnisse als auch zur Bewußtseinssphäre sowie zur sozialen Welt Verbindung hat. Die Stimme vermittelt zwischen Innen- und Außenbeziehung und zwar von der Lautgeste (G.H. Mead) bis hin zur „höchsten Stufe des mimetischen Verhaltens" in der Sprache (AN 99). Mit ihr als Medium kann sich die humane Möglichkeit der „Reflexion in sich der Reflexion in sich und anderes" (Hegel; vgl. dazu BS 32) am weitesten entfalten. Im Rückblick auf die vorausgegangene Reflexion des Selbst (im Kontext der Haßliebe), realisiert sich in diesem Potential der Vermittlung die „glückliche Reflexion", die die einzelnen „Manifestationssphären" des Selbst zusammenzuschließen vermag (BS 20).

Damit nimmt die Stimme neben den anderen Hauptkräften des Selbstausdrucks „in vivo" (Mimik, Gestik, Blick) eine herausragende Position ein, eine „Schlüsselposition" (VSt 29), die sie zugleich aber besonders anfällig für Störungen werden läßt[31]. Die „Stimme als Kanal für den Ausdruck der Seele", wie Brown/Gilligan pythagoreisch formulieren, birgt die Gefahr einer oberflächlichen Konfliktvermeidung in sich. Konflikte zwischen Innen und Außen können scheinbar zum Verschwinden gebracht werden, indem sie kein (moralisches) Recht auf Stimme bekommen, d.h. die Kraft, die sie ausdrücken und lautwerden lassen könnte, wird zurückgehalten, gehemmt, blockiert. Der Konflikt wird ent-stimmlicht, lautlos, aber nicht wirkungslos: unausgesprochene Konflikte verfestigen sich zu inneren Widersprüchen. Es etabliert sich das Tabu auf Subjekt und Ausdruck. Was aber passiert im Untergrund der Leiblichkeit des Subjekts, das doch, wie wir gesehen haben, auf diese stimmliche Vermittlung von Innen- und Außenbeziehungen für seine psychische Gesundheit angewiesen ist?

Mit Brown/Gilligan könnte dieser Zustand als „getrennte[s] Selbstgefühl[.]" (VSt 28) bezeichnet werden. Die Verbindungen zur Innen- und Außenwelt sind blockiert, die Kräfte des Selbst können sich nicht vermitteln, bzw. werden voneinander abgespalten. Für die psychische Entwicklung der Mädchen, deren Leben, wie wir an den Beispielen sahen, zunehmender Irritation preisgegeben wird, bedeutet das, daß alle Momente psy-

---

[31] Ich verzichte hier auf die Explikation des Zusammenhangs mit den Lorenzerschen Untersuchungen zur „Sprachzerstörung", die sich zwanglos in meinen Argumentationsgang einfügen ließen (vgl. Lorenzer 1976). Kritisch sei dazu angemerkt, daß Lorenzer auf den Zusammenhang von Sprachzerstörung und Stimmzerstörung nicht systematisch eingeht, worauf es mir entscheidend ankommt. Daß er vor dieser Problematik sogar dort zurückweicht, wo sie ihm von seiner eigenen Argumentation quasi in den Mund gelegt wird, sei hier nur am Rande erwähnt (vgl. Lorenzer 1993:182-188, bes. 187f).

chischer Gesundheit gestört oder zumindest gefährdet sind. Im Urteil der Psychologinnen weisen diese Mädchen „Anzeichen für einen Verlust und Kampf" auf, der, wie ich
aus subjekttheoretischer Bildungsperspektive hinzufügen kann, die Reflexion des
Selbst, die „Reflexion in sich der Reflexion in sich und anderes" mißglücken läßt. Daß
dieser Prozeß zugleich eine Zerstörung der Stimme und des Selbst in seiner Gesamtheit
ist, kann nunmehr in systematischer Betrachtung entwickelt werden.

**C 2.2. Der Widerspruch von Selbst und gesellschaftlicher Form am Beispiel weib-
licher Adoleszenz. Versuch einer theoretischen Zuordnung.**

An dieser Stelle soll keineswegs die „Logik des Selbst", die als dialektisches Komplementärstück zur Theorie der *Gesellschaftlichen Subjektivitätsformen* (Vogel 1983)
verstanden werden muß, dargestellt und zur Problematik weiblicher Subjektivität er-
schlossen werden. Dies würde den Rahmen der Arbeit sprengen. Vielmehr soll sie in
der besonderen Relation zur weiblichen Adoleszenz partikular zur Anwendung kommen, soll die Ansätze dieser psychologischen und psychoanalytischen Untersuchungen
systematisieren und im Rahmen einer kritischen Subjekttheorie für Bildungsfragen
aufschließen. Zur Orientierung allerdings müssen vorweg einige Grundlinien dieses
Theorierahmens skizziert werden:
Die Theorie der *Gesellschaftlichen Subjektivitätsformen* sieht nicht vor, Fragen zur
Geschlechterdifferenz und weiblichen Subjektivität zu klären. Ihr primäres Anliegen ist
es, die Bedingungen individueller Reproduktion aus ihrer Vermittlung mit dem allgemeinen Reproduktionsprozeß zu bestimmen, wobei maßgeblich der allgemeine Reproduktionsprozeß (G -W - P - W - G') mit seinen unterschiedlichen Sphären von Produktion, Distribution, Zirkulation und Konsumtion die je spezifischen Subjektivitätsformen bestimmt: „antagonistische" („kapitalverwertende" und „lohnarbeitende"),
„differentielle" (Berufe) und „diffuse" (Waren- und Kulturförmigkeit; vgl. dazu Vogel
1983:68-87). In welcher Kombination diese gesellschaftsstrukturell vorgegebenen
Subjektivitätsformen, die den Individuen sozialisatorisch aufgeherrscht werden, verlebendigt werden, hängt von deren gesellschaftlicher Position und Zuordnung ab und
bestimmt die Möglichkeiten der je unterschiedlichen Lebenswelten. Über die Welt des
„Imaginären" und der „symbolischen Ordnung", die die basale Formierung der Individuen in der Sozialisation leitet, somit auch die Formierung zur Frau oder zum Mann,

ist damit außer ihrem Anschluß, den diffusen Subjektivitätsformen mit ihrer kulturell-normativen Komponente, noch nichts Konkretes gesagt. Es ist gewissermaßen erst der strukturelle Rahmen bestimmt und es müßte aus den angegebenen Stellen eine Reflexion weiblicher Subjektivität im gesamtgesellschaftlichen Reproduktionsprozeß erst noch entwickelt werden[32]. Eine Ansatzstelle läge in der ontogenetischen Tatsache, daß die gesellschaftlichen Formen von Subjektivität angeeignet werden müssen und dieser „individuelle Bildungsprozeß lebensgeschichtlich im Medium diffuser Subjektivitätsformen" einsetzt (ebd. 182), wovon im folgenden ausschließlich die Rede sein wird. Hier werden die Frauen und Männer geschlechtspezifisch geprägt. Diese Reflexionen zur gesellschaftlichen Herstellung der Geschlechter scheinen kompatibel mit der „Logik des Selbst", die das „Selbst-Sein" im Rahmen „seiner gesellschaftlichen Möglichkeit und Unmöglichkeit" reflektiert (BS 21). Sie geht davon aus,

„[...], daß sich in der Subjektivität des Individuums der allgemeine Gegensatz von Gesellschaft und Individuum notwendigerweise, d.h. um der Existenz beider willen, noch einmal als der je besondere von 'Selbst' und 'gesellschaftlicher Form' wiederholt (ebd. 15).

So viel zum subjekttheoretischen Begründungsrahmen, der nun am Beispiel der weiblichen Adoleszenz empirisch gewendet werden kann. Zu diesem Zwecke muß allererst jene von Hegel herrührende Bestimmung des Selbst als „ideell", als subjektiv generierter Prozeß eines authentischen Sichaufsichbeziehens vermöge des Sichbeziehens auf Andere(s), erinnert werden, die die eingeschliffen falsche Vorstellung vom „Selbst" als einer wie auch immer gearteten materialisierten Gestalt[33] gegen den Strich bürstet.

---

[32] Der von Ulrike Prokop entwickelte Ansatz zur Analyse des weiblichen Lebenszusammenhangs in seinen Ambivalenzen und Widersprüchen, der analog zu Lorenzers *Begründung einer materialistischen Sozialisationstheorie* politökonomische Kategorien auf die „Tätigkeit der Frauen in den Bereichen Haushalt, Familie, Erziehung und Gesellgkeit" überträgt (Prokop 1980:65), verwischt gerade die entscheidenden Differenzen zwischen diesen beiden Sphären von allgemeiner und individueller Reproduktion bzw. zwischen antagonistischer, differentieller und diffuser Subjektivitätsform (vgl. dazu die Kritik an Lorenzers Ansatz bei Vogel 1983:187f). Lorenzers spätere Annahme, daß „gesellschaftliche Antagonismen [...] in die objektive Struktur der >Sozialisationsagentur< Familie" durchschlagen (Lorenzer 1981:121) ist weitaus differenzierter, erreicht allerdings nicht die in der „Logik des Selbst" angelegte Widerspruchsebene von „Selbst" und „gesellschaftlicher Form".

[33] Um nur zwei Beispiele zu nennen, können etwa Heinz Kohuts Begriff „Kern-Selbst" oder Verena Kasts Suche nach dem „originären", „eigenen Selbst" eine materialisierte Gestalt suggerieren. Ich will hier nicht auf die dahinterstehende Auseinandersetzung zwischen Psychoanalyse und Psychologie eingehen, die im Zusammenhang der *Revidierten Psychoanalyse* (Adorno) steht. So stellt z.B. Heinz Kohut die Frage, ob es notwendig sei, „eine Psychologie des Selbst zur Trieb-Psychologie und zur Ich-Psychologie hinzuzufügen" (Kohut 1991:15; vgl. dazu Jacobson 1978: Kap.1: Narzißmus, Masochismus und die Konzepte des Selbst und der Selbstrepräsentanzen, insb. S. 15; sowie J. Benjamin 1990:15f, 220f). Um die Tendenzen einer Materialisation des „Selbst" dennoch zu veranschaulichen, soll eine auf das hier zur Diskussion stehende Thema bezogene Passage aus Verena Kasts Aufsatz

„Das Selbst ist ideell, nicht ausgegossen und versenkt in die Materialität, sondern in ihr nur tätig, aber zugleich sich in sich selbst findend" (Hegel, Enzyklopädie §351, Zusatz, zit. n. BS 20).

Dieser Satz enthält nach Vogel „drei dialektische Grundverhältnisse des Selbst", die, wie für alle Bildungsreflexion, auch für meine Reflexion der weiblichen Adoleszenz von großer Bedeutung sind, da sie die verschiedenen Verhältnisse zur inneren Natur, zur äußeren Natur, zur sozialen Umwelt, zur Arbeitswelt etc. von den Bedingungen des „Selbst" und seinen wesentlichen „Manifestationssphären" („Selbsterhaltung", „Selbstgefühl", „Selbstbewußtsein" und „Anerkennung") aus organisiert:

„Diese drei Grundverhältnisse [...] beziehen sich erstens auf das Selbst als eine wesentliche Einheit im Wechsel seiner mannigfaltigen Manifestationen; zweitens auf das Selbst in seiner konstitutiven Bedingtheit durch Andere und Anderes; drittens auf das Selbst als ein prinzipiell 'werdendes' in seiner konstitutiven Bedingtheit durch Zeit. Unmittelbar einsichtig ist daran, daß diese drei Grundverhältnisse nicht einander ausschließende Verschiedenheiten am Selbst thematisieren, wie es die Manifestationen des Selbst in der Tat sind. Vielmehr benennen sie umgekehrt eine realiter gleichzeitige Gegensätzlichkeitsstruktur im sprachlich und analytisch unumgänglichen Nacheinander, deren notwendige Vermittlungsprozesse das Selbst ausmachen und bilden" (BS 21).

Was oben am Beispiel der Stimme expliziert wurde, nämlich ihre vermittelnde Schlüsselposition zwischen Innen und Außen, zwischen Leib, Psyche, Bewußtsein, Umwelt, erfährt in dieser „Logik des Selbst" seinen systematischen Stellenwert im Spiel zwischen dem 1. und 2. Grundverhältnis. Und mit Nachdruck muß diese prinzipielle Verwobenheit deshalb betont werden, weil nur so die komplexen Bildungsprozesse von Subjektivität ebenso wie ihre Deformationsprozesse erfaßt werden können. Diese Interdependenz sieht auch Jessica Benjamin in der methodischen Reflexion ihres Anerkennungskonzeptes in *Die Fesseln der Liebe* und stellt sich gegen eine fachwis-

---

Wechseljahre - Wandeljahre (Abschnitt über „das eigene Selbst: Blick zurück in die Adoleszenz des Mädchens") zitiert werden. Diese Textstelle ist nicht nur für den Nachweis einer therapeutischen Anwendung der Idee eines ungeschichtlichen Selbst geeignet (hier in Gestalt des Jungschen Archetypus „Mädchen") sowie für die beliebige und sinnverkehrende Adaption feministischer Theorieelemente. Es zeigt sich darin zugleich auch wie ein Bezug auf die weiblichen Lebensalterstufen therapeutisch nicht angelegt sein sollte. So heißt es: „Die Identitätskrise böte die Chance, das eigene Selbst zu finden. [...] In Trennungssituationen muß man sich von einem Beziehungsselbst auf das originäre Selbst zurückorganisieren. Das ist aber nur möglich, wenn ein eigenes Selbst in Ansätzen vorhanden ist. Emily Hancock entdeckte bei der Untersuchung überdurchschnittlich selbstbewußter Frauen, daß diese durch Wissen wieder Zugang zu ihrem 'inneren Mädchen' gefunden hatten und damit ihr eigentliches Ich wieder freilegten, nach langen Jahren der Fremdbestimmung. Carol Hagemann-White folgert, daß das Mädchen, das selbstbewußt ist und kompetent, mit dem Beginn der Adoleszenz ihr Selbst verliert und sich nach dem Wunschbild ihrer Umgebung richtet. Mit der Anpassung verliert das Mädchen [...] wichtige Aspekte ihres originären Selbst. [...] Wenn nun in der Adoleszenz sehr viel eigenes Selbst der Anpassung an die sozialen Forderungen geopfert wurde, dann ist im Klimakterium die Chance, dem Rollendruck zu entgehen [...] und mehr wieder das eigene Selbst zu finden, vielleicht auch wieder etwas von den Qualitäten des Mädchens zu finden, das man einmal war" (Kast 1996:128f).

senschaftliche Trennung in „intrapsychische" und „intersubjektive" Theorien. Auch ihr geht es „vielmehr um das Begreifen beider Realitäten" (J. Benjamin 1990:23). Bedauerlicherweise zieht sie jedoch diesen theoretischen Anspruch sogleich wieder ein, sofern sie erklärt, im Rahmen ihres Buches kein „Schema zur Vereinigung dieser beiden Ansätze entwickeln" zu können (ebd. 24)[34]. Der subjekttheoretisch springende Punkt liegt aber gerade in der Notwendigkeit steter Vermittlungsprozesse des „Selbst in seinen Beziehungen auf sich sowie auf Andere(s)" (BS 27) und in der „Transformation" dieser „Beziehungsdialektik" in den verschiedenen Lebensabschnitten, wobei jede ontogenetische Entwicklungsstufe je spezifische Formationen der Vermittlungen erfährt. Vogel charakterisiert jeden der vier wesentlichen Lebensabschnitte mit einem „Selbstbewußtseins-Satz", der zentrale Gesichtspunkte des Sichaufsichbeziehens umreißt, der aber nicht doktrinär zu verstehen sei (vgl. BS 27ff): „Ich werde gestillt" für die „abhängige Selbsterhaltung" in der Kindheit; „Ich liebe und werde geliebt" für die „selbstgefühlszentrierte" Jugend, in der sich auch geschlechtsspezifische Unterscheidungen - „Ich bin eine Frau", „Ich bin ein Mann" - herauskristallisieren; „Ich bin anerkannt tätig" für die berufszentrierte Erwachsenheit; „Ich werde verlassen" für das Alter.

Die hier zur Diskussion stehende weibliche Adoleszenz gehört zur zweiten Stufe, der „jugendliche[n] Transformation des Selbst". Was ereignet sich hier? Vogel beschreibt sie damit, daß Sexualität, Liebe und soziale Gesellschaftsbeziehungen nun zur zentralen „Selbstbeziehungssphäre" werden. Das in der Kindheitsphase entstandene „Selbstgefühl", das in zunehmendem Maß aus seiner „Selbsterhaltungsabhängigkeit" von den primären Bezugspersonen entwickelt werden konnte, erweitert sich um eine neue Qualität der Beziehungen zu anderen: durch Freundschafts- und Liebesbeziehungen außerhalb der Familie, die der leiblichen Verwandlung zum Frausein den neuen sozia-

---

[34] In der betreffenden Anmerkung heißt es: „Die Schwierigkeit liegt darin, daß sie [die beiden Ansätze] sich jeweils auf andere Aspekte der psychischen Erfahrung beziehen, die aber zu interdependent sind, um klar voneinander geschieden zu werden. Ich lege mehr Nachdruck auf die intersubjektive Seite als auf die intrapsychische, weil die letztere bereits ausführlich dargestellt ist und weil erstere oft zu kurz kommt. Ich glaube aber nicht, daß eine die andere ausschließen sollte" (J. Benjamin 1990:24). Die besagten Unterschiede gibt es indessen realiter überhaupt nicht, wie Waldenfels als falsche Dichotomisierung von Innen und Außen am Erfahrungsbegriff erarbeitet hat (vgl. Waldenfels 1974). Aus der Perspektive meines Konzeptes sei darüber hinaus kritisch angemerkt, daß in der Dialektik von Mimesis und Ratio diese beiden Sphären ungeschmälert zusammengehalten werden. Ich kann zeigen, welche Auswirkungen die gesellschaftliche Verdrängung von Mimesis in der „inneren Realität" hat und in welcher Unauflöslichkeit die Außenprozesse über Mechanismen der äußeren und verinnerlichten Autorität ihre subjektiven Korrelate noch bis ins selbständige Individuum hinein erzeugen.

len und gesellschaftlichen Rahmen geben. Neuartige Überlegungen über eine eigene Zukunftsperspektive stellen sich ein, die die „selbstbewußt-anerkennungszentrierte" Erwachsenheit vorbereiten.

Die adoleszente Neugestaltung des Lebens wirft Fragen auf, die sich nicht, wie in handlungstheoretisch verkürzter Perspektive angenommen wird, in pragmatischen Überlegungen erschöpfen. Fragen, die sich nicht erschöpfen in der Vorbereitung einer eigenen Existenz durch Erwerbsarbeit; in „Klärungen der eigenen Geschlechtsrolle" und Kinderwünsche; in der „Entwicklung eines selbst angeeigneten Wert- und Normensystems" sowie „verantwortlichen Handelns"; in der „Entwicklung von Handlungsmustern für den Umgang mit Konsum und Freizeit", wie etwa Hurrelmann u.a. meinen (zit. n. Hagemann-White 1992:68). Diese allemal für jugendliches Erleben soziologisch-abstrakt gehaltenen Bestimmungen der Aufgaben in der Adoleszenz vernachlässigen einen entscheidenden Aspekt weiblicher Adoleszenz. Wie Carol Hagemann-White in ihrer Arbeit *Berufsfindung und Lebensperspektive in der weiblichen Adoleszenz* zeigt, ist dieses Lebensalter für die weiblichen Jugendlichen mit einer weiteren Entwicklungsaufgabe verbunden: der Fähigkeit, „eine nicht erwerbsförmige Haus- und Erziehungsarbeit verrichten zu können" (Hagemann-White 1992:69; vgl. Flaake/King 1992:16f). Diese Doppelorientierung soll im folgenden als Grundproblem gesellschaftlicher Formierung weiblicher Subjektivität im Bereich diffuser Subjektivitätsformen betrachtet werden, wobei ich als Kontrastfolie auch auf die beruflich- „differentiellen Subjektivitätsformen" eingehen werde. Ich habe dieses Problemfeld der „doppelten Vergesellschaftung von Frauen" (Becker-Schmidt 1995:222) deshalb gewählt, weil darin die Irritation durch das gesellschaftlich verschüttete und verdrängte mimetische Vermögen in eigentümlicher Weise zutage tritt.

Die besagte „Doppelorientierung" ist sehr tief in den weiblichen Lebensentwürfen verankert, wenn sie auch nicht mit all ihren Ansprüchen eingelöst werden kann. „Meine Zukunft? Na ja, heiraten, Kinder haben und trotzdem berufstätig bleiben. Aber das ist ja fast unmöglich." Dieser Titel einer Veröffentlichung von Doris Lemmermöhle-Thüsing zeigt sich symptomatisch eine realistische Einschätzung der Unmöglichkeit dieser Doppelorientierung, die bereits in der Adoleszenz antizipiert wird und sich später schnell zur Doppel- und Mehrfachbelastung auswächst. Nach Hagemann-White beginnt jedoch das spezifisch weibliche Dilemma noch eine Stufe vor dieser doppelten Ausrichtung auf Berufs-, Haus- und Erziehungsarbeit und zwar in der „schon früher erfahrene[n] Besetzung von Aufgabenbewältigung (etwa in der Schule) mit Ansprü-

226

chen des Subjekts auf Anerkennung und Selbstentfaltung" (Hagemann-White 1992: 78). Hier wird zusätzlich zum Problem, daß sowohl die Vorstellung Beruf als auch die traditionelle „Berufsfiguration des Selbst" geschlechtsspezifisch auf den „erwachsenen männlichen Berufsarbeiter" verengt ist (BS 24; vgl. Gottschall 1995:127f).

Für heranwachsende junge Männer steht das „Konstrukt >Beruf<" im Mittelpunkt und kann die beiden Sphären Beruf und Familie verbinden. Zum einen werden nämlich nach wie vor Jungen nicht in dem Bewußtsein (Wissen und Sein) erzogen, auch ihren Anteil in Haushalt und Erziehung leisten zu müssen; sie können sich dementsprechend auf den immer härter werdenden Konkurrenzkampf der Arbeitswelt konzentrieren. Zum anderen werden sie dabei von der Vorstellung geleitet, daß ein Bestehen dieses Kampfes zugleich „die Chance der geglückten Ehe und die mögliche Verantwortung für eine neue Generation wie die Anerkennung von Leistung, welche die Selbstliebe trägt" verkörpere (Hagemann-White 1992:78; vgl. Becker-Schmidt 1995:222, 224f). Dagegen dominiert bei den heranwachsenden Frauen in der Regel eine Zerrissenheit[35]. Die Besetzung der Aufgabenbewältigung mit Ansprüchen auf Anerkennung und Selbstentfaltung gerät ins Spagat zwischen den Anforderungsprofilen der verschiedenen Tätigkeiten. Während es bei den jungen Männern in ihrer Neuorientierung auf „differentielle Subjektivitätsformen" dazugehört, daß das in der Adoleszenz dominante „Selbstgefühl" marginalisiert wird zugunsten eines „wissenden und denkenden Sich-auf-sich-Beziehens" (BS 30), ist der gleiche Prozeß bei jungen Frauen dadurch geprägt, leiblich-soziale Verbundenheiten nicht einfach aufzugeben. Die nichterwerbsförmige Haus- und Erziehungsarbeit, die Wissen über lebendige Zusammenhänge wie Umgang mit Menschen, Haushaltsführung, Ernährung, 'Körper'pflege, Krankheit und Gesundheit erfordert, steht und fällt mit subjektiven Fähigkeiten wie Einfühlungsvermögen, Zuwendung, Vertrauen, Liebe und Verständnis, die den Prinzipien der rationalisierten (Erwerbs-)Arbeitswelt widersprechen[36]. In der Familie sollte das liebende

---

[35] Regina Becker-Schmidt expliziert hierzu, daß Frauen ihre „Selbstdefinition" weiter fassen als Männer, „allerdings um den Preis, daß sie zwei Orientierungen, die in unserer Gesellschaft normativ und faktisch als gegensätzliche zu gelten haben, in ihren Lebenszusammenhang als kontroverse integrieren zu müssen [sic]" (Becker-Schmidt 1995:224). Dieser Aspekt wird später in Hinsicht auf die mimetischen Anforderungen in der Familienarbeit expliziert und in seinen Konsequenzen für die Berufswahl problematisiert.

[36] Dieser Gegensatz ist nicht nur seit der Veröffentlichung von *Arbeit aus Liebe - Liebe als Arbeit* (Bock/Duden 1976) Thema feministischer Diskussion, sondern wird zunehmend in sozialen und vor allem pflegerischen Berufen relevant unter der Fragestellung, inwieweit sich die zwischenmenschliche Fürsorge professionalisieren lasse bzw. wie sich „Pflegeleistungen" kosteneffizient organisieren und abrechnen lassen. Daß diese Berufe bezeichnenderweise „typische Frauenberufe" sind, verdeutlicht das

Sichbeziehen auf Andere im Mittelpunkt stehen. Sollte! Am besten läßt sich die Bedeutung dieser grundsätzlich eher mimetischen Fähigkeiten und Kompetenzen, die alle Familien- und Erziehungsarbeit mehr oder weniger bestimmt, im Erwerbsleben aber nur partiell (soziale, pflegerische Berufe) oder marktförmig entstellt (VerkäuferIn u.a.) erwünscht sind, in der Mutter-Kind-Dyade veranschaulichen an Bedingungen einer „glückliche[n] Entwicklung" (Anzieu 1996:84). Wie wir sehen werden, muß in der hiermit zugleich beschriebenen Logik der Eltern-Kind-Sozialität ein wichtiger Aspekt der „Kultureignung" erfüllt werden, nämlich die „Fähigkeit der Einfühlung in den anderen" (Mitscherlich/Mitscherlich 1990:99). Im folgenden entwickele ich einen Idealtypus mütterlichen Handelns und Verhaltens, der per se nicht an die Frau/Mutter gebunden sein muß, weshalb auch der geschlechtsneutrale Ausdruck des „Mutterns" dafür gebraucht wird[37] :

Die vorrational-nichtsprachliche Kommunikation in der Mutter-Kind-Dyade gelingt dann, wenn die Erwachsene die leiblich-expressiven Zeichen, die vom Kleinkind kommen (Gesichtsausdruck; Blick; Gesten; Lautspiele; Schreien; Strampeln etc.), verstehen kann als Zeichen von spezifischen Äußerungen der Lust und Unlust. Dazu muß sie die Situation des Kindes erfassen können, z.B. wann es gestillt wurde, ob es schon wieder Hunger oder vielleicht Bauchweh haben könnte, ob es Schlaf braucht und keinen findet, ob es spielen/kommunizieren will etc.; sie muß sich auf das Innere des Kindes und sein Empfinden einlassen und dessen Gefühlsäußerungen zur Deutung bringen; der Unlust abhelfen und Lustäußerungen beantworten. Die zivilisatorisch un-

---

Problem unter dem Aspekt nicht ausbildungsspezifischer Berufsqualifikationen, die weitgehend aus den oben beschriebenen mimetischen Fähigkeiten und Kompetenzen gespeist werden.

[37] An dieser Stelle der Argumentation sind einige grundsätzliche Überlegungen zum Problem der Mimesis resp. des mimetischen Vermögens im Spannungsfeld von Kultur und Natur angebracht, unter der Frage, wie sich ein durch gesellschaftliche Arbeitsteilung geformter „weiblicher Sozialcharakter" erfassen ließe, der auf der sog. natürlichen Arbeitsteilung beruht, ohne von der Naturbasis zu abstrahieren bzw. sie zu verabsolutieren, d.h. ohne sie ideologisch zwischen den Geschlechtern zu polarisieren. Ich begreife das im folgenden auf dem Hintergrund meiner Mimesisanalyse entwickelte Denkmodell als einen Ansatz, der, wie Regine Gildemeister für die feministische Theoriebildung einklagt, von der „kulturellen Codierung der Geschlechterverhältnisse" ausgeht und „die je historisch konkrete Form des Frau-Seins als Resultat einer patriarchalen Vergesellschaftung" ansieht und angeht (Gildemeister 1992:221). Die gesellschaftliche Abdrängung der Frauen in den Reproduktionsbereich (Gebärfähigkeit), die auch berufliche Einsperrungen nach sich zog, wird ideologisch mit der Zuschreibung angeblicher Naturkompetenzen beantwortet. Zu vermuten ist allerdings, daß gerade durch diese im Zuge der Rationalisierung über Jahrtausende gewachsene arbeitsteilige Einsperrung in eine gesellschaftliche Praxis, das das unverzichtbare mimetische Minimum auch gesamtgesellschaftlicher Reproduktion funktional zu erfüllen hat (siehe Eltern-Kind-Sozialität, Pflege von Angehörigen, Krankenpflege, Altenpflege). sich mimetische Qualitäten entwickelt und tradiert haben und nunmehr als ein ganz „natürliches" weibliches Arbeitsvermögen erscheinen.

terdrückten Formen der „Unmittelbarkeit: Berühren, Anschmiegen, Beschwichtigen, Zureden" (DA 163) sind dabei von besonderer Bedeutung, denn „die Liebe, die kann man nicht durch Mitteilungen lernen, sondern nur durch den Glanz der Augen der Mutter, durch ihre Liebe, durch die Art, wie sie spricht" (Horkheimer, zit. n. Rosen 1995:14). Was sich in Horkheimers Worten vielleicht etwas schwärmerisch vorwissenschaftlich anhört, wurde von Jessica Benjamin im Anschluß an Daniel Sterns Untersuchungen neuerlich beschrieben: Ein „Tanz der Interaktion" (Daniel Stern) zwischen den beiden Subjekten muß entstehen, eine „affektive[n]" und „mimetische[n]" Kommunikation einsetzen können (Sample 1995:220):

„Die Mutter gebraucht ihre Stimme, ihre Mimik und ihre Hände, um das Kind anzusprechen. Das Baby reagiert mit seinem ganzen Körper, es zappelt und blickt aufmerksam, es sperrt sein Mündchen auf oder lächelt glücklich. Und dann beginnt manchmal ein Tanz der Interaktion, bei dem beide Partner so fein aufeinander abgestimmt sind, daß sie sich ganz im Einklang bewegen. Diese frühe Erfahrung des Einklangs mit anderen ist wahrscheinlich die erste emotionale Basis für spätere Gefühle des Einsseins: für Gruppenaktivitäten wie Tanz und Musik. Diese reziproke Einstimmung in wechselseitiger Gebärdensprache nimmt auch das Liebesspiel der Erwachsenen vorweg. Solch spielerische Interaktion ist eine elementare Quelle von Gefühlen des Einsseins - genau wie das Stillen oder das bergende Halten" (J. Benjamin 1990:29).

Der hier praktizierte fließende „Zeitaufwand", ist nach Landauer eine „Form des höchsten Liebesausdrucks, den das Kind kennt" (TA 90). Zeitökonomie darf keine Bedeutung haben, oder wie schon Rousseau sinngemäß sagte: wer das Wagnis unternehme, einen Menschen zu erziehen, der müsse viel Zeit „vergeuden"[38]. Die sich in die-

---

[38] Natürlich entspricht diese Schilderung des „Mutterns" dem Ideal der „empathischen Mutter", die die innere und äußere Freiheit hat, ohne repressive Erziehungsvorgaben handeln zu können und sich vollkommen auf diesen lebendigen Eindruck-Ausdruck-Kreislauf einzulassen. Auf diese Wechselseitigkeit in der Logik der Eltern-Kind-Sozialität kommt es mir hier an. Daß es ebenso den Fall der „nichtempathischen Mutter" gibt, die diese Offenheit nicht aufbringen will und kann, ist hinlänglich bekannt. So spricht Brückner 1972 in seiner sozialpsychologischen Analyse des Kapitalismus von der „Negation der Liebe", in der „das Kind als Unterdrückungsobjekt mißbraucht" wird (Brückner 1981:120). Horkheimer hat in seiner Arbeit *Zum Begriff des Menschen* die Bedeutung der Mutterliebe und des wechselseitigen Spiels des Ausdrucks folgendermaßen beschrieben und problematisiert: „Im Gefühl, selbst in der Gesinnung allein besteht mütterliche Liebe nicht, sie muß den richtigen Ausdruck finden. Das Wohlergehen des kleinen Kindes und das Vertrauen, das es Menschen und Dingen in seiner Umgebung entgegenbringt, hängen weitgehend ab von der ruhigen und doch bewegten Freundlichkeit, die [sic] Wärme und dem Lächeln der Mutter oder der Person, die ihre Stelle vertritt. Gleichgültigkeit und Kälte, abrupte Gesten, Unruhe und Unlust des Wartenden können ein für allemal die Beziehung zu den Objekten, zu Mensch und Welt verbiegen, einen kalten, spontaner Regungen baren Charakter hervorbringen. Das hat man schon zur Zeit von Rousseaus >Émile<, John Lockes und früher gewußt [...]" (KiV 182f). Jessica Benjamin hat diese Problematik verdeutlicht im Gegensatz von „Spiel-Interaktionen", die „Selbstbehauptung und Anerkennung" zulassen und „Anti-Spielen", in denen ein „Kreislauf negativer Anerkennung" etabliert wird und die Interaktion scheitern muß (J. Benjamin 1990:29ff).

sem „Terrain des Gestisch-Atmosphärischen" vollziehenden „leibhaftigen Szenen" (Lorenzer 1981:162), die von „sinnlich-unmittelbare[n]" bzw. „sinnlich-symbolischen Interaktionsformen" bestimmt sind (ebd. 123, 162), beschreiben exemplarisch das mimetische Anforderungsprofil von Tätigkeiten, denen sich junge Frauen nahe fühlen bzw. die den jungen Frauen zum Frausein verpflichtend nahegelegt werden[39]. Wie diese mimetischen Umgangsformen auch immer gesellschaftlich formiert, rationalisiert und auch deformiert sein mögen, sie müssen sich immer an der vorrationalen und vorsprachlichen gestisch-expressiven Konstitution des Kindes orientieren. Somit bilden diese Interaktionsformen einen Gegenpol zu den rationalisierten und sprachsymbolischen Praxisformen, die in der Erwerbsarbeit relevant und dominant sind. Denn trotz aller rationalisierenden Maßnahmen wiederholt sich die „Urgeschichte der Subjektivität" (DA 51) mit jedem Neugeborenen. Und da in diesem biozentrischen Zusammenhang mimetische Kompetenzen (wie rudimentär auch immer) lebendig bleiben, ist die Rückverbindung an Berufsarbeit weitaus schwieriger als bei Männern, bei denen alles (Sozialisation, Lebensplanung) tendenziell logozentrisch verläuft. In der Notwendigkeit, die heterogensten Ansprüche zusammenbinden zu können und wesentlich vorsprachlich nicht-kognitive Momente mit der sprachlich bestimmten Berufsqualifikation in der „Selbstdefinition" (Becker-Schmidt) zusammenzubringen, liegt die besondere Schwierigkeit weiblicher Berufswahl.

In ihr kommt es aufgrund der extrem verschiedenen Anforderungen häufig zu einer Kompromißlösung in der Hoffnung, daß die berufliche Tätigkeit Anerkennung findet und sich zugleich die „kommunikativen und beziehungsbezogenen Ansprüche" realisieren lassen (Hagemann-White 1992:78): der zukünftige Beruf soll „etwas mit Menschen zu tun haben" (ebd. 79). Die Fatalität solcher Subjektansprüche an die Erwerbsarbeit (die wiederum zur Einschleusung der Frauen in schlecht bezahlte Dienstleistungsberufe führt), erläutert Hagemann-White an der immer noch „fehlenden symbolischen Repräsentanz für aktive, selbstbewußte Weiblichkeit" auch im Berufsleben.

---

[39] Hier fließen drei Umstände weiblicher Sozialisation zusammen, die nur angedeutet werden müssen, da sie hinlänglich bekannt sind: 1. die Tatsache, daß im Rahmen der gegebenen geschlechtlichen Arbeitsteilung weitgehend Frauen für die Betreuung der Kinder verantwortlich sind, was für den Individuationsprozeß von Mädchen und Jungen unterschiedliche Konsequenzen hat; 2. Mädchen gehen aus diesem Lebensabschnitt mit einer stärker ins primäre Selbstbild integrierten Basis für Empathie hervor, leben mehr in Hinblick auf Bindung und Verbundenheit; 3. auch wenn später von der erwachsenen Frau dieses Weiblichkeitskonzept abgelehnt wird, ist sie durch diese Schule der Frauen gegangen und muß ihre Emanzipationsschritte gegen das verinnerlichte äußere Bild, d.h. nach innen und nach außen, verteidigen und durchsetzen, gleichsam für sich selbst gegen sich selbst und andere.

Trotz oder gerade wegen ihres Anspruchs auf Integration der beiden Sphären von Erwerbsarbeit sowie nichterwerbsförmiger Haus- und Erziehungsarbeit werden junge Frauen auch in ihrem beruflichen Emanzipationsbestreben auf Formen der sogenannten natürlichen Arbeitsteilung zurückgeworfen. Die „Zuschreibungen der Angemessenheit bestimmter Berufe für Frauen" gewinnen paradoxerweise Überzeugungskraft aus der weiblichen Lebenserfahrung heraus und erhärten sich damit:

„In den Arbeits- und Erfahrungsbereichen, welche aus der Erwerbsarbeit abgespalten und zugleich in ihr vorausgesetzt sind, entsteht ein kaum artikuliertes weibliches Wissen über eigene Kompetenzen. Daher enthalten die Arbeitsorientierungen, die aus dem weiblichen Lebenszusammenhang erwachsen, ein Potential zur Erweiterung und Vervollständigung des Berufskonstrukts. Aber die weiblichen Erfahrungen mit Arbeit finden keine wirkkräftige Symbolisierung; sie werden vielmehr naturalisiert, zu Merkmalen der Geschlechtszugehörigkeit definiert. So finden Mädchen wichtige Elemente ihrer Beziehung zur Arbeit im Prozeß der Berufseinmündung nirgends wieder, es sei denn, als Zuschreibung der Angemessenheit bestimmter Berufe für Frauen. Diese Zuschreibung ist das diffuse Versprechen, dort als Frauen zurechtzukommen" (ebd. 79).

In meinen an der Logik des Selbst orientierten Reflexionen bedeutet dies folgendes[40] : Wenn das mimetische Vermögen, das im gesellschaftlichen Ganzen so weit verdrängt ist, daß es selbst dort, wo es noch manifest wird, als solches gar nicht mehr wahrgenommen wird, dann werden spezifisch mimetische, außerberufliche Qualifikationen der Frauen, die dennoch ins berufliche Arbeitsfeld hineinwirken, als solche nicht öffentlich benannt und anerkannt. Diese heimliche Disqualifikation kann nicht genug hervorgehoben werden, weil sie sich als systematisch unterdrückte so unbemerkbar vollzieht, daß sie noch nicht einmal ein eindeutiges „Gefühl sozialer Mißachtung"

---

[40] Aufgrund der Komplexität dieses „unterirdischen" Zusammenhangs muß ich die Analyse ganz eng an meine Argumentation im Rahmen der Logik des Selbst anlegen. Weiterführend sei zweierlei angemerkt: 1. Eine Einbeziehung der *Phänomenologie der Wahrnehmung* von Merleau-Ponty, nach der Leib und Bewußtsein „eigenständige Erfahrungsstrukturen" sind, könnte sehr aufschlußreich sein. Ein möglicher Ansatzpunkt wäre es, das von Hagemann-White angeführte „kaum artikulierte[.] weibliche[.] Wissen" in der negativen Dialektik von Mimesis und Ratio als unterdrücktes „leibliches Wissen" zu reflektieren. Bei John O'Neill in *Der Spiegelleib* heißt es dazu: „So macht sich vor allem das Bewußtsein - weit davon entfernt, den Leib ernstzunehmen - ein vorbegriffliches, leibliches Wissen weltlicher Strukturen zunutze, in denen das Selbst, die Dinge und die Anderen als eine Art >Reziprozität< artikuliert werden, für die >Intelligenz< nur ein anderer Name ist. Unser Leib ist unsere fundamentale und kontingente >Noch-nicht-Beziehung< zur Welt [...], die unser symbolisches Bewußtsein begründet [...]. Nach Merleau-Ponty setzt jede Identität und jede besondere Sozialität eine *anonyme Intersubjektivität* voraus, die das Fundament unserer gestalthaften Beziehungen zu Dingen und Personen in unserer und als unsere Welt bilden. Die Lebenswelt ist die unsere durch unseren fungierenden Leib" (O'Neill 1986:237f). 2. Es wäre zu prüfen, inwieweit der von der Tübinger feministischen Forschung geprägte Begriff eines „geschlechtshierarchischen Verdeckungszusammenhangs" in dem von mir beschriebenen Phänomen des Unsichtbar- und Unerfahrbarmachens mimetischer Kompetenzen enthalten ist. Damit wäre eine empirische Rückbindung an aktuelle Frauen- und Mädchenforschung möglich, worauf ich später wieder zurückkomme (Bitzan 1995, 1997).

(Honneth) zurücklassen kann. Die mimetischen Vermögen sind entsprachlicht. In der Selbsteinschätzung der Frauen entwickelt sich daraus ein irritierender Widerspruch zwischen dem Selbstgefühl und dem unbestimmten Wissen, spezifische Kompetenzen innezuhaben einerseits sowie der ausbleibenden sozialen Anerkennung andererseits. Das weiblich-leibliche Wissen um sich selbst kann nicht sprach- und selbstbewußtseinsfähig werden, weil es offiziell nicht anerkannt wird (vgl. Knapp 1995, bes. 188). Es ist leicht zu erkennen, daß solch eine soziale Mißachtung von Kompetenzen und Arbeitsvermögen eine Störung zwischen den individuellen Prozeßebenen des Selbstgefühls, des wissenden und denkenden Sichaufsichbeziehens sowie der sozialen Anerkennung produziert. An dieser gravierenden Störung der gesamten Vermittlungsprozesse im ersten und zweiten Grundverhältnis des Selbst kann abgelesen werden, daß der von Axel Honneth in der sozialethischen Perspektive problematisierte Aspekt „sozialer Geringschätzung" (Honneth 1994:58) jenseits der Identitätsproblematik liegt. Oder sagen wir es in der Sprache von „Diotima": die Analyse der „symbolischen Verdoppelung" (vgl. B 4) zeigt, daß erstens weiblicher Subjektivität spezifische Momente genommen werden, indem ihre realen Qualitäten verschwiegen werden in Ausrichtung auf ein männlich formiertes universal-menschliches Bild, und daß zweitens eine Identität mit etwas, was sie nicht ist, ideologisch produziert wird, eine naturhafte Vorstellung nämlich von Weiblichkeit und sog. typischen Frauenberufen[41].

Indem also eine „wirkkräftige Symbolisierung" dieser Momente fehlt, wird den Frauen jene Vorstellung genommen, die bei Männern das „Konstrukt Beruf" (Hagemann-

---

[41] Diese Problematik verdrängter mimetischer Verhaltenskompetenzen verweist auf ein Grundproblem soziologischer Handlungstheorie, das bei Flaake/King kritisch angesprochen ist: die Ausblendung „jene[r] Dimension individuellen Verhaltens, die rationalen Interessenabwägungen, bewußten Planungen und zielgerichteten Aktivitäten zuwiderläuft" und damit deutlich mache, daß das „Ich" „nur begrenzt >Herr ist im eigenen Hause<" (Flaake/King 1992:17). Die hier zitierte Freudsche Kritik am „Ich" des „zweckrationalen Handelns" (Weber) wird von Lorenzer auf der Basis zweier Sinnebenen geführt: der unbewußten, nichtsprachlichen, die aus Primärprozessen „sozialer Praxisgemeinschaft" entstehe („sinnlich-symbolische Interaktionsformen") und der „sprachlich-diskursiven" („sprachsymbolische Interaktionsformen"), die ontogenetisch später entsteht durch die Einführung von Sprache und deren Verknüpfung mit bewußten Praxisfiguren. Es komme zum Konflikt zwischen diesen zwei „Entwurfssphären sozialen Verhaltens", insofern die unbewußten Praxisentwürfe mit den in der praxisanweisenden Sprache transportierten normativen Ansprüchen im Individuum zu keiner „einheitlichen Handlungsanweisung" führen. Entscheidend ist in Lorenzers Theorie, daß die unbewußte Sinnebene, die mit den leiblichen Prozessen („psychophysische Triebstruktur") verknüpft ist, die bewußte Handlungsebene stören kann (Lorenzer 1986:271ff). In dem oben besprochenen Fall werden die aus den leiblich-symbolischen Interaktionsformen der Mutter-Kind-Dyade gewonnenen Erfahrungen der Frauen negiert. An dieser Stelle sei auch (ohne dies weiter ausführen zu können) auf eine Kritik an der Handlungstheorie aus der Perspektive des leiblichen In-der-Welt-Seins des Subjekts verwiesen, wie sie etwa Charles Taylor, anknüpfend an Merleau-Ponty, in *Leibliches Handeln* eröffnet (Taylor 1986).

White) und ein entsprechendes Selbstbewußtsein (wie problematisch auch immer) zusammenhält. In bezug auf ihre „differentiellen Subjektivitätsformen" erleben die meisten Frauen eine Kette von Abwertungen, die subtil ineinander verflochten sind: vom Nichtanerkennen ihrer spezifischen Arbeitsvermögen, über eine Quasi-Abstufung ihrer Berufstätigkeit mit der Bezeichnung „typischer Frauenberuf", bis hin zu einer schlechteren Lohngruppe als Männer mit fadenscheinigen Begründungen wie geringerer Belastbarkeit und vermehrten Fehlzeiten. So gesehen erfahren Frauen gegenüber Männern immer strukturell bedingte Abwertung, Negationen ihres Selbstbezuges, unabhängig davon, wieviel Bestätigung sie persönlich darin finden oder wie angepaßt, leistungsstark und „männlich" sie sich darin verhalten. Dies ist ein fataler Teufelskreis in der Reproduktion der Geschlechterideologie mit ihrer „patriarchalen Erniedrigung" der Frauen (Adorno 1987:77), zu dessen Auflösung Fragen jenseits bewußter Handlungsorientierungen aufgeworfen werden müssen, Fragen, die der eigenen weiblichen Bereitschaft zur Selbst-Erniedrigung und Unterordnung nachgehen.

Die Fragen, die ich daraus entwickele, berühren die Gründe für die vorherrschende lebensgeschichtliche Adaption an das patriarchal geprägte gesellschaftliche Bild von Weiblichkeit. Warum wird von einem Großteil junger Frauen die spätere Vereinbarkeit des Berufes mit der Familie für zwingend gehalten, die geschlechtsspezifische Arbeitsteilung akzeptiert? Warum wird die gesellschaftliche Norm, eine „gute Frau" zu sein, mit ihren falschen Idealen der „Verständigkeit", „Schönheit", „Kommunikationsbereitschaft", „Beliebtheit" usw. usf. so selbstverständlich verinnerlicht? Die Antwort liegt in der basalen Prägung des weiblichen Selbstbildes in der frühen Ontogenese, aus der ich einen wesentlichen Aspekt genauer behandeln will. Es geht exemplarisch um den repressiven Umgang mit der Leiblichkeit des kleinen Mädchens.

Bei allen Differenzen, die in den Bezugnahmen auf die Psychoanalyse und ihren Ansatz zur weiblichen Sexualität bestehen[42], kann als außer Frage stehend angesehen werden, daß die „Unterdrückung und Kontrolle vitaler Regungen" der „sexuellen Neugier" und „Selbstentdeckung" (Waldeck 1992:191, vgl. Flaake/John 1992:202) bei kleinen Mädchen dazu führt, ein Gefühl für den eigenen Leib zu verlieren, ihn nicht kennenzulernen und ihn als mangelhaft und unvollständig zu erfahren.

---

[42] Hier seien nur einige Stichworte des klassischen psychoanalytischen „Defizitmodells" wie „Penisneid", „narzißtische Kränkung" und ein daraus abgeleiteter „Mangel" des weiblichen Körpers bzw. der Sexualität genannt, die angeblich „ein auf Vervollständigung durch Männer angewiesenes Konzept von Weiblichkeit" (Flaake/John 1992:199ff) bedingten.

„>Die Wirkung des Masturbationsverbotes liegt genau darin, das Kind an den Körper der Mutter zu ketten und seinen eigenen vitalen Plänen Fesseln anzulegen< [Zitat: Maria Torok]. Ein verunsichertes Mädchen tobt und rauft weniger und unterdrückt Wutausbrüche und Haßgefühle. >So scheint die Liebe zwischen Müttern und schon kleinen Töchtern die kaum bewußte Notwendigkeit zu enthalten, daß die Töchter (...) sich selbst früh kontrollieren lernen, sexuelle, aggressive und egozentrische Bedürfnisse eher verhüllen, kurz, daß sie den Müttern auch ähnlich werden> [Zitat: Ulrike Schmauch]. [...] >Unsere Patienten berichten ausnahmslos, daß sie Perioden in der Kindheit durchmachten, in denen sie es durch bestimmte Übungen im vegetativen Verhalten (Atem, Bauchpresse etc.) lernen, ihre Haß-, Angst- und Liebesregungen zu unterdrücken [Zitat: Wilhelm Reich]. So kann es dazu kommen, daß Mädchen das Gefühl für ihren Körper verlieren, daß sie motorisch ungeschickt und gehemmt werden und die Lust an Bewegung und Aktivität verlieren. Dadurch ist ihnen die Innenwelt ebenso wie die Außenwelt nur noch beschränkt erfahrbar" (Waldeck 1992:191).

In dieser Passage von Ruth Waldecks Arbeit über *Die Frau ohne Hände. Über Sexualität und Selbständigkeit* (vgl. auch Waldeck 1993) finden wir ein Phänomen beschrieben, das schon in Landauers Theorie der Affekte im verallgemeinerten Rahmen gesellschaftlicher Affektbeherrschung Beachtung fand, ohne daß es sozialpsychologisch gesondert in Geschlechterperspektiven gewendet worden wäre. Wichtig in seiner Erklärung ist, daß dieser Prozeß der Triebunterdrückung, der Verhinderung sexueller Strebungen auch mit der Entwicklung von Angstgefühlen verbunden ist und nicht nur zu einer Hemmung der Wünsche, sondern auch zu Wahrnehmungs-, und Denkhemmungen führen kann (TA 42f). So wie sich Empfindungen und „Gefühle durch flache Atmung, körperliche Verkrampfungen und Fehlhaltungen regelrecht abklemmen" lassen (Waldeck 1992:191), kommen sie auch nicht zu Bewußtsein und werden aus dem Denken und Sprechen ausgesperrt. Dem geschlechtlichen Leib werden Tabus „eingeschrieben" und das Bewußtsein wird „entleiblicht" (Butler 1991:191ff). Die so produzierte „Leerstelle", wie Karin Flaake und Claudia John diese tabuierte Sphäre in ihrer Arbeit über *Räume zur Aneignung des Körpers* nennen, reproduziert sich in allen Manifestationssphären des Selbst. Flaake/John geben dazu überzeugende Ausschnitte wieder aus Gesprächen mit jungen Frauen, die Constanze Lawrence und Patricia Orzegowski aufgezeichnet haben (vgl. Flaake/John 1992:202f). Auch Waldeck spürt dieser pathologischen Verzerrung und Zertrennung nach. Sie berichtet u.a. von folgender Beobachtung aus der psychoanalytischen Praxis von Harriett S. Lerner: bei einer Patientin verringerten sich Lern- sowie räumliche und zeitliche Orientierungsstörungen dann, als sie „ihr Körperbild, ihre >innere Karte< [...] um die Lage und Gestalt ihrer Genitalien ergänzte" (Waldeck 1995:148), darüber zu sprechen lernte und alles mit Namen belehnte.

Das Tabuierte ist also bis zur Reflexion und zum Ausdruck tabuiert[43]. Was aber nichts anderes heißt, als daß hier die Grundlagen für einen integrativen Aufbau der verschiedenen Manifestationssphären des Selbst erschüttert werden. Die „Leerstellen" werden infolgedessen auch auf Selbstbewußtsein und kommunikative Anerkennung ausgeweitet. Das weibliche Selbstbild wird dann paradoxerweise zutreffend als mangelhaft und unvollständig erlebt und erfahren, bereit zur Unterordnung unter das „vollkommene" Geschlecht.

Wir stoßen hier tiefenpsychologisch auf die gleichen Mechanismen der gesellschaftlich hergestellten Selbst-Entwertung und Selbst-Zerstörung, wie schon in den Zusammenhängen der Berufswahl bzw. des Verlusts der Stimme: das gesellschaftlich falsche Bild von Weiblichkeit wird nachträglich von den resignierenden Frauen als zutreffende Verdoppelung ihrer selbst empfunden. Ein „falsches Selbst", wie Winnicott psychoanalytisch (sehr vereinfacht und weiterer Differenzierungen bedürftig) formuliert, etabliert sich als Normalität, denn in der Regel können Frauen noch nicht einmal benennen, was ihnen fehlt, weil dieses Benennen erst mit ermöglichter Versprachlichung bzw. Wiederversprachlichung verdrängter vorsprachlich-mimetischer Prozesse verknüpft wäre. Diese gesellschaftlich hergestellte 'Unvollständigkeit' des weiblichen Geschlechts kann zur „Abhängigkeit vom Mann" führen. Flaake/John nennen sie (ohne Reflexion einer Differenz von Körper und Leib) das „Fehlen eines elementaren Gefühls für den Wert des Körpers" (Flaake/John 1992:201) und erläutern:

„[...], daß weibliche Abhängigkeit von Männern in der Adoleszenz auf subtile Weise festgeschrieben wird: Die jungen Frauen können der körperlichen Weiblichkeit dann nicht selbst Wert verleihen, vermögen sich ihren Körper nicht selbst lustvoll anzueignen, sondern sind in diesem zentralen Kern ihrer Identität abhängig von männlichen Bestätigungen" (ebd. 201).

Christiane Olivier geht noch einen Schritt weiter. Sie setzt ihre Kritik an der heterosexuellen Orientierung der Mütter an, die dem Leib des kleinen Mädchens kein sexuelles Begehren entgegenbringe (wie sie es beim kleinen Jungen tue), die Klitoris entwerte und als Lustorgan tabuisiere (so, wie sie es selbst gelernt hat). Dem kleinen Mädchen

---

[43] Helga Haase ist in *Die Preisgabe: Überlegungen zur Bedeutung der Menstruation in der Mutter-Tochter-Beziehung* ausführlich auf Zusammenhänge des „Tabus" eingegangen (vgl. Haase 1992:166ff); ebenso Waldeck in *>Bloß rotes Blut<? Zur Bedeutung der Menstruation für die weibliche Identität* (1995:149ff). Diese grundlegende Ebene (Menstruation als Zeichen für „Unreinheit" der Frau) kann hier nicht einbezogen werden, da dies den gesetzten Rahmen der Untersuchung sprengen würde. Zu diesem Komplex gehört auch das von Vera King bearbeitete Thema der *Geburtswehen der Weiblichkeit - Verkehrte Entbindungen. Konflikthaftigkeit der psychischen Aneignung der Innergenitalität* (King 1992).

werde so eine eigene Kindheitssexualität verweigert und, quasi geschlechtslos, zum Neutrum geworden, werde es auf die (vaginale) Frauensexualität[44] vertröstet (vgl. Olivier 1988:80ff).

„Dem kleinen Mädchen wird so die eigene Kindheitssexualität verweigert. Es wird auf die zukünftige Frauensexualität verwiesen; es hat zu verschweigen, was es *ist*: ein kleines Klitorismädchen. Und es soll an etwas glauben, was es *nicht ist*: eine Vaginafrau. Diese ihm aufgezwungene Dialektik versteht es wohl, und es errät, daß nur die Frau als Geschlechtswesen anerkannt wird. Also spielt es Frau: es ahmt die Kunstgriffe nach; den Lippenstift, die Absätze, die Handtasche. Das kleine Mädchen verkleidet sich als Frau, so wie die Frau sich später verkleiden wird in eine andere Frau als die, die sie wirklich ist. Dies ist der Ursprung der permanenten >Entfremdung< der Frau von ihrem Körper. Sie hält es immer für nützlich, hier und da zu mogeln, um als Frau akzeptiert zu werden; ihr tatsächliches Geschlecht reicht nicht aus, es muß immer noch etwas hinzukommen" (ebd. 81).

Olivier stellt folgerichtig die These auf, daß die „soziale Identität" der Frauen nicht „in ihrem physischen Geschlecht begründet zu sein" scheine, was zu einem schmerzhaften Dilemma führe:

„Ein schmerzhaftes Dilemma, in dem die Identifikation (Sein-wie) die Identität (Selbst-Sein) in den Hintergrund drängt und in dem das >Tun-als-ob< den Platz des Authentischen einnimmt. Eine Identität, die durch das Fehlen des vom anderen Geschlecht kommenden Begehrens verunsichert ist, eine Identifikation, die durch die Schwierigkeit gefährdet ist, seinen Körper als *gleichartig* mit der >Mutter< wahrzunehmen. Das sind die beiden Klippen auf dem Weg des kleinen Mädchens. Das Drama des kleinen Mädchens ist, daß sein Körper wie *niemandes Körper* ist" (Olivier 1988:82).

Der hier angesprochene Zusammenhang verweist auf Freud[45], sowie auf die geschlechtsspezifische kulturindustrielle Vereinnahmung der Bildungsprozesse des Subjekts. „Die Frau lernt im Lauf ihrer Kindheit, sich ihres Äußeren zu bedienen, um ihr inneres Geschlecht zu kennzeichnen: das kleine Mädchen verbringt seine Zeit damit, äußere Beweise seiner Weiblichkeit zu liefern [...]" (ebd. 85). Und diese äußeren Beweise werden tendenziell (auch vermittelt über die Mutter) dem warenförmigen Frauen-"Idol" als Surrogat für das familiale „Ideal" der Identifizierung entnommen, womit der von Freud beschriebene Umwandlungsprozeß der „Elternbeziehung in das Über-Ich" (Freud 1991:69) strukturell von subjektfremden Verwertungsinteressen überlagert

---

[44] Inwieweit dahinter zusätzlich ein entsexualisiertes Mutterbild steht, muß hier unberücksichtigt bleiben.

[45] Die „Identifizierung", „so werden und so sein wollen wie" der Vater bzw. die Mutter (als Ideal), sei „die früheste und ursprünglichste Form der Gefühlsbindung an ein Objekt" (Freud 1981b:44, 46). Von ihr führt nach Freud „ein Weg über die Nachahmung zur Einfühlung, das heißt zum Verständnis des Mechanismus, durch den uns überhaupt eine Stellungnahme zu einem anderen Seelenleben ermöglicht wird" (ebd. 49). Identifizierung ist also eine erste von drei wesentlichen psychischen Qualitäten des mimetischen Vermögens, die die „Bindung an die andere Person" und „Bildung des Über-Ichs" befördern (vgl. Freud 1991:65ff).

ist. Die Bindung an andere Personen laufen primär über Geld, Waren, Moden etc., wie etwa im Phantasma der „Superfrau", die immer und in allem auf dem laufenden und perfekt ist.

Für die weibliche Subjektivität entwirft Olivier demzufolge ein trauriges Komplement zu René Descartes' „Ich denke, also bin ich". Ihre Abwandlung lautet: „Ich gefalle, also bin ich" (dazu ausführlich Olivier 1988:82-86). In diesem negativen Selbstbewußtseinssatz ist der von Frauen geleistete Selbst-Verzicht bündig aufs Wort gebracht. Er könnte sogar noch hegelisch radikalisiert werden als „Ich gefalle (durch Anpassung an ein Bild), also bin ich für Andere(s)". Die Frau identifiziert sich mit einem defizitären gesellschaftlichen Bild von Weiblichkeit und fühlt sich einig mit den anderen, denen sie dadurch gefällt. Sie nimmt eine „Identitätshülle" an (Bitzan 1995:189). Obwohl sie damit ihr „Fürsichsein", durch Entfremdung von Leib, Geschlecht und Stimme zerstört, fühlt sie sich gut, eben als „gute Frau, die Beziehungen hat", weil sie „einen Körper hat", den sie gemäß allen Anforderungen des „Schönheitsideals" gestaltet - oder auch nicht. Es ist mittlerweile bekannt, daß immer mehr adoleszente Frauen auf die Zumutungen solch verdinglichender Stereotypien des Frauseins mit Eßstörungen und anderem selbstdestruktivem Verhalten reagieren. Sie wollen bei der Beschneidung ihrer Entfaltungsmöglichkeiten nicht mitspielen. Indem sie jedoch ihrerseits durch Hungern, Abmagern, Überessen, Erbrechen, Selbstverletzungen u.ä. ihrer Leiblichkeit zuwiderhandeln, entsprechen sie dennoch der herrschenden Verdinglichung. Auch sie machen, wie ihre bestens angepaßten Geschlechtsgenossinnen, ihren Leib zum willfährigen Objekt Körper. Gerade vor dem Hintergrund dieses mißglückenden Protestphänomens scheint die kulturpessimistische Aussage der *Dialektik der Aufklärung*, „der Körper ist nicht wieder zurückzuverwandeln in den Leib" (DA 209), endgültig besiegelt. Doch hier ist Zurückhaltung geboten. Die traurige Bestandsaufnahme schließt Möglichkeiten der Veränderung nicht aus. Der gesellschaftlich begründete und von Müttern an Töchter weitergegebene circulus vitiosus der Enteignung von Leiblichkeit und Weiblichkeit kann u.U. von den jungen Frauen durchbrochen werden. Viele Theoretikerinnen, die sich mit der weiblichen Adoleszenz beschäftigen, stimmen darin überein, daß diese Lebensphase mit ihren Umstrukturierungen von der leiblichen Basis über die Psyche bis zu den sozialen Anerkennungsverhältnissen auch eine „zweite Chance" (Erdheim) biete. Eine zweite Chance, um „Beschädigungen aus der frühen Kindheit zu heilen und Fixierungen aufzulösen", um ein neues Körpererleben, „frei von Berührungstabus" zu finden (Waldeck 1992: 191, 197); um einen „Innenraum" als

Voraussetzung für sexuelle Subjektivität herauszubilden sowie einen „Übergangsraum" in sozialer Kommunikation in Mädchenfreundschaften (Flaake/John 1992:203, im Anschluß an J. Benjamin 1990:125ff); um „mehr Raum zur Selbstfindung" zu beanspruchen (Hagemann-White 1992:80); um „resonante Beziehungen zwischen Mädchen und Frauen" (VSt 14) zu erproben. Dies sind nicht nur abstrakte Vorstellungen. Wie ein Blick auf die gegenwärtige Mädchenarbeit und praxisorientierte Mädchenforschung zeigen kann, gibt es bereits einige bedeutsame Anläufe in diese Richtung (BKJ 1991; Martens 1991; MfFFWuK 1995; Nischwitz). Ebenso wird in der Frauenkulturarbeit und Kulturpädagogik auch an diesem Problem gearbeitet (Abraham 1992; Martens/Bockhorst 1989; Martens 1992; Staudte/Vogt 1991) sowie auf dem Gebiet der Gemeinwesenarbeit („weibliches Gemeinwesen"), wenn es darum geht, den „geschlechtshierarchischen Verdeckungszusammenhang" aufzudecken (Bitzan 1997).

Als Resümee kann insofern mit Blick auf die gesamte Bandbreite meines Themas festgehalten werden, daß sich am Beispiel der weiblichen Adoleszenz sowohl die negativen Auswirkungen des mimetischen Tabus als auch Korrektivmöglichkeiten durch ästhetisches Verhalten und Variationen der Selbstbesinnung nachweisen lassen. In weiterführender Perspektive wäre es mit Sicherheit von größtem Gewinn, den diesbezüglichen Diskurs in Theorie und Praxis in eben dieser Dialektik von Mimesis und Tabu auf der Grundlage der Logik des Selbst aufzugreifen. Zentrale Begriffe wie „Kunst", „Kultur", „Gesellschaft", „Identität", „Selbst", „Körper", „Erfahrung", „künstlerisches Handeln", „künstlerische Ausdrucksmittel", „ästhetisches Verhalten" könnten dadurch in einem kritisch subjekt- und bildungstheoretischen Begründungsrahmen vertieft werden, was jeder emanzipatorischen Intention zugute käme. Die analysierte Problematik der Selbst-Zerstörung geht nämlich in den Identitätskonzepten, die dauerhafte Identitäten mit Anderem (politische, soziale, religiöse Identität etc.) verlangen, nicht auf, und der Verlust an „Selbst-Sein", d.h. an Integration aller Manifestationssphären des individuellen Sichaufsichbeziehens kann nicht systematisch reflektiert werden. Aber gerade weil die Figuration des zerstörten Selbst, „Ich gefalle, also bin ich", auf ein schwaches Ich und auf einen allgemeinen gesellschaftlichen Typus verweist, den Adorno im Anschluß an David Riesman außengeleitet nennt; und weil sie latente Strukturkonvergenzen mit dem autoritären und antisemitischen Charaktertyp aufweist (denn auch hier ist die Fähigkeit der mimetischen Einfühlung dominiert von kollektiven bzw. warenkonformen Anpassungszwängen); und weil sie weder ein kritisches Ich noch ein Subjekt als Selbst zuläßt, also Nivellierung, Außensteuerung und Unfreiheit ersichtlich weiterbestehen, aus all diesen Gründen ist es wichtig, jungen Frauen in ihrer Bildung zum Selbst zu unterstützen. Unmittelbar einsichtig ist, daß diese Dialektik von Mimesis und mimetischem Tabu, Bildung und Selbst-Zerstörung auch an der männlichen Adoleszenz hätte herausgearbeitet werden können.

C 2.3. Verdrängte Mimesis und Landauers Theorie der Affekte

Wir haben am Beispiel der weiblichen Adoleszenz nicht nur gesehen, daß Lebensentwürfe und Handlungsorientierungen entscheidend von einem defizitären Weiblichkeitsbild geprägt sind und daß die bewußten Selbstkonzepte eine ontogenetisch frühe Verankerung im Unbewußten haben. Die sozialen Verhältnisse samt ihrer Phantasmagorien sind buchstäblich in den Leib eingeschrieben. Es ist auch deutlich geworden, daß diese Einschreibungen gesellschaftlicher Formen von Frausein dem Selbstsein der heranwachsenden Frauen Beschneidungen ihrer Handlungs- und Verhaltensspielräume auferlegen mit der Tendenz zur Stimm-, Sprach-, Selbst-Zerstörung und Entleiblichung des Bewußtseins. Ein entwickeltes und integriertes Selbstsein wird damit systematisch verhindert zugunsten eines „Sein-wie". Ich will abschließend über diesen geschlechtsspezifischen Bezugsrahmen hinaus[46] einen Zusammenhang zum mimetischen Tabu herstellen, indem ich das Thema des „Erfahrungsverlustes"[47] resp. der „Verhinderung

---

[46] Wurde in diesem Bezugsrahmen allemal von der je besonderen Frau und ihrer spezifischen Lebensrealität abstrahiert, um die allgemeinen Züge herauszustellen, so werde ich nun auf einer weiteren Verallgemeinerungsebene die gesellschaftliche Formierung des Subjekts problematisieren. Die subjekt- und ausdrucksfeindliche Logik des Systems schlägt sich nämlich in allen Individuen nieder. Auch bei Männern gibt es die Tendenz zur Selbst-Zerstörung in reproduktionsstruktureller Komplementärform, einerseits durch Fixierung auf die beruflich-differentielle Subjektivitätsform (Erfolg; Leistung; Konkurrenz), andererseits durch die immer mehr übliche erziehungsbedingte Unfähigkeit, die alltäglich notwendigen individuellen Reproduktionsgrundlagen zu organisieren (Haushaltsführung etc.), was wiederum die Abhängigkeit von einer anderen Person, meistens einer Frau, perpetuiert. Unter den gegebenen gesellschaftlich-arbeitsteiligen Bedingungen und ihrer Organisation des Geschlechterverhältnisses sind beide Geschlechter je spezifisch deformiert, oder, wie schon Virginia Woolf formulierte: die Erziehung ruft in Männern „ebenso große Defekte hervor[...]" wie in Frauen (Woolf 1983:46). Vgl. hierzu auch Bosse 1994; Erhart/Herrmann 1997.

[47] Dabei stehen weder werkexegetisch-ästhetische noch kategorial-abstrakte Bestimmungen an (vgl. dazu Kappner 1984: 1. Teil; Schwarz 1981: Kap. 4.1, 4.7., 5.4, 5.5; Stoessel 1983: Kap. VI), sondern eine subjekttheoretische Integration von Mimesis- und Erfahrungstheorie, wie sie , soweit ich sehe, von Kappner angekündigt aber nicht eingelöst wurde (vgl. Kappner 1984:61, 300ff). Der Abschnitt könnte auch als ein Klärungsversuch zur „Ontogenese der Kälte" und „Desensibilisierung" verstanden werden (vgl. Gruschka 1994:261ff).

genuiner Erfahrung", der „Lähmung der produktiven Einbildungskraft" sowie der gesellschaftlichen Erzeugung der subjektiven „Erfahrungsunfähigkeit" in analytisch-sozialpsychologischer Perspektive aufgreife. Von ganz entscheidender Bedeutung ist dabei der dreifache psychosomatische Zusammenhang des „mimetischen Vermögens" zu „Sinneseindrücken" und „Gedächtnisspuren", zur „Einfühlung" sowie zur Fähigkeit „leibhaften Ausdrucks". An diesen, wie wir sehen werden, miteinander verbundenen Sphären setzen nämlich jene „unsichtbaren" erzieherischen Mechanismen der Mimesisunterdrückung und Erfahrungsverhinderung ein, die die Bildungs- und Selbstwerdungsprozesse des Subjekts auch ohne äußere Gewaltanwendung vereiteln können[48]. Ausgehend von Karl Landauers *Theorie der Affekte* soll dieser Zusammenhang der gesellschaftsstrukturell bedingten „Beschädigung" von Subjektivität (Adorno) bzw. des „organisierten Dummseins" (Landauer) erörtert werden.

Ich konzentriere mich dabei auf einen Mittelbereich zwischen den Extremen einer repressiven, nicht-einfühlenden Erziehung, die auch körperliche Gewalt einsetzt, einerseits und einer permissiven Erziehung andererseits, die durch die Freiheit der Eltern gekennzeichnet wäre, genau das Richtige für die Entwicklung des Kindes tun zu können. Es geht mir darum zu zeigen, daß auch die heute durchschnittliche Erziehungspraxis, die im Vergleich mit derjenigen der älteren Generationen als relativ tolerant und fortschrittlich bezeichnet werden kann, verdeckte repressive Momente in sich trägt, die erstens im Kontext zivilisatorisch verdrängter Mimesis im Sinne eines Tabus über Ausdruck und Subjekt begriffen sowie zweitens als Ausgangsbedingungen aller Ansätze von Bildungshilfe zur Selbstwerdung im Medium des ästhetischen Verhaltens mitreflektiert werden müssen. Ein Stück weit klärt sich darin, durch welche Prozesse die Mimesisverdrängung als (un-)„kulturelles Erbe" in der „unterirdischen Geschichte" tradiert, bzw. in den unterirdischen Lebensgeschichten als zweite Natur einverleibt wird. Alle im folgenden angeführten Beispiele sprechen für Freuds These, daß das Über-Ich des Kindes, der „legitime Leibeserbe" der Elterninstanz „eigentlich nicht nach dem Vorbild der Eltern, sondern des elterlichen Über-Ichs aufgebaut" wird. D.h. daß die Eltern die „schweren Einschränkungen" ihrer Kindheit „vergessen" haben -

---

[48] Ich schließe hier bewußt die Reflexion von offener Gewalt und Gewaltandrohung in einer repressiv-leibfeindlichen Sozialisation aus, ebenso wie die Bedeutung von Gewaltanwendung für den Zusammenhalt sozialer Systeme. Dieser Aspekt müßte gesondert behandelt werden. Bei Freud, vor allem aber bei Adorno, Brückner und Elias sind die dafür relevanten Ansatzpunkte explizit benannt: soziale Angst, Über-Ich-Bildung, Strafprozeduren, Selbstbeherrschung, Fremdzwang/Selbstzwang etc. (vgl. Soc II: 104, Brückner 1981:113, Elias 1980 Bd. 2: 320).

durch Identifizierung mit den eigenen Eltern - und sie unbewußt im Umgang mit ihren Kindern reproduzieren (Freud 1991:65, 69). So erweisen sich die Erziehungsberechtigten nolens volens als Agenten einer subjekt- und ausdrucksfeindlichen Logik des Gesellschaftssystems.

„Affekte" sind psychosomatische Vorgänge wie Schreck, Angst, Schmerz, Trauer, Wut, Heiterkeit, Freude etc. und enthalten „Primitivreaktionen", die „undifferenziert den ganzen Menschen in Tätigkeit" setzen (TA 73, vgl. 66-71). Landauer geht davon aus, daß sie und ihre Äußerungen ererbt sind, die Affektanlässe jedoch „zum Teil neu erworben, immer aber variiert und spezialisiert" werden (TA 28f). Um diesen entscheidenden Spielraum zur Prägung der Affekte, der je spezifisch gesellschaftshistorisch ausgefüllt wird (wie die phylogenetische Betrachtung der Mimesis in Konstellation B gezeigt hat), baut sich die *Theorie der Affekte* auf. Ihre zentralen Thesen diskutieren die Folgen einer über das notwendige Maß hinausgehenden erzieherischen Beschränkung spontaner Bedürfnisse, Affektäußerungen und Triebregungen, wie sie z.B. mit dem „Tabu, das auf Geschlechtlichkeit lastet[.]" (TA 280), erzeugt wird. Dieser zentrale Komplex gesellschaftlicher Sexualfeindlichkeit ist im psychoanalytischen Diskurs hinlänglich diskutiert und kann als Hintergrundwissen für die ontogenetische Reflexion vorausgesetzt werden, ganz im Sinne Adornos, wenn er sagt, „dicht hinter dem mimetischen Tabu steht ein sexuelles" (ÄT 176). Im folgenden sollen an drei Beispielen Landauers indirekte Beschreibungen unterdrückter Mimesis aufgezeigt werden, denn ohne den Begriff „Mimesis" bzw. „mimetisches Vermögen" zu verwenden, geht er in seinem umfassenden Verständnis von „Affekten" auf das Phänomen Mimesis in seinen verschiedenen Facetten ein.

Landauers Paradebeispiel für die „Psychogenese der Dummheit" bezieht sich auf diesen engen Zusammenhang von sexuellem und mimetischem Tabu. Es beschreibt die Folgen der nicht, falsch oder trügerisch beantworteten Fragen von Kindern, die beginnen, sich darüber Gedanken zu machen, woher sie kommen, wie sie in den Bauch der Mutter kamen, welchen Anteil an ihrem Werden der Vater hatte, worin der Unterschied der Geschlechter liege u.ä. Im Grunde genommen müssen solche Gedanken als der kindlich frühe Anfang jener philosophischen Neugierde betrachtet werden, wie sie noch Bloch im Vorwort zum *Prinzip Hoffnung* formuliert: „Wer sind wir? Wo kommen wir her? Wohin gehen wir? Was erwarten wir? Was erwartet uns?" (Bloch 1985:1). Auch Siegfried Bernfeld betont mit Freud, daß sie „eigene und wichtige Forscherarbeit" auf der Basis kindlicher Erfahrungen und ihrer eigenen kindlichen Logik seien (Bernfeld 1969:81). Daß Kinder mit ihren Fragen nach dem „Woher", „Wie", „Warum" der Babies und ihres eigenen Lebens „heiße Themen" ansprechen, über die zu sprechen den Eltern nicht leicht fällt, die ihnen vielleicht sogar zur Last fallen, über die aber auf jeden Fall nicht alles erzählt wird, merken sie schnell. Sie nehmen die unausgesprochene Verweigerung der Eltern diffus wahr, lernen ihre „eigenen Gedanken und Wahrnehmungen, die zu solchen [Fragen] führen, einzuschränken" (TA 118) und stellen irgendwann die Äußerung ihrer Fragen an die Eltern ganz ein[49]. Sie lernen, darüber zu „schweigen" und suchen ihre Antworten auf anderen Wegen, die dann oftmals schon durch Verdrängung und/oder kulturindustrielle Vereinnahmung gekennzeichnet sind (Fernsehen und Regenbogenpresse als Medien der Aufklärung). Die daraus resultierenden Störungen in der Beziehung zwischen Eltern und Kind, die Erschütterung des Vertrauens in die Eltern, beschreibt Landauer ausführlich.

„Und weil dies die Kinder sehen [daß die Eltern nicht wie sonst antworten können], lernen sie zu schweigen. Aber noch mehr sehen sie oder müßten sie eigentlich sehen: daß die Eltern sie anlügen, nicht nur in dem Sinne des Erwachsenen, daß sie anders reden als sie denken, sondern vor allem auch in dem Verstande, wie das Kind das Wort Lüge gebraucht: daß nämlich die Erwachsenen anders handeln als sie reden. Aber das Kind darf seinen Eltern gegenüber nicht äußern: du lügst. Es will auch nicht denken und sehen, daß die Eltern lügen, also das tun, was es von ihnen immerfort als >böse< gewehrt bekommt. Denn böse sein würde ja heißen ungeliebt sein. Und das Kind will seine Eltern lieben, nicht nur aus Not, sondern auch aus tausend Sehnsüchten. Und so verschließt das Kind, um an die Eltern zu glauben, seinen Blick vor der Wirklichkeit. Es darf nicht mehr sehen, als zum Bilde der idealen Eltern paßt. Dumm und unwissend sein ist auch unfähig sein, sich Kenntnisse über die Fehlbarkeit der Eltern zu erwerben" (TA 99).

Welchen Schaden das durch Lügen zerstörte Vertrauensverhältnis in der Psyche der Kinder hat - die Atmosphäre wird getrübt und die Eltern berauben sich selbst wichtiger Wirkungsmöglichkeiten in der Erziehung (vgl. dazu auch Bernfeld 1969:83) - soll im folgenden in bezug auf die Leiblichkeit und Sozialität gezeigt werden. Erstens hat sich,

---

[49] „Die endlosen Fragen des Kindes sind je schon Zeichen eines geheimen Schmerzes, einer ersten Frage, auf die es keine Antwort fand und die es nicht in rechter Form zu stellen weiß" (DA 229). So greifen Horkheimer und Adorno Landauers Gedanken auf. Ein sehr schönes Beispiel dafür bringt Hans Zulliger in seinem Buch *Heilende Kräfte im kindlichen Spiel* (Zulliger 1990:18f). Auch hier hofft ein kleiner Junge vergeblich zu erfahren, woher die kleinen Kinder kommen. Sein analogisches Weiterfragen, wie denn ein Wurm aus einem Apfel herausschlüpfen würde, ob der Mond die Sterne als Kinder ausgespieen habe usw. rauben seiner Mutter, die ihn im Verlauf des endlosen Fragens schon als „ein Frägli, ein dummer" angeredet hat, den letzten Nerv. Er hingegen hofft, „daß man ihm Worte für das Unnennbare leihe", ihn „>aufkläre<" - so problematisiert Landauer ähnliche Situationen. Wie ein eigens für dieses Beispiel geschriebener Kommentar heißt es weiter: "So lernt das Kind seine Frage und seine Wahrnehmungen, die zu solchen Fragen führen, einschränken. Es wird >beschränkt< und damit bequemer leitbar" (TA 118).

was die Aufklärungsmethoden und -inhalte angeht, mit Sicherheit durch die Aufklärungskampagnen der 60er und 70er Jahre einiges gelockert, allerdings wohl nicht soviel, um über sexuelle Lustempfindungen frei zu reden und Tabus auszuräumen. Dies hat uns schon der vorausgegangene Abschnitt gezeigt, kann aber auch an dem gesellschaftlichen Rückschritt abgelesen werden, der sich z.B. in der aktuellen Vernichtung langjährig bewährter Aufklärungsbroschüren niederschlägt. Das zentrale Bildungsproblem der Verweigerung offener Kommunikation in puncto Liebe und Sexualität liegt darin, daß diese Sphäre des Lebens mit sozialen Tabus belegt wird, die weiterführendes Fragen und Denken blockieren. „Das Kind wird dadurch im Nichtwahrnehmen, Nichterinnern, Nichtdenken geübt und bringt es darin den Erziehern zuliebe sehr weit". „Es wird >beschränkt< und damit bequemer leitbar" (TA 118). Erfahrungen können dann nur noch bedingt gemacht werden. Dies hat die oben analysierte Selbstentfremdung der Frau von ihrer Weiblichkeit und Leiblichkeit bereits deutlich gezeigt. Für Horkheimer und Adorno reichen die Folgen derartig gehemmter Wißbegier so weit, daß „an der Stelle, an der die Lust getroffen wurde, eine unmerkliche Narbe zurück[bleibt]". Und „solche Narben bilden Deformationen". Die „verpönte Nachahmung, das verbotene Weinen, das verbotene waghalsige Spiel" (DA 230) haben ihnen zufolge die gleichen negativen Auswirkungen auf den Bildungsprozeß. Wir werden das genauer zu betrachten haben.

Zweitens ist das in Landauers Aussage problematisierte Dilemma des Kindes (daß Eltern anders handeln als sie reden) durchaus auf andere familiale Zusammenhänge übertragbar, in denen es ebenfalls Abweichungen zwischen Handlung, Gefühl und Erklärung gibt. Um die Liebe der Eltern nicht zu verlieren und den Glauben an die idealen Eltern, die nicht lügen, zu erhalten, können dann auch weitergehende „unliebsame Wirklichkeiten" (TA 96), wie etwa Krisen im Zusammenleben der Eltern und in der Familie, nicht mehr bewußt wahrgenommen, geschweige denn angesprochen werden. Die Fähigkeit der Kinder, soziale Wirklichkeit und eventuelle Brüche und Stockungen in den menschlichen Verbindungen mimetisch wahrzunehmen, wird damit weitgehend irritiert, und das Kind gewöhnt sich daran, seinen eigenen „lebendige[n] Gefühlen" (TA 116) zu mißtrauen bzw. es lernt, sie zu unterdrücken, weil die „Autoritäten" der familialen Wirklichkeit den Gefühlen widersprechen. So beginnt ein Prozeß der Umformung von Affekt und Affektausdruck (vgl. Bürgin 1989:192f). Aus der Logik des Selbst heraus betrachtet handelt es sich hierbei auf der kindlichen Ebene um jenes Grundproblem unterdrückten mimetischen Selbstbezugs, wie es am diskursiv nicht eingeholten weiblichen Wissen über eigene (mimetische Berufs-)Kompetenzen schon erörtert wurde. Die einschlägige Kinderpsychologie hat, wie immer auf sozialtechnisch-logozentrische Interessen restringiert, die Bedeutung dieser frühen Kindheitsphase als sozialemotionale Voraussetzungen für die Sprachentwicklung umfassend genug herausgestellt, um in der 'Zensur' spontaner Redeimpulse und Kommunikationswünsche nicht nur gravierende Einschnitte in die „Lebendigkeit des Sprechens" (TA 117) zu erkennen. Es wird auch der mit der Sprache verbundene Aufbau des Denkens beeinträchtigt, denn was nicht erfühlt, erkundet und erfragt werden darf, darf auch nicht bedacht, aufs Wort gebracht und ausgesprochen, geschweige denn in Frage gestellt werden.

Es kann jetzt schon festgehalten werden, daß damit sowohl das kindliche Potential des mimetischen Einfühlens in andere Menschen und seine sich strukturierende Selbstwahrnehmung beschränkt als auch der Aufbau des mimetischen und rationalen Vermögens beeinträchtigt wird. Doch Landauers Beobachtungen führen noch weiter in die Zerstörung der subjektiven Dialektik von Mimesis und Ratio, die sich gerade in jener ontogenetischen Phase vollzieht, in der die Entwicklung der beiden Pole und ihr symmetrisches Zusammenwirken eigentlich gefördert werden müßten.

Das zweite zentrale Beispiel Landauers behandelt die seit Aristoteles thematisierte kindliche „Freude an der Nachahmung", die, der These über den „Nachahmungstrieb" widersprechend, ebenso eine Freude am Ausdruck sein kann. Zum Abschluß von Konstellation B hatte ich bereits bei der Diskussion von Adornos Diktum, daß das Humane an der Nachahmung hafte, als vorläufiges Ergebnis festgehalten, daß sich der Antrieb zur Nachahmung aus der zwischenmenschlichen Sphäre lebendigen Ausdrucks speise und der Satz dialektisch ins Mimetische gewendet werden kann. Dann lautete die Schlußfolgerung: das Humane haftet am Ausdruck. Dies soll nun vertieft werden, wozu wiederum einige vermittelnde Schritte unternommen werden müssen, um zunächst Landauers Argumentation an die Auseinandersetzung um Nachahmung und Ausdruck heranzuführen. In der *Theorie der Affekte* ist das „Nachahmen" unter dem Begriff des „Echoens" zur Explikation der „Aufmerksamkeit" und der ansteckenden Kraft der Affekte zwar nur indirekt thematisiert. Der Problembezug ist jedoch eindeutig und kann mit einer instruktiven Argumentation Bernfelds verstärkt werden. Dann nämlich wird Landauers entscheidende Erkenntnis der erzieherischen Hemmung des Echoens im Kontext des mimetischen Tabus verständlich, der Zusammenhang zwischen Affekt- und Mimesisverdrängung wird offensichtlich.

Allbekannt ist, daß die kindliche „Nachahmung", das Echoen der Umwelt, einer ganz-heitlich-spielerischen Exploration der Welt und dem Aufbau der Persönlichkeit dient. Auch Landauer geht darauf ein, wenn er sagt, daß diese „menschliche Eigentümlich-keit" „für die Eingliederung des Menschen in seine Umwelt und für seine geistige Entwicklung unschätzbar" sei. „Die Sprachentwicklung, das >Verstehen<, das >Nachfühlen< beruhen darauf" (TA 111). Mit seiner Beschreibung, daß die „Affekte der Umwelt" zum „Nachfühlen" und „Nachleben" „[an]stecken", vertieft er jedoch vordergründige psychologische und pägagogische Vorstellungen, die darin nur ein äu-ßerliches Nachmachen und/oder Spiegeln sehen. Das „Mienenspiel der Umwelt wird nicht nur gesehen, auch miterlebt" (TA 63). Landauer unterstreicht die Affektgrundla-ge und bewirkt damit ein Verständnis des Geschehens, das tiefgreifend am sozialen Leib und seinen inneren Bildungsprozessen orientiert ist.

> „Wie sehr der Schauende mit dem Geschauten, der Hörende mit dem Gehörten eins ist, beweist das Wiederholen durch das Kind, das Echoen. Das Kind spiegelt wider, was es sieht, tönt wider, was es hört. Der Lachende zwingt zum Lachen. Hört und sieht es weinen, so muß es mitweinen. Die Affekte der Umwelt stecken an" (TA 111).

Landauer spricht hier vor allem ein relativ frühes Entwicklungsstadium an, in dem sich die „Aufmerksamkeit" des Kindes noch nicht von der „momentanen Umwelt" gelöst hat und es noch nicht in „seinen Erinnerungen, seinen Wünschen und Phantasien" lebt (TA 111). Als Psychoanalytiker, der vornehmlich in therapeutischer Absicht mit den Folgen der sozial behinderten (Affekt-)Reaktion beschäftigt ist, bringt er dazu keine weitere bildungstheoretische Erklärung als die, daß sich das Echoen „ererbterweise allmählich" abschwäche (vgl. dazu TA 63), allerdings schon früher „von der Erziehung hintangehalten" werde, weil es „für die Umwelt oft zur Qual" würde (TA 111). Für meine beabsichtigte Rekonstruktion genügt das leider nicht, wenngleich Landauer in eine Richtung drängt, die zentrale Bedeutung hat. Bei Bernfeld indessen ist dieses Phänomen als (in einem umfassenden Sinn verstandene) „ebenbildliche Wiederholung" zentral thematisiert, weshalb auch mit einer knappen Anleihe bei ihm ein weiterfüh-render Argumentationsschritt einbezogen werden soll. Er bahnt sowohl zur Freudschen Reihung von „Identifizierung", „Nachahmung", „Einfühlung" als auch zur „ästhe-tischen Einfühlung" einen Weg[50].

---

[50] Die Bezugsetzung legitimiert sich nicht nur aus der Tatsache, daß in beiden Fällen die gleichen Pri-märprozesse untersucht werden, sondern auch aus Landauers Begriff von „Aufmerksamkeit", die beim Echoen eine große Bedeutung einnimmt und zum psychologisch und ästhetisch wichtigen Phänomen der Faszination führt. Dazu heißt es ausführlich: "Damit geistiges Leben in einem Menschen entstehe, muß

Bernfeld nun bearbeitet in seinem Aufsatz *Über Faszination*, die ihm zufolge ein „Zustand höchst gesteigerter Aufmerksamkeit" ist (Bernfeld 1969:74), drei Beispiele[51] einer Verhaltensweise, die zu „objektiver Imitation" führte, jedoch „keine Nachahmung im üblichen Wortsinn" sei. Vielmehr gehe sie den „eigentlichen Nachahmungen"[52] ebenso wie der „Identifikation" voraus und reiche bis in die „Anfänge des Seelenlebens" zurück (ebd. 70). Bernfeld nennt sie „ebenbildliche Wiederholung" (ebd. 69) und analogisiert den zugrundeliegenden psychischen Vermittlungsprozeß zwischen Subjekt und Objekt mit der „Faszination des Erwachsenen" (ebd. 71ff), die Züge von „Unheimlichkeit", „Fremdartigkeit", „Außersichsein", „Sichverlorenhaben" aufweise. Charakteristisch sei für Erwachsene und Kinder die „faszinierte Folgsamkeit", die (vor allem noch beim Kind) „faszinierte Wiederholung" der Bewegungen etc. hervorbringe (ebd. 76).

„Der Erwachsene verhält sich in der faszinierten Folgsamkeit nicht viel anders als das Neugeborene, das der Kerzenflamme folgt; das Ich ist ausgeschaltet, auf seine Wahrnehmungsfunktion eingeschränkt; der faszinierende Gegenstand hat sozusagen direkten Zugang zum motorischen Apparat, den sonst das Ich beherrscht" (ebd. 75).

Landauers Begriff des Echoens umfaßt im Kern solche „faszinierten" Reaktionsweisen auf äußere Reize, die (noch) keiner Kontrolle durch das „Ich" unterliegen, also „unbeherrscht" sind. Das Kind ist ganzheitlich, kinästhetisch, mit allen seinen Sinnen und Muskeln in das Geschehen involviert, wobei „[j]eder wahrgenommene Sinneseindruck, der mittels des Merkens einverleibt wurde, [...] Spuren im Gedächtnis [hinterläßt], die das ganze Leben erhalten bleiben" (TA 113). Unter Einbeziehung aktueller Theorieansätze im Hinblick auf den Zusammenhang von Mimesis und Erfahrung muß dies noch einmal mehr vertieft werden. Bereits Horkheimer schrieb, daß

---

die Umwelt von ihm aufgenommen werden. Es muß nicht nur das Licht ins Auge dringen, sondern der leuchtende Gegenstand muß fixiert und damit sein Bild im Auge festgehalten werden. Die *Aufmerksamkeit* hält ihn fest. Diese wird entweder von außen her gepackt, oder sie sucht von innen her. Ein Gegenstand kann ins Auge fallen, kann uns fesseln, und nicht loslassen" (TA 110). Diese Charakterisierung weist bereits in Richtung auf eine Art „Faszination".
[51] "Fall (1): Die Mutter lächelt - das Kind lächelt wieder. Fall (2): Die Mutter erzeugt etwa durch Klappern mit dem Eßbesteck ein Geräusch - das Kind ergreift gleichfalls einen Gegenstand und lärmt mit ihm. [...] Fall (3): Die Kerzenflamme, vor den Augen des Kindes bewegt, veranlaßt ein Mitgehen von Augen und Kopf, die die Bewegungslinie des Objekts ebenbildlich wiederholen" (Bernfeld 1969:69).
[52] Bei Horkheimer finden wir einen analogen Versuch der Differenzierung verschiedener Phasen von Nachahmung: „Der ganze Körper ist ein Organ mimetischen Ausdrucks. Über dieses Vermögen erwirbt ein Mensch seine besondere Weise zu lachen und zu weinen, zu sprechen und zu urteilen. Erst in den späteren Phasen der Kindheit wird die unbewußte Nachahmung der bewußten Nachahmung und rationalen Lernmethoden untergeordnet" (KiV 112). Meiner Meinung nach müssen beide Differenzierungen als Konkretisierungsversuche mimetischer Verhaltensweisen verstanden werden.

„Gebärden und Gesten, der Tonfall der Stimme, die Eigenart des Ganges [sich] im Kinde als Echo des Ausdrucks geliebter und bewunderter Erwachsener sich ein[stellen]" und die „seelischen Reaktionen" erworben sind, „wenn nicht dem Inhalt, so der Form nach" (KiV 183), dann gebraucht und präzisert er nicht nur Landauers affekttheoretischen Begriff des „Echoens" im sozialisationstheoretischen Kontext. Er weitet, wie das folgende Zitat zeigt, den Ansatz zugleich in eine dem Pythagoreischen ähnliche Dialektik von Innen und Außen, die auch historische Veränderung der Subjektivität zu reflektieren ermöglicht:

„Trauer und Glück, Achtung gebieten und entgegenbringen, Scheu und Hingabe entstehen zugleich mit der Wiederholung jener Gebärden und Gesten, denn >was außen, das ist innen<, wie es bei Goethe heißt. Was man so leicht als seelische Erbmasse registriert, geht zum entscheidenden Teil auf Eindrücke und Reaktionen der frühesten Kindheit zurück, um durch die Umstände und Ereignisse der späteren Jahre befestigt und modifiziert zu werden. Ob einer zentriert ist um Geltung des eigenen Ichs oder fähig zu lebendigem Interesse an der Sache, zur Hingabe an Menschen und Dinge; die Tiefe oder Flachheit der Empfindung und selbst des Gedankens, all das ist nicht bloß natürliches Faktum, sondern geschichtliches Ergebnis" (ebd.).

Nach Lorenzer mischen sich „Situationserfahrungen" mit der Wahrnehmung der gerade nicht als objektivierte erfahrbaren Personen, Dinge und Geschehnisse[53]. Die Prozesse bringen „visuelle[.], taktile[.], akustische[.] Eindrücke" in „Engrammen" hervor (Lorenzer 1988:42), die ihrerseits als Grundlage für den künftigen Aufbau weiterer Eindrücke dieser Art dienen. In seiner Auseinandersetzung mit Adornos Mimesisbegriff arbeitet Schmid Noerr heraus, daß sich in solch einem „Wechselspiel von Umweltreizen und organismischen Reaktionen", die er als „Praxisfiguration" bezeichnet, eine „sinnhafte Subjektstruktur" ausprägt, die die „Basis menschlicher Erfahrung" bilde (Schmid Noerr 1990:163). Phänomenologisch betrachtet, im Anschluß an Merleau-

---

[53] "Ein Auge welches sieht - sonderbarer Blick - das andere welches fühlt", so beschrieb Klee das über den Blick der Augen gefühlsmäßige Involvirsein in der Welt. Er nannte es das „physiognomische Sehen". Auch Kinder haben durch die spezifische Organisation der Sinne so etwas wie ein naturwüchsiges physiognomisches Sehen, d.h. ganzheitliches Sehen (vgl. Mattheis 1991:328), das sich ebenfalls formgebend ausdrücken kann, mit „Gesten". Übereinstimmend führt Ellen Winner in ihrer Arbeit über Kinderzeichnungen eine psychologische Beobachtung über die Ausdrucksbewegungen eines eineinhalbjährigen Kindes an. Sie zeigt, daß es sich nicht um „Kritzeleien" handelt, die das Kind hervorbringt, sondern um „Gesten", die sich im Material manifestieren. Ein irgendwann wahrgenommener Hase kehrt wieder in einem „Bild", das durch die Nachahmung der hüpfenden Bewegung entsteht: mit einem Stift in der Hand „hüpft" auch das Kind über das Blatt und stellt so einen Hasen dar (vgl. Winner 1987:102). Natürlich ist auf dem Blatt kein Hase zu sehen, sondern da sind 'nur' Punkte. Aber dennoch hat die unwillkürliche Malgeste, die mit einem Bewegungsimpuls die Bewegungen des Hasen einfängt, etwas von dem Hasen wiedergegeben: die das Kind ansprechende Bewegung, die zum Mit- und Nachmachen ansteckte. Das Beispiel zeigt deutlich, wie sich ein Eindruck in einer motorisch darstellenden Weise als Ausdruck fortsetzt.

Ponty, finde in diesen Prozessen eine frühe „Organisation der Erfahrungsfelder" statt, die, wie bei Meyer-Drawe nachzulesen ist, nicht auf logischen Strukturen sondern auf „physiognomisch-expressive[r] Gestalt basieren. Die Dinge bilden mit dem Kind in dem Milieu, in dem sie sich begegnen, expressive Einheiten" (Meyer-Drawe 1988:130f)[54]. Sinneneindruck, Erfahrung und Ausdruck sind allen herangezogenen Ansätzen zufolge basale Strukturmomente individueller Bildung.

Ich entnehme alldem, daß es sich beim beschriebenen Phänomen trotz aller gegenständlichen Bedingtheiten („Appell der Aufgabe", den die „fremde", „ansteckende" Welt hören läßt, Langeveld 1956:58ff) immer auch um subjektive Prozesse mit Ausdrucksqualität handelt. Die faszinierte Wiederholung ist nämlich nicht nur „Reaktion", wie die Behavioristen meinen, sondern zugleich Aktion, die mit eigener Spontaneität geleistet wird, das äußerlich Gegebene aufgreift und übersteigt. Wenn auch vermittelt, so handelt es sich also beim Echoen oder der faszinierten Wiederholung immer auch um eine „Ausdrucksbewegung". Bernfeld hatte zwar erkannt, daß diese Phänomene „in das reichlich rätselhafte Problem der Ausdrucksbewegung" führen, hat aber bedauerlicherweise diesen entscheidenden Aspekt nicht weiterverfolgt (Bernfeld 1969:72). Genau das aber mußte hier herausgestellt werden, denn faszinierte Wiederholung ist Ausdruck eines werdenden Subjekts, das sich selbst bildet ohne sich individualistisch von seiner Umwelt und kognitivistisch von seiner kreatürlich-leiblichen Basis getrennt zu begreifen. Das Kind begegnet den „Dingen" „organisch", wie Langeveld sagt, jenseits einer „Subjekt-Objekt-Spaltung" (Langeveld 1956:61f), in „Unmittelbarkeit" (DA 163). Insofern ist das Echoen eine mimetische Verhaltensweise in dreierlei Hinsicht, weil es erstens eine „Stellung zur Realität diesseits der fixen Gegenübersetzung von Subjekt und Objekt" einnimmt (ÄT 169), zweitens das Objekt „bestehen" läßt und ihm „folgt"[55] sowie drittens ihm mit mimetischem Ausdruck antwortet[56]. In diesem mime-

---

[54] Im Rahmen dieser Arbeit ist es nicht möglich, die hier aufscheinende Korrespondenz zwischen der Erfahrungsweise in der frühen Ontogenese und der ästhetischen Wahrnehmung und Erfahrung zu vertiefen. Colin Sample hat unter dem Aspekt „Projektive Wahrnehmung, Affekt und Spiel" die „affektiv und kinästhetisch gefärbt[en]" bzw. „mimetischen" Kommunikationsprozesse sowie die „Korrespondenzen zwischen Gesten, Gesichtsausdrücken, Tonhöhen, Muskeltonus und Körperstellungen einerseits und affektiven Zuständen andererseits" aufgearbeitet. Es handelt sich dabei um den „ontogenetischen Hintergrund des mimetisch-interpretativen Vermögens" (Sample 1995:221ff). Zur „mimetischen Lektüre des Gesichts" und „Empathie für mimetische Ausdrucksformen" vgl. Koch 1995:285ff.

[55] In der anthropologischen Pädagogik wurde dieses mimetische Phänomen von Martinus J. Langeveld unter dem „Appell der Aufgabe", den die „fremde" Welt hören läßt, thematisiert und geht in seinen Begriff der „offenen Kommunikation" ein: „in der offenen Kommunikation lebend verkehrt das Kind noch in einer ansteckenden Welt" (vgl. Langeveld 1956:58ff). Sein Ansatz ging in neuere phänomenologisch-pädagogische Forschungen ein (vgl. Danner 1984) und wird vor allem von Meyer-Drawe appliziert (vgl.

tisch umfassenden Sinn muß das Echoen als elementare Grundlage und Voraussetzung der menschlichen Fähigkeit zur „Einfühlung" gesehen werden.

Diese mimetischen Primärprozesse des Echoens bzw. der ebenbildlichen Wiederholung müssen psychoanalytisch als eine bedeutsame Erweiterung der Freudschen Sequenz Identifizierung-Nachahmung-Einfühlung um ein weniger bekanntes frühes Stadium angesehen werden, das ebenfalls in der Bildungspraxis Berücksichtigung finden muß. Umso mehr, als in seinem „Urstadium" ein für das ästhetische Verhalten bedeutsames Moment liegt. Es handelt sich um die ontogenetisch früheste Korrespondenz mit dem von Kant in der *Kritik der Urteilskraft* (§2) bestimmten Wohlgefallen „ohne alles Interesse". Bei Bernfeld heißt es dazu:

„Der Säugling ist in seinen ersten Lebenswochen sozusagen 'ästhetisch' eingestellt, er 'will' noch nichts von jenen Bildern, die er später als Welt begehren wird, sondern betrachtet sie, vertieft sich in sie, 'folgt' ihnen - soweit sie bei ihm nicht Angst erwecken, und soweit er überhaupt 'sieht'; jedenfalls vollzieht er eine gewisse libidinöse Besetzung einer Anzahl von Bildern, die noch nicht Gegenstände und nicht Objekte sind, ehe er sie begehren und ehe er sie lieben kann" (Bernfeld 1969:70).

Er fährt fort in bezug auf den Erwachsenen:

„Hier interessiert uns, daß die komplizierten Vorgänge der ästhetischen Einfühlung des Erwachsenen auf dieses Urstadium 'Vor der Bemächtigung' sich zurückführen. Sie sind gebunden an die Unterdrückung der Bemächtigung. Die Vertiefung in einen Außenweltgegenstand, die ästhetische, 'uninteressierte' Haltung wird auch im späteren Leben nur dann eintreten, wenn die Bemächtigungswünsche unterdrückt sind [...]" (ebd. 70f).

Die Relevanz der Beobachtung besteht in der psychanalytischen Erhellung der Binnenperspektive des interesselosen Wohlgefallens. Mit Bernfeld wissen wir nun, daß die ästhetische Haltung gegenüber einem Objekt mit der inneren Einstellung korrespondieren muß, die dem „Urstadium" vor der Bemächtigung gleicht. So kann das Objekt „frei" bestehen bleiben, wie Hegel sagt. Daß dieser verschlungene Argumentationsgang kein Glasperlenspiel ist, sondern zu einem Kernproblem des ästhetischen

---

Meyer-Drawe 1984, 1988). Obwohl sie in allen wesentlichen Aspekten nahe an die Mimesisproblematik heranrückt („Mensch als leibliches Zur-Welt-sein", als „Erfahrungssubjekt" etc.) stellt sie diesen Bezug nicht her.

[56] Wenn Benjamin sagt, das „Kinderspiel ist überall durchzogen von mimetischen Verhaltensweisen" (AN 96), dann muß dies also nicht ausschließlich auf seine Beispiele angewendet werden, die einer späteren Altersstufe entsprechen und von bereits differenzierten Ausdrucksformen bestimmt sind. „Das Kind spielt nicht nur Kaufmann oder Lehrer sondern auch Windmühle und Eisenbahn" (ebd.). Seine Feststellung gilt auch für die oben beschriebenen „primären Gestalten von Mimesis" (ÄT 478).

Verhaltens vorstößt, könnte sowohl mit Benjamins bekanntem Aurabegriff als auch mit Adornos Reflexion zur Ontogenese des ästhetischen Verhaltens vertieft werden[57].

Als Fazit der Betrachtung insgesamt kann nun der Adornosche Satz konkretisiert werden „Das Humane haftet an der Nachahmung: ein Mensch wird zum Menschen überhaupt erst, indem er andere Menschen imitiert". Die von ihm angesprochene Art der bildenden Nachahmung muß dann besonders in der ontogenetisch frühen Phase als ein „Echoen" in Landauers Sinn und für alle späteren Phasen als „faszinierte Wiederholung" verstanden werden. Das spezifisch Humane kann sich dabei nur dann entfalten, wenn auch diese frühen mimetischen Prozesse nicht in ihrem Verlauf gestört werden, und d.h. wenn ihr Ausdruckspotential gelebt werden darf. Aber gerade da liegen tiefgreifende Einschränkungen vor.

Gerade das „Echoen", der „angesteckte" spontane, affektbetonte Impuls unwillkürlichen Ausdrucks, wie er z.b. als produktive Substanz im ästhetischen Verhalten Klees herausgestellt wurde, ist es, der solche „unbewußte[.] Nachahmung" (KiV 112) bzw. mimetischen Verhaltensweisen der frühen Ontogenese in sozialen Zusammenhängen nur bedingt tolerabel erscheinen läßt. Die despektierliche Bezeichnung „Nachäffen" macht die Angst deutlich, daß sich das Kind, wenn es sich spielerisch anderem gleichmacht (z.B. Tieren), selbst seine Differenz als rationales Wesen gegenüber der bloßen Natur „verspielen" könnte. Solche „primären Gestalten von Mimesis" (ÄT 478) erinnern an das Wilde, Unzivilisierte, Unbeherrschte; erinnern an „soziale Ansteckung", den „instinktresidualen 'Reaktionsdruck'" auf ein äußeres „Appelldatum" im archaischen Verhalten (Gehlen)[58]. Die mit jeder Geburt ontogenetisch beginnende „Urgeschichte der Subjektivität" soll aber möglichst schnell überwunden werden.

Wenden wir jetzt diese Betrachtung auf die Frage des mimetischen Tabus an, so müssen wir daraus schließen, daß weniger vereinzelte lästige, laute, eventuell peinliche Situationen als Ursache für das Verbot der Nachahmungsspiele anzusehen sind. Vielmehr wird, einem unbewußten, „unheimlichen" Antrieb folgend, so früh wie möglich dieses affektiv bestimmte und 'zivilisationsfremde' Ausdrucksverhalten der Kinder zu

---

[57] „Genetisch dürfte ästhetisches Verhalten der Vertrautheit mit dem Naturschönen in der Kindheit bedürfen" (ÄT 109).

[58] In seinen diesbezüglichen Erläuterungen zum „Antwortdruck" des Menschen auf „affekthohe[.] außeralltägliche[.] Eindrücke" der Umwelt mit „Appellqualität" - Gehlen spricht in diesem Zusammenhang von einer „unbestimmten Verpflichtung" und dem „Bedürfnis, etwas zu tun" - bringt er einen Vergleich mit dem Verhalten der kleinen Kinder (vgl. US 136ff, 142). Als analoges Moment zum Kinderspiel könnte die „Darstellung des Appelldatums, und zwar zunächst in vivo, als mimische Nachahmung" aufgefaßt werden (US 145).

disziplinieren und reglementieren versucht. Phänomenologisch betrachtet, hat es nämlich allzu viele Ähnlichkeiten mit der mimetischen Daseinsweise der phylogenetischen
Frühzeit - begründet im phantasiebetonten Animismus, der Allmacht der Gedanken,
der Offenheit zwischen Subjekt und Objekt, der biozentrischen Verbundenheiten - und
erinnert damit an die Fragilität der Zivilisation. Deshalb wird Kindern „abgewöhnt,
kindisch zu sein" (DA 162; vgl. Waldenfels 1984)[59].

Die herrschende Erziehungspraxis ist gekennzeichnet durch rationalisierende Reglementierung von ursprünglich mimetischem Ausdrucksverhalten, forciert damit aber
gerade eine pathologische „Rückbildung" (TA 118) der Affekte. Damit wird eine systematische Störung jeder organischen Entwicklung im Verhältnis des mimetischen
und rationalen Vermögens im Individuum in Gang gesetzt. Das Kind lernt nicht, seinen
„natürlichen Impulsen" gemäß zu leben, sie fortschreitend rational zu vermiteln und
sich mit ihnen weiterzuentwickeln, wie es seinem Potential entspräche. Daß nämlich
zunehmend die Affekte auch vom Kind selbst zurückgebildet werden, ebenso wie seine
physiognomisch expressiven mimetischen Verhaltensweisen, und daß sein rationales
Vermögen anwächst und „bewußte Nachahmungen" (KiV 112) die unbewußten tendenziell ablösen, steht außer Frage. Mit Merleau-Ponty kann diese Entwicklung als
„gelebte Umorganisation des Erfahrungsfeldes" verstanden werden (vgl. Meyer-Drawe
1986:269). Anstatt solch einer kontinuierlichen Transformation beginnen die abstrakt
verbotenen Impulse ein „deformiertes, unterirdisches Leben" (KiV 111), das gerade
das unterminiert, in dessen Dienst die Reglementierung des Verhaltens vermeintlich
steht: die Ratio. Es handelt sich indessen, wie schon Adorno feststellte, hier um die
reproduktiven Anfänge und subjektiven Grundlagen für das, was er die „losgelassene
Ratio" und ihre zerstörerischen Konsequenzen genannt hat. Anstatt der Vernunftnatur
aus Mimesis und Ratio entsteht, wenn die letztere von jener losgelassen ist, ein individueller Bruch der Erfahrungskontinuität, der sozialen Fähigkeiten, insbesondere der

---

[59] Die Kinder, mit deren Geburt die „Urgeschichte der Subjektivität" „immer wieder von vorn
an[fängt]", wie Adorno sagt (ÄT 172), werden nicht nur im Unbewußten der Gesellschaft, sondern neuerdings auch in ihrer Bewußtseinssphäre als Moment des „Fremden" oder „Anderen" reflektiert. Im
Zuge der allgemeinen Rationalismuskritik greifen z.B. sowohl Meyer-Drawe/Waldenfels in ihrer Arbeit
Das Kind als Fremder (1988) als auch Wimmer in *Die Frage des Anderen* (1994) alte Vorurteile der
Erziehungswissenschaft resp. der ErziehungswissenschaftlerInnen auf, die eine rationalistische Vernunft
der Erwachsenen als Norm für die kindlich defizitäre „Vorform" gesetzt hatten. Wesentliche Grund-
probleme der Erziehungswissenschaft werden von den AutorInnen kritisch ans Licht befördert. Was
dabei allerdings zu wenig Berücksichtigung findet, ist die Frage, wie es zu dieser Wahrnehmung der
Kindheit im Zeichen der Fremdheit oder Andersheit kommt. Dieses Problem der Entfremdung von
„natürlicher Subjektivität" (Vogel 1987), dessen Klärung im Zusammenhang zivilisatorischer Mimesisverdrängung anzusetzen hätte, steht für die Pädagogik weiterhin zur Bearbeitung an.

Fähigkeit zur Einfühlung in einen anderen Menschen. Landauer beschreibt das wie folgt:

> „Der elterliche Übereifer, mit dem das Echoen verächtlich gemacht wird, läßt die Menschen viel von ihrer Fähigkeit zu verstehen und nachzufühlen, einbüßen. So vereinsamen sie und verhärten sich gegeneinander. Freilich sind sie so isoliert leichter beherrschbar. So wird das Kind zu einem Erwachsenen, der in der Regel unfähig ist, selbständig zu sehen, sich zu erinnern und zu denken, sich von Gefühlen bewegen zu lassen und anderer Menschen Gefühle nachzuleben. Er ist dumm" (TA 119).

In einem dritten Beispiel, einer abschließenden Naheinstellung gleichsam, soll der Aspekt pathologisch forcierter Rückbildung der Affekte sowie seine sozialpsychologischen Folgen der Verhärtung, Vereinsamung und feindseliger Verdummung ausführlicher betrachtet werden. Es behandelt jene repressiven Momente der Erziehung, die am wenigsten als solche erkannt werden, weil sie zum einen als Gebote und Verbote zur unhinterfragten erzieherischen Normalität gerechnet werden und zum anderen naiv in Formen des Trostes, der Ermunterung zum Starksein, in Ermahnungen zur Vernünftigkeit eingebettet sind: es geht um den repressiven Umgang mit dem Phänomen von Spannungsaufbau und Spannungsabfuhr.

Aus verschiedenen Gründen, die im einzelnen nicht weiter ausgeführt werden müssen, (bestimmte Erlebnisinhalte, Konflikte mit den Eltern, Trennung, Schmerz, Frustration etc.), kann es zum Aufbau emotionaler Spannungen kommen, die die psychische Kapazität, sie auszuhalten, übersteigen (Winnicott 1987:111ff). Dann müßte auf das „affizierende Ereignis energisch reagiert" werden, wobei „unter Reaktion die ganze Reihe willkürlicher und unwillkürlicher Reflexe, in denen sich erfahrungsgemäß die Affekte entladen" (Freud, zit. n. Lorenzer 1993:170) verstanden wird: Weinen, Zittern, Schreien, Toben, Lachen etc. Auf den „>Inhalt< des Erlebnisses" müßte eine „>inhaltliche< Erlebnisreaktion" folgen (Lorenzer 1993:166), der Spannung müßte eine adäquate Spannungsabfuhr folgen. Häufig wird aber gerade dieser Prozeß von Erwachsenen aus den verschiedensten Gründen gebremst oder unterbunden, sogar in der „besten" erzieherischen Absicht, Techniken zur Kontrolle der Gefühle und zur Selbstbeherrschung zu vermitteln. Diese soziale Behinderung kann auf verschiedenen Wegen geschehen: mit Geboten wie „Du sollst ....."; mit Verboten wie „Du darfst nicht ...."; mit Befehlen bzw. mit 'guten Worten' wie „Du brauchst doch nicht zu weinen", „ein Junge weint doch nicht", „Du brauchst keine Angst zu haben"; oder mit Ermahungen wie „Benimm dich endlich", „Hör auf zu toben", „Ein Mädchen ist nicht zornig". In aller Regel gerät die Ursache des Affektausbruchs mit dieser Strategie der schnellen Überwindung spannungsgeladener Situationen in den Hintergrund und wird von beiden

Seiten, Eltern und Kindern, nicht bewältigt. In solchen Szenen, die nicht selten von Schuldgefühlen und Selbstvorwürfen der Erwachsenen begleitet sind, lernt das Kind, den Ausdruck seiner negativen Gefühle (über deren Entstehung es selbst nichts weiß) zu vermeiden, ihn zu unterdrücken. Dazu Landauer:

„Dies kann im Kind die Folge haben, daß sein sich bildendes Über-Ich ihm aufzuzwingen trachtet: man darf keine *Affekte haben*; sie dürfen nicht erlebt, sie müssen zerstört werden" (TA 59).

Derart dubiose Verfahrensweisen aber führen sukzessiv zur partiellen Abtötung der inneren Natur, ihrer Bedürfnisse und natürlichen Reaktionsweisen[60]. Dem sich bildenden Subjekt wird somit nicht nur in actu die Möglichkeit genommen, Spannungen zu bewältigen und mit den Eltern wieder Klarheit in angespannte Situationen zu bringen, sei es vorsprachlich-emotional oder diskursiv. Mit Lorenzer gesprochen wird so „der Versöhnung von Matrix und Bewußtsein, d.h: der unbewußten Interaktionsformen des Triebes und der Sprachfiguren zu *symbolischen Interaktionsformen* einer subjektiven Selbstverfügung" (Lorenzer 1981:115) die Basis entzogen. Und da solch eine „Versöhnung" der beiden Sinnebenen des Individuums zugleich Bedingung gelingender Bildungsprozesse ist (vgl. ebd.), werden auch dessen psychische Grundlagen in zweierlei Hinsicht destabilisiert. Für die zukünftigen Bildungsprozesse heißt das zum einen, daß sich Psychostrukturen und Verhaltensformen zur aktiven Konflikt- und Krisenbewältigung nicht vom Selbst her aufbauen können; zum anderen, daß die verdrängten Affekte ebenso wie alle anderen sozial behinderten natürlichen Impulse ein deformiertes unterirdisches Leben beginnen. Denn wenn die zusamengehörende „Reak-

---

[60] Thomas J. Scheff bringt in seinem Buch *Explosion der Gefühle*, in dem er sich mit der kulturellen und therapeutischen Bedeutung kathartischen Erlebens auseinandersetzt, ein Beispiel, das sich alltäglich ereignen kann. Auch seine Schlußfolgerung liegt auffallend eng an Landauers Argumentation: „Wenn es keine Störung gibt, wird der Entladungsprozeß anhalten, bis die Spannung gelöst ist. Ein Säugling, der von seiner Mutter getrennt ist, kann, wenn die Mutter wiederkommt, all diese Prozesse in schneller Folge durchmachen oder sogar gleichzeitig - weinen, zittern, lachen und schließlich glücklich brabbeln. Voraussetzung ist allerdings, die Mutter erlaubt es. Viele Mütter sind jedoch normalerweise wenig tolerant gegenüber einem solchen Verhalten. Der Säugling kann zum Aufhören gezwungen werden. Es scheint tatsächlich so zu sein, daß die meisten Menschen in der heutigen Gesellschaft an der Entladung gehindert werden. [...], daß die Sozialisation emotionaler Entladung normalerweise eher mit Bestrafung als mit Belohnung vor sich geht. Vorausgesetzt, daß ein Mensch erwarten muß, für seinen emotionalen Ausdruck bestraft zu werden, muß eine fast universelle Strategie gelernt werden, um die eigene Entladung zu unterbinden: man lernt den Ausdruck negativer Gefühle zu vermeiden. [...] Normalerweise werden jedoch die Techniken, die die Entladung kontrollieren sollen, überkonditioniert - der Junge vergißt anscheinend, wie man weint, das Mädchen, wie es Ärger ausdrücken kann, außer bei extremer Provokation. Auf Grund der fast ständigen Behinderung der Entladung, sowohl durch andere wie durch die eigenen gelernten Reflexe, akkumulieren die meisten Individuen beträchtliche Mengen an verdrängten Gefühlen und körperlicher Spannung [...]" (Scheff 1983:55f).

tion auf den Eindruck und das Abreagieren" unterbrochen wird, indem „die Wendung nach draußen verhindert wird", dann „sinken die Erlebnisse als Verhaltensimpulse ins Unbewußte und werden von dort aus wirksam" (Lorenzer 1993:172). Auf diese Weise wird der Grundstock falscher Projektionen gelegt, wie sie oben am antisemitischen Charakter exemplarisch aufgezeigt wurden. Der Bildungsprozeß schlägt somit, in Lorenzers Worten, eine „schlechte Karriere" ein[61], sei es, daß dauerhafte pathologische Störungen hervorgebracht werden, bis zu „Symptombildungen" (vgl. Möhring 1993:42f), oder daß sich, scheinbar normal, das Subjekt vollkommen gegen seine Innenprozesse verhärtet und sich in „blind nach außen zielenden Aktion[en]" erschöpft (Adorno 1969:172)[62].

Diese Reihe von Beispielen, die verschiedene Formen der Beschädigung von Subjektivität über Affekt- bzw. Mimesisverdrängung aufgezeigt haben, könnte noch weiter fortgesetzt werden. Allgemeiner als oben unter dem Gesichtspunkt der weiblichen Adoleszenz erörtert, wäre eine Betrachtung der ontogenetischen Entwicklung der Stimme im Widerspruch zwischen subjektivem Stimmentfaltungspotential und erzieherischer Beschränkung auf die logozentrierte Sprechstimme zu untersuchen. Ein kurzer Rückblick auf die drei erörterten Beispiele zeigt aber bereits, daß die Stimme in allen Problemen involviert ist, denn Fragenstellen, Echoen, Affekte ausleben, weinen, schreien, zornig sein oder auch sich einem anderen mitteilen heißt immer auch die Stimme zu gebrauchen; das gleiche gilt für entscheidende Entwicklungsstufen und ihre stimmlichen Äußerungsformen (Lallen, Brabbeln, expressive Lautgesten, Neinsagen

---

[61] Neben der oben schon angesprochenen „Versöhnung von Matrix und Bewußtsein" als Grundlage einer „guten" Karriere des Bildungsprozesses, gilt Lorenzer die *„Symptombildung* als Einheit von Ersatzbefriedigung und Sprachschablone der punktuellen Subjektlosigkeit" als Kriterium der „schlechten". „Das eigentliche Bedürfnis ist hier der Selbstbestimmung ebenso entzogen, wie die Schablone das Individuum sinnlich abstrakt vereinnahmt. Weder in der Ersatzbefriedigung noch in der Selbstinterpretation ist das Individuum ganz >bei sich<" (Lorenzer 1981:115).
[62] Scheff stellt drei Auswirkungen der „Akkumulation verdrängter Gefühlte" zusammen. Ich führe sie hier an, weil sie aus einem wissenschaftlich vollkommen anderen Bezugsrahmen heraus zu denselben Ergebnissen kommen, wie sie auch als ein Teil der analytisch-sozialpsychologischen Kritik von Landauer, Horkheimer und Adorno zusammengefaßt werden könnten: Eine erste fatale Konsequenz wäre, daß Personen, die ihre Gefühle und Entladungen von Spannungen unterdrücken, auch bei anderen die Entladung nicht tolerieren können. So würde, einem Beispiel Scheffs folgend, eine Mutter, die ihre Trauer verdrängt, auch das Weinen ihres Kindes zu verhindern suchen und so wiederum das Kind zum Verdrängen seiner Trauer treiben. Das Beispiel zeigt, wie die Verdrängung der Gefühle in der Generationenfolge reproduziert wird. Eine weitere Konsequenz sei, konvergent mit Landauers „Psychogenese der Dummheit", die „Verhinderung der Klarheit im Denken und Wahrnehmen". Drittens würden freundschaftliche Gefühle und Kooperation behindert, was zur Isolierung der Individuen untereinander führe. Auch dies ist bei Landauer ausgeführt (vgl Scheff 1983:56f).

etc.). Die Verhinderung dieser Aktivitäten heißt nicht nur, die Stimme im sozialen Umfeld sondern auch in ihren psychosomatischen und selbstreflexiven Funktionen zu entkräften. „Entkräften" ist hier im wörtlichen Sinne zu verstehen, denn die Stimme wird damit um ihre vitale Kraft gebracht. Diese leiblich-tiefenstrukturelle Stimmbasis des Individuums ist bisher in ihrem Zusammenhang mit dem Denken und Sprechen sowie zur Individuation noch keineswegs aufgearbeitet und muß auch hier bedauerlicherweise ausbleiben, da die Komplexität im Rahmen dieser Arbeit nicht einholbar ist. An diesem Fall würde sich jedoch, wie oben im Zusammenhang des Stimmverlustes aufgezeigt, die Existenz eines Tabus auf Ausdruck und Subjekt am umfassendsten darstellen lassen.

Die analysierten Beispiele reichen indesssen aus, um die verschiedenen Facetten der „Psychogenese der Dummheit" aufzuzeigen: durch verhinderte Fragen und Wißbegier, durch Verunsicherung der eigenen Empfindung und Wahrnehmung, die bis zum „Verschließen der Sinnespforten" führen kann, durch Einschränkungen im Spiel und soziale Angst. Es wird damit tendenziell unmöglich, daß die „Offenheit des Sinnes mit Energie des Verstandes zusammentreffen", um Erfahrungen zu ermöglichen, wie schon Schiller im 13. Brief *Über die ästhetische Erziehung des Menschen* angemerkt hatte. Es entstehen themenspezifische Erfahrungsunfähigkeiten, die sich auch totalisieren können. Landauer, dessen Analyse noch für die heutige Zeit Züge der „Ungeheuerlichkeit" trägt, weil sie die an der psychoanalytischen Therapie in Einzelfällen gewonnenen Erkenntnisse über die Affektunterdrückung in aller Konsequenz auf die Gesellschaft und ihren vorherrschenden Erziehungsstil (der „Härte", Adorno 1971:96) überträgt und zu dem Ergebnis eines „organisierten Dummseins" kommt, hatte trotz alledem die damit drohenden Gefahren noch unterschätzt. Im Vertrauen auf eine Widerstandskraft im Subjekt ließ er noch 1939, als *Intelligenz und Dummheit* veröffentlicht wurde, die Möglichkeit offen, daß „glücklicherweise die völlige Unterdrückung des geistigen Lebens selten in der Erziehung" gelänge (TA119). Welche verheerende gesellschaftliche Dynamik sich allerdings auftut, wenn sich die Dummgemachten zur treibenden politischen Kraft zusammenschließen und Andere als „Fremde" mit ihrem aufgestauten Haß verfolgen, mußte er tragischerweise am eigenen Leibe erfahren. Nach mißglückten Emigrationsversuchen und einer über eineinhalbjährigen Haft in Konzentrationslagern starb er am 27.1.1945 in Bergen-Belsen den Hungertod.

Die Beispiele genügen auch, um die psychischen Deformationen, die uns aus den Studien zum Antisemitismus bekannt sind (Unfähigkeit zur Einfühlung und unmittelbare menschliche Erfahrung zu machen; Verhärtung gegen die Gefühlssphäre; Leibfeind-lichkeit; Mißtrauen; Feindseligkeit und Vereinsamung) in ihrer ontogenetischen Ent-stehung transparent zu machen und als weiterhin bestehende Gefahren eines repressi-ven Umgangs mit Affekten und mimetischen Verhaltensweisen aufzuweisen. Derartige Erfahrungsverluste und Erfahrungsbrüche, systematische Störungen des Austauschs zwischen Innen- und Außenwelt, des Eindruck-Ausdruck-Kreislaufs des Subjekts[63], sowie der Integration der verschiedenen Manifestationssphären des Selbst müssen als die konstitutionelle psychische Grundlage des „verdinglichten Bewußtseins" angese-hen werden. Zur Gewährleistung gelingender Bildungsprozesse kann im Hinblick auf die frühe Ontogenese festgehalten werden, daß möglichst alle hier beschriebenen Konstitutionsmomente des mimetischen Tabus im Umgang mit Kindern vermieden werden sollten, was wiederum keine bloße Bewußtseinsentscheidung sondern eine Selbst-Besinnungsaufgabe der Erwachsenen wäre. Damit erst wären optimale Vor-aussetzungen für ein freies „Selbstwerden des Kindes" (vgl. Bittner u.a. 1981) im „Spiel" gegeben, wie sie z.B. Gerd E. Schäfer im Zusammenhang von *Spielen, Bilden und Gestalten als Prozesse zwischen Innen und Außen* für die pädagogische Praxis be-schreibt (vgl. Schäfer 1989).

---

[63] In meiner Arbeit über *Ästhetische Bildung und Selbstwerdung* habe ich diese Art Kreislauf zwischen Eindruck und Ausdruck in seiner Bedeutung für einen kontinuierlichen Erfahrungsprozeß bzw. dessen Störung als Erzeugung von Erfahrungsunfähigkeit herausgearbeitet (vgl. Mattheis 1992:226ff).

C 3. Ästhetisches Verhalten als Korrektiv gegen verdinglichtes Bewußtsein? - Grundzüge einer Bildungsästhetik

Die Aufgabe des letzten Konstellationsschwerpunktes ist es, die Ausgangsthese, ästhetisches Verhalten sei ein Korrektiv gegen verdinglichtes Bewußtsein, im Rückblick auf die erarbeiteten Konkretisierungen zu diskutieren und Ansätze zu einer Bildungsästhetik in Grundzügen zu skizzieren. In Konstellation A haben wir gesehen, daß ein auf dem mimetischen Vermögen begründetes ästhetisches Verhalten das Potential in sich trägt, Widerstandskräfte gegen die verdinglichenden und entsubjektivierenden Kräfte der Gesellschaft zu aktivieren. Dies ist möglich, weil ästhetisch freigesetzte Selbstbesinnung die verheerenden Auswirkungen der gesellschaftlichen Tendenz zur „Selbsterhaltung ohne Selbst" (Soc II:187) im Subjekt eindämmen kann. Zwar wurde dieses Potential ästhetischen Verhaltens an Klee und Benjamin, also professionellen Experten der Selbstreflexion und des Selbstausdrucks freigelegt. Es konnte jedoch gleichzeitig gezeigt werden, daß seine entscheidenden Momente ein subjektiv-allgemeines Potential ausmachen. Ästhetisches Verhalten ist auch ohne spezifischen Anspruch auf „künstlerisches Handeln" möglich und weithin wirklich, es ist sogar dessen Voraussetzung als subjektiv allgemeiner „Impuls". Die Frage lautet nun in subjekt-theoretischer Abwandlung des Spruches, alle Menschen seien Künstler, ob denn das allgemein-menschliche, mimetisch-ästhetische Potential, das sich in Künstlern wie Klee und Benjamin als Besonderheit zeigt, für Bildungsprozesse zurückzugewinnen sei. Daß nämlich die Menschen vor aller rationalistischen Entzauberung der Welt eine mimetische, vorästhetische und außerkünstlerische Ausdruckskraft kultivierten, wurde in Konstellation B mit der Betrachtung zur archaischen Mimesis gezeigt. Es gibt demnach so etwas wie eine „naturgegebene Einheit menschlichen Ausdrucks", wie Koller sagt, die sich mit jedem Neugeborenen auferstanden zeigt; eine humane Vermittlung von Mimesis und Ratio im Subjekt ist also möglich. Und daß Verdrängung von Mimesis über die Katastrophe des Antisemitismus hinaus auch heute noch die Individuen deformiert, fragmentiert und verdinglicht, ist aus Konstellation C hervorgegangen. Eine Korrektur dieses rationalistischen Vergesellschaftungsprozesses wäre also dringend vonnöten. Aber kann denn auch noch heute in subjekttheoretischer Allgemeinheit ästhetisches Verhalten als ein Korrektiv gegen Verdinglichung und Erfahrungsverlust gelten? Können die Mechanismen der Erfahrungsunfähigkeit heute überhaupt noch aufgebrochen werden? Und wenn ja, ist das pädagogisch umsetzbar? Zur Bearbeitung dieser Fragen gehe ich folgendermaßen vor:

Zunächst geht es darum, die subjekttheoretisch orientierte Mikrokonstellation von „ästhetischem Verhalten", „mimetischem Vermögen" und „lebendiger Erfahrung" als Konstitutionsmomente von Bildungsprozessen zu konkretisieren. D.h. zum einen, daß ein auf dem mimetischen Vermögen basierendes ästhetisches Verhalten diskutiert wird, dessen wesentliches Resultat nicht in einem objektiv-äußeren ästhetischen Produkt, einem Kunstwerk, besteht sondern im Innenprozeß der Selbstbesinnung und Selbst-Produktion vermöge der Fähigkeit, „lebendige Erfahrungen" zu machen. Denn nicht nur der 'Weg ist das Ziel', sondern der Weg nach innen, der wieder neue Außenerfahrungen vermittelt. Zum andern heißt das auch, daß diese aus Benjamins und Adornos Werken rekonstruierbare bildungstheoretische Position in einer wenigstens minimalisierten Bezugsetzung zu Kant, Hegel und Schiller diskutiert werden muß, um sowohl Kontinuität und Bruch mit den klassischen Konzepten verdeutlichen als auch punktuelle Bezüge zu aktuellen Ansätzen der 'ästhetischen Bildung und/oder Erziehung' bzw. Kunst-/Kulturpädagogik aufzeichnen zu können. Der Springpunkt liegt darin, daß ästhetisches Verhalten, das eine andere als die alltäglich eingeschliffene Welt- und Selbsterfahrung vermittelt, noch immer, wie in der Klassik, als integraler, nunmehr aber auch als gesellschaftlich unterdrückter Bestandteil der Subjektivität reflektiert wird, den es über das ebenfalls unterdrückte mimetische Vermögen als Bildungskraft wieder freizusetzen gilt. Das Problem der Bildung in der (Post)Moderne liegt also primär in der Befreiung dieses unterdrückten Vermögens. Daraus kann schon in einem ersten Zugriff geschlußfolgert werden, daß keine unmittelbare „pädagogische Intervention" im herrschenden Verstand angebracht sein kann. Es geht um Bildung von Subjektivität im Zeichen einer negativen, zugrundegehenden Dialektik von Mimesis und Ratio, die als einzige Chance für das Subjekt die Notwendigkeit der Selbstbesinnung im Medium des ästhetischen Verhaltens offenläßt. Nach einer subjekttheoretischen Zwischenbetrachtung zur „erschütternden Selbst-Besinnung" soll sodann überprüft werden, wie ästhetisches Verhalten in einer „Arbeit der Selbstbesinnung" zum Korrektiv gegen verdinglichtes Bewußtsein werden kann. Im Zentrum steht dabei der besondere Umgang mit dem mimetischen Tabu. Ich schließe die Arbeit mit einer kurzen Schlußbetrachtung zu Mimesis und Bildungsästhetik ab.

C 3.1. Potentiale zur Selbstwerdung in der Mikrokonstellation von ästhetischem Verhalten, mimetischem Vermögen und lebendiger Erfahrung

Die Konstellation A hat mit der Analyse von „Angelus Novus: Engel der Geschichte" verschiedene Formen „ästhetischen Verhaltens" und „lebendiger Erfahrung" aufgezeigt, wie sie im kunsttheoretischen Diskurs durchaus thematisiert werden. Ich ging aus von der ästhetischen Produktion des Bildes Angelus Novus durch Klee, der im ästhetischen Schaffensprozeß seine Krisenerfahrungen verarbeitet, um freien Ausdruck ringt und eine Brücke von Innen nach Außen schlagen kann, indem er ein adäquates Medium seines Ausdrucks findet (Bilder, Gedichte). Er erfährt die eigene Geschichte und die Gesellschaft neu. Danach wurde die ästhetische Rezeption eben desselben Bildes durch Benjamin beschrieben sowie die durch das Bild ausgelöste geschichtsphilosophische Selbstbesinnung und die reflexive Aufhebung des Angelus Novus in das dialektische Bild des „Engels der Geschichte". Benjamins ästhetische Lebenspraxis wie auch seine Theorie wurden im Zusammenhang „lebendiger Erfahrung" reflektiert. Mit Adornos *Ästhetischer Theorie*, die, wie Elisabeth Lenk pointiert formuliert, „ästhetisches Verhalten im Material der Philosophie" ist (Lenk 1990:18), wurde dieser Komplex übergreifend, d.h. zugleich werkästhetisch und am „Selbst" orientiert, interpretiert. In der Darstellung kam es mir jedoch vor allem darauf an, gerade jenen subjekttheoretisch relevanten, den kunsttheoretischen Rahmen übersteigenden Gehalt dieser Formen von ästhetischem Verhalten aufzuzeigen, denn erst durch biozentrische Selbstreflexion wird das bildungstheoretische Potential zur Selbstwerdung im Ästhetischen sichtbar - unter einer Bedingung: daß es auf dem „mimetischen Vermögen" begründet ist. Führten alle Betrachtungen zu einer Begründung des ästhetischen Verhaltens im mimetischen Vermögen, lieferte das wiederum weitere Anhaltspunkte, insofern nämlich, als es zur Geschichte führt, zu der der Gattung und des Individuums. Im Zuge der phylogenetischen und ontogenetischen Untersuchung konnte das mimetische Vermögen in dreifacher Hinsicht bestimmt werden: als Potential zur Einfühlung und Identifikation, als Verbindung zu unbewußten Gedächtnisspuren sowie als Ausdruckskraft. Ganz im Sinne „mimetischer" Verbundenheiten sind in diesem Zirkel von Selbst- und Welterfahrung die einzelnen Sphären nicht voneinander trennbar: Mimesis als phylogenetisch entwickelte „Nachahmung, Darstellung, Ausdruck" vermittelt sich mit der ontogenetischen Prozeßfolge von „Echoen, Identifikation, Nachahmung, Einfühlung"; die Gedächtnisspuren im Subjekt sind Engramme von Eindrücken und psychophysische Basis des Ausdrucks zugleich. Ausgehend von diesen Grundbestimmungen des ästhetischen Verhaltens - Erfahrung und mimetisches Vermögen -, die, wenn nicht in dieser Komplexität, so doch partikular in der einen oder anderen Form alle pädagogischen Ansätze ästhetischer Bildung/Kulturarbeit[64] durchziehen, werde ich abschließend das Spezifische meiner „bildungsästhetischen" Argumentation in knappen Umrissen zusammengefaßt darstellen. Es besteht vor allem darin, mit den gesellschaftlichen Hindernissen und Hemmnissen, die gegen diese Formen stehen, konstruktiv umzugehen. Ich gehe zunächst auf „lebendige Erfahrung" ein.

Die genannte Charakteristik der mimetischen Verbundenheit, des Verschwindens begrifflicher Grenzen und der „fixen Gegenübersetzung von Subjekt und Objekt" kennzeichnet übereinstimmend die ästhetische, die archaische und die kindliche Erfahrungsweise. Aufs wesentliche konzentriert besteht die Kritik von Benjamin und Adorno darin, daß die Kantsche Bestimmung der Erfahrung als eines ersten Verstandesproduktes der Synthetisierung von Anschauung und Verstandeskategorien (vgl. *Kritik der reinen Vernunft*, §10) nicht über verstandesmäßig reglementierte und auf wissenschaftliche Erkenntnis abzielende Prozesse hinausreicht. Sowohl in der phylogenetischen wie der ontogenetischen Frühphase, im Religiös-Metaphysischen als auch im Ästhetischen bestimmen gerade nicht- oder vorrationale Momente den Erfahrungsprozeß nicht weniger als rationale. Eben deshalb waren diese Sphären als Modellfälle für Benjamin und Adorno von besonderem Interesse. In allen diesen Fällen liegt ein „freies Spiel der Vermögen untereinander" vor (Lyotard 1988:14; vgl. Menze 1969: 128f). Kant selbst hatte zwar einerseits die Einbildungskraft als die innere Instanz zur Erweiterung des Erfahrungsbegriffes behandelt, sie andererseits erkenntniskritisch jedoch zu einem Hilfsinstrument für den Begriffsprozeß herabgestuft. In der *Kritik der Urteilskraft* (§49) heißt es dazu: „Die Einbildungskraft (als produktives Erkenntnis-

---

[64] Ich gebrauche hier „ästhetische Bildung/Kulturarbeit" als vereinfachenden Sammelbegriff für alle Ansätze, die über eine didaktische Schulung der Sinne/Wahrnehmung und Vermittlung ästhetisch-künstlerischer Techniken, Fähigkeiten und Fertigkeiten hinausgehen in jene Sphäre der „Bildung" des Subjekts als Selbst, wie sie in der deutschen Bildungsklassik entworfen wurde. Daß damit etliche Problemkomplexe angesprochen sind, insbesondere zum Bruch der Moderne, kann hier nicht aufgegriffen werden (vgl. Mattheis 1992:215ff). Gert Selle ist in seiner Einleitung zu *Experiment Ästhetische Erziehung* ausführlich darauf eingegangen und hat konstruktive Leitlinien zu Zielen und Vorgehensweisen entworfen. Sein bemerkenswertes Resümee lautet: „Im Fehlen einer Subjekttheorie der ästhetischen Erfahrung, in Defiziten einer praktischen Psychologie des ästhetischen Bewußtseinsbildung und in der Methodenunsicherheit vieler gutgemeinter Praxisversuche ist das Scheitern [entsprechender Erziehungs- und Bildungsmaßnahmen] mindestens so begründet wie durch die gesellschaftliche Inanspruchnahme und Verfremdung des Ästhetischen." (Selle 1990:36).

vermögen) ist nämlich sehr mächtig in Schaffung gleichsam einer andern Natur, aus dem Stoffe, den ihr die wirkliche gibt" (Kant 1989:250). Deshalb kann auch die „ästhetische Idee" - wie wir wissen, „eine einem gegebenen Begriffe beigesellte Vorstellung der Einbildungskraft" - zu einem Begriff viel „Unnennbares" hinzudenken lassen, „dessen Gefühl die Erkenntnisvermögen belebt" (ebd. 253). Nach Kant kann in „ästhetischer Absicht" die Einbildungskraft „frei" sein und schöpferisch werden: sie „bringt das Vermögen intellektueller Ideen (die Vernunft) in Bewegung, mehr *nämlich* bei Veranlassung einer Vorstellung zu denken [...] als in ihr aufgefaßt und deutlich werden kann" (ebd. 251). Unverkennbar scheint hier Adornos Reflexion hindurch, „was ist, ist mehr, als es ist" (ND 164) sowie „ästhetische Verhaltensweise ist die Fähigkeit, mehr an den Dingen wahrzunehmen, als sie sind" (ÄT 488).

Im Gegensatz zu Kant pointiert Adorno das Andere der Vernunft. Darin ist er mit Benjamin einig. Inwieweit die Einbildungskraft in der „reflektierenden Urteilskraft" über das „Lebensgefühl" des Subjekts, „unter dem Namen des Gefühls der Lust oder Unlust" (Kant 1989:115) hinaus ausgedehnt werden kann auf die Sphäre der Gedächtnisspuren und Praxisfigurationen und inwieweit dabei die „Erinnerung erlebter Zustände" und „gemachter Erfahrungen" (Hegel 1985:50) virulent würde; ob sie „schöpferisch" werden könnte, oder ob dies der Phantasie als einem „bewußtlose[n] Wirken" der „Naturseite des Menschen" allein überlassen bleiben muß, kann an dieser Stelle nicht vertieft werden. Hier liegt ja gerade der Stachel der Kantschen Ästhetik, die seit Schiller und Humboldt immer wieder zur Auseinandersetzung reizte und Berge von Sekundärliteratur hervorbrachte. Angemerkt sei nur, daß es sich aus der Perspektive des mimetischen Vermögens, das keineswegs nur der Naturseite angehört sondern ebensoviel in der Ratio wirkt, wie Benjamin „die Sprache als höchste Stufe des mimetischen Verhaltens" (AN 99) bezeugt, möglicherweise gar nicht um sich gegenseitig ausschließende Alternativen handelt. Vielmehr könnten es auch begrifflich unterschiedliche Abstraktionsebenen in ein und demselben Prozeß sein, der im Subjekt alle Sphären vom Trieb bis zur „vollen Vernunft" (Hegel) durchläuft. Immerhin war schon für Kant die Einbildungskraft auch zwischen „Affekt" und der „Idee des Guten" (wie anders als „mimetisch" synthetisierend?) tätig[65]. Der Aufriß zeigt, daß im Subjekt die

---

[65] Bekanntlich hat Kant den Enthusiasmus als die „Idee des Guten mit Affekt" (*Kritik der Urteilskraft*, § 29, allgem. Anm.), also als eine subjektiv tätige Verbindung verschiedener „Gemütsvermögen" bestimmt.

verschiedenen Dimensionen eben nicht trennbar sondern verbunden sind und auch verbunden gedacht werden müssen. Dafür steht das Prädikat „lebendig"[66].

Die von Adorno und Benjamin angestrebten Manifestationen der Lebendigkeit, sollen einen Gegenentwurf versöhnter Subjektivität entwickeln, die der gesellschaftlichen Tendenz zu Verdinglichung und Erfahrungsverlust das Potential freier Lebendigkeit entgegensetzen kann. Alle Manifestationssphären des Selbst sollen in diesem mimetisch offenen Erfahrungsbegriff integriert werden, um „geistige Erfahrungen" zu ermöglichen, „um Erfahrungsmöglichkeiten des 'Nicht-Identischen' zu gewinnen" (Ritsert 1987:6) Bei Jürgen Ritsert ist diese Problematik unter der methodischen Perspektive von „Mimesis als Weg der Erfahrung" aufgegriffen (vgl. ders. 1990:34f). In der nachhaltigen Betonung der Lebendigkeit steckt also nicht nur eine Kritik an der rationalistischen Erkenntnistheorie. Sie verweist auch auf ein frühes umfassendes Grundproblem der Sozialwissenschaften, nämlich auf die Tendenz, das „erlebte Leben"[67] und sein Leiden aus der sozialwissenschaftlichen Reflexion zu eliminieren und

---

[66] Ich fasse die von verschiedenen Autoren (Adorno, Benjamin, Landauer, Löwenthal) unterschiedlichen, aber m.E. mit der gleichen Intention aufs Lebendige geprägten Begriffe in ihrer Einheit als Manifestationen der Lebendigkeit zusammen. „Lebendige", „volle, unreduzierte", „unreglementierte", „genuine" Erfahrung, die auf „lebendiger Wahrnehmung", „lebendigen Gefühlen", und einer „Lebendigkeit des Sprechens" basieren, ermöglichen eine „lebendige Bildung" des Subjekts als Selbst, ermöglichen den emanzipatorischen Gegensatz zur „Halbbildung" und ihrer „Selbsterhaltung ohne Selbst".

[67] "In sozialwissenschaftlichen Kontexten vom 'Leben' zu sprechen galt lange schon als heikel, naiv oder unmöglich" (Vogel 1987: Vorbemerkung). Deshalb blieb der Komplex Leben - Natur - Mimesis - Ästhetik - Subjektivität soziologisch solange unartikuliert, bis der Zerfall der natürlichen Lebensbasis zu mehr als nur einem „Unbehagen in der Kultur" Anlaß gab. Dieser Zerfallsprozeß kennzeichnet die Moderne insgesamt und ist aus kulturkritischer Perspektive Ausgangspunkt von Benjamins und Adornos Theorie. Es gab allerdings auch andere Formen der Verarbeitung. Im Gegenzug zu den rationalistisch-rationalisierenden Tendenzen in Wissenschaft und Lebenswirklichkeit wurde bereits seit Ende des 19. Jahrhunderts, ausgehend von Bergson, im philosophisch-wissenschaftlichen Umkreis der Lebensphilosophie der Begriff des Lebens als irrationaler Kontrapunkt gesetzt. Wie Vogel diese Strömung prägnant beschreibt, wurde „Leben" hier zum „Inbegriff alles Spontanen, Schöpferischen, Gefühlsmäßigen als eines schlechthin Irrationalen" (Vogel 1987:17), das der Rationalität dichotomisch entgegengesetzt wurde. Diese Strömung zeitigte jedoch lediglich das Resultat, den Komplementäraspekt einseitiger Ratio emphatisch hervorgehoben zu haben: den wissenschaftlichen Objektivierern, die z.B. wie Weber das „Leben" als „Chaos" negativ präformierten, gesellte sich eine Position hinzu, die sich ihrerseits 'mit Verve' auf das als irrational-chaotisch stigmatisierte „Leben" warf und die zugeordnete wissenschaftliche Eigenschaft eines begrifflich nicht Bestimmungsfähigen als Prinzip verteidigte. In beiden Fällen aber wird die Dimension des „erlebten Lebens" (so unterscheidet Vogel die Realität des Begriffs Leben von der bloßen Abstraktion; ebd.) eliminiert. Wissenschaftsgeschichtlich ist dies ein äußerst interessantes Faktum, bestätigt sich darin doch Horkheimers und Adornos These über den „Verlust der Erinnerung als transzendentale Bedingung der Wissenschaft" (DA 206). Wie Vogel problematisiert, hatte nämlich schon Hegel gezeigt, daß „das Leben eine begriffliche Entwicklungsstufe der Natur bildet, auf der sich realiter jene Unterscheidung von praktischem und theoretischem Verhalten konstituiert, die der späteren Kulturwissenschaft als 'Verhältnis von Begriff und Wirklichkeit' [Zitat Weber] soviel Kopfzerbrechen verursacht, [...]" (Vogel 1987:17).

262

zum „fach"-wissenschaftlichen Spezialgebiet der Psychoanalyse zu machen. Drittens steht diese kritische Reflexion von lebendiger Erfahrung und Bildung, die auch die Mechanismen zur Herstellung der Erfahrungsunfähigkeit und Dummheit in ihrer psychosozialen Dimension einbezieht, kritisch zu undialektischen Ansätzen der Pädagogik. Kritische Bildungstheorie, der es auf die Wiedererlangung lebendiger Erfahrungsfähigkeit ankommt, um geistige Erfahrung und Bildung zu ermöglichen, muß sich allemal zunächst auf die Herstellung der Erfahrungsfähigkeit konzentrieren. Nach Adorno bestünde sie „sehr wesentlich im Bewußtmachen und damit im Abbau dieser Verdängungsmechanismen und Reaktionsbildungen, die in den Menschen selber ihre Erfahrungsfähigkeit verkrüppeln" (Adorno 1971:115). Es kommt ihm also primär darauf an, den „Bann jener Mechanismen zu brechen" (Adorno 1991:104), und damit sind allemal die den Menschen versachlichenden gesellschaftlichen Mechanismen der Verdinglichung gemeint. Mit dem Bewußtmachen und Bannbrechen ist insofern nicht nur ein explizit gesellschaftstheoretischer Zusammenhang, sondern auch ein analytisch-sozialpsychologischer angesprochen, der thematisch in den Fragen zur „Selbsterhaltung ohne Selbst", „Halbbildung" und „Erziehung nach Auschwitz" kulminiert. Diese strukturelle und für Adorno essentielle Verbindung von Philosophie, Gesellschaftstheorie und Psychoanalyse im Erfahrungsbegriff darf in kritischer Bildungstheorie und -praxis nicht unbeachtet bleiben. Die vorangegangenen Analysen zum mimetischen Tabu haben eindeutig genug die Notwendigkeit dieser interdisziplinären Reflexion „nach Auschwitz" gezeigt. Allzu oft wird vergessen, daß Adornos Begriff der „Bildung" und vor allem der „Erziehung" bewußt nach der ungeheuerlichen Erfahrung von Auschwitz konzipiert worden ist mit der Intention, daß Auschwitz sich nicht wiederholen dürfe[68]. Er war davon überzeugt, daß die Barbarei solange fortbestehe, „solange die Bedingungen, die jenen Rückfall zeitigten, wesentlich fortdauern" (Adorno 1971:88). Und daß sie in der Tat noch immer fortdauern, kann schwerlich widerlegt werden. Insofern knüpft der Begriff „lebendige Erfahrung" nicht nur positiv an das verschüttete mimetische Vermögen an, er ist auch kritisch gegen das immer

---

[68] Exemplarisch sei hier die Arbeit genannt von Lucia Sziborsky *Zum Begriff der ästhetischen Erfahrung bei Adorno*, weil sie eine fundierte Auseinandersetzung anstrebt und Adornosche Gedanken zur ästhetischen Erfahrung für das „pädagogische Bewußtsein" und eine „ästhetische Erziehung" retten will. Wie sie es tut, zeigt jedoch zugleich, daß eine verkürzte Rezeption zugrundeliegt (werkästhetisch an der *Frühen Einleitung* orientiert), was die zentral zur Rede stehende politische Dimension marginalisiert (vgl. Sziborsky 1988:182f). Erfahrungsverlust, strukturelle Erfahrungsunfähigkeit durchs mimetische Tabu ebenso wie das mimetische Vermögen überhaupt sind keine Referenten in ihrem am Kunstwerk orientierten Konzept ästhetischer Erfahrung.

noch fortbestehende mimetische Tabu gerichtet. Wenn also im Kontext ästhetischer Bildung/Kulturpädagogik von „Gegenerfahrungen" geredet wird (vgl. Nischwitz 1997), dann müßten konsequenterweise vom mimetischen Tabu befreite Erfahrungen gemeint sein.

Auf dieser Ebene ist ein erster Schritt zur Bearbeitung der These getan. Die von Adorno, Benjamin u.a. intendierte „lebendige Erfahrung" kann ein Korrektiv gegen verdinglichtes Bewußtsein sein, weil sie in der Spannung zwischen den Formen des mimetischen Vermögens und den negativen Auswirkungen des mimetischen Tabu steht. Doch wie kann daraus eine produktive Spannung werden, die mimetische Potentiale aktiviert und ihre Hemmung abbaut? Wie werden „lebendige Erfahrungen" ermöglicht? Worin besteht der Bezug zum ästhetischen Verhalten? Die anschließende Betrachtung zum „ästhetischen Verhalten", als einer 'Aufhebung' von theoretischem und praktischem Verhalten führt hier weiter. Ich rekonstruiere sie aus Hegels Vorlesungen zur *Ästhetik*[69] unter drei Aspekten:

Schon auf der Ebene der „natürlichen Subjektivität", und das muß vorweg bedacht sein, ist „Verhalten" nie ein bloß „praktisches", „vielmehr ineins damit und 'gleichursprünglich' [...] ein 'theoretisches'" (Vogel 1987:21; vgl. Riedel 1976:14ff). Über das praktische Verhalten heißt es in der Hegelschen *Naturphilosophie*, daß es „durch die Begierde, welche selbstsüchtig ist, überhaupt bestimmt" ist, „im Theoretischen" dagegen „entlassen wir die Dinge frei", es „beginnt mit der Hemmung der Begierde, ist uneigennützig, läßt die Dinge gewähren und bestehen" (Hegel 1979:13, 16). Erst in der Aufhebung dieses Gegensatzes, die der menschlichen Sphäre vorbehalten ist, d.h. einer wie immer auch vergesellschafteten Subjektivität, konstituiert sich ästhetisches Verhalten als eine dritte Grundform in Freiheit. D.h. hier: mit reflektiert autonomer Kombination von theoretischen und praktischen Momenten. Freilich hat Hegel nicht explizit von ästhetischem Verhalten im allgemeinen geredet, wie im Falle des theoretischen und praktischen, sondern im kunsttheoretischen Bezug. Dazu heißt es im Zusammenhang:

---

[69] Es wird vielleicht verwundern, daß ich dazu auf Hegel, einen Mitbegründer der „objektiven Ästhetik" zurückkomme, ist doch die Ästhetik des Subjekts maßgeblich von Kant beeinflußt (Rückbeugen auf das Lebensgefühl und die spezifische Erfahrung des Schönen oder Erhabenen). Der Hegelbezug erklärt sich indessen aus seinen nicht hintergehbaren Verhältnisbestimmungen von Subjekt und Welt überhaupt sowie innersubjektiv der verschiedenen Verhaltensweisen untereinander. In beiden Blickwinkeln kommt es mir nur auf die Art der Beziehungsstruktur an, ob sie mimetisch ist oder (zweck-)rational.

„Das *Subjekt* ist im *Theoretischen* endlich und unfrei durch die Dinge, deren Selbständigkeit vorausgesetzt ist; im *Praktischen* durch die Einseitigkeit, den Kampf und inneren Widerspruch der Zwecke und der von außen her erregten Triebe und Leidenschaften sowie durch den niemals ganz beseitigten Widerstand der Objekte. [...] Die Betrachtung nun aber und das Dasein der Objekte als *schöner* ist die Vereinigung beider Gesichtspunkte, indem sie die Einseitigkeit beider in betreff des Subjekts wie seines Gegenstandes und dadurch die Endlichkeit und Unfreiheit derselben aufhebt. [...] Deshalb ist die Betrachtung des Schönen liberaler Art, ein Gewährenlassen der Gegenstände als in sich freier und unendlicher, kein Besitzenwollen und Benutzen derselben als nützlich und zu endlichen Zwecken [...]" (Hegel 1985:119f).

Hier ist also erstens das ästhetische Verhalten als Betrachtung des Schönen in seiner Bedeutung als Aufhebung der einseitigen und unfreien theoretischen und praktischen Verhaltensweisen beschrieben (dazu ausführlich: Riedel 1976:40ff). Zweitens finden wir in der Beschreibung des Kunstwerks als Produkt menschlicher Tätigkeit indirekt eine Aussage über das ästhetische Verhalten als Produktion überhaupt, genauer: der subjektiven Vorbedingung von ästhetischer Produktion. Nicht zufällig steht diese Aussage über „das allgemeine Bedürfnis zur Kunst" im Kontext von „Bildung" und „Fürsichwerden". Nach Hegel findet nämlich auch das Bedürfnis, „aus dem die Kunst [...] quillt", „seinen Ursprung darin, daß der Mensch denkendes Bewußtsein ist" und sich in zweifacher Weise, ebenso „theoretisch" wie in der „praktischen Tätigkeit", zu seinem Fürsichsein bilden müßte. Diese „Verdoppelung" des „Mensch[en] als Geist" impliziert zum einen differenzierte Innenprozesse, insofern er u.a. „im Innern sich selbst zu Bewußtsein bringen muß, was in der Menschenbrust sich bewegt, was in ihr wühlt und treibt"; zum anderen Gestaltungprozesse, da „er den Trieb hat, in demjenigen, was ihm unmittelbar gegeben, was für ihn äußerlich vorhanden ist, sich selbst hervorzubringen und darin gleichfalls sich selbst zu erkennen" (alle Zitate Hegel 1985:41). Hegels Schlußfolgerung, die in verblüffender Weise für alle im ästhetisch-kulturpädagogischen Bereich Tätigen einen durchaus bekannten Prozeß beschreibt, lautet:

„Das allgemeine Bedürfnis zur Kunst also ist das vernünftige, daß der Mensch die innere und äußere Welt sich zum geistigen Bewußtsein als einen Gegenstand zu erheben hat, in welchem er sein eigenes Selbst wiedererkennt. Das Bedürfnis dieser Freiheit befriedigt er, indem er einerseits innerlich, was ist, für sich macht, ebenso aber dies Fürsichsein äußerlich realisiert und somit, was in ihm ist, für sich und andere in dieser Verdoppelung seiner zur Anschauung und Erkenntnis bringt" (ebd. 42).

Das ästhetische Verhalten als (Kunst-)Produktion bestehe subjektiv also darin, daß sich der Mensch seine innere Welt, sein Unbewußtes, bewußt mache, um sich wieder-zuerkennen. Er vollzieht es in einer Ausdrucksbewegung, indem das innerlich für sich Gemachte auch äußerlich gestaltet wird, um erneut in dieser Verdoppelung Bewußtseinsprozesse anzuregen, eigene und solche der anderen. Diese Bewegung kann drittens als Ideal einer (ästhetischen) Selbstreflexion angesehen werden, die selbsttätig eine entäußerte Gestalt als Abschluß einer Binnenreflexion und als Auftakt einer möglichen sozialen Reflexion setzt.

In bestechender Weise nimmt sie das voraus, was an Klee und Benjamin als Akt der Selbstbesinnung im Medium des ästhetischen Verhaltens beschrieben wurde, wenngleich bei ihnen die unverstellte Geistwerdung des Seins im Sinne Hegels durch die Konfrontation mit der historischen und geschichtlichen Katastrophe sowie dem eigenen Leiden am Verdrängten unvorstellbar geworden ist. Ihr Ziel war es gerade umgekehrt, die durch die losgelassene Ratio entstellte Lebendigkeit wiederzuerinnern und die unterdrückten Momente des eigenen Selbst wiederzuerkennen. War für Hegel ein Kunstwerk nur dann vorhanden, wenn es aus „geistiger produzierender Tätigkeit entsprungen" war, die durchaus zugleich „das Moment der Sinnlichkeit und Unmittelbarkeit in sich hat" (ebd. 49), so wurde in der kulturellen Moderne alle Energie daran gesetzt, das Verhältnis umzukehren. Welche „Anstrengung" mit dieser „Arbeit" der in die Tiefen des Unbewußten zielenden Befreiung von Verdrängtem verbunden ist, hat die Reflexion zur Freisetzung des unwillkürlichen Ausdrucks gezeigt. Hegel hätte sich dieses Ringen um Formen eines freieren Ausdrucks in seiner geistorientierten „Arbeit der höheren Befreiung" wohl kaum vorstellen können, ebensowenig wie die Tatsache, daß die von ihm lediglich als Aufscheinen der Idee begriffene Ästhetik je eine die „volle Vernunft" rettende Kraft sein könnte. Für beide Standpunkte gilt indessen mit Hegel, daß „die Seiten des Geistigen und Sinnlichen [...] im künstlerischen Produzieren eins sein" müssen (ebd.).

Auf allen drei Ebenen können Züge des mimetischen Vermögens erkannt werden, die in Adornos Begriff des ästhetischen Verhaltens eingewandert sein dürften: Um den mimetischen Charakter im ersten Beispiel hervorzuheben, muß an Bernfelds psychoanalytische Präzisierung des interesselosen Wohlgefallens erinnert werden. Die auch bei Hegel beschriebene Freiheit gegenüber dem Objekt müßte sich dem ontogenetisch frühen Zustand „vor der Bemächtigung" in irgendeiner Art annähern, zumindest aber muß (um zu den spekulativen Momenten der Bernfeldschen These etwas Distanz einzuräumen) vom Subjekt aus eine nicht instrumentalistische Haltung gegenüber dem Gegenstand eingenommen werden können, die an Stadien frühkindlicher Wunschlosigkeit und Glücks erinnert. Wie immer diese Verbindung auch aussehen mag, sie muß mimetisch offen geprägt sein. Der mimetische Gehalt im zweiten Fall ist ganz offensichtlich, denn wie anders als mimetisch kann das, „was in der Menschenbrust sich bewegt, was in ihr wühlt und treibt" verstanden werden? Es sind die Affekte, Gefühle und Leidenschaften mit denen schon Odysseus zu kämpfen hatte. Darüber hinaus muß der Prozeß, das bewußt und für sich Gemachte auszudrücken, allemal ein mimetischer sein (im pythagoreischen Sinne). Im dritten Fall sind die Momente der Dialektik von Mimesis und Ratio ebenfalls ganz deutlich: Geistiges und Sinnliches muß sich vermitteln. Hierzu wäre Hegels Auseinandersetzung über die Einbildungskraft, Phantasie und „volle Vernunft" weiterführend zu diskutieren (vgl. Hegel 1985:44-50), was aber im Rahmen dieser Arbeit nicht aufgenommen werden kann.

Aus dieser Perspektive einer nahezu mimetisch zu nennenden Subjektreflexion scheint es nicht verwunderlich, daß Hegel für Schiller große Worte des Lobs fand. Er würdigte ihn, weil er mit seinen Briefen *Über die ästhetische Erziehung des Menschen* auf die Wirklichkeit des Subjekts als Voraussetzung für alle weiteren sozialphilosophischen Utopien eingegangen war und sprach ihm das große Verdienst zu, „die Kantische Subjektivität und Abstraktion des Denkens durchbrochen und den Versuch gewagt zu haben, über sie hinaus die Einheit und Versöhnung denkend als das Wahre zu fassen und künstlerisch zu verwirklichen" (Hegel 1985:69). Schiller hatte sich aber nicht mit einer Verwirklichung im Künstlerischen begnügt, sondern den Versuch gemacht, den im Ästhetischen aufbewahrten Impuls einer „humanisierten Natur" (ÄT 487) im „Spiel", weit über den Rahmen der Kunst hinaus, zur subjektiven Allgemeinheit werden zu lassen. Darauf soll abschließend eingegangen werden.

Problematischerweise als Triebe benannt, scheinen dennoch in Schillers Modell der Vermittlung eines vernünftigen „Formtriebs" und des sinnlichen „Stofftriebs" durch den ästhetischen „Spieltrieb", in dem jene frei zusammenwirken, dieselben drei Grundformen des Verhaltens auf wie bei Hegel und stehen wiederum im selben Verhältnis zueinander (vgl. Mattheis 1992:215-222). Bei Schiller ist das aufhebende Dritte als „Spiel" allerdings konsequent auf das „wirkliche Leben" (Hegel 1985:71) gerichtet und gerade nicht auf den „Geist". Und das sehe ich als eine Art offenen Ausbruchs des mimetischen Moments in und aus der offiziellen Philosophie an.

„Denn, um es endlich auf einmal herauszusagen, der Mensch spielt nur, wo er in voller Bedeutung des Wortes Mensch ist, und e r ist nur da ganz M e n s c h, wo er spielt (Schiller 1979:63; 15. Brief).

Dieser explosive Satz von 1795 hat auch nach 200 Jahren nichts an Bedeutung eingebüßt. Er hat immer noch, unter heutigen Bedingungen vielleicht noch mehr als damals, den Stachel, einen wesentlichen Beitrag zur Utopie einer „Lebenskunst"[70] zu leisten. Schiller expliziert sogleich im Anschluß:

> „Dieser Satz, der in diesem Augenblick vielleicht paradox erscheint, wird eine große und tiefe Bedeutung erhalten, [...]; er wird, [...], das ganze Gebäude der ästhetischen Kunst und der noch schwierigeren Lebenskunst tragen" (ebd.).

Freilich trägt das Spiel weder das Gebäude der Kunst - es wird von professsionell-künstlerischem Handeln und vom Kunstmarkt erhalten - noch hat sich eine spielerische „Lebenskunst" in unserer Gesellschaft gegen die vorherrschende sozialdarwinistische Überlebenskunst herausbilden können. Wenn auch nicht im Sinne einer Verwirklichung, so hat der Schillersche Satz aber dennoch eine „große und tiefe Bedeutung" erhalten, und zwar als eine stete Erinnerung an eine andere Dimension von Leben und Gesellschaft. Mit seinem Konzept des „Spiels" mahnt er auf lebenspraktischer Ebene eine Dialektik von Mimesis und Ratio an, die eine „volle Vernunft" verspricht: vom Sinnlichen über das Ästhetische zur vollen politischen und sozialen Mündigkeit.

C 3.2. Erschütternde Selbst-Besinnung und Aufhebung des mimetischen Tabus

In der Rekonstruktion der mimetischen Momente bei Kant, Hegel und Schiller ist bereits die umfassendere Dimension des „Selbst" gegenüber dem „Ich" andiskutiert. An dieses „Selbst", eine seit der Weimarer Bildungsklassik „verblaßte Kategorie" und durch den theoretischen und praktischen Rationalismus „fortschreitend verdrängte individuelle Wirklichkeit" (BS 18), hatte die ältere Kritische Theorie wiederangeschlossen. Die Gründe dafür liegen in der Kritik des okzidentalen „principium individuationis" und seiner herrschaftlichen Organisation zu einem (wie Vogel Horkheimer konkretisiert.) „falschen" „Prinzip des Selbst, das bestrebt ist, im Kampf gegen die Natur im allgemeinen zu siegen, gegen andere Menschen im besonderen und über seine eigenen Triebe" (KiV 104). Sein Zentrum ist ein „Ich" der unterdrückenden „Selbstbeherrschung" (vgl. BS 18). Im Aphorismus *Novissimum Organum* veranschaulicht Adorno dieses auch innersubjektive Herrschaftsverhältnis, in dem das Ich „den ganzen Menschen als seine Apparatur bewußt in Dienst" nimmt, mit einer quasi-schizophrenen Trennung des Ichs in „Betriebsleiter" und „Betriebsmittel". Hier hat

---

[70] Vgl. Foucault 1993; Schmid 1991 zu „Kunst und Leben", Schmid 1992 zu Foucaults Selbstsorge und Lebenskunst; Schmid Noerr 1990 zu „Mimesis als Gelenkstück zwischen Kunst und Lebenspraxis".

„das Lebendige als Lebendiges sich selber zum Ding gemacht", die „Selbsterhaltung verliert ihr Selbst". Daß diese „innere Komposition des Individuums", eigentlich eine De-Komposition, den unabdingbaren realen Hintergrund bildet für Adornos Modell der „Erschütterung" als ästhetische Erfahrung, muß an dieser Stelle in komprimierter Form dargestellt werden, weil hierin der Dreh- und Angelpunkt für die anschließende bildungspraktische Reflexion liegt. Ich werde also zunächst im sog. werkästhetischen Kontext das Problem entfalten, um es sodann subjekttheoretisch zu wenden. Vor dem Hintergrund der Entstehungs- und Veröffentlichungsbedingungen der *Ästhetischen Theorie* (vgl. *Frühe Einleitung*, die noch einmal überarbeitet werden sollte) ist das ein durchaus legitimer Schritt.

„Erschütterung", wie sie nach Adorno das Individuum in der Begegnung mit einem Kunstwerk erleben kann, sei kein subjektives „ästhetisches Erlebnis", keine „partikulare Befriedigung des Ich", sei „der Lust nicht ähnlich", wie es im naiven Verstand der Kunst als Kunstgenuß erwartet wird. Sie sei eher ein „Memento der Liquidation des Ich", weil sich in diesem vom Kunstwerk ausgelösten, „unwillkürlichen" Verhalten, in dem „der Rezipierende sich vergißt und im Werk verschwindet", ein „Durchbruch von Objektivität im subjektiven Bewußtsein" vollziehe. Diese „Betroffenheit" zeige sich in intensiven subjektiven Reaktionen - bis zu den somatischen (alle Zitate ÄT 363ff):

„[Sie] verwandelt die Kunst dem Subjekt in das, was sie an sich ist, den geschichtlichen Sprecher unterdrückter Natur, kritisch am Ende gegen das Ichprinzip, den inwendigen Agenten der Unterdrückung. Die subjektive Erfahrung wider das Ich ist ein Moment der objektiven Wahrheit von Kunst" (ÄT 365).

Adornos Begriff „ästhetischer Erfahrung" ist also zutiefst gesellschaftskritisch geprägt und zielt in aller Konsequenz auf die Auflösung jener subjektiven Strukturen, die die eigene Unterdrückung aufrechterhalten. Er eignet sich von daher keineswegs für eine „Ästhetische Erziehung" in der Schule. Der wesentliche Aspekt liegt nämlich in dem Moment der „Erinnerung" „unterdrückter Natur", die zwar nur als Wirkung der Kunst beschrieben ist, aber nichtsdestoweniger, komplementär zum ästhetischen Verhalten der KünstlerIn, einer „Anstrengung" der RezipientIn bedarf: der Anstrengung nämlich, „in angstloser Passivität der eigenen Erfahrung" sich anzuvertrauen (Adorno 1969:162); sich seiner „eigenen Beschränktheit und Endlichkeit" innezuwerden (ÄT 364); und sich, kurz gesagt, mit den verinnerlichten Mechanismen der Unterdrückung produktiv auseinanderzusetzen, die typisierenden Phantasmagorien über sich selbst, die sich auch im Leib eingeschrieben haben, aufzudecken. Exakt die hier relevante

„subjektive Erfahrung wider das Ich", die sich den verdrängten unbewußten Inhalten des Leibgedächtnisses zuwendet, bildet das mimetisch-ästhetische Potential zur Selbstwerdung als Wiedergewinnung umfassender, nicht verdinglichter Lebendigkeit. Deshalb hat Adorno betont, daß die „ästhetische Entäußerung an die Sache" eines „starken Ichs" bedürfe und keines schwachen oder angepaßten. „Einzig das autonome vermag sich kritisch zu wenden gegen sich und seine illusionäre Befangenheit" (ÄT 178).

Halten wir uns nun den ästhetischen Schaffensprozeß vor Augen, wie er mit Hegel veranschaulicht wurde, dann kann die gleiche Wirkung ästhetischer Erfahrung nicht nur durch Rezeption eines Kunstwerkes sondern auch durch eigenes ästhetisches Verhalten hervorgebracht werden, wenn dabei eine „subjektive Erfahrung wider das Ich" eintritt. Also handelt es sich bei der „Arbeit der Selbstbesinnung" um eine tentative Selbsttransformation des Ich: vom autoritär gelenkten, angepaßten Ich zum starken Ich des ästhetisch-freien Verhaltens. Entscheidendes Kriterium ist dabei, daß dieser Prozeß nicht abermals autoritär von außen freigesetzt wird, z.B. als Aufgabe einer 'LeiterIn', dann liefe er auf totale Dispensierung des Ich zugunsten von Massen- und Konsumverhalten hinaus. Vielmehr muß er sich autonom und spontan im Selbst freisetzen, in Autonomie. Dennoch ist die Sphäre von Bildungsästhetik nicht das beschwingte kreative Experiment, wie es der (Selbsterfahrungs-)Markt so häufig verspricht, sondern die schlechte Normalität des „beschädigten Lebens" (Adorno), eine Tiefenschicht des „sozialen Leids" (Lorenzer) jenseits der Pathologiedefinition gängiger Therapien. Aus der Logik des Selbst heraus gesprochen, geht es um eine Reorganisation der gestörten Vermittlung zwischen den verschiedenen „Manifestationssphären des Selbst". Wie dieses Modell einer „Arbeit der Selbstbesinnung" sich im einzelnen konkretisiert vorstellen ließe, soll im folgenden andeutungsweise skizziert werden. Ich baue dabei auf die mittlerweile sehr fundierten und breitgefächerten Ansätze in der Praxis auf, die ich allerdings hier nicht eingehender behandeln werde. Es kann auch nicht darum gehen, eine Programmatik zu entwickeln. Dazu bedürfte es einer ausführlichen Diskussion mit angrenzenden pädagogischen und therapeutischen Konzepten (ästhetische Bildung/Kulturarbeit; Rhythmik; Spiel- und Theaterpädagogik; Bibliodrama; Psychodrama; Gestalttherapie; Bioenergetik u.ä.), was den Rahmen dieser Arbeit sprengen würde und andernorts ausgeführt werden muß. Es kommt hier umgekehrt darauf an zu zeigen, wie schon mit kleinsten, keineswegs spektakulären, aber, weil dem mimetischen Tabu unterliegend, durchaus außergewöhnlichen Verhaltensweisen Selbstbesinnungsprozesse in Gang gesetzt werden können.

Meine Skizze geht von Hegels prägnanter Beschreibung des allgemeinen Bedürfnisses zur Kunst aus, weil hierin mit kurzen Worten die zwei wesentlichen Phasen des ästhetischen Verhaltens als Selbstbesinnung präzisiert werden: erstens die Phase einer Binnenreflexion, in der „innerlich, was ist, für sich [ge]macht" wird; zweitens die Phase einer Gestaltung, die dieses „Fürsichsein" „äußerlich realisiert" und somit „was in ihm ist, für sich und andere in dieser Verdoppelung seiner zur Anschauung und Erkenntnis bringt" (Hegel 1985:42). Freilich wird der zugrundeliegende Hegelsche Bildungsgedanke in seiner geistdominierten Form des Fürsichwerdens hier nicht adaptiert. Vielmehr zielt die Interpretation mit Adorno und Benjamin, wie oben ausführlich begründet wurde, gerade auf die besondere Problematik einer dem Bewußtsein nicht frei zugänglichen und unbewußten Sphäre ab, die nur über „rutengängerische" Wege erreicht werden kann: in einem mimetisch bestimmten freien Spiel der Vermögen, wie es nur im ästhetischen Verhalten als Aufhebung von theoretischem und praktischen Verhalten möglich ist.

In der ersten Phase der Binnenreflexion ist das ästhetische Verhalten, wie die ästhetische Rezeption, durch ein „Gewährenlassen" charakterisiert, das sich unmittelbar auf die eigenen Gefühle von „Lust und Unlust" richtet, gleichsam ohne den Umweg über ein Kunstwerk, das sie auslöst. Es ist ein aktives und sensibles Sichwahrnehmen, das eine mimetisch-offene Beziehung zu sich selbst erfordert, den mimetischen Kontakt mit sich selbst herstellt. Hier gilt, was neuerdings wieder für die bibliodramatische Arbeit im „Textraum" als eine notwendige Voraussetzung formuliert wurde: die Verlangsamung der Prozesse, um sich auf den Text einzulassen (vgl. Martin 1992:63). Auch das Lesen im 'Buch des eigenen Lebens', dessen entscheidende Kapitel gerade nicht aufgeschlagen vor uns liegen, erfordert eine „Verlangsamung", die Zeit und Raum gibt, Abstand von den gewohnten Abläufen des rationalisierten Lebens zu gewinnen und sich auf einen nichtalltäglichen Umgang mit sich selbst einzulassen. Es kommt hier darauf an, die ansonsten nicht beachteten Gefühle zuzulassen und die Mechanismen der Erfahrungsunfähigkeit in ihrer Widerständigkeit zu lockern. Geboten ist hier eine Lockerung des Ichs, wie Benjamin es ausdrückte. Für eine solche Einstimmung auf sich selbst, die aus der eigenen Selbstverdinglichung zum „Betriebsleiter" und „Betriebsmittel" befreit, gibt es viele ausgereifte Methoden der Atem-, Leib- und Stimmarbeit, die einen Weg zum Innern bahnen können, zum „Leibgedächtnis" und den in ihm aufbewahrten Szenen der Vergangenheit mit ihren Wünschen, Erfüllungen, Verboten, Versagungen. Ohne die mittlerweile fest etablierten Methoden zu schildern, möchte ich daraus einige, noch nicht einmal besonders markante mimetisch-ästhetische Verhaltensweisen herausstellen, um zu zeigen, daß es sich hierbei nicht nur um „warming ups", wie der Jargon will, handelt. Vielmehr setzt mit den hier praktizierten, unalltäglichen Verhaltensweisen eine Erschütterung des Ichs ein, sofern mit verinnerlichten, entmimetisierten Verhaltensnormen gebrochen werden muß. Der eigene Lebenslauf mit seinen Stationen der Etablierung des mimetischen Tabus wird erfahrbar. So können schon ganz 'einfache' Übungen (wie etwa in einer Gruppe hörbar zu atmen, Vokale zu tönen, Tiere und ihre Stimmen nachzuahmen; eine Bewegungsfolge durch Beobachtung zu lernen, eine Bewegung „einzufrieren" und zur „Statue" zu werden; Rhythmen zu klatschen/trommeln; im Kreis zu tanzen) Widerstände provozieren, die ihrerseits selbstbesinnende Reaktionen und Empfindungen freisetzen, sofern sie verinnerlichte Verbote, Einschränkungen und Hemmungen wahrnehmbar machen. Denn es ist nicht konventionell, laut zu atmen, aber es erinnert das Kreatürliche als Notwendigkeit, das die Gesellschaft verdrängt; auch dürfen noch immer nur Kinder und Clowns Tiere nachahmen, weil sie eben noch nicht „vernünftig" seien, wiewohl doch schon Kleist den Bären, dessen Bewegung im Qi Gong eine zentrale Rolle einnimmt, schon zur Nachahmung empfohlen hat[71]; die Stimme darf nur zum reglementierten und wohlartikulierten Sprechen oder Singen laut werden, während ihr ganzer materiell-physiologischer und phonetisch-expressiver Unterbau unbewußt gelassen werden soll; wenn außerdem im Zusammenhang gemeinsamer Bewegungsübungen konzentriert und interessiert auf die Bewegung anderer geachtet werden muß, dann ist das ebenfalls etwas Unkonventionelles insofern, als es nach dem Verhaltenskodex ein „Anstarren" oder „Nachäffen" bedeutet. Es ist wie das oben analysierte „Echoen" verpönt. Das „Einfrieren" einer Bewegung macht auf andere Art selbst-bewußt, nämlich indem „zufällig", biografisch bedeutsame Gesten und Haltungen zum „Nachspüren" festgehalten werden, die an vergangene Interaktionsszenen rühren. Dies sind allesamt durchaus analoge Fälle des „mimetischen Kontakts", wie er oben am Beispiel von Benjamins Verhalten aufscheinen konnte. So sensibilisiert, geht von den Lauten, Gesten,

---

[71] Im gleichen Sinne will Kafka den „Tieren das Vergessene ablauschen", was Benjamin im Zusammenhang seiner Einsicht zitiert, daß die „vergessenste Fremde der Körper" sei (siehe Konstellation A 3.2.). Im chinesischen Qi Gong ist dieser Doppelbezug zur inneren und äußeren Natur, zur Kreatürlichkeit, präsent und gerade die den Tieren abgelauschten Bewegungsformen („Fünf Tiere", „Wildgans" u.a.) stellen eine besondere Herausforderung für uns Europäer dar, wollen wir sie nicht nur als gymnastische „Körperübungen" betreiben.

Bewegung eine Art „materialistische Inspriration" aus, die Reglementierungen und Zwänge zur Wahrnehmung bringt.

Nachdem in der ersten Phase solch ein Kontakt mit sich selbst gefunden wurde, käme es in der zweiten Phase darauf an, die aufgetauchten Affekte, Empfindungen, Erinnerungsbilder auszudrücken und ihnen eine adäquate äußere Gestalt zu geben. Hier ist das ästhetische Verhalten als Entäußerung und Gestaltung Selbst-Ausdruck im Wege eines zweckfrei formenden Umgangs mit Materialien oder sogar dem eigenen Leib. Auch für diese spezifisch selbstbezügliche Art des ästhetischen Produzierens gibt es die verschiedensten Ansätze mit Materialien, Bewegungen, Tanz, Musik und Worten, die das ganze Spektrum subjektiver Ausdruckspotentiale vom konkret-sinnlichen Gestalten mit Ton und Farbe bis zum Dichten, Singen und Theaterspielen umspannen können. Dabei kommt es aber weder auf die Gestaltung eines „schönen Gegenstandes" oder „Tanzes" noch ausschließlich auf die Freisetzung von Kreativität als abstraktes Ziel an. Entscheidend ist vielmehr die konsequente Zentrierung auf sich selbst und der mimetische Kontakt mit dem, was in der vorangegangenen Phase in sich selbst an inneren Zwängen vergegenwärtigt wurde. Sich damit spielerisch-frei ästhetisch so zu beschäftigen, daß die 'Inneneindrücke' in einer äußeren Form festgehalten werden, ist ein nächster, durchaus anstrengender Schritt der Bewußtwerdung, denn die mimesisfeindlichen, repressiven Über-Ich-Normen müssen durchkreuzt werden. Es werden abermals die Grenzen des Ichs herausgefordert. Zum Abschluß können in Rückbesinnung auf sich selbst oder im Gespräch mit Anderen - was einer qualitativen Erweiterung entspräche - die vorangegangenen Prozesse reflexiv vertieft und aufs Wort gebracht werden. Vorstellungen zum Weiterarbeiten an den Beziehungen zu sich selbst und anderen können entstehen, wobei es nicht unerheblich ist, die potentiellen Reaktionen der Außenwelt miteinzubeziehen. In geschützten Räumen nämlich kann frau z.B. relativ leicht ihre Stimme aufbauen und sich Gehör verschaffen, Widerständen gegen Klischees Ausdruck verleihen und an deren Auflösung arbeiten; kann man(n) z.B. seine geschlechtsspezifischen mimetischen Tabus der Männlichkeit abbauen. Was aber geschieht an jenen sozialen Orten der Normalität unterdrückter Mimesis, die den Stimmverlust, die Klischees, das verdinglichende und instrumentalisierende Konkurrenzprinzip herstellen und immer wieder sedimentieren? Es ist die Regel, daß der stumme Zwang der Verhältnisse sich hinter dem Rücken der Individuen automatisch reproduziert. Deshalb muß zum A und O einer Bildungsästhetik gehören, diese zur individuell motivierten Bildung zum Selbst entgegengesetzte und sie behindernde gesellschaftliche Realität mit ihrer „Selbsterhaltung ohne Selbst" zu reflektieren: individuelle Freisetzung vom mimetischen Tabu bedarf der „Gegengifte" gegen das weiterhin gesellschaftlich praktizierte.

Es ist eine Erfahrungstatsache, daß bereits ein relativ einfaches, aber bewußt an der Dialektik von Mimesis und Tabu orientiertes Setting einen ungeheuren inneren Empfindungsumsturz bewirken kann. Erschütterungen, die so etwas wie kathartische Wirkungen hervorrufen, nunmehr aber, da autonom generiert, auch nicht mehr mit „Unterdrückung einverstanden" sind, wie Adorno das klassische Kriterium der Katharsis ausdrückte. Vielmehr macht umgekehrt das Selbst von den Residuen verinnerlichter Unterdrückung sich frei. Die „Arbeit der Selbstbesinnung" steht und fällt also mit dem Autonomiegebot, den Bedingungen einer „glücklichen Reflexion": „Glücklich sein heißt ohne Schrecken seiner selbst innewerden können" (Benjamin 1988b:59).

Schlußbetrachtung im Blick auf Mimesis und Bildungsästhetik

Archaische Mimesis des Tanzes in der Einheit von Melos, Logos, Rhythmus wurde von Hermann Koller als eine „naturgegebene Einheit menschlichen Ausdrucks" bezeichnet, die zugleich „seine Formgebung" sei. Sie war eine phylogenetisch frühe Form der „Bildung", die sich aus dem „rituell-darstellenden Verhalten" entwickelt hatte, einer mit der „rational-praktischen" gleichursprünglichen Verhaltensweise. Für die Bildungsreflexion bedeutet das, daß jene damit verbundenen Verhaltensweisen, die wir heute als ästhetisch-freie bezeichnen ein allgemeines menschliches Potential repräsentieren. Neben den professionalisierten Formen in der Kunst nehmen sie noch heute weitverbreitet, kommerzialisiert und domestiziert, z.B. als Hobby, einen wichtigen Platz beim Erhalt des 'seelischen Gleichgewichts' ein. Ich denke dabei nicht nur an die offensichtlich „ästhetischen" Ausdrucksformen wie Singen, Theaterspielen, Malen sondern auch an die stillen und versteckten Formen des Ausdrucksbedürfnisses, wie sie sich als Holz-, Schnitz- und Bastelarbeiten sowie Handarbeiten, Ikebana u.ä. in nahezu jedem Haushalt ereignen, die Sphäre jedenfalls, die Adorno unter der Kategorie des „Bildchenmachens" faßt. Das eingefleischte mimetische Tabu sorgt dafür, daß in allen gesellschaftlichen Nischen von Mimesis ein gewisses Maß an Spontaneität, Authentizität und Zweckfreiheit nicht überschritten wird. Gerade hierin aber läge eine produktive, gegen die im mimetischen Tabu erzeugte Erfahrungsunfähigkeit gerichtete Bildungsperspektive eines ästhetisch freien Verhaltens, das unreglementierte, lebendige Erfahrung ermöglicht. In einer Bildungsästhetik käme es schließlich darauf an, an jedem biografischen Ort, von der Kindheit bis ins Erwachsenenalter, Mimesis in entsprechender Weise zu kultivieren. Vielleicht könnte dann so etwas wie eine „volle" Rationalität entstehen, „die ungeschmälert den Menschen, ihrem Potential, gar der >humanisierten Natur< zugute käme" (ÄT 487). Ein Anspruch, der die Allgemeinheit angeht, eine Allgemeinheit allerdings, die inzwischen immer mehr Menschen von der Möglichkeit ihrer Selbsterhaltung aussperrt, „arbeitslos" macht, sie gleichsam ohne Selbsterhaltung sich selbst überläßt und damit jeden Anspruch, der einmal aus der bürgerlichen Dialektik von Individuum und Gesellschaft resultierte, nichtig werden läßt. Bildungsästhetik kommt aber mit Sicherheit auch ohne diese Verallgemeinerung schon all jenen zugute, die sich auf ihr Selbst besonnen und den Kampf gegen jene Verdinglichung aufgenommen haben, gegen die Adorno zu Recht ästhetisches Verhalten als „ungeschwächtes Korrektiv" geltend gemacht hat.

Literaturverzeichnis:

Abraham, Anke (1992): Frauen - Körper - Krankheit - Kunst. Zum Prozeß der Spaltung von Erfahrung und dem Problem der Subjektwerdung von Frauen. Oldenburg
Adorno, Theodor W. (1969): Stichworte. Kritische Modelle 2. Frankfurt/M.
ders. (1971): Erziehung zur Mündigkeit. Vorträge und Gespräche mit Hellmut Becker 1959 - 1969, hrsg. v. Gerd Kadelbach. Frankfurt/M.
ders. (1975a): Negative Dialektik. Frankfurt/M.
ders. (1975b): Gesellschaftstheorie und Kulturkritik, Frankfurt/M.
ders. (1981a): Minima Moralia. Reflexionen aus dem beschädigten Leben. Frankfurt/M.
ders. (1981b): Noten zur Literatur, hrsg. v. Rolf Tiedemann. Frankfurt/M.
ders. (1987): Prismen. Kulturkritik und Gesellschaft. Frankfurt/M.
ders. (1989): Ästhetische Theorie, hrsg. v. Gretel Adorno und Rolf Tiedemann. Frankfurt/M.
ders. (1990a): Über Walter Benjamin. Frankfurt/M.
ders. (1990b): Philosophische Terminologie. Zur Einleitung. Bd. 1, hrsg. v. Rudolf zur Lippe. Frankfurt/M.
ders. (1991): Dissonanzen. Musik in der verwalteten Welt. Göttingen
ders. (1993): Antisemitismus und faschistische Propaganda. In: Simmel (Hg.)(1993) a.a.O.
ders./Karl Kerényi (1952): Mythologie und Aufklärung. Gespräch im Hessischen Rundfunk.
Albert, Karl (1982): Vom Kult zum Logos. Studien zur Philosophie der Religion. Hamburg
Alkemeyer, Thomas (1986): Gewalt und Opfer im Ritual der Olympischen Spiele 1936. In: Dreßen (Hg.) (1986) a.a.O.
Anzieu, Didier (1996): Das Haut-Ich. Frankfurt/M.
Arbeitsgemeinschaft Jeux Dramatiques (1990): Ausdrucksspiel aus dem Erleben 1. Einführung Methodik Arbeitsblätter. Autorengruppe Baur-Traber/Heidi Frei u.a. Bern
Aristoteles (1982): Poetik, übersetzt und hrsg. v. Manfred Fuhrmann. Stuttgart
Artus, Hans-Gerd (1994): Zur Körperbildung im Ausdruckstanz. In: Tanzforschung Jahrbuch Bd. 5, Jahrgang 1994 zum Thema: Ausdruckstanz in Deutschland - Eine Inventur. Mary-Wigman-Tage 1993. Wilhelmshaven
Assmann, Aleida (1994): Tradition, Evolution, Erinnerung. Überlegungen zum Strukturwandel kultureller Überlieferung. In: Goodmann-Thau/Schmied-Kowarzik (Hg.) (1994) a.a.O.
Assmann, Jan (1997): Das kulturelle Gedächtnis. Schrift, Erinnerung und politische Identität in frühen Hochkulturen. München
Auerbach, Erich (1982): Mimesis. Dargestellte Wirklichkeit in der abendländischen Literatur. München
Bachtin, Michail M. (1990): Literatur und Karneval. Zur Romantheorie und Lachkultur. Frankfurt/M.
Bannmüller, Eva/Peter **Röthig** (Hg.)(1990): Grundlagen und Perspektiven ästhetischer und rhythmischer Bewegungserziehung. Stuttgart

Baudelaire, Charles (1988): Die künstlichen Paradiese. Die Dichtung vom Haschisch. Zürich

de Beauvoir, Simone (1983): Das andere Geschlecht. Sitte und Sexus der Frau. Reinbek b. Hamburg

Becker-Schmidt, Regina (1995): Von Jungen, die keine Mädchen sein wollen und von Mädchen, die gerne Jungen sein wollten. Geschlechtsspezifische Umwege auf der Suche nach Identität. In: dies./Knapp (Hg.)(1995) a.a.O.

dies. (1996): Früher-später; innen-außen: Feministische Überlegungen zum Ideologiebegriff. In: Zeitschrift für kritische Theorie. 3/1996, hrsg. v. Gerhard Schweppenhäuser. Lüneburg

dies./Gudrun-Axeli **Knapp** (Hg.)(1995): Das Geschlechterverhältnis als Gegenstand der Sozialwissenschaften. Frankfurt/M; New York

Benjamin, Jessica (1990): Die Fesseln der Liebe. Psychoanalyse, Feminismus und das Problem der Macht. Basel; Frankfurt/M.

Benjamin, Walter (1969): Über Kinder, Jugend und Erziehung. Mit Abbildungen von Kinderbüchern und Spielzeug aus der Sammlung Benjamin. Frankfurt/M.

ders. (1972): Lehre vom Ähnlichen. In: Zur Aktualität Walter Benjamins, a.a.O.

ders. (1977): Illuminationen. Ausgewählte Schriften. Frankfurt/M.

ders. (1978): Walter Benjamin. Briefe I und II. Frankfurt/M.

ders. (1980): Moskauer Tagebuch. Frankfurt/M.

ders. (1986): Berliner Kindheit um Neunzehnhundert. Frankfurt/M.

ders. (1988a): Angelus Novus. Ausgewählte Schriften 2. Frankfurt/M.

ders. (1988b): Einbahnstraße. Frankfurt/M.

ders. (1991): Walter Benjamin. Gesammelte Schriften, hrsg. v. Rolf Tiedemann und Hermann Schweppenhäuser. Frankfurt/M.

Bernfeld, Siegfried (1967): Sisyphos oder die Grenzen der Erziehung. Frankfurt/M.

ders. (1969): Antiautoritäre Erziehung und Psychoanalyse. Ausgewählte Schriften Band 1, hrsg. v. Lutz von Werder und Reinhart Wolff. Darmstadt

Binder, Gerhard/Bernd **Effe** (Hg.)(1990): Erzählende Weltdeutung im Spannungsfeld von Ritual, Geschichte, Rationalität. Bd. 2. Trier

Bittner, Günther (Hg.)(1981): Selbstwerden des Kindes. Ein neues tiefenpsychologisches Konzept. Fellbach

Bitzan, Maria (1995): Geschlechterdifferenz als Qualifizierung der Jugendplanung. In: MfFFWuK (1995) a.a.O.

dies. (1997): Der geschlechterdifferenzierte Blick: Zur Arbeit mit dem weiblichen Gemeinwesen. In: Widersprüche, Zur politischen Produktivität von Gemeinwesenarbeit, Heft 65. Bielefeld

Bloch, Ernst (1985): Das Prinzip Hoffnung. Frankfurt/M.

Blomberg, Katja (1995): Begegnungen des Ich mit sich selbst. Ostasiatische Kalligraphie und westliches Informel als malerische Haltung zwischen 1930 und 1960. In: Yu-Ichi. Hin. (1995) a.a.O.

Blumenberg, Hans (1986): Wirklichkeiten, in denen wir leben. Aufsätze und eine Rede. Stuttgart

Boal, Augusto (1979): Theater der Unterdrückten. Frankfurt/M.

Bock, Gisela/Barbara **Duden** (1976): Arbeit aus Liebe - Liebe als Arbeit. In: Frauen und Wissenschaft. Beiträge zur Berliner Sommeruniversität für Frauen. Juli 1976. Berlin

Böhme, Gernot/Hartmut **Böhme** (1992): Das Andere der Vernunft. Zur Entwicklung von Rationalitätsstrukturen am Beispiel Kants. Frankfurt/M.

Böhme, Hartmut (1988): Natur und Subjekt. Frankfurt/M.

Böll, Heinrich (1966): Frankfurter Vorlesungen. Ästhetik des Humanen. Köln Berlin

Bolz, Norbert W./Richard **Faber** (Hg.)(1982): Walter Benjamin. Profane Erleuchtung und rettende Kritik. Würzburg

dies. (Hg.)(1986): Antike und Moderne. Zu Walter Benjamins „Passagen". Würzburg

Bosse, Hans (1994): Der fremde Mann. Jugend, Männlichkeit, Macht. Eine Ethnoanalyse. Unter Mitarbeit von Werner Knauss. Frankfurt/M.

ders. (1996): Die Öffentlichkeit des Intimen. Psychoanalytisch-sozialwissenschaftliche Hermeneutik des Rituals in analytischen Gruppen. Aus einer ethnoanalytischen Forschung in Papua Neuguinea. In: Ardjomandie, Mohammad/Angelika Berghaus/Werner Knauss (Hg.)(1996): Jahrbuch für Gruppenanalyse und ihre Anwendungen. Bd. 2, 1996. Heidelberg

Bourdieu, Pierre (1988): Homo academicus. Frankfurt/M.

Bovenschen, Silvia (1980): Die imaginierte Weiblichkeit. Exemplarische Untersuchungen zu kulturgeschichtlichen und literarischen Präsentationsformen des Weiblichen. Frankfurt/M:

Brentel, Helmut/Christoph **Görg** u.a. (Hg.)(1996): Gegensätze. Elemente kritischer Theorie. Frankfurt/M; New York

Brown, Lyn M./Carol **Gilligan** (1994): Die verlorene Stimme. Wendepunkte in der Entwicklung von Mädchen und Frauen. Frankfurt/New York

Brumlik, Micha (1994a): Theologie und Messianismus im Denken Adornos. In: Goodman-Thau/Schmied-Kowarzik (Hg.)(1994) a.a.O.

ders. (1994b): Schrift, Wort und Ikone. Wege aus dem Bilderverbot. Frankfurt/M.

Brunkhorst, Hauke (1990): Theodor W. Adorno. Dialektik der Moderne. München

ders. (1995): Romantischer Impuls und untergründiger Surrealismus bei Adorno. In: Hoss, Dietrich u.a.: Surrealismus und Kritische Theorie. Zur Aktualität einer versäumten Begegnung. Studientexte zur Sozialwissenschaft, Bd. 12. Frankfurt/M.

ders.(1996): Kampf um Autonomie - Demokratie, öffentlicher Vernunftgebrauch und bürgerliche Gesellschaft. In: Brentel u.a. (Hg.)(1996) a.a.O.

Brückner, Peter (1981): Zur Sozialpsychologie des Kapitalismus. Reinbek b. Hamburg

Buber, Martin (1994): Das dialogische Prinzip. Darmstadt

Bubner, Rüdiger (1989): Ästhetische Erfahrung. Frankfurt/M.

Buci-Glucksmann, Christine (1984): Walter Benjamin und die Utopie des Weiblichen. Hamburg

Bulthaup, Peter (1975): Materialien zu Walter Benjamins Thesen „Über den Begriff der Geschichte". Beiträge und Interpretationen. Frankfurt/M.

BKJ, Bundesvereinigung kulturelle Jugendbildung e.V. (Hg.)(1991): Projektbank Jugendkulturarbeit. 3. Projektsammlung Mädchenkulturarbeit. 35 Praxisbeispiele und Überlegungen zu feministischer Kulturpädagogik. Remscheid

Butler, Judith (1991): Das Unbehagen der Geschlechter. Frankfurt/M.

Bürger, Peter (1983): Zur Kritik der idealistischen Ästhetik. Frankfurt/M.

Bürgin, Dieter (1989): Emotionaler Dialog in früher Kindheit und Aufbau der Selbstrepräsentanz. In: Büttner/Ende (Hg.)(1989) a.a.O.

Büttner, Christian/Aurel **Ende** (Hg.)(1989): Lebensräume für Kinder. Entwicklungsbedingungen für Kinder im ausgehenden 20. Jahrhundert. Jahrbuch der Kindheit Bd. 6. Weinheim und Basel

Cavarero, Adriana (1989): Ansätze zu einer Theorie der Geschlechterdifferenz. In: Diotima (1989) a.a.O.

dies.(1992): Platon zum Trotz. Weibliche Gestalten der antiken Philosophie. Berlin

Cebulla-Jünger, Edeltraud (1991): Das sexy Girl ist erst sechs Jahre. Die Vermarktung von Kindern in der Mini-Playback-Show von RTL. In: TPS. Theorie und Praxis der Sozialpädagogik. Themenschwerpunkt: Sehen - Hinsehen - Durchblicken - zum Ausdruck bringen. 6/91. Bielefeld.

Danner, Helmut (1984): Lebenswelt ist aller Pädagogik Anfang. Ein Bericht über die erste Tagung des Arbeitskreises für phänomenologisch-pädagogische Forschungen in Siegen, Oktober 1983. In: Bildung und Erziehung. Phänomenologie und Pädagogik. Heft 2/Juni 1984. Köln

Delakova, Katya (1984): Beweglichkeit. Wie wir durch Arbeit mit dem Körper und Stimme zu kreativer Gestaltung finden. München

Detienne, Marcel (1985): Die skandalöse Mythologie (oder: Projekt einer Arbeit über das zweideutige Wesen der sogenannten Mythologie). In: Schlesier (Hg.)(1985) a.a.O.

Devereux, Georges (1984): Angst und Methode in den Verhaltenswissenschaften. Frankfurt/M.

Diner, Dan (1988): Aporie der Vernunft. Horkheimers Überlegungen zu Antisemitismus und Massenvernichtung. In: ders. (Hg.): Zivilisationsbruch. Denken nach Auschwitz. Frankfurt/M.

Diotima. Philosophinnengruppe aus Verona (1989): Der Mensch ist zwei. Das Denken der Geschlechterdifferenz. Reihe Frauenforschung Bd. 11. Wien

Dodds, Eric Robertson (1991): Die Griechen und das Irrationale. Darmstadt

Doderer, Klaus (Hg.)(1988): Walter Benjamin und die Kinderliteratur. Aspekte der Kinderliteratur in den zwanziger Jahren. Weinheim und München

Douglas, Mary (1981): Ritual, Tabu und Körpersymbole. Frankfurt/M.

Dreßen, Wolfgang (Hg.)(1986): Selbstbeherrschte Körper. Turnvater Jahn. Olympia Berlin '36. Kinderspiele. Berliner Topographien Nr. 6. Berlin

Duden, Barbara (1991a): Der Frauenleib als öffentlicher Ort. Vom Mißbrauch des Begriffs Leben. Hamburg, Zürich

dies. (1991b): Geschichte unter der Haut. Ein Eisenacher Arzt und seine Patientinnen um 1730. Stuttgart

Duerr, Hans Peter (Hg.)(1987): Die wilde Seele. Zur Ethnopsychoanalyse von Georges Devereux. Frankfurt/M.

Ebach, Jürgen (1986a): Ursprung und Ziel. Neukirchen-Vluyn

ders. (1986b): Agesilaus Santander und Bendix Schönflies. Die verwandelten Namen Walter Benjamins. In: Bolz/Faber (Hg.)(1986) a.a.O.

ders. (1987): Kassandra und Jona. Frankfurt/M.

Eco, Umberto (1993): Das Denken ist ständige Wachsamkeit. Ein Gespräch mit Umberto Eco. Die Zeit Nr. 45 v. 5.11.1993

Effe, Bernd (1990): Die Grenzen der Aufklärung. Zur Funktion des Mythos bei Euripides. In: Binder/Effe (Hg.)(1990) a.a.O.

Eliade, Mircea (1991): Schamanismus und Ekstasetechnik. Frankfurt/M.

Eisenstadt, Shmuel N. (1996): Barbarei und Moderne. In: Miller/Soeffner (Hg.) (1996) a.a.O.

Elias, Norbert (1980): Über den Prozeß der Zivilisation. Soziogenetische und psychogenetische Untersuchungen. Bd. 1: Wandlungen des Verhaltens in den weltlichen Oberschichten des Abendlandes. Frankfurt/M.

Else, Gerald F. (1958): Imitation in the 5th century. In: Classical philology. Bd. 53 Heft 2

Erdheim, Mario (1994): Psychoanalyse und Unbewußtheit in der Kultur. Aufsätze 1980 - 1987. Frankfurt/M.

Erhart, Walter/Britta **Herrmann** (Hg.)(1997): Wann ist der Mann ein Mann? Zur Geschichte der Männlichkeit. Stuttgart; Weimar

Fenichel, Otto (1993): Elemente einer psychoanalytischen Theorie des Antisemitismus. In: Simmel (Hg.)(1993) a.a.O.

Feyerabend, Paul K. (1986): Eingebildete Vernunft. Die Kritik des Xenophanes an den Homerischen Göttern. In: Lenk, Hans (Hg.): Zur Kritik der wissenschaftlichen Rationalität. Freiburg; München

Finley, Moses I. (1992): Die Welt des Odysseus. Frankfurt/M.

Flaake, Karin/Claudia **John** (1992): Räume zur Aneignung des Körpers. Zur Bedeutung von Mädchenfreundschaften. In: Flaake/King (Hg.)(1992) a.a.O.

Flaake, Karin/Vera **King** (Hg.)(1992): Weibliche Adoleszenz. Zur Sozialisation junger Frauen. Frankfurt/New York

dies. (1992): Psychosexuelle Entwicklung, Lebenssituation und Lebensentwürfe junger Frauen. Zur weiblichen Adoleszenz in soziologischen und psychoanalytischen Theorien. In: dies. (Hg.)(1992) a.a.O.

Floßdorf; Bernhard (1978): Kreativität. Bruchstücke einer Soziologie des Subjekts. Frankfurt/M.

Foucault, Michel (1973): Archäologie des Wissens. Frankfurt/M.

ders. (1981): Überwachen und Strafen. Die Geburt des Gefängnisses. Frankfurt/M.

ders./Rux Martin u.a. (1988): Technologien des Selbst, hrsg. v. Luther H. Martin u.a., Frankfurt/M.

ders. (1996): Der Mensch ist ein Erfahrungstier. Gespräch mit Ducio Trombadori. Frankfurt/M.

Franck, A. (1844): Die Kabbala oder die Religions-Philosophie der Hebräer. Leipzig

Freud, Sigmund (1972): Abriß der Psychoanalyse. Das Unbehagen in der Kultur. Frankfurt/M.

ders. (1981a): Das Ich und das Es und andere metapsychologische Schriften. Frankfurt/M.

ders. (1981b): Massenpsychologie und Ich-Analyse. Die Zukunft einer Illusion. Frankfurt/Main

ders. (1990): Totem und Tabu. Einige Übereinstimmungen im Seelenleben der Wilden und der Neurotiker. Frankfurt/M.

ders. (1991): Neue Folge der Vorlesungen zur Einführung in die Psychoanalyse. Frankfurt/M.

ders. (1993): Der Moses des Michelangelo. Schriften über Kunst und Künstler. Frankfurt/M.

Fritsch, Ursula (1992): Tanz, Bewegungskultur, Gesellschaft. Verluste und Chancen symbolisch-expressiven Bewegens. Frankfurt und Griedel

Früchtl, Josef (1986): Mimesis - Konstellation eines Zentralbegriffs bei Adorno. Frankfurt/M.

Gadamer, Hans-Georg (1960): Wahrheit und Methode. Tübingen

Gamm, Gerhard (1990): In der Leere der verschwundenen Metaphysik. Das Ästhetische in der psychoanalytischen Therapeutik. In: ders./Gerd Kimmerle (Hg.)(1990): Ethik und Ästhetik. Nachmetaphysische Perspektiven. Tübingen

Gamm, Hans-Jochen (1979): Umgang mit sich selbst. Grundriß einer Verhaltenslehre. Reinbek b. Hamburg

ders. (1990): Führung und Verführung. Pädagogik des Nationalsozialismus. München

ders. (1991): Pädagogik und Poesie. Eingaben zur ästhetischen Erziehung. Weinheim

ders.(1994): Das Judentum. Eine Einführung. Frankfurt/New York

Gebauer, Gunter/Christoph **Wulf** (1992): Mimesis. Kultur - Kunst - Gesellschaft. Reinbek bei Hamburg

Geelhaar, Christian (1975): Klee-Zeichnungen. >Reise ins Land der besseren Erkenntnis<. Köln

Gehlen, Arnold (1986): Urmensch und Spätkultur. Wiesbaden

Gemelli-Marciano, Laura (1991): Einführung in: Die Anfänge der abendländischen Philosophie. München

Georgiades, Thrasybulos (1958): Musik und Rhythmus bei den Griechen. Zum Ursprung der abendländischen Musik. Hamburg

Gerhard, Ute (1990): Gleichheit ohne Angleichung. Frauen im Recht. München

dies./Mechthild **Jansen**/Andrea **Maihofer**/Pia **Schmid**/Irmgard **Schulz** (Hg.)(1997): Differenz und Gleichheit. Menschenrechte haben (k)ein Geschlecht. Königstein/Taunus

Giedion-Welcker, Carola (1991): Paul Klee. Mit Selbstzeugnissen und Bilddokumenten. Reinbek b. Hamburg

Gildemeister, Regine (1992): Die soziale Konstruktion von Geschlechtlichkeit. In: Ostner/Lichtblau (Hg.) a.a.O.

Gilligan, Carol (1984): Die andere Stimme. München

Gilman, Sander L. (1993): Jüdischer Selbsthaß. Antisemitismus und die verborgene Sprache der Juden. Frankfurt/M.

Giordano, Ralph (1990): Die zweite Schuld oder von der Last ein Deutscher zu sein. München

Goldhagen, Daniel Jonah (1996): Hitlers willige Vollstrecker. Ganz gewöhnliche Deutsche und der Holocaust. Berlin

Goldin, Simcha (1989): Die Beziehung der jüdischen Familie im Mittelalter zu Kind und Kindheit. In: Büttner/Ende (Hg.)(1989) a.a.O.

Göttner-Abendroth, Heide (1991): Die tanzende Göttin. Prinzipien einer matriarchalen Ästhetik. München

Goodman-Thau, Eveline (1995): Zeitbruch. Zur messianischen Grunderfahrung in der jüdischen Tradition. Berlin

dies./Wolfdietrich **Schmied-Kowarzik** (Hg.)(1994): Messianismus zwischen Mythos und Macht. Berlin

Gottschall, Karin (1995): Geschlechterverhältnis und Arbeitsmarktsegregation. In: Becker-Schmidt/Knapp (Hg.)(1995) a.a.O.

Graff, Kurt (1980): Die jüdische Tradition und das Konzept des autonomen Lernens. Weinheim und Basel

Grözinger, Karl Erich (1994): In Rosenzweigs Seele - die Kabbala. In: Goodman-Thau/Schmied-Kowarzik (Hg.)(1994) a.a.O.

Grubauer, Franz/Jürgen **Ritsert**/Albert **Scherr**/Martin Rudolf **Vogel** (Hg.)(1992): Subjektivität, Bildung, Reproduktion. Perspektiven einer kritischen Bildungstheorie. Weinheim

Gruschka, Andreas (1994): Bürgerliche Kälte und Pädagogik. Moral in Gesellschaft und Erziehung. Wetzlar

Haase, Helga (1992): Die Preisgabe: Überlegungen zur Bedeutung der Menstruation in der Mutter-Tochter-Beziehung. In: Flaake/King (Hg.)(1992) a.a.O.

Habermas, Jürgen (1983): Die Verschlingung von Mythos und Aufklärung. In: Bohrer, Karl Heinz (Hg.)(1983): Mythos und Moderne. Frankfurt/M.

ders. (1988): Theorie des kommunikativen Handelns. Bd. 1 u. 2. Frankfurt/M.

Hagemann-White, Carol (1992): Berufsfindung und Lebensperspektive in der weiblichen Adoleszenz. In: Flaake/King (Hg.)(1992) a.a.O.

dies./Barbara **Kavemann**/Dagmar **Ohl** (1997): Parteilichkeit und Solidarität. Die feministische Gewaltdiskussion und die Intervention bei Gewalt im Geschlechterverhältnis. Bielefeld

Haselbach, Barbara (1991): Tanz und Bildende Kunst. Modelle zur Ästhetischen Erziehung. Stuttgart

von Haselberg, Peter (1975): Benjamins Engel. In: Bulthaup (Hg.)(1975) a.a.O.

Hegel, Georg Wilhelm Friedrich (1983): Werke in zwanzig Bänden, hrsg. v. Eva Moldenhauer und Karl Markus. Bd. 9. Die Naturphilosophie. Frankfurt/M.

ders.(1985): Ästhetik I, hrsg. v. Friedrich Bassenge. Westberlin

Hegi, Fritz (1988): Improvisation und Musiktherapie. Möglichkeiten und Wirkungen freier Musik. Paderborn

Heinemann, Evelyn (1986): Hexen und Hexenglauben. Eine historisch-sozialpsychologische Studie über den europäischen Hexenwahn des 16. und 17. Jahrhunderts. Frankfurt/M.

von Hentig, Hartmut (1997): Bildung. Ein Essay. München. Wien

Herweg, Rachel Monika (1994): Die jüdische Mutter. Das verborgene Matriarchat. Darmstadt

Hessische Stiftung für Friedens- und Konfliktforschung, Institut für Sozialforschung, Sigmund-Freud-Institut (1994): Reader zur Konferenz „Rechtsextremismus und Fremdenfeindlichkeit in der demokratischen Gesellschaft". Frankfurt/M.

Hilberg, Raul (1992): Täter, Opfer, Zuschauer. Die Vernichtung der deutschen Juden 1932-1945. Frankfurt/M.

Hirsch, Joachim (1996): Globalisierung des Kapitals, Klassenverhältnisse und die „demokratische Frage". In: Brentel u.a. (Hg.)(1996) a.a.O.

Honegger, Claudia (1977): Die Hexen der Neuzeit. Studien zur Sozialgeschichte eines kulturellen Deutungsmusters. Frankfurt/M.

Honens, Gisela (1992): Sie kaut und spricht. Über den Umgang mit Sprache in der theaterpädagogischen Arbeit - Frauen-Theater-Projekt, Kassel. In: Martens (Hg.) (1992) a.a.O.

Horkheimer, Max (1968): Geschichte und Psychologie. In: ders.: Kritische Theorie Bd. 1. Frankfurt/M.

ders. (1986): Zur Kritik der instrumentellen Vernunft. Aus den Vorträgen und Aufzeichnungen seit Kriegsende, hrsg. v. Alfred Schmidt. Frankfurt/M.

ders. (1988): Gesammelte Schriften Bd. 4, hrsg. v. Alfred Schmidt. Frankfurt/M.

ders. (1993): Der soziologische Hintergrund des psychoanalytischen Forschungsansatzes. In: Simmel (Hg.)(1993) a.a.O.

ders./Theodor W. **Adorno** (1973): Sociologica II. Reden und Vorträge. Frankfurt/M.

dies. (1979): Dialektik der Aufklärung. Philosophische Fragmente. Frankfurt/M.

Honneth, Axel (1994): Die soziale Dynamik von Mißachtung. Zur Ortsbestimmung einer kritischen Gesellschaftstheorie. In: Görg, Christoph (Hg.): Gesellschaft im Übergang. Perspektiven kritischer Soziologie. Darmstadt

ders./Hans **Joas** (1980): Soziales Handeln und menschliche Natur. Anthropologische Grundlagen der Sozialwissenschaft. Frankfurt/New York

Huizinga, Johan (1965): Homo Ludens. Vom Ursprung der Kultur im Spiel. Reinbek b. Hamburg

Imhof, Arthur E. (Hg.)(1983): Leib und Leben in der Geschichte der Neuzeit. Vorträge eines internationalen Colloquiums. Berlin

ders. (1983): Leib und Leben unserer Vorfahren: Eine rhythmisierte Welt. In: ders. (Hg.)(1983) a.a.O.

Jacobson, Edith (1978): Das Selbst und die Welt. Frankfurt/M.

Jacobs, Dore (1985): Bewegungsbildung - Menschenbildung. Wolfenbüttel

Jakobs, Rita (1984): Musiktherapie. Ein Beitrag aus anthroposophischer Sicht, Merkblatt Nr. 117 des Vereins für ein erweitertes Heilwesen. Bad Liebenzell-Unterlengenhardt

Jamme, Christoph (1991): "Gott an hat ein Gewand". Grenzen und Perspektiven philosophischer Mythos-Theorien der Gegenwart. Frankfurt/M.

Jay, Martin (1995): Mimesis und Mimetologie: Adorno und Lacoue-Labarthe. In: Koch (Hg.)(1995) a.a.O.

Jauß, Hans Robert (1984): Ästhetische Erfahrung und literarische Hermeneutik. Frankfurt/M.

Jeggle, Utz (1983): Lebensalter und Körpererleben. In: Imhof (Hg.)(1983) a.a.O.

Joas, Hans (1996): Die Kreativität des Handelns. Frankfurt/M.

Jung, Carl Gustav/Karl **Kerényi** (1941): Einführung in das Wesen der Mythologie. Gottkindmythos. Eleusinische Mysterien. Amsterdam/Leipzig

Kahlert, Heike (1996): Weibliche Subjektivität. Geschlechterdifferenz und Demokratie in der Diskussion. Frankfurt/New York

Kaiser, Gerhard (1974): Benjamin. Adorno. Zwei Studien. Frankfurt/M.

Kant, Immanuel (1989): Kritik der Urteilskraft. Werkausgabe Bd. X, hrsg. v. Wilhelm Weischedel. Frankfurt/M.

ders. (1990): Kritik der reinen Vernunft Bd. 1 u. 2; Werkausgabe Bd. III u. IV, hrsg. v. Wilhelm Weischedel. Frankfurt/M.

Kappner, Hans-Hartmut (1984): Die Bildungstheorie Adornos als Theorie der Erfahrung von Kultur und Kunst. Frankfurt/M.

Kast, Verena (1996): Sich wandeln und sich neu entdecken. Freiburg i.B.

Kerényi, Karl (1966): Humanistische Seelenforschung, hrsg. v. Karl Kerényi. München Wien

ders. (1971): Antike Religion, hrsg. v. Karl Kerényi. München Wien

ders. (1976): Dionysos, hrsg. v. Magda Kerényi. München Wien

ders. (1979): Mythologisches Epilogemena von Karl Kerényi. In: Jung Carl Gustav/Karl Kerényi/Paul Radin (1979): Der göttliche Schelm. Ein indianischer Mythenzyklus. Hildesheim

ders. (1980): Apollon und Niobe, hrsg. v. Magda Kerényi. München Wien

ders. (1985): Umgang mit dem Göttlichen. In: ders. (1985): Wege und Weggenossen I, hrsg.v. Magda Kerényi. München Wien

ders. (1988): Die Mythologie der Griechen. Bd. I: Die Götter- und Menschheitsgeschichten; Bd. II: Die Heroengeschichten. München

Klüger, Ruth (1993): weiter leben. Eine Jugend. Göttingen

Knapp, Gudrun-Axeli (1995): Unterschiede machen: Zur Sozialpsychologie der Hierarchisierung im Geschlechterverhältnis. In: Becker-Schmidt/Knapp (Hg.)(1995) a.a.O.

Kobusch, Theo (1990): Die Wiederkehr des Mythos in Platons Denken und in der Philosophie der Gegenwart. In: Binder/Effe (Hg.)(1990) a.a.O.

Koch, Gertrud (Hg.)(1995): Auge und Affekt. Wahrnehmung und Interaktion. Frankfurt/M.

dies. (1995): Nähe und Distanz: Face-to-face-Kommunikation in der Moderne. In: dies. (Hg.)(1995) a.a.O.

Kogon, Eugen (1974/1946): Der SS-Staat. Das System der deutschen Konzentrationslager. Gütersloh

Kohut, Heinz (1981): Die Heilung des Selbst. Frankfurt/M.

Koller, Hermann (1948): Die Komposition des platonischen Symposions. Zürich

ders. (1954): Die Mimesis in der Antike. Nachahmung, Darstellung, Ausdruck. Bern

ders. (1963): Musik und Dichtung im alten Griechenland. Bern-München

König, Hans-Dieter (1994): Totemismus und Magie in einer Großkundgebung mit Hitler. Szenische Rekonstruktion einer Filmsequenz aus Leni Riefenstahls „Triumph des Willens". In: Hessische Stiftung für Friedens- und Konfliktforschung u.a.(Hg.) (1994) a.a.O.

Koselleck, Reinhart (1990): Einleitung - Zur anthropologischen und semantischen Struktur der Bildung. In: ders. (Hg.)(1990): Bildungsbürgertum im 19. Jahrhundert. Teil II. Bildungsgüter und Bildungswissen. Stuttgart

Kouzelis, Gerassimos (1985): Das symbolische Mehrprodukt. Entwurf einer Rekonstruktion der Autoritätsthematik der kritischen Theorie. Dissertation am Fachbereich Gesellschaftswissenschaften, Universität Frankfurt/M.

Lammert, Norbert (1991): Kulturelle Bildung und ästhetische Erziehung. In: Zacharias (Hg.)(1991) a.a.O.

Landauer, Karl (1991): Theorie der Affekte, hrsg. v. Hans-Joachim Rothe. Frankfurt/M.

Lander, Hilda Maria/Maria-Regina Zohner (1990): Meditatives Tanzen. Stuttgart

Langeveld, Martinus J. (1956): Studien zur Anthropologie des Kindes. Tübingen

Langer, Susanne K. (1979): Philosophie auf neuem Wege. Das Symbol im Denken, im Ritus und in der Kunst. Mittenwald

Laslett, Peter (1979): Verlorene Lebenswelten. Geschichte der vorindustriellen Gesellschaft. Wien

Lehmann, Hans-Thies (1991): Theater und Mythos. Die Konstitution des Subjekts im Diskurs der antiken Tragödie. Stuttgart

Lenk, Elisabeth (1983). Die unbewußte Gesellschaft. Über die mimetische Grundstruktur in der Literatur. München

dies. (1986): Kritische Phantasie. München

dies. (1990): Adorno gegen seine Liebhaber verteidigt. In: Hager, Frithof/Hermann Pfütze (Hg.)(1990): Das unerhört Moderne. Berliner Adorno Tagung. Lüneburg

Lepenies, Wolf (1977): Probleme einer historischen Anthropologie. In: Rürup, R. u.a. (1977) a.a.O.

Lessing, Theodor (1995): Die verfluchte Kultur. Gedanken über den Gegensatz von Leben und Geist. München

Levi, Primo (1995): Die Atempause. München Wien

Lévinas, Emmanuel (1992): Ethik und Unendliches. Gespräche mit Philippe Nemo, hrsg v. Peter Engelmann. Wien.

Lichtenberg, Georg Christoph (1982): Über Physiognomik. In: Lichtenbergs Werke in einem Band, hrsg. von den nationalen Forschungs- und Gedenkstätten der klassischen deutschen Literatur in Weimar. Berlin und Weimar

Lindenberger, Thomas/Alf **Lüdtke** (Hg.)(1995): Physische Gewalt. Studien zur Geschichte der Neuzeit. Frankfurt/M.

zur Lippe, Rudolf (1974): Naturbeherrschung am Menschen, 2 Bde. Frankfurt/M.

ders. (1987): Sinnenbewußtsein. Grundlegung einer anthropologischen Ästhetik. Reinbek b. Hamburg

ders. (1988): Vom Leib zum Körper. Naturbeherrschung am Menschen in der Renaissance. Reinbek b. Hamburg

Loraux, Nicole (1985): Herakles: Der Über-Mann und das Weibliche. In: Schlesier (Hg.)(1985) a.a.O.

dies. (1992): Die Trauer der Mütter. Weibliche Leidenschaft und die Gesetze der Politik. Frankfurt/New York

dies. (1993):Tragische Weisen eine Frau zu töten. Frankfurt/New York

Lorenzer, Alfred (1976): Sprachzerstörung und Rekonstruktion. Vorarbeiten zu einer Metatheorie der Psychoanalyse. Frankfurt/M.

ders. (1981): Das Konzil der Buchhalter. Die Zerstörung der Sinnlichkeit. Eine Religionskritik. Frankfurt/M.

ders. (1986): Psychoanalyse als kritische Theorie. In: Schmidt, Alfred/Norbert Altwikker (Hg.)(1986): Max Horkheimer heute: Werk und Wirkung. Frankfurt/M.

ders. (1988): Tiefenhermeneutische Kulturanalyse. In: ders. (Hg.)(1988): Kultur-Analysen. Psychoanalytische Studien zur Kultur. Frankfurt/M.

ders. (1993): Leid und Intimität. Archäologie der Psychoanalyse. Frankfurt/M.

Lowen, Alexander (1985): Bio-Energetik. Therapie der Seele durch Arbeit mit dem Körper. Reinbek b. Hamburg

Löwenthal, Leo (1990): Untergang der Dämonologie. Studien über Judentum, Antisemitismus und faschistischen Geist. Leipzig

Lukács, Georg (1979): Geschichte und Klassenbewußtsein. Studien über marxistische Dialektik. Darmstadt und Neuwied

Lyotard, Jean-Francois (1982): Essays zu einer affirmativen Ästhetik. Berlin

ders. (1988): Der Enthusiasmus. Kants Kritik der Geschichte. Wien

Maihofer, Andrea (1995): Geschlecht als Existenzweise. Macht, Moral, Recht und Geschlechterdifferenz. Frankfurt/M.

Mann, Thomas (1972): Freud und die Zukunft. In: Freud (1972) a.a.O.

Marcuse, Herbert (1979a): Der Eindimensionale Mensch. Studien zur Ideologie der fortgeschrittenen Industriegesellschaft. Darmstadt, Neuwied

ders. (1979b): Triebstruktur und Gesellschaft. Frankfurt/M.

Martens, Gitta (1991): Zehn Thesen zur Feministischen Kulturpädagogik. In: Staudte/ Vogt (Hg.) 1991 a.a.O.

dies. (Hg.)(1992): Feministische Theaterpädagogik. Grundlagen und Projekte. RAT - Remscheider Arbeitsmaterialien und Texte. Remscheid

dies./Hildegard **Bockhorst** (Hg.)(1989): Feministische Kulturpädagogik. Projekte und Konzepte. RAT - Remscheider Arbeitsmaterialien und Texte. Remscheid

Martin, Gerhard Marcel (1987): Bibliodrama - ein Modell wird besichtigt. In: Kiehn, Antje u.a.(Hg.)(1987): Bibliodrama. Stuttgart

Marx, Karl (1974): Grundrisse der Kritik der politischen Ökonomie. Berlin

ders. (1981): Zur Judenfrage. In: Marx Engels Werke Bd. 1. Berlin

Mattheis, Regine (1991): Kindliche Verfremdungen der Realität. In: TPS, Theorie und Praxis der Sozialpädagogik. Themenschwerpunkt: Sehen - Hinsehen - Durchblicken - zum Ausdruck bringen. 6/91. Bielefeld

dies. (1992): Ästhetische Bildung und Selbstwerdung. In: Grubauer u.a. (Hg.)(1992) a.a.O.

Mauss, Marcel (1989): Soziologie und Anthropologie 2. Frankfurt/M.

Melchinger, Siegfried (1990): Das Theater der Tragödie. Aischylos, Sophokles, Euripides auf der Bühne ihrer Zeit. München

Menninghaus, Winfried (1986): Schwellenkunde. Walter Benjamins Passage des Mythos. Frankfurt/M.

Menze, Clemens (1969): Die Rolle der Ästhetik in Wilhelm von Humboldts Theorie der Bildung. In: Fabro, Cornelio (Hg.)(1969): Gegenwart und Tradition. Strukturen des Denkens. Freiburg i.B.

Meyer-Drawe, Käthe (1984): Die Beziehung zum Anderen beim Kind. Merleau-Pontys Konzeption kindlicher Sozialität. In: Bildung und Erziehung. Phänomenologie und Pädagogik. Heft 2/ Juni 1984. Köln

dies.(1986): Zähmung eines wilden Denkens? Piaget und Merleau-Ponty zur Entwicklung der Rationalität. In: Métraux/Waldenfels (Hg.)(1986) a.a.O.

dies. (1987): Leiblichkeit und Sozialität. Phänomenologische Beiträge zu einer pädagogischen Theorie der Intersubjektivität. München

dies. (1988): Der Leib als vorpersonale und vorreflexive Dimension menschlichen Handelns und Wissens. In: Schneider (Hg.)(1988) a.a.O.

dies./Bernhard **Waldenfels** (1988): Das Kind als Fremder. In: Vierteljahresschrift für wissenschaftliche Pädagogik. Heft 1, 1988.

Métraux, Alexandre/Bernhard **Waldenfels** (Hg.)(1986): Leibhaftige Vernunft. Spuren von Merleau-Pontys Denken. München

MfFFWuK, Ministerium für Familie, Frauen, Weiterbildung und Kunst, Baden-Württemberg (1995): Abschlußbericht des Praxis- und Forschungsprojektes „Mädchen in der Jugendhilfeplanung". Stuttgart

Middendorf, Ilse (1990): Der erfahrbare Atem. Eine Atemlehre. Paderborn

Miller, Max/Hans-Georg **Soeffner** (Hg.)(1996): Modernität und Barbarei. Soziologische Zeitdiagnose am Ende des 20. Jahrhunderts. Frankfurt/M.

Missac, Pierre (1975): Es sind Thesen! Sind es Thesen? In: Bulthaup (Hg.)(1975) a.a.O.

Mitscherlich, Alexander/Margarete **Mitscherlich**(1990): Die Unfähigkeit zu trauern. Grundlagen kollektiven Verhaltens. München

Mittag, Gabriele (1996): >Es gibt Verdammte nur in Gurs<. Literatur, Kultur und Alltag in einem französischen Internierungslager 1940-1942. Darmstadt

Möhring, Peter (1993): Anpassung als Krankheit. In: Ethnopsychoanalyse 3. Körper, Krankheit und Kultur. Frankfurt/M.

Moscovici, Hadassa K. (1989): Vor Freude tanzen, vor Jammer halb in Stücke gehn. Pionierinnen der Körpertherapie. Frankfurt/M.

Mosès, Stéphane (1994): Der Engel der Geschichte. Frankfurt/M.

Mosse, George L. (1992): Jüdische Intellektuelle in Deutschland. Zwischen Religion und Nationalismus. Frankfurt/New York

Muchembled, Robert (1990): Die Erfindung des modernen Menschen. Gefühlsdifferenzierung und kollektive Verhaltensweisen im Zeitalter des Absolutismus. Reinbek b. Hamburg

Müller, Renate (1993): Ihr Körper ist ihr Instrument. Tanzen und kulturelle Identität. In: Musik & Bildung. Praxis Musikerziehung. Heft 3/93. Mainz

Nieraad, Jürgen (1994): Die Spur der Gewalt. Zur Geschichte des Schrecklichen in der Literatur und ihrer Theorie. Lüneburg

Niethammer, Lutz unter Mitarbeit von Dirk van Laak (1989): Posthistoire. Ist die Geschichte am Ende? Reinbek b. Hamburg

Nietzsche, Friedrich (1984): Die Geburt der Tragödie aus dem Geiste der Musik. Augsburg

ders. (1983): Der Fall Wagner. Schriften und Aufzeichnungen über Richard Wagner, hrsg. v. Dieter Borchmeyer. Frankfurt/M.

Nipperdey, Thomas/Reinhard **Rürup** (1972): Antisemitismus. In: Brunner, Otto u.a. (Hg.): Geschichtliche Grundbegriffe Bd. 1. Stuttgart

Nischwitz, Peggi (1997): Mädchenkulturarbeit, oder: Einen Ausdruck finden heißt, Identität gewinnen. In: Infodienst Kulturpädagogische Nachrichten. Mädchenkulturarbeit, Heft 45, Juli 1997. Unna

Normann, Karin (1997): Kindererziehung in einem deutschen Dorf. Erfahrungen einer schwedischen Ethnologin. Frankfurt/New York

Olivier, Christiane (1988): Jokastes Kinder. Die Psyche der Frau im Schatten der Mutter. Düsseldorf

Oppenheimer, Christa (1996): Über Hegel, die Mägde und die List der Vernunft. Zum gegenwärtigen Stand der Diskussion über Anerkennungsethik und Gewalt gegen Frauen. Studientexte zur Sozialwissenschaft, Bd. 13. Frankfurt/M.

Osterwold, Tilman (1975): Paul Klee. Die Ordnung der Dinge. Stuttgart

Ostner, Ilona/Klaus **Lichtblau** (Hg.)(1992): Feministische Vernunftkritik. Ansätze und Traditionen. Frankfurt/New York

Panofsky, Dora/Erwin **Panofsky**(1992): Die Büchse der Pandora. Bedeutungswandel eines mythischen Symbols. Frankfurt/M.

Perls, Fritz (1974): Gestalttherapie in Aktion. Stuttgart

Petzold, Hilarion (Hg.)(1978): Angewandtes Psychodrama in Therapie, Pädagogik und Theater. Paderborn

Pfleiderer, Beatrix (1994): Die besessenen Frauen von Mira Datar Dargah. Heilen und Trance in Indien. Frankfurt/New York

Piussi, Anna Maria (1989): Die Bedeutung/Sichtbarkeit des Weiblichen und der Logos der Pädagogik. In: Diotima (1989) a.a.O.

Platon (1988): Phaidros, übertragen und eingeleitet v. Kurt Hildebrandt. Stuttgart

ders. (1990): Sämtliche Werke 3. Phaidon. Politeia, in der Übersetzung v. Friedrich Schleiermacher, hrsg. v. Ernesto Grassi. Hamburg

Pohl, Friedrich Wilhelm/Christoph **Türcke** (1983): Heilige Hure Vernunft. Luthers nachhaltiger Zauber. Berlin

Pomeroy, Sarah B. (1985): Frauenleben im klassischen Altertum. Stuttgart

Prokop, Ulrike (1980): Weiblicher Lebenszusammenhang. Von der Beschränktheit der Strategien und der Unangemessenheit der Wünsche. Frankfurt/M.

Reemtsma, Jan Philipp (1992): Der Bote. Walter Benjamin über Karl Kraus. In: Th. W. Adorno Archiv (Hg.): Frankfurter Adorno Blätter I. München

ders. (1996): Das Implantat der Angst. In: Miller/Soeffner (Hg.)(1996) a.a.O.

Reichelt, Fe (1987): Ausdruckstanz und Tanztherapie. Theoretische Grundlagen und ein Modellversuch. Frankfurt/M.

Reik, Theodor (1990): Hören mit dem dritten Ohr. Die innere Erfahrung eines Psychoanalytikers. Frankfurt/Main

Riemer, Christoph (1992): Masken und andere Gesichte. Kiel

Ritsert, Jürgen (1987): Vermittlung der Gegensätze in sich. Dialektische Themen und Variationen in der Musiksoziologie Adornos. Studientexte zur Sozialwissenschaft 4. Frankfurt/M.

ders. (1990): Ästhetische Theorie als Gesellschaftskritik. Umrisse der Dialektik in Adornos Spätwerk. Studientexte zur Sozialwissenschaft - Sonderband 4. Frankfurt/M.

ders. (1997): Kleines Lehrbuch der Dialektik. Darmstadt

Riedel, Manfred (1976): Theorie und Praxis im Denken Hegels. Interpretationen zu den Grundstellungen der neuzeitlichen Subjektivität. Stuttgart

Roper, Lyndal (1995): Ödipus und der Teufel. Körper und Psyche in der Frühen Neuzeit. Frankfurt/M.

Rosen, Zvi (1995): Max Horkheimer. München

Rosh, Lea/Eberhard **Jäckel** (1990): Der Tod ist ein Meister aus Deutschland. Deportation und Ermordung der Juden. Kollaboration und Verweigerung in Europa. Hamburg

Röthig, Peter (1990): Zur Theorie des Rhythmus. In: Bannmüller/Röthig (Hg.)(1990) a.a.O.

Rürup, Reinhard (Hg.)(1977): Historische Sozialwissenschaft. Beiträge zur Einführung in die Forschungspraxis. Göttingen

Sample, Colin (1995): Sprachliche Interpretation und projektive Wahrnehmung: Zur Artikuliertheit und Ontogenese ästhetischer Erfahrung. In: Koch (Hg.)(1995) a.a.O.

Schadewaldt, Wolfgang (1990): Der Gott von Delphi und die Humanitätsidee. Aufsätze und Vorträge. Frankfurt/M.

ders. (1991): Die griechische Tragödie. Frankfurt/M.

Schäfer, Gerd, E. (1989): Spielphantasie und Spielumwelt. Spielen, Bilden und Gestalten als Prozesse zwischen Innen und Aussen. Weinheim; München

Schaps, Regina (1992): Hysterie und Weiblichkeit. Wissenschaftsmythen über die Frau. Frankfurt/M.

Scheff, Thomas J. (1983): Explosion der Gefühle. Über die kulturelle und therapeutische Bedeutung kathartischen Erlebens. Weinheim und Basel

Schiller, Friedrich (1970): Über die ästhetische Erziehung des Menschen in einer Reihe von Briefen. Stuttgart

ders. (1985): Über Anmut und Würde. In: Über Kunst und Wirklichkeit. Schriften und Briefe zur Ästhetik, hrsg. und eingeleitet v. Claus Träger, Leipzig

Schlaffhorst, Clara/Hedwig **Andersen** (1928): Atmung und Stimme, hrsg. v. Wilhelm Menzel. Wolfenbüttel

Schlesier, Renate (Hg.)(1985): Faszination des Mythos. Studien zu antiken und modernen Interpretationen. Basel u. Frankfurt/M.

dies. (1985): Der bannende Blick des Flaneurs im Garten der Mythen. In: dies. (Hg.)(1985) a.a.O.

Schlicher, Susanne (1987): Tanztheater. Traditionen und Freiheiten. Pina Bausch, Gerhard Bohner, Reinhild Hoffmann, Hans Kresnik, Susanne Linke. Reinbek b. Hamburg

Schmid, Wilhelm (1990): Die Geburt der Philosophie im Garten der Lüste. Frankfurt/M.

ders. (1991): Kunst und Leben. Anmerkungen zu einer wieder auflebenden Diskussion. In: Merkur, Heft 1/Januar 1991. München

ders. (1992): Auf der Suche nach einer Lebenskunst. Die Frage nach dem Grund und die Neubegründung der Ethik bei Foucault. Frankfurt/M.

Schmid Noerr, Gunzelin (1990): Eingedenken der Natur im Subjekt. Zur Dialektik von Vernunft und Natur in der kritischen Theorie Horkheimers, Adornos und Marcuses. Darmstadt

Schneider, Gerhard (Hg.)(1988): Ästhetische Erziehung in der Grundschule. Argumente für ein fächerübergreifendes Unterrichtsprinzip. Weinheim und Basel

ders. (1989): Einführung in das Fernstudienprojekt Musisch-Ästhetische Erziehung in der Grundschule. In: Schulpädagogik. Musisch-Ästhetische Erziehung in der Grundschule. Zugänge zur ästhetischen Elementarerziehung. Deutsches Institut für Fernstudien an der Universität Tübingen. Tübingen

Scholem, Gershom (1970): Über einige Grundbegriffe des Judentums. Frankfurt/M.

ders. (1972): Walter Benjamin und sein Engel. In: Zur Aktualität W. Benjamins a.a.O.

ders. (1973): Zur Kabbala und ihrer Symbolik. Frankfurt/M.

ders. (1980): Die jüdische Mystik. Frankfurt/M.

ders.(1983): Walter Benjamin und sein Engel. Frankfurt/M.

ders. (1990): Walter Benjamin - die Geschichte einer Freundschaft. Frankfurt/M.

Schoop, Trudi (1974): .... komm und tanz mit mir. Zürich

Schulte, Christoph (1994): Messias und Identität. Zum Messianismus im Werk einiger deutsch-jüdischer Denker. In: Goodman-Thau/Schmied-Kowarzik (Hg.)(1994) a.a.O.

Schwarz, Ullrich (1981): Rettende Kritik und antizipierte Utopie. Zum geschichtlichen Gehalt ästhetischer Erfahrung in den Theorien von Jan Mukarovsky, Walter Benjamin und Theodor W. Adorno. München

Schweppenhäuser, Hermann (1972): Physiognomie eines Physiognomikers. In: Zur Aktualität Walter Benjamins (1972) a.a.O.

ders. (1992): Ein Physiognom der Dinge. Aspekte des Benjaminschen Denkens. Lüneburg

Selle, Gert (1990): Experiment Ästhetische Bildung. Aktuelle Beispiele für Handeln und Verstehen. Reinbek b. Hamburg

Sennett, Richard (1995): Fleisch und Stein. Der Körper und die Stadt in der westlichen Zivilisation. Berlin

Simmel, Ernst (Hg.)(1993): Antisemitismus. Frankfurt/M.

Sloterdijk, Peter 1993: Weltfremdheit. Frankfurt/M.

Stange, Sabine (1991): Den Rücken von der Wand nehmen. In: Staudte/Vogt (Hg.) (1991) a.a.O.

Staudte, Adelheid (1991): Ästhetische Bildung oder ästhetische Erziehung? In: Zacharias (Hg.)(1991) a.a.O.

dies./Barbara Vogt (Hg.)(1991): Frauen Kunst Pädagogik. Theorien, Analysen, Perspektiven. Frankfurt/M.

Stern, Arno (1978): Die Expression. Der Mensch zwischen Kommunikation und Ausdruck. Zürich und Stuttgart

Stoessl, Franz (1987): Die Vorgeschichte des griechischen Theaters. Darmstadt

Stoessel, Marleen (1983): Aura. Das vergessene Menschliche. Zu Sprache und Erfahrung bei Walter Benjamin. München Wien

Sziborsky, Lucia (1988): Zum Begriff der ästhetischen Erfahrung. In: Schneider (Hg.)(1988) a.a.O.

Tiedemann, Rolf (1965). Studien zur Philosophie Walter Benjamins. Frankfurt/M.

ders. (1983): Dialektik im Stillstand. Versuche zum Spätwerk Walter Benjamins. Frankfurt/M.

ders. (1992): Auf dem Weg ins Museum? Rede zur Eröffnung einer Benjamin-Ausstellung. In: Frankfurter Adorno Blätter I, hrsg. v. Theodor W. Adorno Archiv. München

ders. (1993): Begriff Bild Name. Über Adornos Utopie der Erkenntnis. In: Frankfurter Adorno Blätter II, hrsg. v. Theodor W. Adorno Archiv. München

Thyen, Anke (1989): Negative Dialektik und Erfahrung. Zur Rationalität des Nichtidentischen bei Adorno. Frankfurt/M.

Tomasoni, Francesco (1992): Materialismus und Mystizismus. Feuerbachs Studium der Kabbala. In: Jaeschke, Walter (Hg.)(1992): Sinnlichkeit und Rationalität. Der Umbruch in der Philosophie des 19. Jahrhunderts: Ludwig Feuerbach. Berlin

Treiber, Hubert/Heinz Steinert (1980): Die Fabrikation des zuverlässigen Menschen. Über die >Wahlverwandtschaft< von Kloster- und Fabrikdisziplin. München

Trömel-Plötz, Senta (1990): Gewalt durch Sprache. Die Vergewaltigung von Frauen in Gesprächen. Frankfurt/M.

Vernant, Jean-Pierre (1982): Die Entstehung des griechischen Denkens. Frankfurt/M.

ders. (1985): Die religiöse Erfahrung der Andersheit: Das Gorgogesicht. In: Schlesier (Hg.)(1985) a.a.O.

ders.(1987): Mythos und Gesellschaft im alten Griechenland. Frankfurt/M.

Veyne, Paul (1992): Gesellschaftliche Macht und politische Herrschaft in der Antike. Frankfurt/New York

Vidal-Naquet, Pierre (1989): Der Schwarze Jäger. Denkformen und Gesellschaftsformen der griechischen Antike. Frankfurt/New York

Virilio, Paul (1996): Die Eroberung des Körpers. Vom Übermenschen zum überreizten Menschen. Frankfurt/Main

Vogel, Martin Rudolf (1970): Erziehung im Gesellschaftssystem. München

ders. (1983): Gesellschaftliche Subjektivitätsformen. Frankfurt/New York

ders. (1987): Leben als Subjekt und Prozeß. Zum Verhältnis von allgemeiner und individueller Reproduktion bei Hegel und Marx, Studientexte zur Sozialwissenschaft 3. Frankfurt/Main

ders. (1992): Bildung zum Subjekt - Selbst und gesellschaftliche Form. In: Grubauer u.a. (Hg.)(1992) a.a.O.

ders. (1996): Mimesis - ad libidum?: In: Brentel u.a. (Hg.)(1996) a.a.O.

ders. (o.J., unv. Ms.): Antiker Rationalismus und Kriegerbürger-Polis

ders. (o.J.; unv. Ms.): Über mimetische Daseinsweise

ders./ Regine Mattheis (1997): Das mündig-unmündige Subjekt. In: Jahrbuch für Pädagogik 1997. Mündigkeit. Zur Neufassung materialistischer Pädagogik. Redaktion: Hans-Jochen Gamm/Gernot Koneffke. Frankfurt/M., Berlin, Bern, New York, Paris, Wien

Waldeck, Ruth (1992): Die Frau ohne Hände. Über Sexualität und Selbstständigkeit. In: Flaake/King (Hg.)(1992) a.a.O.

dies. (1993): Zur Produktion des >schwachen Geschlechts<. Körpergeschichte eines Weiblichkeitsideals. In: Ethnopsychoanalyse 3. Körper, Krankheit und Kultur. Frankfurt/M.

dies. (1995): >Bloß rotes Blut<? Zur Bedeutung der Menstruation für die weibliche Identität. In: Akashe-Böhme, Farideh (Hg.)(1995): Von der Auffälligkeit des Leibes. Frankfurt/M.

Waldenfels, Bernhard (1974): Artikel über „Wahrnehmung". In: Handbuch philosophischer Grundbegriffe, hrsg. v. Hermann Krings u.a. München

ders. (1984): Das Geregelte und das Ungebärdige. Funktionen und Grenzen institutioneller Regelungen. In: Bildung und Erziehung. Phänomenologie und Pädagogik. Heft 2/ Juni 1984. Köln

Warns, Else Natalie (1994): Die ästhetische Dimension des Bibliodramas. In: dies./Heinrich Fallner (Hg.)(1994): Bibliodrama als Prozeß. Bielefeld

Weber, Elisabeth (Hg.)(1994): Jüdisches Denken in Frankreich. Gespräche mit Pierre Vidal-Naquet u.a. Frankfurt/M.

Weber, Max (1988a): Gesammelte Aufsätze zur Religionssoziologie I. Tübingen

ders. (1988b): Gesammelte Aufsätze zur Wissenschaftslehre. Tübingen

Weigel, Sigrid (1990): Topographien der Geschlechter. Kulturgeschichtliche Studien zur Literatur. Reinbek b. Hamburg

Weinstock, Heinrich (1956): Die Tragödie des Humanismus. Heidelberg

Weiss, Klaus (1984): Grundlegung einer puritanischen Mimesislehre. Eine literatur- und geistesgeschichtliche Studie der Schriften Edward Taylors und anderer puritanischer Autoren. Paderborn, München, Wien, Zürich

Welsch, Wolfgang (1990): Ästhetisches Denken. Stuttgart

Wichelhaus, Barbara (1991): Zur ästhetischen Sozialisation von Jungen und Mädchen im Kunstunterricht. In: Staudte/Vogt (Hg.)(1991) a.a.O.

Wigman, Mary (1986): Die Sprache des Tanzes. München

Wimmer, Michael (1994): Die Frage des Anderen. In: Wulf (Hg.)(1994) a.a.O.

Winner, Ellen (1987): Wenn der Pelikan den Seehund küßt. In: Klein sein, groß werden. Thema: Kinderpsychologie, hrsg. v. der Redaktion Psychologie heute. Weinheim, Basel

Winnicott, Donald W. (1987): Vom Spiel zur Kreativität. Stuttgart

Wollny, Franziska Blanche (1992): Maskenbau und Maskenspiel mit Frauen zwischen 30 und 40. Ziele und Erfahrungen. In: Martens (Hg.)(1992) a.a.O.

Woolf, Virginia (1983): Ein Zimmer für sich allein. Frankfurt/M.

Wulf, Christoph (1989): Mimesis. In: Gebauer u.a. (Hg.)(1989) a.a.O.

ders. (1994): Mimesis in der Erziehung. In: ders. (Hg.)(1994) a.a.O.

ders. (Hg.)(1994): Einführung in die pädagogische Anthropologie. Weinheim u. Basel

Wyneken, Gustav (1970): Abschied vom Christentum. Ein Nichtchrist befragt die Religionswissenschaft. Reinbek.b. Hamburg

Yu-Ichi. Hin (1995): Ausstellungskatalog. Tokyo

Zacharias, Wolfgang (Hg.)(1991): Schöne Aussichten? Ästhetische Bildung in einer technisch-medialen Welt. Essen

Zulliger, Hans (1967): Heilende Kräfte im kindlichen Spiel. Frankfurt/M.

Zur Aktualität Walter Benjamins (1972): Aus Anlaß des 80. Geburtstag von Walter Benjamin. Mit Texten von Walter Benjamin und Bertolt Brecht. Interpretationen von Jürgen Habermas, Gershom Scholem u. a. hrsg. v. S. Unseld. Frankfurt/M.